CURTIS SITTENFELD

Curtis Sittenfeld, née en 1976, est une étoile montante de la littérature américaine. *Campus* est son premier roman. Il a été sélectionné pour le prestigieux Orange Prize et vendu à des centaines de milliers d'exemplaires aux États-Unis.

CAMPUS

CURTIS SITTENFELD

CAMPUS

Traduit de l'anglais (États-Unis)
par Valérie Dayre

PRESSES DE LA CITÉ

Titre original : *Prep*

Publié par Random House, New York

ISBN : 978-2-266-18161-7

Pour mes parents, Paul et Betsy Sittenfeld ;
mes sœurs, Tiernan et Josephine ;
et mon frère, P. G.

1

Au voleur !

PREMIER AUTOMNE

Je pense que tout, du moins ce qui m'est arrivé personnellement, a commencé avec l'embrouille sur l'architecture romaine. Ce jour-là, j'avais histoire en première heure, après l'office et l'appel, qui n'en était pas vraiment un, plutôt une suite d'annonces dans une salle immense percée de fenêtres palladiennes de six mètres de haut, avec de multiples rangées de pupitres dans lesquels on mettait ses livres. Aux murs, sur des panneaux d'acajou, était gravé le nom de chaque élève ayant obtenu le bac au pensionnat : un panneau pour chaque classe depuis la fondation d'Ault en 1882. Les deux délégués de terminale faisaient l'appel depuis l'estrade, nommant les personnes qui s'étaient inscrites pour prendre la parole. Mon pupitre – ils étaient attribués par ordre alphabétique – se situait près de l'estrade et, avant l'appel, comme je ne parlais pas avec mes voisins, j'écoutais les conversations des délégués avec les professeurs, avec d'autres étudiants ou entre eux. Ils s'appelaient Henry Thorpe et Gates Medkowski. C'était ma quatrième semaine au lycée ; je ne savais pas grand-chose sur Ault mais je n'ignorais pas que Gates était la première fille dans l'histoire de l'institution à avoir été élue déléguée de promotion.

Les annonces des enseignants étaient claires et brèves : *Merci de ne pas oublier que vos demandes de professeur référent doivent être déposées avant jeudi midi.* Celles des élèves traînaient en longueur – plus l'appel durait, plus le premier cours s'en trouvait raccourci – et fourmillaient de doubles sens : *L'entraînement de foot aura lieu à couvert aujourd'hui. Si vous ne savez pas où c'est, cherchez derrière la maison du directeur, et si vous ne voyez toujours pas, demandez à Paul. Tu es là, Popaul ? Tu veux bien te lever ? Voilà Popaul. Tout le monde l'a repéré ? Donc on sort couvert, les gars. Et n'oubliez pas… vos ba-balles.*

Les annonces terminées, Henry ou Gates appuyait sur un bouton pour déclencher la sonnerie qui retentissait dans tout le lycée, et chacun partait en cours sans se presser. En histoire, on étudiait l'Antiquité. Chaque élève devait présenter un sujet différent ; j'étais parmi ceux qui passaient au tableau ce jour-là. J'avais reproduit des dessins du Colisée, du Panthéon et des thermes de Dioclétien piochés dans un livre de la bibliothèque, puis je les avais collés sur un grand carton et surlignés de quelques traits de feutre vert et jaune. Le soir précédent, j'avais essayé de répéter mon exposé devant le miroir de la salle de bains du dortoir, mais quelqu'un était entré. J'avais fait semblant de me laver les mains, avant de sortir.

J'étais la troisième, juste après Jamie Lorison. Mme Van der Hoef avait placé un pupitre face à la classe. Jamie se mit derrière, cramponné à ses fiches, et commença :

— Saluons le génie des architectes romains qui conçurent, voilà plus de deux mille ans, des édifices dont bon nombre sont encore debout aujourd'hui et que l'homme moderne peut visiter pour son plaisir et son édification.

Mon cœur s'emballa. Le génie des architectes romains, c'était mon sujet, pas celui de Jamie. J'avais du mal à écouter… *les aqueducs, destinés au transport de l'eau… le Colisée, baptisé à l'origine l'amphithéâtre Flavien…*

Mme Van der Hoef se tenait debout à ma gauche.

— Excusez-moi, murmurai-je en me penchant vers elle.

Elle eut l'air de ne pas m'entendre.

— Madame Van der Hoef ?

Alors – rétrospectivement, ce geste m'a paru très humiliant – je tendis la main vers son avant-bras. Elle portait une robe en soie bordeaux avec col et fine ceinture. Je ne fis qu'effleurer l'étoffe du bout des doigts, mais elle recula comme si je l'avais pincée. Elle me foudroya du regard, secoua la tête et s'éloigna de quelques pas.

— Je vais faire circuler quelques exemples, disait Jamie.

Il s'empara d'une pile de livres posés à ses pieds. Quand il les ouvrit, je découvris les photos couleur des bâtiments que j'avais photocopiées en noir et blanc et collées sur un carton.

Son exposé s'acheva. Jusqu'à ce jour je n'avais rien éprouvé de particulier envers Jamie Lorison, un rouquin maigrichon qui respirait bruyamment, mais en le voyant regagner sa place avec un air doux et satisfait, je me mis à le détester.

— Lee Fiora, je crois que c'est votre tour, dit Mme Van der Hoef.

— C'est-à-dire que… Il y a peut-être un problème.

Je sentis mes camarades me considérer avec un intérêt croissant. Ault s'enorgueillissait, entre autres, de sa forte proportion d'enseignants par rapport au nombre d'élèves ; nous n'étions que douze à ce cours. Or, avec tous ces regards braqués sur moi, j'avais l'impression qu'une foule me scrutait.

— Je ne peux pas, dis-je enfin.

— Comment cela ?

À près de soixante ans, Mme Van der Hoef était une femme grande et mince, au nez anguleux. J'avais entendu dire qu'elle était la veuve d'un archéologue célèbre – sauf que je ne connaissais aucune grande figure dans ce domaine.

— C'est que mon exposé porte sur… enfin, aurait dû… Je croyais devoir parler de… mais maintenant que Jamie…

— Vos propos sont incohérents, mademoiselle Fiora. Exprimez-vous plus clairement.

— Si je fais mon exposé, je vais dire les mêmes choses que Jamie.

— Vous présentez pourtant un sujet différent.

— En fait, j'ai travaillé moi aussi sur l'architecture.

Mme Van der Hoef alla à son bureau et promena l'index sur une feuille de papier. Je l'avais regardée pendant que nous parlions, et maintenant qu'elle me tournait le dos, je ne savais plus où poser les yeux. Mes camarades continuaient de m'observer. Depuis le début de l'année scolaire, je n'avais pris la parole en classe que lorsqu'on m'interrogeait, ce qui n'arrivait pas souvent ; les autres adoraient participer. Durant mes années de collège à South Bend, dans l'Indiana, j'avais eu l'impression que la plupart des cours se résumaient à un dialogue entre le prof et moi, tandis que les autres élèves rêvassaient ou griffonnaient distraitement. Ici, à Ault, le fait de parler en classe ne me distinguait en rien. D'ailleurs, rien ne me distinguait. Et voilà qu'à l'occasion de mon plus long discours je me montrais stupide.

— Vous ne traitez pas de l'architecture, assura Mme Van der Hoef. Vous traitez des sports.

— Des sports ? répétai-je.

Je ne me serais jamais proposée pour un sujet pareil.

Elle me mit sa feuille sous les yeux. Je lus mon nom, *Lee Fiora : sports*, écrit de sa main, juste au-dessous de *James Lorison : architecture*. Nous avions choisi nos sujets à main levée ; manifestement, elle ne m'avait pas comprise.

— Je peux présenter les sports, dis-je sans conviction. Je peux préparer le sujet pour demain.

— Vous suggérez donc que vos camarades demain voient leur temps de parole réduit par votre faute ?

— Non, non, bien sûr. Mais peut-être un autre jour, ou alors… Je peux le faire n'importe quand. Sauf aujourd'hui. Là, je ne peux parler que d'architecture.

— Eh bien, parlez-nous d'architecture. Allez sur l'estrade, je vous prie.

Je la dévisageai.

— Mais Jamie vient de le faire.

— Vous nous faites perdre du temps, mademoiselle Fiora.

En me levant, et en rassemblant bloc-notes et carton, je songeai que ma venue à Ault avait été une erreur colossale. Jamais je n'aurais d'amis ; de la part de mes camarades je ne pourrais espérer, au mieux, que de la pitié. J'avais déjà perçu que j'étais différente d'eux, mais je m'étais figuré pouvoir me faire toute petite pendant un temps, comprendre comment ils fonctionnaient, puis me réinventer à leur image. À présent, j'étais démasquée.

J'agrippai les côtés du pupitre et plongeai vers mes notes.

— L'une des illustrations les plus célèbres de l'architecture romaine est le Colisée. D'après les historiens, il tient son nom du « colosse de Néron », une statue gigantesque qui se dressait à proximité.

Je levai les yeux. Les visages de mes camarades ne reflétaient ni gentillesse ni hostilité, ni sympathie ni antipathie, ni intérêt ni ennui.

— Parmi les spectacles donnés au Colisée, devant l'empereur et les patriciens, les plus renommés étaient…

Je m'interrompis. Mon menton tremblait, je sentais venir les larmes. Mais pas question de pleurer devant des inconnus.

— Excusez-moi, dis-je, et je quittai la classe.

Au lieu de me réfugier dans les toilettes des filles, toutes proches, où on m'aurait trouvée trop facilement, je dévalai l'escalier jusqu'au rez-de-chaussée et sortis. Dehors, il faisait beau, frais et, comme tout le monde était en cours, le campus semblait agréablement désert. Je me dirigeai vers mon dortoir. J'allais peut-être partir sur-le-champ : faire du stop jusqu'à Boston, attraper un car, rentrer à la maison dans l'Indiana. L'automne du Midwest serait joli mais sans excès – pas comme en Nouvelle-Angleterre où on disait *frondaisons* pour parler des feuilles des arbres. À South Bend, mes petits frères passeraient leurs soirées à jouer au foot dans le jardin puis rentreraient dîner avec leur odeur de jeunes garçons en sueur ; ils décideraient de leur déguisement pour Halloween, et mon père, au moment de creuser la citrouille, brandirait le couteau au-dessus de sa tête et foncerait sur mes frères avec une mine de psychopathe, les petits fuiraient en hurlant dans la pièce voisine et ma mère dirait : « Terry, arrête de leur faire peur. »

J'atteignis la cour. Le dortoir Broussard était l'un des huit qui occupaient l'est du campus : quatre de garçons et quatre de filles, disposés en carré, avec des bancs de granit au milieu. Par la fenêtre de ma chambre, je voyais souvent des couples sur ces bancs, la fille debout entre les jambes du garçon, qui lui était assis ; elle posait peut-être brièvement les mains sur ses épaules, puis les ôtait en riant. Ce matin-là, un seul banc était occupé. Une fille en jupe longue et bottes de cow-boy était couchée sur le dos, une jambe pliée, un bras en travers du visage.

Au moment où je passais, elle leva le bras. C'était Gates Medkowski.

— Eh, dit-elle.

Nos regards ne se croisèrent pas, ce qui me fit douter qu'elle s'adressait à moi ; j'éprouvais souvent cette incertitude quand on me parlait. Je continuai donc mon chemin.

— Eh, répéta-t-elle. Tu crois que je parle à qui ? On est toutes seules ici.

Mais d'un ton gentil ; elle ne se moquait pas de moi.

— Désolée, fis-je.

— Tu es nouvelle ?

Je hochai la tête.

— Tu vas à ton dortoir, là, tout de suite ?

J'acquiesçai encore.

— Tu l'ignores sans doute, mais il est interdit d'aller dans les dortoirs pendant les cours.

Elle posa les pieds à terre et s'assit.

— Interdit à tout le monde, continua-t-elle. Pour des raisons compliquées que je ne cherche même pas à deviner. Les terminales ont le droit d'aller et venir, mais seulement dehors, à la bibliothèque ou à la salle du courrier, autant dire que c'est de la blague.

Je me taisais.

— Ça va ? me demanda-t-elle.

Je répondis « oui » et je me mis à pleurer.

— Oh là là, dit Gates. Je ne voulais pas te faire de la peine. Tiens, viens t'asseoir.

Elle tapotait la place à côté d'elle, puis elle se leva, vint vers moi, entoura de son bras mes épaules qui tressautaient, et me guida vers le banc. Quand je fus assise, elle me tendit un bandana bleu. Il sentait l'encens ; même le regard troublé par les larmes, je fus intriguée par ce genre d'accessoire. J'hésitai à me moucher – dans le bandana de Gates Medkowski ! – mais j'avais l'impression que ma figure fuyait de partout.

— Comment t'appelles-tu ?

— Lee, dis-je d'une voix aiguë et tremblante.

— Qu'est-ce qui ne va pas ? Pourquoi n'es-tu pas en cours ou en salle d'études ?

— Tout va bien.

Elle se mit à rire.

— Bizarrement, j'ai un peu de mal à te croire.

Je lui racontai ce qui s'était passé.

— Van der Hoef aime jouer les dragons. Va savoir pourquoi. C'est peut-être la ménopause. Mais la plupart du temps elle est plutôt sympa.

— Je crois qu'elle ne m'aime pas.

— Oh, ne t'inquiète pas. L'année scolaire est à peine commencée. D'ici novembre, elle aura oublié cette histoire.

— Sauf que je suis partie en plein milieu du cours.

— Ne te fais pas de souci, va. Les profs ici ont tout vu. On s'imagine être des individus distincts, mais pour eux on se fond dans une immense masse d'indigence adolescente. Tu vois ce que je veux dire ?

Je fis signe que oui, tout en étant sûre du contraire ; jamais je n'avais entendu quelqu'un d'à peu près mon âge parler de cette façon.

— La vie à Ault peut être pénible, reprit-elle. Surtout au début.

Mes larmes coulèrent de plus belle. Elle *savait*.

— C'est comme ça pour tout le monde, ajouta-t-elle.

Je la regardai, et me rendis compte pour la première fois qu'elle était très séduisante : pas franchement jolie, mais étonnante, ou peut-être belle. Elle mesurait plus d'un mètre quatre-vingts et avait la peau pâle, les traits fins, des yeux d'un bleu presque gris et de longs cheveux châtain clair, épais, emmêlés, coupés inégalement ; par endroits, dans le soleil, on y surprenait des reflets dorés. Pendant qu'on parlait, elle les avait rassemblés en un chignon lâche, et des mèches plus courtes retombaient autour de son visage. D'après mon expérience, une coiffure aussi savamment désordonnée exigeait un bon quart d'heure de ruses et de manœuvres devant un miroir. Mais tout chez Gates respirait le naturel.

— Moi, je viens de l'Idaho, disait-elle, et j'étais la pire des péquenaudes quand j'ai débarqué ici. Je suis quasiment arrivée en tracteur.

— Moi, je suis de l'Indiana.

— Tu dois être plus cool que je ne l'étais, parce que l'Indiana est quand même plus proche de la côte est que l'Idaho.

— Mais les gens ici sont tous allés dans l'Idaho. Ils vont skier là-bas.

Je le savais car Dede Schwartz, une de mes deux camarades de chambre, avait sur son bureau une photo de sa famille qui posait sur une pente enneigée, avec lunettes de soleil et bâtons de ski. Quand je lui avais demandé où le cliché avait été pris, elle avait répondu « Sun Valley », et, en regardant dans mon atlas, j'avais appris que c'était dans l'Idaho.

— Exact, dit Gates. Mais je ne viens pas des montagnes. En tout cas, ce qui compte, ce dont tu dois te souvenir, c'est la raison pour laquelle tu as voulu venir à Ault. Pour la qualité de l'enseignement, je suppose ? Je ne sais pas où tu étais avant, mais Ault bat les meilleurs lycées à plates coutures. Quant aux relations entre les gens, qu'est-ce qu'on y peut ? Beaucoup prennent des poses, mais c'est sans signification.

Je n'étais pas certaine de comprendre ce qu'elle entendait par *prendre des poses* – cela m'évoquait des ribambelles de filles en longues chemises de nuit blanches et portant de gros livres en équilibre sur la tête.

Gates regarda sa montre, un modèle sport pour homme avec un bracelet en plastique noir.

— Il faut que j'y aille, j'ai grec en deuxième heure. Et toi ?

— Algèbre. Mais j'ai laissé mon sac en cours d'histoire.

— Va le chercher quand ça sonnera. Et ne parle pas à Van der Hoef. Tu mettras les choses au clair avec elle plus tard, quand vous serez plus calmes toutes les deux.

Elle se leva, je me levai aussi. On se dirigea vers le bâtiment scolaire – finalement, je ne rentrerais pas à South Bend, du moins ce jour-là. En passant devant la salle d'appel, qui pendant la journée servait de permanence, je me suis demandé si un élève pouvait, par la fenêtre, me voir marcher à côté de Gates Medkowski.

Ce fut un soir, après le couvre-feu, que Dede fit la découverte. Elle venait juste d'étaler ses vêtements pour le lendemain matin. Chaque soir, elle les disposait par terre en dessinant une silhouette humaine : chaussures, puis pantalon ou collant et jupe, ensuite chemisier, enfin pull ou veste. Notre chambre n'était pas grande – nous étions trois à la partager alors que les années précédentes, avais-je appris, elle n'abritait que deux élèves – mais Dede ne dérogeait jamais à sa manie. Moi et Sin-Jun Kim, la troisième de la chambrée, devions prendre autant de précautions que si un véritable corps avait été allongé sur le sol. Comme nous n'avions élevé aucune objection au cours des premiers jours, le rituel de Dede était désormais établi.

Ce soir-là, le calme régnait dans la chambre, troublé seulement par la musique que Dede avait mise tout bas et par le chuintement des tiroirs de sa commode, qu'elle ne cessait d'ouvrir et de refermer. Sin-Jun lisait à son bureau, j'étais déjà au lit. Je me couchais dès que j'en avais marre de travailler – je ne savais pas quoi faire d'autre – et je restais allongée sous les draps, face au mur, les yeux fermés. Si une copine venait voir Dede, elle entrait en parlant d'une voix normale, mais en me voyant elle chuchotait « Oh, désolée », ou bien « Oups », et je me sentais curieusement valorisée. Parfois, je me figurais que j'étais dans mon lit à South Bend et que les bruits du dortoir étaient ceux de ma famille – mon frère Joseph qui tirait la chasse d'eau ; ce rire dans le couloir, ma mère qui parlait au téléphone avec sa sœur.

Depuis notre conversation la semaine précédente, j'avais souvent pensé à Gates Medkowski. Je l'observais avant l'appel et, plusieurs fois, elle m'avait regardée. Quand nos regards se croisaient, elle souriait ou disait « Salut, Lee », avant de se détourner, et généralement je rougissais, comme prise en faute. Je ne voulais pas forcément lui reparler, parce que j'aurais eu l'air d'une godiche, mais j'avais envie de savoir des choses sur elle. J'étais justement en train de me demander si elle avait ou non un petit ami quand Dede s'exclama :

— C'est quoi, ce bordel ?

Sin-Jun ne dit rien, moi non plus.

— Ce matin, j'avais quarante dollars dans mon tiroir du haut, et ce soir ils n'y sont plus, annonça Dede. Ce n'est pas l'une de vous qui les a pris ?

— Bien sûr que non, dis-je en me retournant. Tu as vérifié dans tes poches ?

— Ils étaient dans mon tiroir, j'en suis sûre. Quelqu'un m'a volé cet argent. C'est dingue.

— Pas dans tiroir ? demanda Sin-Jun.

Sin-Jun venait de Corée et je ne savais pas encore ce qu'elle comprenait de la langue anglaise. Comme moi, Sin-Jun n'avait pas d'amis et, comme moi encore, elle suscitait l'indifférence de Dede. Quelquefois, nous allions ensemble au réfectoire, ce qui était mieux que d'y aller seules.

Dede, malgré tous ses efforts pour ne pas nous fréquenter, Sin-Jun et moi – elle partait en avance pour l'office du matin ou pour les repas –, n'avait rien de génial. Dans mon collège d'avant elle aurait été la star, mais à Ault elle n'était ni assez riche ni assez jolie pour avoir vraiment la cote. Même moi, si je la comparais aux filles les plus canon de l'école, je me rendais compte que son nez était un peu rond, ses mollets un peu lourds, ses cheveux un peu… disons bruns. Elle était à la remorque, au sens strict du terme – elle filait le train à deux ou trois autres filles. Et à la voir déployer tant d'énergie, j'étais gênée pour elle.

— Je viens de te dire qu'ils ne sont pas dans mon tiroir. Dis, Sin-Jun, tu ne me les aurais pas empruntés, par hasard ? Du genre je me sers et je rembourserai plus tard ? Si tu l'as fait, ce n'est pas un problème.

C'était là une réflexion très généreuse de la part de Dede.

Sin-Jun secoua la tête.

— Pas emprunt, fit-elle.

Dede poussa un soupir dégoûté.

— Super. Il y a une voleuse dans le dortoir.

— Quelqu'un d'autre peut te les avoir empruntés, dis-je. Demande à Aspeth.

Aspeth Montgomery était la fille que Dede collait avec le plus de ferveur. Elle occupait une autre chambre dans le bâtiment, et sans doute Dede considérait-elle comme un terrible manque de chance le fait de s'être retrouvée avec Sin-Jun et moi au lieu d'Aspeth.

— Aspeth n'emprunterait jamais de l'argent sans demander, déclara Dede. Il va falloir que j'en parle à Madame.

C'est à ce moment-là que je crus réellement que l'argent avait été volé, ou du moins que je crus que Dede le croyait. Le lendemain soir, après avoir vérifié la présence de toutes les occupantes du dortoir, Mme Broussard prit la parole :

— C'est avec un profond déplaisir que je dois vous annoncer qu'un vol a eu lieu.

Madame – notre responsable de dortoir, coordinatrice de l'enseignement du français, née à Paris – scruta l'assemblée à travers une paire de lunettes en forme d'yeux de chat que j'hésitais à juger franchement démodée ou carrément branchée. Elle avait la quarantaine, portait des bas à couture, des hauts talons en cuir ocre dont la lanière autour de la cheville se fermait par un bouton également en cuir, ainsi que des jupes et des corsages qui mettaient en valeur aussi bien la finesse de sa taille que la rondeur de son postérieur.

— Je ne vous dirai pas de quelle somme il s'agit, ni le nom de la victime, poursuivit-elle. Si vous savez quoi que ce soit à propos de cet incident, vous êtes priées de vous signaler. Je vous rappelle que le vol est une infraction grave à la discipline et, en tant que telle, passible d'expulsion.

— On a volé combien ? interrogea Amy Dennaker.

Amy était en première, elle avait la voix rauque, des cheveux roux bouclés, les épaules larges, et elle me faisait peur. Je ne lui avais parlé qu'une fois, alors que j'attendais dans la salle commune de pouvoir utiliser la cabine téléphonique. Elle était entrée, avait ouvert le réfrigérateur et demandé : « À qui sont ces Coca light ? » J'avais dit : « Je ne sais pas. » Amy en avait pris un avant de repartir dans l'escalier. C'était peut-être elle, la voleuse.

— La question de la somme ne se pose pas, précisa Madame. Je vous signale l'incident afin que vous preniez vos précautions.

— Qu'on ferme les portes à clef, par exemple ? dit Amy.

Ce qui fit rire tout le monde. Aucune porte n'avait de serrure.

— Je vous conseille de ne pas garder de grosses sommes d'argent dans vos chambres, reprit Madame. Si vous avez dix ou quinze dollars, c'est suffisant.

Elle avait raison sur ce point : à Ault, on n'avait pas besoin d'espèces. L'argent régnait sur le campus, mais il demeurait invisible. On n'en apercevait que des éclats furtifs dans ce qui brillait, comme le capot de la Mercedes du directeur, le dôme doré du bâtiment scolaire ou une longue chevelure blond platine. À part ça, personne n'avait de portefeuille sur soi. Quand on devait acheter un cahier ou un survêtement à la boutique du campus, on notait son numéro d'identification sur une fiche et, plus tard, les parents recevaient la facture.

— Si vous voyez dans le dortoir une personne non autorisée, continua Madame, signalez-le-moi. Quelqu'un veut-il prendre la parole ?

Aspeth, la copine de Dede, leva la main.

— Je veux juste dire que celle qui laisse des poils pubiens dans les lavabos pourrait nettoyer avant de quitter les lieux. C'est franchement dégueu.

Aspeth faisait régulièrement cette déclaration. En effet, on trouvait souvent des poils noirs frisés dans l'un des lavabos, mais les doléances d'Aspeth ne servaient manifestement à rien. Peut-être, en s'entêtant, voulait-elle seulement affirmer sa franche hostilité envers les poils pubiens.

— S'il n'y a rien d'autre, dit Madame, vous pouvez disposer, mesdemoiselles.

On se leva des canapés, des chaises et du sol pour lui serrer la main, rituel auquel j'avais fini par m'habituer.

— Si on créait un groupe d'autodéfense, est-ce que la commission des activités parascolaires nous donnerait des fonds ? s'enquit Amy de sa grosse voix.

— Je ne sais pas, répondit Madame avec lassitude.

— Ne vous inquiétez pas, reprit Amy. Nous serions des vigiles pacifiques.

J'avais déjà vu Amy en action ; elle se livrait à des imitations de Madame qui consistaient à se presser la poitrine en braillant des phrases du genre *Zut alors ! Quelqu'un s'est assis sur mon croissant !* mais j'étais encore surprise par ses plaisanteries. À la chapelle, le directeur et l'aumônier nous parlaient de citoyenneté, d'honnêteté, et du prix que nous devions payer pour les privilèges dont nous jouissions. À Ault, non seulement nous n'étions pas censés être immoraux, nous ne devions pas non plus être quelconques. Or le vol était pire que quelconque. C'était inconvenant, c'était manquer gravement de subtilité, c'était trahir un désir pour des choses qu'on ne possédait pas.

En montant à l'étage, je me demandai s'il était possible que *je* sois la voleuse. Si j'avais ouvert le tiroir de Dede pendant mon sommeil ? Ou si je souffrais d'amnésie, voire de schizophrénie, au point de ne plus pouvoir justifier ma conduite ? Je ne pensais pas avoir volé l'argent mais, d'un autre côté, cela ne me paraissait pas impossible.

Au moment où j'arrivais à la dernière marche de l'escalier, j'entendis Amy s'exclamer :

— Il faut éclaircir cette affaire *tout de suite* !

— Elle est tarée, marmonna quelqu'un d'autre, bien plus près de moi.

Je me retournai. Little Washington montait l'escalier derrière moi. J'émis un vague murmure, pas trop compromettant, histoire de répondre à son commentaire, même si je ne savais pas trop si elle parlait d'Amy ou de Madame.

— Ce qu'elle peut être grande gueule ! ajouta Little.

Je sus alors qu'elle parlait d'Amy.

— Elle aime blaguer, dis-je.

Ça ne m'aurait pas déplu de médire un peu sur Amy avec Little, mais je craignais de le faire dans le couloir, à portée d'oreilles indiscrètes.

— Elle n'est même pas drôle, insista Little.

J'avais envie d'être d'accord – pas vraiment par conviction mais parce que récemment j'avais envisagé d'essayer de devenir amie avec Little. La première fois que je l'avais remarquée, nous rentrions ensemble d'un dîner officiel. À peine arrivée dans la salle commune, elle avait dit, sans s'adresser à personne en particulier : « Faut que j'enlève ces pompes, j'ai les orteils en compote. » Little venait de Pittsburgh, elle était la seule Noire du dortoir, on disait ses parents médecin et avocat. Elle était championne de course à pied, la rumeur la prétendait encore meilleure au basket. Élève de seconde, elle occupait une chambre seule, ce qui normalement vous rendait louche – cela sous-entendait que vous n'aviez pas d'amies assez proches pour cohabiter. En fait, la peau noire de Little la situait en dehors des conventions sociales en vigueur à Ault. Mais pas de façon systématique, ni dévalorisante. Cela lui permettait plutôt de se démarquer sans passer pour une paumée.

— C'est bizarre, ce vol, non ? dis-je.

— Je parie qu'elle est ravie, fit Little avec dédain. Elle est enfin devenue le centre d'attraction.

— Qui ?

— Comment ça, qui ? Ta copine de chambre.

— Tu sais que c'était l'argent de Dede ? On dirait que rien ne peut rester secret dans le dortoir.

Little garda le silence pendant quelques instants.

— Rien ne peut rester secret dans ce lycée, dit-elle.

Je me sentis vaguement mal à l'aise, j'espérais qu'elle avait tort. Nous étions devant sa chambre et l'idée me traversa qu'elle allait peut-être m'inviter à entrer.

— Tu te plais ici ? lui demandai-je.

C'était tout mon problème : j'étais incapable de parler aux gens sans leur poser des questions. Certains semblaient me trouver étrange, d'autres étaient si heureux de parler d'eux qu'ils ne remarquaient rien, mais dans tous les cas la conversation finissait par se traîner. Pendant que l'autre parlait, je réfléchissais à la question que j'allais poser ensuite.

— Il y a de bons côtés, répondit Little, mais je peux t'assurer que tout le monde se mêle des affaires des autres.

— J'aime bien ton prénom. C'est ton vrai prénom ?

— Tu peux découvrir ça toute seule, dit Little. Ma théorie serait vérifiée.

— D'accord. Et puis je te ferai mon rapport.

Elle ne s'y opposa pas ; c'était comme une permission de lui parler à nouveau, quelque chose à espérer. Sauf qu'elle ne faisait pas mine de m'inviter dans sa chambre – elle avait ouvert la porte et s'apprêtait à y entrer.

— N'oublie pas de cacher tes sous, dis-je.

— Ouais, sûr. Les gens sont nazes.

Tout cela eut lieu en début d'année, dans les premiers temps de ma vie à Ault, à l'époque où j'étais en permanence exténuée à la fois par ma vigilance et par mon désir de passer inaperçue. À l'entraînement de foot, j'avais peur de rater le ballon ; quand on prenait le car pour aller jouer à l'extérieur, j'avais peur de m'asseoir à côté de quelqu'un qui ne voulait pas de ma compagnie ; en cours, j'avais peur de donner une réponse inexacte ou de dire une sottise. Je craignais de me servir trop copieusement aux repas, ou de ne pas bouder les plats qu'il était de bon ton de dédaigner – les croquettes de pomme de terre surgelées, la tarte au citron industrielle –, et la nuit j'avais peur que Dede ou Sin-Jun m'entendent ronfler. Je redoutais toujours qu'on me remarque, et, quand personne ne faisait attention à moi, je me sentais seule.

C'était moi qui avais eu l'idée de venir à Ault. Je m'étais renseignée sur les pensionnats, à la bibliothèque municipale, et j'avais écrit moi-même pour demander les brochures. Les photos sur les pages en papier glacé montraient des adolescents en chandail pure laine qui chantaient des cantiques à la chapelle, tenaient résolument un bâton de crosse[1], ou considéraient avec attention une équation mathématique écrite au tableau noir. J'avais échangé ma famille contre ce luxe. J'avais prétendu que c'était pour la qualité de l'enseignement, mais cela n'avait jamais été mon souci. Le lycée Marvin Thompson de South Bend, où j'aurais dû aller, n'avait à offrir que ses couloirs en linoléum vert pâle, ses casiers crasseux et des garçons aux cheveux filasse qui écrivaient au marqueur noir des noms de groupes heavy metal au dos de leur blouson en jean. Les garçons des internats, en revanche, du moins ceux des brochures, qui maniaient le bâton de

1. À l'origine, jeu de balle des Indiens d'Amérique du Nord, où deux équipes s'affrontent sur un terrain flanqué de deux buts, chaque joueur étant pourvu d'une « crosse » à l'extrémité de laquelle est accroché un filet qui permet de lancer et d'attraper la balle. (*N.d.T.*)

crosse en souriant de toutes leurs dents, étaient tellement beaux… Et intelligents aussi, forcément, du seul fait d'avoir intégré un établissement de ce genre. J'imaginais qu'en quittant South Bend je rencontrerais un garçon mélancolique et sportif qui aimerait lire autant que moi, et que les dimanches de grisaille nous irions nous promener ensemble avec nos chandails pure laine.

Le temps de ma candidature, mes parents restèrent circonspects. Dans la famille, on ne connaissait qu'une seule personne à être allée en pension : le fils d'un des agents d'assurances de la société où ma mère était secrétaire, mais l'internat en question s'était révélé être une sorte de maison de redressement perchée sur un sommet du Colorado. Mes parents pensaient en toute franchise, sans se désolidariser pour autant, que je ne serais jamais acceptée dans les lycées où j'avais postulé ; de surcroît, ils comparaient mon intérêt pour la pension à mes autres passions éphémères, le tricot par exemple – en sixième, j'avais achevé le tiers d'un bonnet. Quand je fus admise, ils m'expliquèrent qu'ils étaient très fiers, et absolument désolés de ne pouvoir payer. Le jour où arriva une lettre d'Ault me proposant la bourse Eloise Fielding Foster, qui couvrirait plus des trois quarts des frais, je pleurai car je sus que j'allais quitter la maison ; brusquement, je ne savais plus si c'était une idée si bonne que ça – je compris que, comme mes parents, je n'avais jamais cru à ce départ.

À la mi-septembre, plusieurs semaines après la rentrée des classes pour mes frères et mes anciens camarades de South Bend, mon père me conduisit en voiture de l'Indiana jusque dans le Massachusetts. Devant les grilles en fer forgé, je reconnus le campus tel que sur les photos – huit bâtiments en brique et une chapelle gothique entourant une pelouse circulaire dont je connaissais déjà le diamètre (cinquante mètres) et sur laquelle, je le savais aussi, il ne fallait pas marcher. Il y avait partout des voitures aux coffres ouverts, des jeunes qui se saluaient, des pères qui portaient des valises. Habillée d'une longue robe à fleurs et à col de dentelle, je remarquai immédiatement que la plupart des élèves étaient en tee-shirt défraîchi, bermuda kaki flottant et tongs. Je mesurai alors la masse de travail qu'Ault allait représenter pour moi.

Après qu'on eut trouvé mon dortoir, mon père se mit à parler avec celui de Dede, qui lui dit : « Ah, South Bend ? Je suppose que vous enseignez à Notre-Dame », et mon père lui rétorqua gaiement : « Non, monsieur, je suis dans le commerce du matelas. » J'étais gênée qu'il appelle cet homme « monsieur », gênée par son boulot, gênée par notre Datsun blanche rouillée. J'avais envie que mon père quitte le campus le plus vite possible. Après, je ferais en sorte qu'il me manque.

Chaque matin sous la douche, je pensais : *Je suis à Ault depuis vingt-quatre heures. Je suis à Ault depuis trois jours. Je suis à Ault depuis un mois*. Je me parlais comme je me figurais que ma mère l'aurait fait si elle avait trouvé judicieuse mon idée de partir en pension : *Tu t'en sors très bien. Je suis fière de toi, LeeLee*. Quelquefois, je pleurais en me lavant les cheveux, mais ce truc avec Ault restait vrai – sous certains aspects mes rêves ne m'avaient pas trompée. Le campus était réellement beau : les lointaines montagnes basses et embrumées qui viraient au bleu le soir, les terrains parfaitement rectangulaires, l'église gothique avec ses vitraux – c'était par une modestie toute yankee qu'on la qualifiait de chapelle. Tant de beauté avait de quoi parer de noblesse et de prestige le mal du pays le plus vulgaire.

À plusieurs reprises, je reconnus des élèves vus sur les photos de la brochure. J'en étais troublée, sans doute comme lorsqu'on croise une célébrité dans les rues de New York ou de Los Angeles. Ces gens-là bougeaient donc, respiraient, mangeaient des petits pains au réfectoire, trimballaient des livres dans les couloirs, portaient d'autres vêtements que ceux de mon souvenir. Ils appartenaient au monde du réel ; avant, j'avais eu le sentiment qu'ils m'appartenaient à moi.

Les panneaux disaient, en grosses lettres : *CHANGEZ DE PEAU ET SORTEZ DU DORTOIR !!!* En plus petit, il y avait écrit : *Où ? Au réfectoire ! Quand ? Ce samedi ! Pourquoi ? Pour danser !* Sur la feuille de papier rouge, on voyait une photo de M. Byden, le directeur, portant une robe.

J'entendis Dede expliquer un soir à Sin-Jun :

— C'est un bal travesti. Tu y vas en travesti.

— Travesti, répéta Sin-Jun.

— Les filles s'habillent en garçons, et les garçons en filles, dis-je.

— Ohhh, fit Sin-Jun. Très bien !

— Je vais emprunter une cravate à Devin, dit Dede. Et une casquette de base-ball.

Tant mieux pour toi, pensai-je.

— Dev est tellement marrant, ajouta-t-elle.

Parfois, simplement parce que j'étais là et que, contrairement à Sin-Jun, je parlais couramment anglais, Dede me confiait des choses sur sa vie.

— À qui vas-tu emprunter des habits ? me demanda-t-elle.

— Je n'ai pas encore décidé.

Je n'emprunterais d'habits à personne pour la bonne raison que je n'irais pas à la soirée. Je parlais à peine à mes camarades de classe et j'étais incapable de danser. J'avais essayé une fois, au mariage d'une cousine, et je n'avais pas arrêté de penser : *C'est maintenant qu'il faut lancer les bras en l'air ?*

Le jour J – l'appel et les cours avaient lieu même le samedi matin, ce qui était, je l'appris bientôt, une indication précieuse pour bien distinguer la pension du foyer familial, pour confirmer l'idée que l'internat n'était que légèrement différent de la prison –, ni Gates ni Henry Thorpe n'étaient à leur place quand la cloche annonça le début de l'appel. Quelqu'un d'autre, une fille de terminale dont j'ignorais le nom, déclencha la sonnerie puis descendit de l'estrade. Une musique se fit entendre, les murmures cessèrent. C'était du disco. Je ne reconnus pas la chanson, mais elle parut familière à beaucoup d'autres élèves, et il y eut un éclat de rire général. En me retournant, je m'aperçus que la musique venait de deux enceintes, tenues à bout de bras par deux gars de terminale – comme il n'y avait pas suffisamment de pupitres pour tout le monde, les premières et terminales restaient debout au fond de la salle. Les deux garçons fixaient la porte de derrière. Quelques secondes s'écoulèrent avant que Henry Thorpe fasse son entrée. Il portait une nuisette en satin noir, des bas résille, des talons hauts noirs, et il gagna l'estrade en se trémoussant. Beaucoup d'élèves, surtout les grands, acclamèrent, sifflèrent ; certains chantaient et frappaient des mains en rythme.

Henry pointa du doigt une porte à l'autre bout de la salle, à côté des professeurs. Gates apparut à son tour, habillée en footballeur, avec des épaulettes et les yeux cernés de noir jusqu'aux pommettes. Sauf que personne n'aurait pu la prendre pour un garçon : ses cheveux tombaient librement, ses mollets – elle ne portait pas de chaussettes – étaient lisses et élancés. Elle aussi dansait, les bras en l'air et en agitant la tête. Quand elle et Henry montèrent sur leur bureau de délégués, ce fut le délire dans la salle. Ils se rapprochèrent l'un de l'autre en tournoyant. Je regardai les profs ; la plupart étaient restés debout, les bras croisés, l'air agacés. Gates et Henry se séparèrent pour se tourner dans des directions opposées. Gates ondulait des hanches et claquait des doigts. Son aisance me stupéfiait. Elle était là devant plus de trois cents personnes, en plein jour, le *matin*, et elle dansait.

À son commandement, la musique s'arrêta. Henry et elle sautèrent du bureau, puis trois élèves de terminale, deux filles et un garçon, montèrent sur l'estrade.

— Ce soir à huit heures au réfectoire… dit l'une des filles.

— … C'est la onzième fiesta travestie annuelle, dit l'autre.

— Alors, préparez-vous à faire la fête ! cria le garçon.

La salle explosa de nouveau en acclamations et applaudissements. Quelqu'un relança la sono. Gates grimaça et secoua la tête. La musique se tut.

— Désolée, le spectacle est terminé, dit-elle.

Il y eut quelques huées, mais gentilles.

— Merci à vous, dit Gates aux trois terminales.

Elle s'empara du bloc où étaient inscrits les noms des personnes désireuses de prendre la parole.

— Monsieur Archibald ?

M. Archibald monta sur l'estrade. Avant qu'il ait ouvert la bouche, un garçon cria, du fond de la salle :

— Tu danseras avec moi, Gates ?

Elle eut un sourire discret.

— Allez-y, monsieur Archibald.

Celui-ci parla de canettes de soda abandonnées dans une salle de maths. Gates passa le bloc-notes à Henry.

— Dory Rogers, appela-t-il.

Et Dory annonça que la réunion d'Amnesty International était déplacée du dimanche dix-huit heures au dimanche dix-neuf heures. Au cours des cinq ou six annonces suivantes, j'attendis que le spectacle reprenne – j'avais envie de voir Gates danser à nouveau – mais la fête était finie.

Quand Henry eut déclenché la sonnerie, je m'approchai de l'estrade.

— Gates…

Elle glissait un carnet dans son sac et ne leva pas les yeux.

— Gates, répétai-je.

Cette fois, elle me regarda.

— Tu danses drôlement bien, dis-je.

— C'est toujours marrant de voir les gens se ridiculiser.

— Oh, non, tu ne t'es pas ridiculisée. Pas du tout. Tout le monde a adoré.

Elle sourit, et je compris qu'elle savait déjà que tout le monde avait adoré. Mais elle ne quêtait pas les compliments, contrairement à moi quand je faisais assaut de modestie. C'était plutôt – je m'en rendis compte en l'observant – qu'elle faisait semblant d'être ordinaire. Alors même qu'elle était extraordinaire, elle feignait d'être comme nous tous.

— Merci, dit-elle. C'est gentil de ta part, Lee.

Dans la soirée, une fièvre gagna la cour et contamina jusqu'au dortoir. Des garçons des dortoirs voisins apparurent dans notre salle commune – ils n'étaient admis à l'étage que pendant l'heure de visite autorisée chaque jour – et appelèrent quelques filles. Aspeth, je n'en fus pas étonnée, était très demandée, et Dede dévala plusieurs fois l'escalier à ses côtés. Elles apportaient des sacs, du vernis à ongles et des soutiens-gorge qu'elles attachaient, au milieu des cris et des éclats de rire, sur les tee-shirts des garçons. Moi, je faisais ma lessive, et, tout en déambulant du sous-sol au premier étage, j'observais la progression des festivités. L'éventualité d'un garçon portant mon soutien-gorge sur son tee-shirt m'horrifiait – les bonnets vides affaissés, le tissu tendu ou, pire encore, nullement tendu sur sa cage thoracique, l'idée qu'en l'enlevant il lirait la taille exacte et pourrait aussi bien le laisser tomber par terre et marcher dessus en montant dans son lit… Mais peut-être mon sentiment d'horreur tenait-il surtout au fait – je ne tardai pas à m'en rendre compte – que je ne possédais pas de soutien-gorge particulièrement mignon. Les miens étaient en coton beige, avec un nœud beige entre les bonnets ; ma mère et moi les avions achetés l'été précédent chez JCPenney. Les soutiens-gorge que je voyais valser étaient en satin ou en dentelle, noirs, rouges, imitation panthère, bref, un genre de lingerie que je croyais réservé aux femmes adultes.

Quand le dortoir fut vide – même Sin-Jun était allée danser, en se dessinant une moustache au mascara –, j'étudiai mon vocabulaire espagnol pendant un moment, puis descendis dans la salle commune pour lire les vieux annuaires du lycée qui s'alignaient sur une étagère. J'adorais ces annuaires ; ils constituaient comme un atlas de l'établissement. Ceux de notre dortoir remontaient jusqu'en 1973, et au cours des semaines passées j'en avais presque fait le tour. La présentation n'avait pas changé au fil des années : quelques instantanés au début, puis les photos de groupe des clubs, des équipes sportives, des dortoirs, des promotions au complet. Quelques événements advenus entre septembre et juin étaient notifiés, et s'y ajoutait une petite plaisanterie sur chaque élève : « Peut-on imaginer Lindsay sans son fer à friser ? » Venait ensuite le meilleur, les terminales, chacun une page. En plus des remerciements de rigueur à la famille, aux professeurs et aux amis, auxquels s'ajoutaient des commentaires plus ou moins nostalgiques, plus ou moins lyriques, plus ou moins incompréhensibles, il y avait une multitude de photos. Les garçons le plus souvent en pleine action, au milieu d'un jeu ; les filles se tenant par les épaules, assises sur un lit ou debout sur une plage. Elles avaient également tendance à inclure des photos de leur enfance.

Pour peu qu'on en ait le goût et le temps, on pouvait imaginer, sur une année donnée, qui était ami avec qui, qui était sorti avec qui, qui avait été la coqueluche, le sportif, le dingue ou le marginal. Les anciens élèves commençaient à me faire l'effet de lointains cousins : j'apprenais leur surnom, leur sport de prédilection, je savais quel pull ou quelle coiffure ils arboraient en différentes occasions.

Dans les annuaires des trois dernières années, j'avais trouvé plusieurs photos de Gates. Jouant au hockey, au basket, à la crosse. En troisième et seconde, elle avait été au dortoir Elwyn, en première au Jackson. L'année de sa seconde, la blague à son sujet était : « La boule de cristal prédit que Henry et Gates achèteront une maison entourée d'une clôture blanche et auront douze mômes. » L'unique Henry à Ault était Henry Thorpe, et je savais qu'il sortait actuellement avec une fille de seconde, un rien sainte-nitouche, du nom de Molly. Je me demandais si Henry et Gates s'étaient effectivement fréquentés et, si oui, s'il existait encore entre eux une relation, bonne ou mauvaise. En les voyant danser ensemble, je n'en avais pas eu l'impression.

Ce fut à la fin de l'annuaire de la première de Gates, le dernier en date, que je tombai sur la photo. La dernière partie, après les pages consacrées aux terminales, montrait des clichés de la remise des diplômes : les filles en robe blanche, les garçons en pantalon blanc, blazer marine et canotier. On les voyait assis en rang, puis s'étreignant, on voyait aussi le maître de cérémonie (un juge de la Cour suprême). Parmi ces clichés – comme je ne la cherchais pas, j'aurais pu la manquer –, Gates figurait toute seule. Elle était cadrée à la taille, portait un chemisier blanc à manches courtes, un chapeau de cow-boy, et sa longue chevelure brillante lui dévalait sur les épaules. Elle aurait dû être prise de profil mais on aurait dit que le photographe l'avait appelée juste avant d'appuyer sur le bouton et qu'elle avait tourné la tête. À la fois rieuse et contrariée, son expression semblait dire : *Oh, arrête !* Mais comme si elle s'adressait à quelqu'un qu'elle aimait beaucoup.

Je fixai cette image pendant si longtemps que, relevant les yeux, je fus surprise de voir les canapés orange et les murs couleur crème de la salle commune. Je m'étais perdue dans mes pensées, et j'avais oublié Ault, du moins sa version réelle et tridimensionnelle dans laquelle j'étais, moi aussi, une présence. Il était plus de vingt-deux heures. Je décidai de me signaler tôt à Madame afin d'aller me coucher, et rangeai les annuaires.

Dans la salle de bains de l'étage, je trouvai Little, en robe de chambre rose, devant l'un des lavabos, qui se frictionnait les cheveux avec de l'huile.

— Salut, dis-je. Comment était le bal ?

Elle fit la grimace.

— Je ne mettrais pas les pieds dans ce genre de soirée.

— Pourquoi ?

— Et pourquoi tu n'y es pas, toi ?

Je souris, elle sourit à son tour.

— Tu vois, reprit-elle. N'empêche que ta copine de chambre était excitée comme une puce. Si je vivais avec cette fille, je l'aurais déjà giflée.

— Elle n'est pas si pénible que ça.

— Tu parles…

— Tu joues au basket contre des équipes universitaires, c'est bien ça ? demandai-je.

— Oui.

— Tu fais donc partie de la même équipe que Gates Medkowski ?

— C'est ça.

— Comment est-elle ? Je me pose la question parce qu'elle est la première fille à avoir été élue déléguée de terminale. Ce n'est pas rien.

— Elle est comme tout le monde ici.

— Ah bon ? Elle a l'air différente.

Little posa son flacon d'huile sur le rebord du lavabo et s'approcha du miroir pour scruter sa peau.

— Gates est riche, voilà. Sa famille possède une fortune.

Elle se recula et adressa une grimace au miroir, aspirant ses joues et haussant les sourcils. C'était le genre de chose que j'aurais pu faire seule mais jamais en présence d'une autre personne. D'un autre côté, j'appréciais que Little ne me porte qu'une attention intermittente ; ça me rendait moins timide.

— Je croyais que Gates venait d'une ferme, dis-je.

— Une ferme qui couvre la moitié de l'Idaho. Ils cultivent la patate. Tu n'aurais jamais imaginé que ce vilain petit tubercule pouvait valoir autant, je parie.

— Gates est bonne au basket ?

— Pas aussi bonne que moi. Tu as trouvé pour mon prénom ? continua Little en me souriant dans la glace.

— Pas encore. Je mène mon enquête, mais jusque-là mes pistes ont abouti à des impasses.

— Bon, je vais te dire la raison. C'est parce que j'ai une jumelle.

— Vraiment ?

— Oui, j'étais la petite, « Little », alors tu peux deviner le nom de ma sœur.

Elle se tut et je compris que je devais réellement deviner.

— Ça paraît trop évident, mais ce ne serait pas « Big », la grande ?

— En plein dans le mille au premier essai, commenta Little. Tu mérites une médaille. Je suis plus grande que Big maintenant, mais ça te colle, ces trucs-là.

— Je trouve ça chouette. Où est-ce qu'elle va en classe ?

— Chez nous. À Pittsburgh. Tu es déjà allée à Pittsburgh ?

Je fis signe que non.

— C'est différent d'ici, je te raconterai.

— Big doit te manquer.

Savoir que Little avait une jumelle, même très loin, m'amenait à me demander si elle n'avait pas besoin d'une amie.

— Tu as des sœurs ? questionna Little.

— Seulement des frères.

— Moi aussi, j'ai trois frères. Mais ce n'est pas pareil.

Elle rangea son flacon d'huile dans son seau – le premier soir, Mme Broussard nous avait distribué à toutes un seau pour ranger nos affaires de toilettes – et se tourna vers moi.

— Tu es plutôt sympa, dit-elle. La plupart des gens ici ne sont pas vrais. Toi, tu es vraie.

— Oh… merci.

Quand elle fut partie – depuis la porte, elle avait lancé « 'nuit » –, je pris ma brosse à dents et mon dentifrice dans mon propre seau. En ouvrant le robinet, je m'aperçus que le lavabo voisin, celui dont s'était servie Little, était parsemé de boucles courtes, noires et drues. C'étaient donc des cheveux, les cheveux de Little. Je pris une serviette en papier au distributeur et les ramassai.

On vola ensuite un billet de cent dollars qu'Aspeth avait reçu de sa grand-mère pour son anniversaire. Il se trouvait dans son portefeuille, celui-ci posé sur son bureau. On le sut le dimanche, au lendemain de la soirée travestie. Je n'appris pas la somme ni le nom de la victime grâce à ce que déclara Madame lors du couvre-feu – une fois de plus, elle resta impassible et discrète – mais par Dede, qui était offusquée.

— À croire qu'on est visées, mes amies et moi, dit-elle quand on fut de retour dans la chambre. On est victimes de discrimination.

Elle étalait par terre un pull en cachemire rouge, au-dessus d'un pantalon noir. En se redressant, elle plissa le nez.

— Il y a quelque chose qui pue ici.

Je respirai en feignant de découvrir le phénomène. Elle avait raison : ça puait. Ça empestait depuis plusieurs jours. J'avais d'abord cru que cette odeur de poisson était le fruit de mon imagination, mais elle était devenue de plus en plus prononcée. Profitant de l'absence de Dede et de Sin-Jun, j'avais flairé mes aisselles, mon entrejambe, puis mes draps puis mon linge sale. Si elle ne semblait pas venir de ces endroits-là, l'odeur n'en persistait pas moins.

— Oui, ça sent bizarre, dis-je.

— Eh, Sin-Jun, lança Dede. Renifle un peu. Ça sent mauvais, non ?

— Renifle un peu ?

— Respire l'air, dis-je.

Je mimai une inspiration profonde.

— Notre chambre sent drôle, repris-je. Pas très bon.

— Ahh, fit Sin-Jun, avant de retourner à ses cahiers.

Dede m'adressa une mimique expressive.

— Ça vient peut-être de la salle de bains, dis-je.

C'était peu vraisemblable. Dede ouvrit la porte de notre chambre, sortit dans le couloir, revint.

— Non, c'est ici, assura-t-elle. Dans cette pièce. Vous stockez de la bouffe ici, toutes les deux ?

— Seulement ça.

Je désignai l'étagère au-dessus de mon bureau, où se trouvaient un pot de beurre de cacahuètes et une boîte de biscuits salés.

— Et toi, Sin-Jun ? questionna Dede.

J'intervins avant que Sin-Jun puisse répondre.

— Pourquoi ce serait nous ? C'est peut-être toi.

— Ce n'est pas moi qui garde toute une épicerie dans cette piaule, rétorqua Dede.

Sin-Jun avait en effet plusieurs paquets et boîtes en plastique rangés sous son lit, dans son bureau et dans son placard.

— Tu ne sais même pas s'il s'agit de nourriture, ajoutai-je. Ce sont peut-être tes chaussures.

Je m'emparai de mon seau.
— Qu'est-ce que tu fais ? s'enquit Dede.
— Je me prépare à me coucher.
— Tu ne m'aides pas à chercher ?
Dede en restait bouche bée, de surprise ou peut-être d'indignation, et j'eus l'étrange tentation de lui glisser quelque chose dans le bec – le manche de ma brosse à dents, ou alors mon doigt.
— Désolée, dis-je.
En quittant la chambre, avant que la porte se referme, je l'entendis marmonner :
— Ouais, ça se voit.

Arriva décembre. (*Je suis à Ault depuis soixante-dix-huit jours.*) Une fois, alors que tout le monde était sorti, on passa un samedi soir ensemble, Little et moi, à jouer au Boggle dans la salle commune, sous l'œil de Sin-Jun. Une autre fois, on regarda une série policière à la télé, rien que nous deux, et Little fit du pop-corn, qui crama mais on le mangea quand même. (« J'ai encore un peu faim », dis-je après, et Little répliqua : « Faim ? Moi, j'ai l'estomac comme un ballon. ») Il y eut encore deux vols, que Madame annonça au couvre-feu. Je ne sus pas trop à qui on avait pris de l'argent, en tout cas il ne s'agissait pas des copines de Dede. L'odeur dans notre chambre s'intensifia ; ça devint irrespirable, au point que je craignais, même si je n'en étais pas responsable, de la transporter sur mes vêtements et sur ma peau. Parfois en cours, ou même dehors, quand je sortais de la chapelle, la puanteur me revenait aux narines. Quand des gens venaient nous voir, Dede essayait laborieusement de blaguer ou s'excusait en long, en large et en travers.

La semaine précédant les vacances de Noël, je traversai la salle du courrier pendant la récréation du matin, quand je vis Jimmy Hardigan, un terminale, expédier son poing dans le mur. Puis je vis Mary Gibbons et Charlotte Chan, elles aussi en terminale, dans les bras l'une de l'autre. Charlotte pleurait. Généralement, la salle du courrier était animée à la récré du matin, mais ce jour-là le silence régnait. Je me demandai si quelqu'un était mort – pas un prof ni un élève, mais peut-être un membre du personnel administratif.

Je m'approchai du mur de boîtes aux lettres dorées et vitrées. On savait si on avait du courrier rien qu'en le voyant de profil, en oblique dans la boîte ; des années plus tard, bien après avoir quitté Ault, j'ai parfois rêvé de cette ombre maigrichonne derrière le petit carreau.

Ma boîte était vide. En jetant un coup d'œil sur ma droite, je reconnus Jamie Lorison qui était avec moi en cours d'histoire – j'entendais de surcroît sa respiration bruyante.

— Jamie, pourquoi c'est si calme ? demandai-je.

— Les terminales viennent de recevoir leur réponse de Harvard, pour ceux qui ont postulé tôt. Mais tout le monde s'est ramassé cette année.

— Personne n'est admis ?

Autrefois, bien avant qu'Ault accepte les filles, les garçons se rendaient chez le directeur, la veille de la remise des diplômes, et écrivaient chacun sur une feuille de papier *Harvard*, *Yale* ou *Princeton* ; ils intégraient l'université qu'ils avaient convoitée.

— Jusqu'ici, il n'y en a que deux qui sont pris, me répondit Jamie. Nevin Lunse et Gates Medkowski. Pour les autres, la décision est en suspens.

Ma poitrine se gonfla. Je regardai autour de moi, dans l'espoir de féliciter Gates, mais je ne la vis pas.

Pour finir, je la trouvai au réfectoire le soir même. Il s'agissait d'un dîner ordinaire, pas d'un dîner officiel où il fallait s'habiller et s'asseoir à des places attribuées. En rangeant mon plateau sur le chariot destiné à la plonge, je l'aperçus qui faisait la queue au self. Mon cœur se mit à battre. Je m'essuyai la bouche du dos de la main, déglutis et me dirigeai vers elle.

Je n'étais pas à trois mètres d'elle quand Henry Thorpe surgit, venu de la direction opposée.

— Halte-là, Medkowski, lança-t-il.

Gates se retourna.

— Te voilà rock-star, tope là !

Leurs paumes s'entrechoquèrent.

— Merci, mec, dit Gates.

— Comment tu te sens ?

— Sacrément veinarde.

— Ne parle pas de veine. Tout le monde savait que tu serais admise.

Leur désinvolture partagée me fit comprendre que je ne pouvais approcher Gates devant témoins. Même pour la complimenter, je me serais montrée balourde, encombrante. Je décidai de lui écrire une carte que je pourrais glisser dans sa boîte à lettres, ou déposer dans sa chambre.

Rentrée au dortoir, j'écrivis FÉLICITATIONS, GATES ! en alternant feutres bleu et rouge pour chaque lettre, ensuite *Bonne chance à Harvard !* puis dessinai quelques étoiles en violet. Comme la feuille me semblait encore un peu nue, j'ajoutai, en vert, un entrelacs de vignes autour des mots. Me restait à signer. J'avais envie de mettre *Affectueusement, Lee.* Mais n'allait-elle pas trouver ça bizarre ? Mon prénom tout seul faisait un peu sec, et *Bien sincèrement* ou *Bien à toi* paraissaient guindés et ringards. Le feutre bleu suspendu au-dessus du papier, j'hésitai puis finis par signer *Affectueusement, Lee*. Je déposerais la lettre à son dortoir, dans une enveloppe, à sa porte. Ainsi, elle serait seule quand elle la découvrirait.

Un dîner officiel était programmé pour le lendemain soir. La plupart des élèves se douchaient au gymnase après l'entraînement sportif puis se rendaient directement au réfectoire. Je songeai qu'en me pressant j'avais le temps de retourner à ma chambre, de prendre la carte et de la déposer ; de toute façon, je n'aimais pas arriver trop tôt aux dîners officiels, parce qu'il fallait attendre.

Peu avant d'atteindre la cour, je me précipitai. Comme il faisait nuit très tôt, personne ne risquait de me voir ni de se demander pourquoi je cavalais en jupe et mocassins bleu marine. Le dortoir Broussard était désert. Je grimpai l'escalier. À l'instant où j'ouvrais la porte de la chambre, Dede referma vivement un tiroir et me fit face. Je me rendis compte – je n'aurais pas fait attention, sinon, car j'étais préoccupée ; ce fut la rapidité de son geste qui m'alerta – qu'elle ne se tenait pas devant sa propre commode, mais devant celle de Sin-Jun.

— Ce n'est pas ce que tu crois, dit-elle.

Je reculai d'un pas, elle avança d'autant.

— Je veux juste savoir d'où vient cette odeur, reprit-elle. C'est forcément Sin-Jun. Parce que ce n'est pas nous, hein ?

— Si tu penses que c'est elle, tu aurais pu lui demander avant de fouiller dans ses affaires.

— Je ne veux pas la blesser, rétorqua Dede d'un ton impatient. En tout cas, Lee, ça ne peut pas être moi la voleuse puisque j'ai été la première victime.

On se regarda.

— Bon, d'accord, tu penses que je me serais volée moi-même ?

Je continuai à reculer vers le couloir.

— Tu comptes le dire à Madame ? Il n'y a rien à dire. Je ne te mens pas. Tu ne me fais pas confiance ?

Comme je ne répondais pas, elle s'élança et me saisit les avant-bras. Mon cœur bondit. Si près d'elle, je pouvais sentir son parfum, voir les minuscules pousses qui pointaient à ses sourcils. Si j'avais su plus tôt qu'elle s'épilait les sourcils, pensai-je, j'aurais pu lui demander de m'apprendre. Puis je songeai que non, nous n'étions pas ce genre de copines.

— Lâche-moi, fis-je.

— Qu'est-ce que tu vas faire ? insista-t-elle d'une voix mal assurée. Tu vas dire quelque chose ?

— Je ne sais pas.

J'essayai de me dégager mais elle se cramponnait.

— Que dois-je faire pour te prouver que je dis la vérité ?

— Lâche-moi, répétai-je.

Ses mains finirent par lâcher prise.

— Je raconterai moi-même à Madame que j'ai regardé dans la commode de Sin-Jun. Là, tu me croiras ?

Je laissai la porte se refermer sans lui répondre.

Je n'avais pas encore quitté le dortoir quand je me rendis compte que j'avais oublié la carte pour Gates. Je choisis de sauter le dîner – je pouvais me cacher dans la cabine téléphonique jusqu'au départ de Dede puis remonter à l'étage. De cette façon, en plus, j'aurais le temps de décider quoi faire après avoir pris Dede la main dans le sac.

Il faisait chaud dans la cabine, ça sentait la vieille chaussette. Mon cœur battait vite. J'aurais voulu m'occuper les mains pour me calmer. Au lieu de ça, je m'assis sur le siège et serrai les genoux contre ma poitrine.

Quand l'idée de la photo m'eut traversé l'esprit, cela me fit le même effet que lorsqu'on est assis au salon et que le gâteau se trouve dans la cuisine. Il suffit d'aller le chercher. *Non*, me dis-je. *Dede pourrait t'entendre remuer*. Puis je pensai : *Sauf qu'elle ne saura pas qui c'est*. Je regardai à travers la vitre de la cabine maculée d'empreintes, poussai doucement la porte et me glissai dans la salle commune jusqu'à l'étagère. La main tremblante, j'attrapai le dernier annuaire et regagnai ma cachette.

La photo était exactement comme dans mon souvenir : son chapeau de cow-boy, ses cheveux indisciplinés, son visage spirituel, parfait. Ouvrir à la page recherchée était comme de croquer la première bouchée du gâteau, en sachant qu'on a encore toute la part à manger. Si Dede pouvait se résoudre à partir, me disais-je, je pourrais emporter l'annuaire là-haut. Non pas pour le contempler indéfiniment. Je voulais juste me l'approprier, le regarder quand j'en avais besoin. J'avais envie d'aller me coucher et d'éteindre la lumière ; dans le noir, je serais seule avec moi-même, et je mènerais des conversations imaginaires où la drôlerie de mes reparties ferait rire Gates, mais pas avec la gentillesse qu'on manifeste envers une petite élève de troisième. Ce serait un rire qui signifierait qu'elle m'estimait et me reconnaissait comme sa semblable.

Des pas descendaient l'escalier. J'attendis puis me penchai pour risquer un œil par la vitre. C'était Dede. Je soulevai mon chemisier et glissai l'annuaire dans la ceinture de ma jupe – je doutais qu'il puisse manquer, n'ayant jamais vu personne d'autre que moi consulter les annuaires. Dans ma chambre, je le rangeai sur l'étagère de mon placard, sous un pull. Malgré l'envie que j'en avais, il n'était pas question que je me couche car Dede et Sin-Jun allaient rentrer dans moins d'une heure, allumer la lumière et bavarder. En plus, il me restait encore à déposer la carte.

Elle se trouvait dans mon dictionnaire, là où je l'avais laissée la veille. Je la dépliai et la posai sur mon bureau. Le *N* de FÉLICITATIONS avait bavé. J'humectai mon doigt et le pressai sur la tache, le résultat fut pire. Puis je me demandai pourquoi j'avais écrit *Bonne chance à Harvard !* C'était carrément idiot ; on aurait cru qu'elle allait partir incessamment, alors qu'il lui restait sept mois à passer à Ault. Les étoiles et les feuilles de vigne m'évoquaient, brusquement, les efforts d'une gamine de neuf ans. Et ce *Affectueusement*… ? Quelle plaisanterie ! On se connaissait à peine. Je saisis la feuille, la déchirai en longues lanières puis scindai celles-ci en trois. Les morceaux tombèrent dans la corbeille en voltigeant.

La scène avec Dede me revint, sa panique, ses dénégations, ses mains agrippées à mes bras. J'aurais voulu parler à quelqu'un, mais tout le monde était au dîner. Je pris l'un des magazines people de Dede et m'allongeai sur mon lit pour essayer de lire. Le monde extérieur à Ault semblait étrange, à côté de la plaque, j'avais du mal à me concentrer sur les articles. Très vite, je lâchai le magazine, ressortis l'annuaire de mon placard, contemplai à nouveau la photo de Gates. Puis, entendant des voix dehors, je me précipitai dans la salle de bains afin d'éviter le retour de Dede, et me tapis dans une cabine de douche pendant dix bonnes minutes. Après quoi je gagnai directement la chambre de Little.

— Je te dérange ? demandai-je quand elle ouvrit la porte.

— Je ne sais pas encore.

Elle portait des lunettes et un survêtement gris.

— Je peux entrer ?

Elle s'écarta pour me laisser le passage. Bien qu'elle ne m'y eût pas invitée, je pris sa chaise de bureau, et elle s'assit en tailleur sur son lit, devant ses livres et cahiers ouverts. Je n'étais jamais entrée dans la chambre de Little. C'était plus qu'austère, pas de posters, pas de tapisseries, pas de photos. En dehors du dessus-de-lit et des livres, seuls un radio-réveil sur le rebord de fenêtre, un flacon de lotion sur la commode et un petit ours en peluche au pied du lit lui conféraient une touche personnelle. Le nounours portait un pull mauve ; en le regardant, je ressentis une profonde tristesse qui éclipsa complètement mes soupçons et mon irritation envers Dede. Mais la tristesse était trop grande pour que je la saisisse et elle passa son chemin.

— Tu ne vas pas me croire, dis-je. Je sais qui est la voleuse.

Little fit une mine interrogative.

— C'est Dede.

Cette fois, Little eut l'air perplexe.

— Tu es sûre ?

— Je l'ai prise en flagrant délit. Elle fouillait dans la commode de Sin-Jun.

— Dede Schwartz, murmura Little. Je veux bien le croire.

— C'est terrifiant. Ça veut dire que c'est une menteuse pathologique, ou un truc dans le genre, vu qu'elle a fait semblant d'être la première victime.

— Cette fille ne m'a jamais plu. Qu'a dit Madame ?

— Je ne lui ai pas encore parlé. Dede m'a suppliée de me taire.

— Mais tu l'as vue en train de fouiller dans la commode de Sin-Jun ?

— Parfaitement.

— Si tu ne la dénonces pas, elle va continuer.

— Je sais. Sauf que je ne saisis pas pourquoi elle fait ça. Ses parents lui donnent plein d'argent de poche.

— Si tu cherches à comprendre la plupart des gens qui sont ici, tu vas écoper d'une bonne migraine.

— Je peux dormir dans ta chambre ce soir ? demandai-je.

Little hésita.

— C'est bon, repris-je. Pas besoin.

Gênée, je me levai.

— Il faudra bien que je revoie Dede tôt ou tard, hein ?

Quand je quittai la chambre, Little ne fit rien pour me retenir.

Je retournai me cacher dans la salle de bains, cette fois dans la douche d'angle, que personne n'utilisait parce que la pression de l'eau était nulle. Je portais toujours ma tenue de dîner, et je me sentis toute chose et pas très propre d'être assise en jupe sur les mosaïques bleues. À un moment, j'entendis la porte s'ouvrir et Dede appeler :

— Lee ? Lee, tu es là ?

Avant le couvre-feu, je descendis et allai trouver Madame. Je m'apprêtais à lui parler de Dede mais là, tandis que j'étais debout à l'entrée de son appartement, l'accusation m'apparut dans toute sa gravité ; je songeai à quel point cela allait modifier ma vie comme celle de Dede. Je n'étais pas encore prête.

— Je vais me coucher, dis-je. Je peux pointer plus tôt ?

Je lui serrai la main puis retournai dans la salle de bains.

À l'infirmerie, six chambres ne contenant que des lits s'alignaient de part et d'autre du couloir. Il y avait aussi la pièce où se tenait l'infirmière et où on vous prenait la température quand vous arriviez, le salon télé, et la kitchenette avec une affiche énonçant des banalités sur la nutrition. On apprenait, entre autres, que manger du chocolat provoquait sur le cerveau la même réaction chimique que quand on est amoureux. De temps en temps, au cours de mes années à Ault, je me retrouverais pour le déjeuner à une table, participant à une conversation sur n'importe quel sujet, et quelqu'un déclarerait : « Vous saviez que le chocolat produit la même réaction chimique sur le cerveau que quand on est amoureux ? » Et quelqu'un d'autre dirait : « Je crois avoir déjà entendu ça », ou bien : « Ouais, j'ai lu ça quelque part. » Mais on ne se rappelait jamais où on avait lu ça avant de revenir à l'infirmerie, malade ou feignant de l'être, la rigidité d'une journée ordinaire ayant cédé le pas à un paresseux, pâlichon, vaporeux déroulement des heures : on dormait, on mangeait du pudding et du pain grillé, on regardait la télévision avec d'autres élèves qui avaient également atterri à l'infirmerie ce jour-là, peut-être des copains, peut-être des gens à qui on n'avait jamais parlé.

C'était mon premier séjour à l'infirmerie. La nuit précédente, j'avais regagné ma chambre après minuit, une fois certaine que Dede et Sin-Jun dormaient. Levée à l'aube, j'avais enfilé un jean et quitté le dortoir sans même me brosser les dents. Si j'avais un jour de plus pour réfléchir, me disais-je en marchant dans la fraîcheur du petit matin encore obscur, je trouverais comment dénoncer Dede.

L'infirmière prit ma température et m'attribua une chambre où je sombrai dans un sommeil profond. À mon réveil, la lumière jaune de fin de matinée perçait à travers le store ; j'entendais la télé. Je sortis dans le couloir en chaussettes.

Shannon Hormley, une seconde effacée, se trouvait dans le salon, ainsi qu'un gars de terminale, Pete Lords, un des deux qui avaient tenu les enceintes le jour où Gates avait dansé à l'appel. Tous deux tournèrent la tête quand j'entrai, mais ils ne dirent pas bonjour, alors moi non plus. Ils regardaient un feuilleton. À l'écran, une femme en robe à paillettes bleues disait au téléphone : « Avec Christophe à Rio, je ne vois tout bonnement pas comment ce serait possible. » Je me demandai qui avait choisi ce programme. J'avais déjà envie de m'en aller, mais je me dis que ça aurait l'air bizarre de repartir si vite. Je jetai un œil autour de moi. Plusieurs brochures étaient disposées en éventail sur la table proche de mon siège. *Je pense au suicide*, titrait celle du dessus. La suivante annonçait : *Mon petit ami m'a violée*, et la troisième : *Suis-je homosexuel(le) ?* Quelque chose se noua dans mon ventre. Je détournai les yeux, puis observai Shannon et Pete pour essayer de déterminer s'ils m'avaient vue lire les titres des brochures. Apparemment, non.

Je feignis d'être captivée par l'émission en attendant leur départ. Une fois seule – Shannon disparut au bout d'une demi-heure, après quoi Pete se traîna dans la kitchenette –, j'attrapai la troisième brochure et fonçai dans ma chambre. *Les femmes qui se reconnaissent comme lesbiennes sont attirées sexuellement par d'autres femmes, tombent amoureuses d'autres femmes*, m'expliqua le fascicule. *Leurs pulsions et sentiments envers les femmes sont normaux pour elles et leur conviennent. Cette orientation sexuelle se manifeste pendant l'enfance ou l'adolescence et se maintient à l'âge adulte*. Suivaient des questions que l'on pouvait se poser à soi-même : *Dans mes rêves ou mes fantasmes sexuels, les partenaires sont-ils des garçons ou des filles ? Ai-je éprouvé une attirance ou ai-je été amoureuse d'une fille ou d'une femme ? Est-ce que je me sens différente des autres filles ?*

J'essayai d'imaginer un baiser avec Gates : nous serions debout, face à face, j'avancerais d'un pas. Peut-être devrais-je me dresser sur la pointe des pieds, vu sa taille. J'inclinerais la tête pour que nos nez ne se heurtent pas et poserais ma bouche sur la sienne. Ses lèvres seraient sèches et douces ; quand j'entrouvrirais les miennes, elle ferait de même, et nos langues se rencontreraient.

Le scénario ne me dégoûtait pas plus qu'il ne m'excitait. Peut-être parce que je m'efforçais de ne pas être excitée. Je poursuivis ma lecture : *La première fois que j'ai touché les seins de mon amie, j'ai eu l'impression que c'était la chose la plus naturelle au monde – Tina, dix-sept ans.*

Où es-tu maintenant, Tina, dix-sept ans ? pensai-je. *As-tu toujours dix-sept ans ou es-tu adulte ? Tes voisins et tes collègues connaissent-ils ton secret ?* Je l'imaginais en Arizona, par exemple, ou dans l'Oregon, mais je doutais qu'elle vive en Nouvelle-Angleterre. À ma connaissance, il n'y avait pas d'homosexuel(le) à Ault. En fait, je n'avais rencontré qu'une seule personne gay dans ma vie, et c'était chez moi – il s'agissait du fils du voisin, un trentenaire qui était parti travailler comme steward à Atlanta.

Je m'imaginai poser la main sur la rondeur du sein de Gates. Et quoi ensuite ? Fallait-il le serrer ? Le faire tourner ? L'image était absurde. Cependant, si je n'avais pas envie de la toucher, je ne savais pas trop ce que je voulais. Je glissai la revue dans la poche de mon manteau, à l'abri, et regrettai de l'avoir prise.

Quand je regagnai la chambre, en début de soirée, Dede se faisait les ongles, assise sur son lit. Elle bondit en me voyant.

— Où tu étais ? J'ai un truc à te montrer.

Elle me prit par le bras pour m'entraîner hors de la chambre jusqu'à la grande poubelle du couloir. Il régnait là la même puanteur que dans notre chambre.

— Regarde, fit Dede en pointant l'index.

Un machin desséché, filandreux et cireux reposait au milieu de journaux, d'un sachet de chips vide et des restes d'une plante verte. D'un vague jaune orangé, il mesurait bien trente centimètres de long.

— C'est du calmar, dit Dede. Du calmar séché. C'est lui qui pue. Il était dans le placard de Sin-Jun. Tu as déjà vu un truc aussi dégueulasse ?

Dede semblait contente, plus du tout désespérée.

— J'ai demandé à Sin-Jun si je pouvais jeter un œil et elle a dit d'ac, et je l'ai trouvé. Je t'ai expliqué que c'était tout ce que je cherchais.

— C'est de la bouffe ? questionnai-je, avant d'ajouter quand Dede eut acquiescé : Où est Sin-Jun maintenant ?

— Au téléphone avec sa mère, je crois. Elle ne se sent pas trop bien, mais il y a de quoi, c'est vraiment dégoûtant.

— Tu lui as dit que tu avais déjà regardé dans sa commode ?

— Il va falloir que tu piges la situation, Lee. Si tu veux me dénoncer, tu vas seulement t'attirer des ennuis. Attends au moins de voir si Sin-Jun se plaint qu'il lui manque quelque chose. Si ce n'est pas le cas, je crois que ça me lavera de tout soupçon.

— Il ne lui manquera rien, dis-je. Je pense que tu as tout remis en place.

Curieusement, à présent que je commençais à croire à l'innocence de Dede, je me sentais plus libre de l'accuser.

— Tu ferais un bon détective, rétorqua Dede. Mais laisse-moi te dire un truc. Tu n'as pas besoin de jouer les marginales. C'est ta faute. Si tu ne faisais pas tout ce cinéma, on pourrait peut-être être amies.

— Ça alors, Dede, fis-je en imitant le ton fervent d'une héroïne de feuilleton des années cinquante. Tu le penses sincèrement ?

Cela me faisait du bien de me montrer désagréable ; j'étais soulagée de constater que j'avais encore cette aptitude, sous l'humilité et la sensiblerie de mon vernis « aultien ».

— J'ai de la peine pour toi, dit Dede en secouant la tête.

Elle partit dans le couloir, son coupe-ongles à la main, et je supposai qu'elle allait s'entretenir de mes bizarreries avec Aspeth. Je suspendis mon manteau et m'allongeai sur mon lit sans le défaire. Puis je me souvins de la brochure dans ma poche. Je la ressortis et, en voyant le titre débile (*Suis-je homosexuel(le) ?*), me sentis gagnée par l'amertume. *Non, tu n'es pas homosexuel(le)*, pensai-je. *Tu es une brochure*. J'eus envie de la brûler.

Entendant tourner la poignée de la porte, j'ouvris le premier tiroir de mon bureau et y glissai le fascicule. Dede revenait sûrement avec de nouvelles insultes. Non, c'était Sin-Jun.

— Je *si* désolée pour calmar, dit-elle.
— Ça va.
— J'étais mauvaise camarade.
— Ce n'est pas si grave. Ne t'inquiète pas.
— Tu n'es pas ici aujourd'hui.
— J'étais à l'infirmerie.
— Tu *as* malade ?
— Tout comme. Oui.
— Je fais thé pour toi.
— Ce n'est pas la peine. Merci quand même.
— Pas thé ?
— Pas maintenant.

Elle parut déçue, et je songeai que j'aurais dû accepter son offre, mais le moment était passé.

Ce fut en cours d'espagnol, juste après le déjeuner, que je me souvins. La terreur me traversa. La brochure était dans mon bureau, dans le premier tiroir – l'endroit le plus évident ! La voleuse chercherait de l'argent, mais quelle aubaine de tomber là-dessus !

Il restait vingt minutes de cours. J'appelai les maths à la rescousse : si nous étions dix-neuf à vivre au dortoir Broussard, et si quatre vols avaient eu lieu durant les six semaines écoulées, la probabilité était faible, même infime, qu'un nouveau vol se produise entre l'instant présent et la fin de l'entraînement sportif, où je pourrais regagner le dortoir. Sauf qu'un des vols avait déjà visé ma chambre. Et de toute façon, comment se reposer sur des calculs, leur froide impartialité ? Les chiffres se fichaient que tout le monde à Ault me prenne pour une lesbienne.

Plus que quinze minutes, plus que dix, huit, cinq, quatre, deux. Quand la cloche sonna, je me ruai hors du bâtiment scolaire. Je serais en retard en cours de biologie, si je ne le loupais pas complètement, mais mon signalement au conseiller d'éducation me semblait un prix minime à payer pour l'escamotage de la brochure.

En traversant le campus au pas de course, quand tous les autres étaient en classe, je me rappelai le jour où j'avais quitté le cours d'histoire et ressentis un élan de tendresse pour celle que j'étais avant. À vrai dire, les choses ne s'étaient pas si mal passées. Du moins n'étaient-elles pas si compliquées.

Je coupai à travers la cour, passai devant les bancs de granit inoccupés où j'avais rencontré Gates. Le temps était venteux, couvert, et quand j'ouvris la porte de Broussard, la poignée était froide.

C'est la chose à laquelle je pense le plus souvent : la coïncidence. Parfois je m'interroge sur les accidents qui frappent les gens : les collisions de voitures, les branches d'arbres qui vous tombent dessus, les incendies la nuit, et je me demande si c'était évitable ou fixé par le destin. S'il est établi que les événements doivent se produire, les mauvaises circonstances nous guettent-elles, changeant de forme, les conséquences demeurant immuables ? Ou peut-être leur aspect ne change-t-il pas ; elles conservent la même forme et nous attendent patiemment.

Little sortit de notre chambre à l'instant où je m'apprêtais à y entrer. Comme si elle avait prévu mon arrivée et m'ouvrait la porte, sauf qu'une fois celle-ci ouverte, Little ne s'effaça pas avec déférence, et qu'on faillit se cogner.

On resta là sans parler pendant si longtemps que je crus qu'on n'échangerait pas un seul mot. Mais ce genre de silence est bon pour le cinéma ; dans la vraie vie, il est difficile de ne pas encombrer de paroles les moments importants.

— Leurs familles sont bourrées aux as, prononça enfin Little. Elles n'ont pas besoin de ce fric.

— Mais cet argent est à elles. Pas à toi.

— Ouais, et je vois bien comment elles le claquent. Elles n'aiment pas la cantine, elles commandent des pizzas. L'échauffement de cross-country coûte soixante-dix dollars ? Pas de problème.

— C'est mal de voler.

— Tu vas faire semblant de ne pas comprendre ? N'essaie pas de me faire croire que tu fais partie du clan.

— Qu'est-ce que ça veut dire ?

— Ça veut dire que je vois comme le nez au milieu de la figure que tu ne paies pas ta pension ici.

— Tu n'en sais rien.

— Oh, que si !

— Même si j'étais boursière, et je ne dis pas que je le suis, comment tu le saurais ?

Elle haussa les épaules puis :

— Ton couvre-pieds.

— Mon quoi ?

— Ton dessus-de-lit, si tu préfères. Il n'est pas à fleurs.

J'ignorais comment elle avait su quel était mon lit, mais elle avait raison. J'avais un dessus-de-lit réversible, rouge d'un côté, bleu de l'autre. C'était donc un indice ; il faudrait que je m'en souvienne.

— Mais toi, tu *n'es pas* boursière, dis ?

Elle me dévisagea.

— Bien sûr que si. Une année ici coûte vingt mille dollars.

— Mais… ton père n'est-il pas médecin, et ta mère avocate ?

Son esquisse de sourire se transforma en ricanement.

— Quoi, genre *The Cosby Show*[1] ?

Baissant les yeux, je me demandai si elle me haïssait. J'avais envie de la questionner : *Comment as-tu pu penser que tu ne te ferais pas prendre ? Ou, au contraire, espérais-tu te faire prendre ?* Mais rien n'indiquait que c'était le cas.

— Écoute, reprit-elle, me faisant lever les yeux, je vais arrêter. J'avais juste besoin d'un peu de liquide jusqu'aux vacances de Noël. Et vu comme ça s'est passé, c'est bien pour nous deux.

— En quoi ça pourrait être bien pour moi ?

— Ta copine de chambre, dit Little.

Comme je ne comprenais toujours pas, elle précisa :

— Elle sera partie ce soir.

Little avait donc dérobé l'argent de Sin-Jun cette fois ; son plan n'était pas idiot. Et j'étais censée la soutenir. Auparavant, je l'aurais fait involontairement, croyant que Dede était la voleuse. Désormais, bien que sachant Dede innocente, je pouvais feindre de détenir une preuve et je me ferais complice en connaissance de cause.

— Tu n'as pas pensé que c'est toi que j'avais volée, hein ? dit Little.

Je détournai le regard.

— Merde alors, je ne te piquerais jamais rien, à toi.

Elle parlait avec gaieté. Si je ne l'avais pas eue en face de moi, j'aurais pris ce ton enjoué pour argent comptant. Mais ses yeux étaient pleins de désir indicible et de tristesse. Et là sur le seuil, tandis que nous nous dévisagions, je me reconnus profondément en elle, au point de croire, fugitivement, que je garderais son secret.

1. Série télévisée des années quatre-vingt qui met en scène une famille noire américaine aisée. *(N.d.T.)*

2

Le règlement de l'école reste en vigueur

PREMIER HIVER

Après que Mme Broussard eut vérifié notre présence à l'heure du couvre-feu, la salle commune se vida, à l'exception de Dede, moi, et Amy Dennaker, qui, au téléphone dans la cabine, n'arrêtait pas de rire et de répéter « Tais-toi ! ».

Je consultai mon bloc-notes.

— Bon, dis-je à Dede. Quel est le schéma reproducteur du protiste euglène ?

— La bipartition, répondit Dede.

— Exact.

Je me répétai intérieurement *bipartition*, *bipartition*, *bipartition*. Ça m'étonnait que Dede, qui semblait consacrer presque toute son énergie à se pomponner et à tenter de s'insinuer dans les bonnes grâces des gens les plus appréciés, retienne ce genre de notion sans effort quand je culminais à C de moyenne en biologie. Je ne voyais pas trop comment j'en étais arrivée à cette dégringolade, car avant d'intégrer Ault je n'étais jamais descendue en dessous de B+ dans aucune matière. Soit Ault était beaucoup plus difficile que mon ancien collège, soit je devenais de plus en plus débile – les deux étaient plausibles. Si je ne devenais pas débile au sens strict du terme, j'avais en tout cas perdu l'aura qui vous entoure quand les profs vous tiennent pour l'un de leurs élèves les plus brillants, cette aura qui rayonne davantage chaque fois que vous levez la main en cours pour dire une chose pertinente, ou quand vous demandez une autre copie lors d'un examen par manque de place. À Ault, je doutais de devoir un jour réclamer davantage de papier car même mon écriture avait changé – mes grosses lettres rondes et brouillonnes s'étaient transformées en petits signes maigrelets.

— Et pour les bactéries ? Leur structure reproductrice ?

— Pour les bactéries, division binaire et conjugaison. Ça peut être…

— Qu'est-ce que vous fabriquez ?

Amy Dennaker avait émergé de la cabine téléphonique et nous observait avec plus d'intérêt que d'habitude. Le mois précédent, en février, Amy avait marqué trois buts pendant le match de hockey sur glace contre Saint Francis et puis, au cours de la troisième période, s'était cassé le nez. Ça la rendait, à mes yeux, encore plus terrifiante.

— Si vous travaillez pour demain, laissez tomber, dit-elle.

— On a un contrôle de bio, fis-je.

— Absolument pas, répliqua Amy avec un large sourire. Ce n'est pas moi qui vous l'ai dit, mais demain c'est congé surprise.

— Qu'est-ce que c'est ? demandai-je.

En même temps, Dede s'exclama :

— C'est génial ! Tu es sûre ?

— C'est quoi, le congé surprise ? questionnai-je, cette fois à l'attention de Dede.

— Comment tu le sais ? demanda Dede à Amy.

— Je ne peux pas dévoiler mes sources. Et on ne peut jamais être absolument certain. Quelquefois, si M. Byden pense que trop d'élèves sont au courant, il annule. Mais suivez-moi bien : ça ne peut pas être un mercredi à cause du sport, ce n'est généralement ni le lundi ni le vendredi parce que ça aurait juste l'air de rallonger le week-end, et c'est presque toujours avant les vacances de printemps. Il reste donc mardi et jeudi. Or le match de basket des garçons contre Overfield a été repoussé à mardi prochain. Le jeudi d'après, un mec qui écrit les discours présidentiels vient faire un speech en quatrième heure. Et la semaine suivante est la dernière avant les vacances. On ne peut être sûr de rien avant d'avoir vu la veste verte, mais en toute logique, si on procède par élimination, ça tombe demain.

Dede acquiesça. Apparemment, elle avait déjà entendu parler de la veste verte.

— Encore un truc, ajouta Amy. Alex Ellison a un devoir d'histoire à rendre demain, mais il a dit à des gens hier au dîner qu'il ne l'avait même pas commencé.

— Quel rapport ?

— Alex partage sa chambre avec Henry Thorpe, et comme Henry est délégué des terminales, il est forcément au courant. Les délégués sont les seuls élèves prévenus à l'avance. Et Henry l'a forcément dit à Alex.

— Il a le droit ? questionnai-je.

Dede et Amy me regardèrent comme si elles avaient oublié ma présence.

— Non, dit Amy. Et après ?

Elle semblait s'être rappelé subitement qui j'étais : une troisième empotée qu'elle connaissait à peine, qui révisait avec sa copine de chambre, à peine plus cool. De toute évidence, elle regrettait de s'être montrée aussi généreuse de son temps et de ses informations.

— Faites comme vous voulez, conclut-elle. Si ça vous rassure de bosser toute la nuit…

J'attendis qu'elle ait disparu dans l'escalier pour m'adresser de nouveau à Dede :

— Alors, tu vas m'expliquer ou pas ?

Ce n'était pas que je m'étais prise d'une franche affection pour Dede, mais elle était celle dont je me sentais le plus proche à Ault. En décembre, Little Washington avait été priée de plier bagage moins de vingt-quatre heures après que j'eus parlé à Mme Broussard, et le soir même dans la salle commune la différence était palpable : une impression de vide inhabituelle. Little était partie – ses parents étaient venus la chercher et, d'un coup, sa chambre avait été nettoyée –, et avec elle avait disparu le mystère de l'identité du voleur et de la date du prochain larcin. Vers deux heures du matin, j'avais eu tellement mal au ventre que j'étais allée aux toilettes et m'étais mis un doigt au fond de la gorge. Rien n'était sorti mais j'avais eu plusieurs haut-le-cœur ; penchée sur la cuvette, j'étais restée à contempler les W-C sous cet angle : l'eau immobile, les courbes de la porcelaine. J'étais là depuis vingt minutes environ quand Dede avait poussé la porte non verrouillée. « Laisse-moi tranquille », avais-je dit, et elle : « Tu as agi comme il fallait. Tu n'avais pas le choix. »

Dans la salle commune, elle m'expliquait à présent :

— Le congé surprise est une tradition à Ault. Un jour par an, les cours sont annulés, histoire de nous accorder une récré.

Avec mon C en biologie, je n'étais pas certaine de mériter une récréation.

— On l'apprend en voyant la veste verte à l'appel, poursuivit Dede. M. Byden peut être en train de faire une annonce, il enlève sa veste, et dessous il y a la veste verte. Ou bien quelqu'un surgit de sous le bureau des délégués, habillé de la veste verte. Des trucs de ce genre.

— Alors, on n'aura pas de contrôle ?

— Sans doute que non. Du moins pas avant vendredi.

— Donc ce n'est plus la peine de réviser.

— Il faudrait continuer, pour ne pas prendre de risque.

— Je suis fatiguée, dis-je.

— Si on révise maintenant, on n'aura pas à s'y remettre demain.

Je la regardai – quelle élève sérieuse elle faisait ! J'avais l'impression de voir mon portrait un an auparavant, cette version de moi qui avait convaincu mes parents de me laisser partir pour Ault, en arguant que j'y recevrais un enseignement de premier ordre. À présent, j'étais différente, dissemblable de Dede. Elle parvenait à étudier car elle abordait sa vie sans détour. Moi, je vivais ma vie comme à sa périphérie. Je ne faisais pas ce que je voulais, je ne disais pas ce que je pensais, et cette façon de m'étouffer et de me réprimer à longueur de temps m'épuisait ; ce que je faisais ne comptait jamais, j'imaginais toujours autre chose. Les notes n'étaient pas importantes en soi, mais le vrai problème était que rien ne me paraissait important en soi.

— Je vais me coucher, dis-je.

Je laissai Dede dans la salle commune, plongée dans son cours de biologie.

Au petit déjeuner, Hunter Jergenson raconta son rêve, où il était question d'extraterrestres, ce qui poussa Tab Kinkead à demander s'il s'agissait réellement d'un rêve et non d'un enlèvement, après quoi Andrea Sheldy-Smith, qui partageait la chambre de Hunter, expliqua en long, en large et en travers comment elle avait par erreur utilisé la brosse à dents de Hunter. Tab lui dit :

— En fait, c'est comme si vous vous étiez roulé une pelle, toutes les deux.

J'étais constamment atterrée par les sujets de conversation que soulevaient les autres, surtout les filles, et tout aussi stupéfaite des réactions enthousiastes qu'engendrait leur ridicule. Certes, peut-être s'agissait-il précisément d'être ridicule – c'était leur façon de ne pas révéler le sentiment que là se jouait quelque chose.

Personne à la table n'évoqua le congé surprise, et je soupçonnais de plus en plus Amy soit de s'être trompée, soit – l'hypothèse m'avait effleurée au milieu de la nuit – de nous avoir monté un bateau. À l'office, M. Byden parla de l'importance de l'humilité, et je scrutai son visage, en quête d'un signe annonciateur. Il ne laissa rien paraître. En général, j'aimais bien la chapelle : les chaises bancales en paille, la pénombre, les voûtes incroyablement hautes, le son de l'orgue lorsque nous chantions des cantiques, et ce pan de mur au fond où étaient gravés dans la pierre les noms des garçons d'Ault morts à la guerre. Mais ce jour-là, j'étais agitée.

Au moment de l'appel, je commençai à percevoir une impatience joyeuse, une exubérance bavarde. Personne n'étudiait autour de moi, contrairement à ce qui se pratiquait avant et pendant les annonces ; tout le monde parlait et on entendait partout de bruyants éclats de rire. Aspeth Montgomery, la petite peste blonde qui se laissait coller par Dede, était assise sur les genoux de Darden Pittard, le Noir cool de notre classe ; Darden était fort au basket, venait du Bronx, portait une chaîne en or et des maillots qui moulaient son dos musclé et ses larges épaules. (L'autre Noir de la classe, qui n'était pas cool, s'appelait Kevin Brown : un champion d'échecs maigrichon, à lunettes, dont les parents enseignaient dans une université de Saint Louis.) J'aperçus Darden tendre les lèvres vers Aspeth, comme pour l'embrasser, je la vis alors lui prendre le menton et faire semblant de le gronder, et devant tout ça je me dis que probablement, même certainement, nous aurions aujourd'hui le congé surprise. Comment pouvait-il en aller autrement ?

Henry Thorpe dut faire sonner trois fois la cloche avant d'obtenir le calme. Mme Van der Hoef fit la première annonce : les élèves qui participaient au voyage en Grèce au mois de juin étaient priés de s'assurer que leurs parents avaient bien envoyé l'acompte de cinq cents dollars. Ensuite, un garçon de première dont j'ignorais le nom déclara qu'il avait laissé son cahier de maths dans la bibliothèque et que, si quelqu'un le voyait, merci de le lui restituer. Troisième sur la liste, le conseiller d'éducation Fletcher s'approcha nonchalamment de l'estrade sur laquelle Henry et Gates se tenaient derrière leur bureau. Après le renvoi de Little, mon intérêt pour Gates avait décliné jusqu'à la quasi-disparition. Non que Gates ait fait quoi que ce soit mais parce que, je pense, j'associais Gates à Little, et à mon malaise dû à la situation. Gates devint bientôt comme quelqu'un dont une amie à moi, plutôt que moi-même, se serait entichée à un moment donné. J'éprouvais encore une vague curiosité quand je la voyais, mais vraiment vague.

— Quelques petites choses, dit Fletcher. Primo, le petit déjeuner se termine à huit heures moins cinq précises. Il paraît que certains parmi vous se plaignent auprès du personnel de la cantine. Vous vous levez trop tard mais vous exigez quand même vos pancakes.

On rit dans la salle, surtout parce que tout le monde aimait bien le conseiller d'éducation Fletcher.

— Quand le personnel vous dit qu'on ne sert plus, ça veut dire que vous devez vous magner le train pour l'office. Pigé ? Deuzio, la salle du courrier est une vraie porcherie. Vos mères auraient honte de vous.

Il fouilla dans une boîte en carton, sur le bureau des délégués ; je n'avais pas encore remarqué cette boîte.

— Première pièce à conviction, dit-il.

Les battements de mon cœur s'accélérèrent, mais il sortit seulement un *New York Times* tout froissé.

— Les journaux vont dans les poubelles de recyclage.

Ensuite, il brandit un cache-oreilles.

— C'est à quelqu'un ? Non ? Va falloir que je le garde pour moi…

Il se le mit sur la tête, et là j'en fus certaine.

— Ou encore… continua-t-il.

Regardant l'auditoire suspendu dans l'attente, il sourit :

— … que dites-vous de ça ?

Avant que la salle explose, j'entrevis une étoffe vert kaki. Tout le monde hurlait autour de moi. Les filles s'embrassaient, les garçons se tapaient dans le dos.

Je ne braillai pas ni ne serrai personne dans mes bras. En fait, à mesure que le vacarme croissait, j'éprouvais exactement l'inverse, une baisse d'excitation. Pas une chute de tension – mon corps demeurait raidi, sur le qui-vive, mais ma réaction, étrangement, était une envie de pleurer. Non parce que j'étais triste mais parce que je n'étais pas heureuse, et en même temps, comme mes camarades, j'avais ressenti un afflux émotionnel que j'avais besoin d'exprimer. J'avais déjà expérimenté ce phénomène – me retrouver submergée par un sentiment contraire à celui des gens qui m'entouraient – lors d'une séance de chauffe avant un match interscolaire. Cela me mettait mal à l'aise car je ne voulais pas que les autres s'aperçoivent que je ne sautais pas en l'air, ni ne criais ni n'applaudissais, et d'un autre côté ça m'électrisait, parce que le monde paraissait soudain plein de possibilités susceptibles de faire battre mon cœur. Avec le recul, je crois que c'était l'unique bienfait que me dispensait Ault : ce sentiment des possibles. Nous vivions dans la promiscuité, mais parce que la bienséance comme la retenue étaient de mise, et surtout parce que nous étions adolescents, nous cachions beaucoup de choses. Et puis, dans les dortoirs, en cours, dans les équipes sportives, aux dîners officiels, dans les groupes d'orientation, nous étions brassés, accolés, dispersés, et au bout du compte il existait toujours une chance de débusquer une bribe d'information. Voilà pourquoi j'étais transportée quand la vie sortait de sa routine, quand il se passait quelque chose – la neige, les exercices d'évacuation, les offices du soir à la chapelle, quand le ciel était noir derrière les vitraux. Grâce à ces circonstances particulières, on pouvait apprendre un truc dingue ou tomber désespérément amoureux. De toute ma vie, Ault a représenté la plus forte densité de gens à aimer d'amour fou.

Gates fit sonner la cloche pour appeler au calme. Deux doigts entre les lèvres, le conseiller Fletcher siffla.

— D'accord, les gars. Ça suffit, écoutez un peu. Un car partira pour Boston à dix heures, et un autre pour le centre commercial de Westmoor à midi. Inscrivez-vous à mon bureau si vous êtes du voyage. Je n'ai pas besoin de vous rappeler que, lorsque vous êtes à l'extérieur, le règlement de l'école reste en vigueur.

C'était la phrase que prononçaient invariablement les profs avant qu'on quitte le campus.

L'appel terminé, les élèves se précipitèrent soit en direction du bureau de Fletcher, soit vers les dortoirs. Je me dirigeai vers la salle du courrier qui se trouvait en sous-sol, et vis à travers la vitre de ma boîte qu'il n'y avait rien. Je ne savais pas trop quoi faire. Jusqu'ici mon obsession avait été d'éviter le contrôle de biologie, et maintenant que c'était fait, j'étais désemparée. Le problème était que je n'avais personne avec qui aller à Boston ni au centre commercial ; je n'avais toujours aucune amie. Étonnamment, cette réalité n'affectait guère ma vie quotidienne, du moins au plan logistique. Pour les repas, le réfectoire était officieusement sectorisé par niveaux, et à l'intérieur de notre section – c'était étrangement démocratique – on pouvait s'asseoir à n'importe quelle place disponible ; c'était encore mieux aux dîners officiels, où l'on avait une place attribuée. À la chapelle aussi, on se mettait où on voulait. Le reste du temps, pour arpenter les couloirs entre les cours ou se changer au vestiaire, on pouvait être seul sans trop se faire remarquer, marcher à quelques pas d'un groupe ou se tenir à la lisière.

C'était durant ces moments où on était censé s'amuser, quand le rythme se relâchait, que mon manque d'amis devenait flagrant – quand je n'allais pas aux boums organisées certains samedis, et au cours de la « visite », cette heure quotidienne où garçons et filles étaient autorisés à se rendre dans les chambres des autres dortoirs. Dans ces instants-là, je me cachais. Si la plupart des autres filles ouvraient grande leur porte pour la visite, la nôtre demeurait fermée ; Sin-Jun ne semblait pas s'en soucier et Dede allait dans la chambre d'Aspeth.

En certaines occasions, pourtant, je ne pouvais dissimuler mon isolement. Lors de la sortie éducative à la plantation Plimoth, j'avais dû m'asseoir dans le car à côté de Danny Black, un externe dont le nez coulait en permanence parce qu'il souffrait d'allergies ; quand je lui avais demandé si je pouvais me mettre à côté de lui, il m'avait répondu de sa voix morveuse : « D'accord, mais je veux la place couloir », avant de se lever pour que je me glisse vers la fenêtre. Il y avait eu aussi le samedi où les délégués avaient organisé une soirée à la patinoire de hockey ; j'y étais allée parce que je n'avais pas encore compris qu'il ne suffisait pas qu'il fasse nuit ou que l'occasion soit baptisée « fête » pour que j'arrive à parler plus facilement aux gens. Les filles glissaient sur la glace, en jeans et chandail rose ou gris ; les garçons essayaient de se faire tomber. De l'autre côté de la barrière en plastique, ceux d'entre nous qui ne savaient pas patiner ou ne possédaient pas de patins restaient plantés sur les gradins. À demeurer immobile dans l'air glacial, sans patiner, j'avais l'impression d'avoir les pieds congelés. Quand les gens parlaient, on voyait la buée sortir de leur bouche. De temps en temps, je m'efforçais de nouer conversation avec Rufina Sanchez, qu'Ault avait recrutée dans un collège public de San Diego, et qui était si jolie que je n'aurais pas osé lui parler si elle avait été blanche ; mais en réalité mon attention allait aux patineurs. En les observant, j'éprouvais ce mélange familier de chagrin et d'euphorie. Au bout d'un quart d'heure, Rufina avait dit à Maria Oldego, qui était grosse et venait d'Albuquerque : « J'en ai marre. Allons-nous-en. » *Marre* ? m'étais-je répété, incrédule. Rufina et Maria parties, les autres, du même côté que nous, les avaient imitées, et je m'étais retrouvée seule ; j'avais dû m'en aller moi aussi.

J'aurais peut-être amélioré mon sort en tentant de me lier à Dede, mais l'orgueil m'en empêchait. Parfois je me rapprochais de Sin-Jun, mais ensuite je me sentais déprimée, comme si j'avais trop parlé ou, du fait du barrage linguistique, comme si elle ne m'avait pas comprise. De surcroît, Sin-Jun s'était récemment liée à Clara O'Hallahan, une fille potelée et énervante de notre dortoir.

Tandis que d'autres élèves défilaient dans la salle du courrier, je décidai de rester au dortoir toute la journée. Je travaillerais, me dis-je, pendant que les autres dépenseraient de l'argent en vêtements et en cassettes. Je pouvais même me tirer du contrôle de bio avec une bonne note. Je quittai le bâtiment scolaire. Dehors, il avait commencé à pleuvoir ; quelques gars jouaient au foot sur l'herbe. À entendre leurs cris, je fus saisie de ma jalousie coutumière envers les garçons. Je ne les enviais pas, simplement j'aurais aimé vouloir ce qu'ils voulaient ; on aurait dit que le bonheur était plus facile pour eux.

Approchant des dortoirs, j'entendis de la musique. La même chanson partout, sauf qu'elle ne venait pas d'une source unique et que le son n'était pas synchrone. C'était Madonna qui chantait *Holiday* : « Si on prenait un congé / Le temps de faire la fête / Juste un seul jour volé / Ce serait / Ce serait si chouette. » Je m'aperçus qu'aux fenêtres des dortoirs – seulement ceux des filles, pas ceux des garçons – on avait sorti des enceintes stéréo, calées contre les stores, qui diffusaient la musique. Je me demandai comment autant de filles avaient eu cette idée. Ça m'évoquait un genre d'instinct animal, un peu comme les éléphants dans la savane qui, génération après génération, savent trouver le point d'eau.

À la fenêtre de notre chambre, trônaient les enceintes de Dede ; ses parents lui avaient envoyé une chaîne dès la deuxième semaine de classe. (Sa mère lui expédiait également des colis contenant des pulls en cachemire et des chocolats français rangés dans une boîte où chaque bouchée, en forme de coquillage ou de médaillon, était nichée dans son petit nid de forme identique ; Dede nous donnait les chocolats, à Sin-Jun et à moi, car elle était perpétuellement au régime. Pour ce qui était des colis de ma propre mère, j'avais appris à attendre d'être revenue au dortoir pour les ouvrir. Une fois, elle m'avait adressé trois paquets rose fluo de serviettes hygiéniques absorption maximale accompagnés d'un mot que je cite intégralement : *Il y avait une promotion chez Kroger. Tu me manques. Bisous, maman.*) Quand j'entrai, Sin-Jun n'était pas en vue, et Dede s'affairait comme à son habitude, courant de la salle de bains à la chambre, pour remplir sa bouteille d'eau, boucler son petit sac à dos, s'adresser en criant à Aspeth. Elle lança dans le couloir :

— Il vient, Cross ?

Je n'entendis pas la réponse d'Aspeth, mais Dede rétorqua :

— Pourquoi ?

Aspeth ne répondit pas. Au bout de quelques secondes, Dede déclara :

— Cross est mal luné ces temps-ci (et comme elle avait baissé la voix, on aurait dit qu'elle s'adressait à moi). Ça l'abat complètement de sortir avec Sophie, ajouta-t-elle.

Cross Sugarman était le plus grand et le plus cool des gars de notre classe et, bien que blanc, encore meilleur joueur de basket que Darden Pittard. Quoiqu'en troisième, il sortait avec une fille de première qui s'appelait

Sophie, ce que je savais pour l'avoir lu dans la rubrique « Entre les lignes » de *La Voix d'Ault*, le journal de l'école. La rubrique consistait en commentaires gaiement méchants sur les nouveaux couples, les anciens couples, les gens qui avaient récemment couché, le tout rédigé à mots couverts afin d'échapper à la compréhension des instances professorales et administratives. On désignait les gens par leurs initiales, suivies d'un calembour sur les prénoms – pour Cross et Sophie, on avait pu lire « S. T. et C. S. : est-ce sagesse (*sofia* en grec) de pratiquer le Cross d'une classe à l'autre ? » Que Cross ait une petite amie n'avait pas empêché Dede de s'énamourer de lui, ce qui me semblait à la fois prévisible et pathétique – Dede avait bien sûr jeté son dévolu sur le garçon de la classe qui avait le plus la cote. L'apprécier équivalait à dire que Grateful Dead était votre groupe préféré, que l'office était gonflant, ou la cantine dégueulasse. Je savais que Dede n'avait aucune chance avec Cross. D'accord, elle était riche, mais elle était également juive, et entre son nez proéminent et Schwartz pour nom de famille, elle ne pouvait pas cacher ses origines. Elle avait beau prendre grand soin de sa personne, les jambes toujours rasées de près, les cheveux toujours parfumés, elle n'était tout simplement pas terrible.

Un jour dans la salle du courrier, j'avais vu réunis Dede, Cross Sugarman et quelques autres. Dede était partie d'un rire hystérique, regardant Cross et s'accrochant des deux mains à son bras ; l'expression de Cross avait révélé une telle indifférence, un détachement si complet que j'avais éprouvé une peine sincère pour Dede.

— Si Cross pensait que Sophie ne lui fait pas de bien, il ne sortirait pas avec elle, dis-je.

— Il a failli rompre au moins cinq fois, m'assura Dede. C'est surtout parce qu'elle est en première qu'il sort avec elle.

— Si c'est la raison, il a l'air plutôt minable.

Je riais. Émettre ce genre de jugement était agréablement blasphématoire.

— Tu ne le connais pas comme je le connais.

— Je ne prétends pas le contraire. Je ne lui ai d'ailleurs jamais parlé.

— Exactement.

Face au miroir qui surplombait son bureau, Dede se mit du rouge à lèvres tout en observant son image avec le sérieux indispensable.

— Il s'est fait coincer dans une relation malsaine, reprit-elle. Il n'aime pas vraiment Sophie, il se sent des obligations envers elle.

— Tu devrais peut-être chercher quelqu'un qui n'ait pas déjà une petite amie.

— Oh, mais je n'aime pas Cross, si c'est ce que tu crois. On est juste copains. Tu ne vas pas à Boston ? ajouta-t-elle en se détournant du miroir.

— Non.

— Moi, j'y vais.

— J'avais compris.

— On va faire les magasins de Newbury Street, Aspeth et moi. Et déjeuner dans un resto thaï qui est super-cool, paraît-il. Tu n'aimes pas la cuisine thaïe ?

Je n'avais jamais mangé thaïlandais, ce que Dede aurait pu supposer.

— Comme les nouilles croquantes *pad thai*. Miam, c'est ce que je préfère. Tu n'as pas vu mon bandeau écaille de tortue ?

— Non.

— Dis, Lee, tu ne vas pas rester à glander ici toute la journée ? Il faut que tu fasses un truc rigolo. Ce n'est qu'une fois par an, le congé surprise.

— Je ne reste pas ici, évidemment, dis-je.

— Tu vas au centre commercial ?

Sans réfléchir, je hochai la tête.

— C'est plutôt nul question boutiques, commenta Dede. Tu te rappelles la fois où j'y suis allée en taxi avec Aspeth ? Une perte de temps totale. Pour le shopping, mieux vaut Boston. Oh, mais tu as sans doute l'intention d'aller au ciné ?

J'acquiesçai de nouveau.

— Tu vas voir quel film ?

J'hésitai.

— Euh, en fait… En fait, si je vais là-bas, c'est pour… pour me faire percer les oreilles.

Tout en parlant, je sentis mon visage s'empourprer. Jamais je n'avais envisagé de me faire percer les oreilles ; je n'étais même pas sûre que mes parents seraient d'accord.

— Oh, Lee ! C'est super. Ça t'ira vachement bien. Et tu mettras des pendants, hein ? Pas juste des clous ?

— Oui, sans doute.

— Ça va beaucoup t'arranger.

L'idée de me vexer me traversa, mais je compris que Dede essayait seulement de me manifester de la sympathie. Il y avait chez elle quelque chose de candide – ses aspects les plus déplaisants se trouvaient à la surface, un peu comme la croûte terrestre ; si on creusait plus loin, elle se révélait étrangement innocente.

Dede avait raison ; le centre commercial était assez minable. Un éclairage blanc cru, un sol en briques orange brillantes qui avaient l'air fausses. De nombreuses boutiques étaient vides, fermées par des grilles en acier chromé derrière lesquelles, malgré l'absence d'éclairage, on distinguait quelques cartons ou une chaise de bureau abandonnée. Je passai devant une boutique de vêtements « femmes fortes », un magasin de musique, puis une succession d'endroits où manger : une sandwicherie, une pizzeria, un petit restaurant qui vantait ses hamburgers sur des panneaux lumineux. J'avais toujours dans mon champ de vision d'autres élèves d'Ault qui allaient par deux ou trois. À la descente du car – il n'était pas plein, et personne ne s'était assis à côté de moi –, j'avais espéré me fondre dans une foule d'inconnus, or le centre était quasi désert. Je me dis que les autres iraient probablement au cinéma – la séance commençait dans moins d'une heure – et qu'alors je pourrais me promener tranquillement. D'abord, je devais me faire percer les oreilles.

En l'absence de ce genre de commerce pour filles, qui vend barrettes et bijoux de pacotille, mon seul recours se matérialisa sous la forme de son pendant masculin : une vitrine pleine de vêtements en cuir, au milieu de laquelle trônait une moto entourée de flammes voraces peintes sur des panneaux de bois.

Le type derrière le comptoir frisait la quarantaine, avec une longue queue-de-cheval et une veste en jean aux manches coupées.

— Un renseignement, mademoiselle ?

— Je regarde.

J'avais besoin de quelques minutes. Je me dirigeai vers les vestes en cuir et en tâtai les épaules. Le cuir était doux et dégageait sa forte odeur un peu âpre.

— Un renseignement ? répéta le type, et je me retournai.

Mais cette fois il s'adressait à Cross Sugarman, qui se tenait à l'entrée du magasin. En revenant aux vestes, je ne pus retenir un sourire satisfait. Si je me fichais de la présence de Cross, j'avais en revanche le plaisir de penser que Dede souffrait de son absence. Puis je me souvins de la gentillesse de Dede quand je lui avais dit que j'allais me faire percer les oreilles ; devais-je me sentir coupable de méchanceté ?

Je m'approchai du comptoir.

— Je voudrais me faire percer les oreilles, annonçai-je. S'il vous plaît.

— Le perçage est gratuit, dit l'homme. Les boucles coûtent à partir de six dollars quatre-vingt-dix-neuf.

Il déverrouilla une porte sous son comptoir et sortit un présentoir en velours qu'il poussa vers moi. Parmi les boucles d'oreilles proposées, il y avait des lunes, des croix, des têtes de mort, toutes en argent et en or. Un sentiment de solitude m'étreignit ; se faire percer les oreilles requérait la présence d'une autre fille, d'une amie qui vous aide à choisir. Je désignai une paire de petites billes argentées, les plus sobres.

— Asseyez-vous là.

Du menton, l'homme m'indiqua un tabouret. Il sortit de derrière son comptoir et je vis le pistolet, un engin en plastique blanc, sans autre caractéristique que ses angles droits et la petite tige argentée qui allait me transpercer le lobe.

— Il vous arrive de vous louper ? demandai-je.

Je me mis à rire, d'un rire aigu et nerveux.

— Non, dit l'homme.

— Ça fait mal ?

— Non.

Il approcha le pistolet de mon lobe droit.

Je songeai que si j'avais eu une amie, même si ce n'était que Dede, je lui aurais pressé la main. Je sentis un pincement, puis une brûlure.

— Ouille.

Le type gloussa.

J'eus envie de partir en courant. Sauf que si je m'en allais, je n'aurais qu'une seule oreille percée. Le sentiment d'être piégée altérait ma respiration. Je sentis le pistolet effleurer mon lobe gauche, les doigts de l'homme dans mes cheveux. Il arma. Je frissonnai, mes épaules tressautèrent.

— C'est quoi, ce cirque ? s'exclama l'homme en se penchant vers moi pour me fixer d'un regard furieux. Vous voulez que ce soit fait ou pas ?

— Excusez-moi…

Et son visage commença à se brouiller, remplacé par une tache verdâtre qui battait, aveuglante – comme quand on a fixé une ampoule électrique et qu'on détourne les yeux. Mon estomac se souleva.

— Oh, mon Dieu, dis-je tout bas.

L'homme sortit de mon champ de vision et pressa de nouveau le pistolet sur mon lobe. La tache verte resta, de plus en plus grosse, et grouillante. Je fermai les yeux.

Par la suite, j'entendais mais ne voyais plus rien. J'avais l'impression d'être allongée à côté d'une voie ferrée et que les roues d'un train me fracassaient les tympans. L'univers entier déraillait, tout ce qui avait existé se délitait, et j'en étais responsable.

— Tu la connais ? fit une voix rocailleuse.

— Je ne connais pas son nom mais elle est dans le même lycée que moi, dit une autre voix.

— Elle a pris quelque chose ? demanda la voix rocailleuse. Qu'est-ce qu'elle a pris ? Pourquoi vous n'êtes pas en cours, tous les deux ?

— On a un jour de congé. Vous auriez une serviette ?

— Y a un lavabo derrière.

— Si vous y allez, je reste avec elle.

Je sentis l'humidité sur mon front avant de recommencer à percevoir mon propre corps. Puis je les vis, mais j'étais ballottée entre le monde verdâtre tournoyant et l'univers statique de leurs visages devant moi.

— Elle revient à elle, dit la seconde voix. Eh, hou, hou… Comment tu t'appelles ?

Je battis des paupières, essayai de prononcer *Lee*, mais ne sortis qu'un long croassement.

— Tu t'es évanouie.

C'était Cross Sugarman – c'était lui qui me parlait.

— Tu es diabétique ?

J'étais incapable de répondre.

Cross se tourna vers l'homme à la queue-de-cheval, celui qui avait la voix rocailleuse.

— Vous auriez du sucre ou un soda ?

— C'est pas un bistrot ici.

— Ouais, ça se voit. Tu es diabétique ? répéta Cross à mon intention.

— Non, couinai-je.

— Tu veux qu'on appelle une ambulance ?

— Non.

— Tu t'es déjà évanouie ?

— … Sais pas.

Les mots émergeaient difficilement. Le monde verdâtre tournoyant avait disparu. Je me sentais épuisée.

— Comment tu t'appelles ?

— Lee.

— Tu es à Ault, c'est bien ça ?

J'acquiesçai.

— Moi aussi. Je m'appelle Cross.

Même à ce moment-là, je fus frappée par la modestie que révélait le fait qu'il se présente. Je connaissais évidemment son nom.

J'essayai de m'asseoir – j'étais couchée par terre – et Cross se pencha pour glisser les mains sous mes aisselles.

— Doucement. Vous n'avez pas de soda ? demanda-t-il de nouveau à l'homme.

— Les restos sont par là, dit le type en désignant la sortie de sa boutique.

Quand je fus debout, Cross scruta mon visage.

— Quel jour sommes-nous ?

— Le jour de congé surprise, dis-je.

Il sourit.

— Tiens, fais comme ça.

Il s'essuya la bouche avec le dos de la main. Je l'imitai, un filet de salive s'accrocha à mes phalanges.

— Il faut que tu manges quelque chose.

On se dirigea lentement vers la sortie.

— Attends, dis-je. Je n'ai pas payé.

— À ta place, je ne prendrais pas cette peine.

Quand on se retrouva dans le hall à la lumière bourdonnante, Cross ajouta :

— Quel con, ce mec !

Au bout d'une minute, il me donna un petit coup de coude.

— Allons-y.

Dans le restaurant aux hamburgers lumineux, la serveuse nous proposa un box où on s'assit face à face. Ça me faisait tout drôle d'avoir Cross devant moi : sa grande taille, sa peau pâle, ses cheveux châtains coupés ras, ses yeux bleus qui avaient l'air de receler à la fois intelligence et ennui. Je n'aurais pas cru partager les goûts de Dede, et pourtant Cross Sugarman était le plus beau garçon en face duquel je me sois trouvée assise. C'était terriblement agréable et, en même temps, humiliant. J'avais l'impression de l'avoir, comme dans un rêve, soustrait à son propre univers, un monde de parties de crosse, de voiliers et de filles aux longs cheveux blonds en robes bain de soleil, pour l'attirer dans mon univers à moi : un boui-boui crasseux dans un centre commercial cafardeux, par un jour pluvieux.

— Je suis désolée, fis-je. Pour… enfin, je veux dire… je ne sais pas…

— Tu ne vas pas en faire un plat.

— Tu as été très gentil avec moi.

Il regarda ailleurs en grommelant vaguement, et je compris que j'avais dit ce qu'il ne fallait pas.

— Alors, ça t'est déjà arrivé de t'évanouir, ou pas ? demanda-t-il en reposant les yeux sur moi.

— Une fois, il y a quelques années. Après un match de foot quand j'étais en sixième.

— Ma sœur s'évanouit souvent.

J'estimai fascinant que Cross ait une sœur. Le trouvait-elle mignon, ou se disait-elle qu'elle avait de la chance de vivre sous le même toit que lui ?

— Elle s'est évanouie dans un avion qui la ramenait de Californie. L'équipage lui a proposé que l'avion se pose mais elle a refusé. Je pense qu'elle aurait dû accepter.

— Eh bien, dis donc !

Une certaine neutralité dans le ton comme dans les expressions de Cross m'empêchait de réagir avec assurance. Normalement on savait, rien qu'en observant les gens, quand il fallait hocher la tête, rire, compatir. Mais les traits de Cross étaient si impassibles que j'aurais pu penser qu'il n'accordait aucune attention à la conversation. Ses yeux seuls démentaient cette impression – il avait le regard attentif, mais pas comme j'imaginais le mien ; une vigilance désintéressée, naturelle.

La serveuse se montra, et Cross commanda un milk-shake à la vanille. J'ouvris la carte, la refermai aussitôt, submergée par l'abondance des propositions.

— Pour moi aussi, un milk-shake vanille.

— Je ne sais pas si je fais bien de prendre un truc avec du lait, ajoutai-je quand la serveuse se fut éloignée.

— Ça va aller, assura Cross.

Dans son haussement d'épaules, j'enviai ce que je considérais comme une aptitude à empêcher le malheur en choisissant de ne pas le prévoir.

Je baissai les yeux vers la table puis les reportai sur Cross.

— Tu n'es pas obligé de rester, tu sais. Je suppose que tu avais l'intention d'aller au cinéma. Je vais bien maintenant. Je ne dis pas que je n'apprécie pas…

Que tu t'occupes de moi étaient les seuls mots qui me venaient, encore pires que *tu as été très gentil avec moi*. Je conclus maladroitement :

— Franchement, tu peux t'en aller.

— Et mon milk-shake ?

— Oh, c'est moi qui t'invite. Surtout que tu m'as aidée.

— Mais si je veux boire mon milk-shake ?

— Oh, tu peux rester, évidemment. Je ne suis pas en train de te demander de partir. Je pensais juste…

— Détends-toi, dit-il, avant d'ajouter : Lee.

À cet instant, je compris pour la première fois de ma vie ce qu'était l'attirance pour quelqu'un. Il ne s'agissait pas de le trouver drôle ou d'aimer sa compagnie, ni même de lui découvrir quelque chose de charmant, les fossettes par exemple, ou les mains, mais d'éprouver cette attraction physique. J'avais simplement envie de fermer les yeux et de presser mon corps contre celui de Cross.

— Tu es en troisième ? questionna-t-il.

Je fis signe que oui.

— Moi aussi.

Il paraissait tellement plus vieux, pensai-je, vieux comme un adulte – dix-huit ou dix-neuf ans.

— Je crois t'avoir déjà vue. Tu es au dortoir McCormick ?

— Non, Broussard.

Je ne lui demandai pas où il habitait car je le savais. Nous étions moins de soixante-quinze élèves de troisième, et je connaissais le nom de chacun, même de ceux avec qui je n'avais jamais parlé.

— J'ai Mme Broussard en français, reprit Cross. Elle est plutôt sévère.

— Tu connais Amy Dennaker ?

Il acquiesça.

— Elle fait des imitations de Madame. Du genre…

Je m'interrompis. Il fallait y mettre l'accent sinon ce ne serait pas drôle.

— Du genre : « Il y a du foie gras sur mon bidet ! » Ou encore, elle a inventé que Madame avait un caniche qu'elle appelle Ooh Là Là, et elle lui fait dire : « Ooh Là Là, si tu n'arrêtes pas d'aboyer, je t'expédie à la guillotine ! »

Cross ne parut pas convaincu. Je précisai :

— C'est mieux quand c'est Amy.

Ça ne me touchait pas beaucoup qu'il n'ait pas ri, parce que j'avais dit quelque chose de parfaitement futile, raconté une anecdote. Pendant un moment, je m'étais défaite de ma discrète personnalité aultienne.

— Tu viens d'où ? demandai-je.

— De la grande ville.

— Boston ?

— New York.

— Comment es-tu arrivé à Ault ?

Quelque chose avait changé ; c'était moi qui menais la conversation, et le processus ne m'était même pas inconnu. À South Bend, que ce soit en classe ou à la maison, j'avais été une fille curieuse, bruyante, tranchée dans ses opinions. J'avais parlé comme un individu normal, plus qu'un individu normal.

— C'était soit Ault, soit Overfield, expliqua Cross. Les profs ici paraissaient plus relax. À Overfield, ce sont tous des vieux à nœud pap.

— Tu as donc toujours su que tu irais en pensionnat ?

— En gros.

— Je suppose que c'est comme ça sur la côte est. Ce n'est pas pareil là d'où je viens.

— Où ça ?

— L'Indiana.

— Ah, ouais, tu es de là-bas ?

Je ne sus pas trop s'il se moquait. Pour la plupart des gens Indiana rimait avec pedzouille.

— Tu aimes le basket ? reprit-il.

— Je ne m'intéresse pas vraiment au sport. Sans vouloir te vexer.

— Que veux-tu dire ?

— Eh bien, comme tu es un grand athlète…

En disant ça, je me rendis compte que je venais de me couper ; il allait comprendre que je savais déjà qui il était quand il s'était présenté.

— J'aime faire du sport, fit-il lentement.

— C'est tout ce que je voulais dire.

— Tu en conclus que ça fait de moi un imbécile ?

— Ce n'est pas…

— C'est bon, interrompit-il en levant les mains, qu'il avait immenses. Je crois qu'on se comprend.

— Je n'ai jamais dit que tu étais un imbécile.

— Je sais manger avec des couverts en argent. Du moins en public.

Mon cœur battait plus vite. C'était le genre de blague que je n'appréciais pas, quand les garçons vous chambraient en étant certains que vous ne pourriez pas leur rendre la monnaie de leur pièce ; ils comptaient autant sur leur vivacité d'esprit que sur votre délicatesse et votre passivité.

— Je suis également cultivé. Je lis le journal.

— Félicitations. Et côté sanitaires, tu touches ta bille en plomberie ?

On se regarda. Le visage me brûlait.

— Je sais que ça peut s'avérer épineux, continuai-je. Mais ça rend la vie en collectivité beaucoup plus agréable pour tout le monde.

Il se fit un silence. Puis Cross dit :

— Bien, bien, bien.

Et ça d'une voix tellement étrange – peut-être la voix d'une pétulante grand-mère méridionale – que je compris que s'il se moquait de moi, il se moquait autant de lui-même. Ce brin de folie – très peu aultien – fit que je lui pardonnai.

— Nous disions donc l'Indiana… C'est comment, là-bas ?

— Des terres à perte de vue. Tu n'es pas encombré par tes semblables. Et les gens sont gentils. Je sais que c'est un cliché sur le Midwest, mais c'est la vérité.

— Alors pourquoi es-tu partie ?

Il semblait simplement curieux cette fois, pas sarcastique.

— Je ne sais pas… Je pensais que ma vie serait plus intéressante si je venais à Ault.

— C'est le cas ?

— Je crois que oui. C'est carrément différent.

Depuis mon arrivée, six mois auparavant, je ne m'étais pas posé la question. En fait, ma vie à Ault était bel et bien plus intéressante que ma vie à la maison. J'étais moins heureuse et ma vie était plus intéressante. Ce n'était peut-être pas le pire des arrangements.

— Moi, je préfère ma vie ici, dit Cross. À New York, j'étais dans un collège non mixte, c'était complètement nul.

— Tu aimes être à l'école avec des filles ?

— Bien sûr.

Alors, parce que je ne voulais pas qu'il croie que je me sentais visée, je repris :

— Tu sors avec Sophie Thruler, c'est ça ?

— Ouille, ouille, ouille. Tu es une espionne, ou quoi ?

— Mais c'est vrai, hein ?

— Tu travailles pour le KGB ou pour le FBI ? Réponds un peu.

— Pour le KGB. Ils sont très, très intéressés par ta vie amoureuse.

— Je regrette, mais tu vas devoir dire à tes apparatchiks que tu n'as aucune information.

— Pourquoi ? Je sais que tu sors avec elle.

— On se voit de temps en temps.

— C'est le grand amour ? Tu as envie de l'épouser ?

— Tu es folle.

Mais j'aurais juré que je ne l'embêtais pas trop.

La serveuse déposa nos milk-shakes sur la table. À voir la quantité dans les grands verres évasés d'où dépassaient les cuillères à long manche, je me dis qu'il nous faudrait des heures pour en venir à bout ; peut-être faudrait-il rester à table durant tout l'après-midi, à parler et parler. Après la première gorgée, mousseuse et sucrée, je me demandai pourquoi je ne buvais jamais de milk-shake.

— Je ne vais pas épouser Sophie, reprit Cross. Je pourrais t'en donner la raison, mais je serais obligé de te tuer ensuite.

— Je ne parle pas d'un mariage dans l'immédiat. Mais plus tard. Le révérend Orch pourrait vous unir.

— On ne se mariera pas, même dans mille ans.

Cela dit, Cross posa sa cuillère sur la table et porta son verre à ses lèvres. En voyant le liquide dégringoler dans sa gorge, je ressentis cette tendresse qu'on éprouve pour les garçons quand on surprend une de leurs manies. Quand il reposa le verre, il en restait moins d'un tiers – à l'évidence, il ne partageait pas mon désir de faire durer nos boissons le plus longtemps possible –, et une moustache blanche ourlait sa lèvre supérieure. La panique me traversa ; que Cross ait l'air idiot devant moi me paraissait une inversion de l'ordre naturel des choses. Mais il s'essuya la bouche. Ce n'était pas son genre de garder des reliefs de nourriture sur la figure.

— Voici déjà une raison : Sophie fume.

Je pensai aussitôt *Le règlement de l'école l'interdit*, mais je me tus.

— Et puis, s'il pleut, elle ne met pas les pieds dehors à cause de ses cheveux. Elle a peur qu'ils frisent.

— Comment fait-elle si elle a cours ?

— Elle sort quand même. Mais elle n'aime pas.

Cross reprit son verre et avala son reste de milk-shake.

— N'empêche qu'elle peut être cool. Tu sais ce qu'elle a de plus sympa ? Non, laisse tomber.

— Oh, vas-y, dis-le.

— Ça risque de te choquer.

— Maintenant, tu es obligé de me le dire.
— C'est un truc que la plupart des filles n'aiment pas.
— Je ne serai pas choquée.
— Elle adore tailler des pipes.
Je restai coite.
— Tu vois, je n'aurais pas dû te le dire.
— Si, si. Ça va.
Les yeux baissés, j'imaginai brièvement Sophie agenouillée devant Cross, lui assis sur le matelas, tous les deux nus. L'image me parut très adulte et très étrangère. Tout ce à quoi je ne participais pas à Ault surgit pour se dresser de façon menaçante au-dessus de moi, comme les immeubles d'une ville ; je me fis l'effet de me ratatiner jusqu'à n'être plus qu'une petite silhouette courbée qui avançait contre le vent. Quand je relevai les yeux, je savais que ma capacité à lui parler avait disparu. Qui étais-je pour bavarder et plaisanter avec Cross Sugarman ?
— Je ne… commença-t-il.
Et moi, en même temps, trop fort :
— Non, non. Ça va.
Durant quelques secondes encore, on se regarda.
— Et toi ? Tu as un petit copain ?
Je secouai vivement la tête.
Ce fut de nouveau le silence. Comme si nous étions piégés dedans.
— Écoute, reprit Cross, j'avais l'intention d'aller au ciné. Je dois retrouver John et Martin. Tu les connais ?
Je fis signe que oui. Ils étaient en troisième eux aussi, dans la même équipe de basket que Cross ; John Brindley était en biologie avec moi.
Cross regarda sa montre.
— Je suis pas mal en retard, mais…
— Tu devrais y aller. Vas-y.

Ma véhémence donna une note désespérée à mon désir qu'il s'en aille. Je ne comprenais pas comment les choses étaient devenues si déplaisantes, mais je savais que c'était ma faute. Maintenant il allait me trouver encore plus bizarre que si nous ne nous étions jamais parlé, si je n'étais restée qu'une fille anonyme qu'il croisait dans les couloirs.

Il posa quelques dollars sur la table et se leva. Je le regardai. *Sois encore normale pendant une minute*, me dis-je. *Un peu de courage, Lee*. Je m'efforçai de sourire, et ma figure me fit l'effet d'une citrouille pourrie.

— J'espère que c'est un bon film, lançai-je.

— À plus tard.

Il leva une main en l'air, comme pour dire au revoir. Puis il ne fut plus là.

Pour la première fois, je jetai un coup d'œil dans le restaurant. Il n'y avait pas d'autres élèves d'Ault. Désormais seule, j'étais à la fois gênée et soulagée. Quand la serveuse revint, j'envisageai de commander un vrai repas – dans l'idéal, un plat costaud et étouffant, genre hamburger accompagné de haricots bien pâteux et de frites bien grasses. Je pris la carte. J'hésitais entre un cheeseburger et un sandwich jambon-fromage quand Cross réapparut.

— Dis, pourquoi tu ne viendrais pas ?

— Hein ? fis-je en refermant la carte.

— Pourquoi tu ne viens pas au ciné ? Tu glandes là, hein ?

— Oh, ça va. Je veux dire : merci, mais tu n'es pas obligé…

— Non, ce n'est pas…

— Ça va, répétai-je. Je ne connais pas John et Martin.

— Lee, dit-il en me fixant, ce n'est qu'un film. Viens.

Il était pressant car pressé – le film allait commencer, si la projection n'avait pas déjà démarré.

— Je suis bien ici, répondis-je en désignant le box. Ça ne me dérange pas d'être seule.

À l'instant où je prononçai ces mots, je me rendis compte que j'en faisais trop. Mon sourd désir de me faire supplier, d'entendre qu'il *voulait* que je vienne, dépassait ce qu'il était prêt à dire.

— Bon, attends. J'arrive.

Je n'avais sur moi que deux billets de dix dollars : pas le temps d'attendre la monnaie. Je posai un billet sur la table, à côté des billets d'un dollar que Cross avait laissés, l'idée me traversa de ramasser ceux-ci mais j'y renonçai, de crainte de passer pour mesquine, et me précipitai hors du restaurant au pas de course afin de ne pas me laisser distancer par les grandes enjambées de mon compagnon.

Nous sortîmes du centre, sous la pluie, pour traverser un parking en courant – d'habitude, je n'aimais pas courir en présence des garçons, mais là je savais qu'il ne me regardait pas – et arriver devant le cinéma. Cross me tint la porte et je me demandai fugitivement s'il allait m'offrir la place. Comme il n'en fit rien, je trouvai ridicule que cette idée m'ait effleuré l'esprit. Le film était commencé. Je suivis Cross dans l'obscurité, sous l'écran lumineux et bruyant.

— Eh, Sugarman, souffla une voix tandis que nous descendions l'allée.

Cross me prit par le bras pour m'entraîner dans la rangée.

Quand on s'assit, j'étais un peu essoufflée, et lui aussi. La pluie avait mouillé mes vêtements. L'image à l'écran – deux hommes dans une cuisine miteuse, l'un tenant une arme – me parut incompréhensible. Je n'arrivais jamais en retard au cinéma, parce qu'on ne comprenait plus rien, et en plus on manquait les bandes-annonces. Mais ce film-là, une histoire de truands que je ne serais jamais allée voir de mon propre chef, n'avait pour moi aucune importance.

Le regard braqué devant moi, je notai le moindre mouvement de Cross, le moindre soupir, chaque fois qu'il riait, même si son rire était contenu ; de l'autre côté, John et Martin s'esclaffaient. Cross sentait le savon, et la pluie qui nous avait arrosés, l'odeur de la terre au printemps. Nos corps ne se touchaient pas, mais parfois nos vêtements se frôlaient – nos manches, le bas de nos pantalons. J'ignorais si quelqu'un d'autre, en dehors de moi, aurait remarqué ce genre de chose.

Pendant toute la durée du film, je restai dans un état de conscience suraiguë, un peu comme un désagrément mais pas exactement – une vigilance éreintante et agréable. Je ne saisis rien de l'intrigue du film, pas même les noms des personnages. Puis ce fut la fin, la lumière revint, et je me sentis gauche ; dans l'obscurité, je pouvais être n'importe quelle fille, les jambes croisées, les cheveux longs jusqu'aux épaules, mais sous l'éclairage électrique je n'étais que moi, rougissante et nerveuse. Comme j'étais en bout de rangée, je précédai les garçons dans l'allée en direction de la sortie. Je ne m'étais pas levée avant qu'eux-mêmes soient debout, et tout en marchant je craignais de regarder derrière moi pour m'assurer qu'ils étaient encore là. Peut-être était-ce là que nos chemins se séparaient, peut-être sans même nous dire au revoir maintenant que Cross avait retrouvé ses copains ; peut-être étais-je censée le savoir.

Dans le hall, je m'arrêtai à la fontaine et jetai un coup d'œil par-dessus mon épaule. Ils étaient là, derrière moi. Ils avancèrent encore puis s'arrêtèrent à une dizaine de pas, l'air d'attendre. Je finis de boire, me redressai et les rejoignis.

Martin rejouait la scène où l'un des gangsters étranglait l'autre ; dans sa reconstitution, il avait pris John pour victime, et celui-ci sortait la langue en écarquillant les yeux.

— Et il lui dit comme ça : « Tu te rappelles maintenant ? Tu te rappelles *maintenant* ? » citait Martin.

John hoqueta bruyamment, et les trois garçons se tordirent de rire. À faible distance, j'essayai d'avoir l'air amusée.

— Ça t'a plu, Lee ? questionna Cross.

Je ne savais pas s'il parlait du film dans son ensemble, de la scène de la strangulation ou de sa reconstitution par Martin.

— C'était pas mal.

— Avec quelques moments pénibles, hein ? dit John.

À son ton amical, je compris que ma présence ne le dérangeait pas. On ne s'était pas présentés, et apparemment les choses en resteraient là.

— J'ai fermé les yeux dans les moments trop violents, dis-je. La scène du conteneur à ordures, par exemple… je crois que j'ai à peu près tout loupé.

— Terrifiante, la scène du conteneur, acquiesça Martin. Tu devrais te faire la séance suivante.

— Vous n'avez pas faim ? s'enquit Cross. Moi, si.

— Je crève de faim, répondit Martin.

On retraversa le parking – il ne pleuvait plus, mais le ciel restait bas et gris – jusqu'à la sandwicherie. J'étais toujours avec eux et ça ne semblait pas poser de problème. Ils n'avaient pas l'air de se demander pourquoi je ne les quittais pas, ou pourquoi je n'étais pas avec d'autres filles. Tous achetèrent des sandwiches à la viande froide, et je pris un paquet de bretzels. À table, ils continuèrent à parler du film en se répétant les répliques ; Martin s'essaya à la strangulation sur Cross, mais Cross le repoussa en riant. Je décidai que si Martin voulait m'étrangler, je le laisserais faire, mais il n'en eut pas l'idée.

Ensuite, on alla dans une galerie de jeux vidéo. Je pensai que c'était peut-être là qu'on se séparait – je ne connaissais rien aux jeux vidéo – mais je me dis que ça paraîtrait curieux si je les quittais à ce moment-là. Sans compter qu'il y avait un flipper ; je savais jouer au flipper. On fit de la monnaie, je me plantai devant la machine scintillante et bruyante, glissant mes pièces de vingt-cinq cents dans la fente chaque fois que je perdais une partie.

Je venais de renvoyer la bille au fond quand j'entendis dire, tout près de moi :

— Pas mal.

Je me retournai – c'était Cross – et j'entendis la bille tomber dans les profondeurs de la machine.

— Oups, fis-je.

On regarda tous les deux le trou où la bille avait disparu.

Le total de mes points s'affichant en cliquetant sur l'écran, Cross commenta :

— Tu es peut-être meilleure que moi à ce truc.

— *Peut-être* ?

— Ce n'est pas une insulte.

— Je suis *sûre* d'être meilleure que toi. Je suis championne d'Indiana, ajoutai-je impulsivement.

Cross me considéra avec scepticisme. Je poursuivis :

— J'étais un prodige. J'ai voyagé à travers tout le pays. Mais j'ai fini par me lasser.

— Tu blagues ?

— Voilà pourquoi j'ai intégré Ault. Tu sais que l'école adore les gens qui possèdent un talent original ?

— Je ne te crois pas, dit Cross.

Mais je compris qu'il me croyait, en tout cas un peu, sinon il n'aurait pas eu besoin de dire ça.

— À neuf ans, j'ai été sacrée princesse Pedzouille du Flipper. Mes parents étaient terriblement fiers.

Je réprimai mon envie de rire.

— Qu'est-ce que tu peux raconter comme conneries ! fit Cross en m'assenant une petite tape amicale sur la tête.

— N'empêche que tu ne savais pas trop.

— Bien sûr que si.

— Non. J'en suis certaine. Tu m'as presque crue.

On se sourit. Il était tellement beau, pensai-je, et aussitôt l'instant se fissura. Le considérer comme étant Cross, comme un élément d'Ault, me confrontait de nouveau avec mes problèmes. Tout allait bien tant qu'on se contentait de parler.

Je fus soulagée quand Martin nous rejoignit.

— Vous voulez de la pizza, vous deux ?

— Vous avez faim ? dis-je. Encore ?

Ils achetèrent la plus grande pizza possible, et cette fois j'en mangeai un peu, même s'il y avait du saucisson fumé sur le dessus ; je n'avais plus mangé ce genre de saucisson depuis que Dede m'avait dit qu'il était fumé avec du sperme de sanglier. À mi-chemin de sa quatrième part, Martin la reposa sur l'assiette en carton et porta les mains à son ventre.

— Qui a eu cette idée ? demanda-t-il.

— C'est Lee, fit Cross.

— Ce n'est pas vrai !

Je perçus dans ma propre voix une insistance hypocrite, ce ton de fille qui aguiche.

— C'était une mauvaise idée, Lee, dit Martin. Une putain de mauvaise idée.

— Tu veux un Alka-Seltzer, Marty ? offrit John, avant d'ajouter : Quelqu'un a une idée de l'heure ?

On se retourna pour regarder la pendule accrochée au mur. Six heures moins cinq ; le car pour Ault était reparti à cinq heures et demie.

— Merde, reprit John. Je suis déjà collé samedi pour avoir manqué deux fois l'office cette semaine.

— On appelle Fletcher ? interrogea Martin.

— On peut prendre un taxi, dit Cross. Ce n'est pas un drame.

Le calme avec lequel il dit cela me poussa à me demander s'il ne s'était pas aperçu avant nous que nous avions raté le car – s'il ne s'en était pas aperçu précisément à l'heure du rendez-vous et avait laissé filer.

Ce fut lui qui téléphona, depuis une cabine à pièces, nous trois massés autour de lui. Martin continuait de se plaindre d'avoir trop mangé et John n'arrêtait pas de répéter :

— Comment on s'est foutus dans cette merde ?

Il me restait moins de cinq dollars en poche, et il fallait une demi-heure de voiture pour rentrer à l'école. Mais personne ne semblant se préoccuper de nos finances, je ne dis rien.

— Un taxi va nous prendre devant le ciné, annonça Cross après avoir raccroché.

Quand on retourna là-bas, il bruinait et le ciel était sombre. On ne parla pas beaucoup dans le hall du cinéma mais c'était davantage un silence fatigué qu'un silence gêné. N'empêche que des filles auraient continué à bavarder, pensai-je.

Je n'avais pris le taxi qu'une seule fois dans ma vie, lorsque ma mère avait accouché de mon frère Tim ;

mon frère Joseph et moi étions allés rejoindre nos parents à l'hôpital et voir Tim pour la première fois. C'était un après-midi ensoleillé ; j'avais dix ans, Joseph sept. Pendant tout le trajet, je m'étais imaginé que le chauffeur allait nous kidnapper. Je me voyais ouvrir la portière de la voiture lancée à pleine vitesse, et rouler dehors en entraînant Joseph. Mais le chauffeur nous avait conduits jusqu'à l'entrée de l'hôpital, où mon père attendait pour payer la course.

Dans ce taxi-là, je savais qu'on ne se ferait pas enlever – pas seulement parce que j'étais moins cruche qu'à dix ans mais parce que nous étions trop nombreux, et que Cross était grand et fort. La voiture était couleur bordeaux. Martin monta devant, John passa de l'autre côté pour s'installer à l'autre bout de la banquette arrière ; Cross ouvrit la portière la plus proche, monta, et je le suivis. J'étais étonnée qu'il s'assoie au milieu ; chez moi, les garçons appelaient ça « la place des nanas » dès le CM1.

Les sièges étaient recouverts de vinyle bleu, ça sentait le vieux tabac froid et le désodorisant au pin. Un sapin en carton pendait au rétroviseur intérieur. La radio était mise tout bas, sur une station de musique des années quarante, mais on entendait surtout les parasites. Les essuie-glaces allaient et venaient, et le paysage se brouillait derrière le pare-brise.

J'avais comme au cinéma la conscience aiguë de la présence de Cross à côté de moi, et pourtant cette fois, au lieu de me sentir nerveuse à la perspective de l'issue de la séance, j'étais triste car la journée s'achevait. Nous allions rentrer au pensionnat, et après ? Je ne risquais pas de passer de mon état d'isolement à une grande amitié avec Cross Sugarman. Le pas était trop grand à franchir. En plus, je n'avais pas la moindre preuve que Cross m'appréciait réellement. Il avait été sympa parce que je m'étais évanouie. Point à la ligne. Je ne voulais pas ressembler à Dede, imaginer l'amitié là où elle n'était pas, me servir de ce qu'on me donnait comme prétexte pour me cramponner davantage.

John se pencha en avant pour me regarder.

— Tu crois que ça va être dur en bio ? questionna-t-il.

Au fil de la journée, j'avais complètement oublié le contrôle de biologie.

— Probablement, dis-je. Je n'ai pas assez révisé.

— J'avais l'intention de travailler hier soir, mais quand j'ai appris que ce serait le congé surprise, j'ai laissé tomber.

— Moi aussi, avouai-je en souriant.

— Le congé surprise est une illusion, reprit John en s'enfonçant de nouveau dans son siège, ce qui rendit sa voix lointaine. Ça te donne l'impression d'avoir l'éternité devant toi, mais avant que tu aies pu dire ouf, c'est terminé. Ils devraient nous donner une semaine surprise.

— Tu t'ennuierais à mourir, répliqua Cross.

— Tu parles, j'aurais mille trucs à faire.

John continuait à parler quand Cross leva le bras gauche. D'abord, je crus qu'il allait l'allonger sur le dossier de la banquette, et quelque chose s'agita en moi ; puis je me rendis compte qu'il m'enlaçait. Sa main se referma sur mon épaule, m'attira vers lui, très doucement. J'acceptai. Mon corps s'abandonna contre le sien, ma jambe contre sa jambe, mon bras comblant l'espace entre nous, ma tête dans le creux de son cou. La nouveauté me parut extraordinaire – j'étais là dans le creux du bras de Cross, alors que Martin ou John pouvaient se tourner à tout instant et nous voir – et en même temps nullement surprenante. Au restaurant, j'avais eu envie de cette étreinte, et voilà ; je sentais sa poitrine se soulever au rythme de sa respiration. Et nous allions bien ensemble, nos corps s'accordaient. J'étais encore trop ignorante pour savoir que ce n'est pas toujours le cas – que parfois les angles ne s'épousent pas, que les poids ne s'équilibrent pas, que les os saillants s'agacent.

Chaque fois que Cross répondait à John, sa voix demeurait paisible. À un moment, il dit :

— D'accord, mais que fais-tu des vacances de printemps ?

Ils épiloguaient sur la semaine entière de congé surprise ; ils auraient pu aussi bien se trouver à une table du réfectoire, en train de bavarder de tout et n'importe quoi après le repas. Je décidai que j'aimais ce gouffre entre la normalité du ton de Cross et l'anormalité de la situation ; ce qui se passait entre nous devenait un secret.

Il caressa mes cheveux, si brièvement d'abord que son geste sembla accidentel ; puis ses doigts se glissèrent dans les mèches, recommencèrent, et son pouce me câlina la nuque. Tout mon corps était comme liquide et chaud ; je me sentais reconnaissante et douloureusement heureuse. La radio émit un son de trompette. La pluie dehors rendait toutes choses douces, le frottement des pneus sur l'asphalte, les halos brouillés des feux de signalisation ; Cross et John n'en finissaient pas de parler, j'aurais voulu que nous roulions toute la nuit et que durant tout le voyage tout demeure exactement tel qu'à cet instant.

Cela dura, rien qu'un petit moment. On franchit les portes d'Ault. Cross se pencha vers les sièges avant et, soudain, son bras ne m'enlaça plus, sa main ne caressa plus mes cheveux.

— À gauche, dit-il au chauffeur. Après la chapelle.

Le taxi s'arrêta devant un groupe de dortoirs – pas le mien, Broussard se trouvant de l'autre côté de la pelouse circulaire – et le chauffeur alluma le plafonnier. Je clignai des yeux comme si on m'avait réveillée. N'osant regarder Cross, je tournai la tête vers la vitre mais ne découvris que l'obscurité. En revanche, des gens pouvaient nous voir, pensai-je, s'ils passaient par là, et j'espérai que non. Je n'avais pas envie que quiconque se demande ce que je fabriquais dans un taxi avec Cross, John et Martin.

— Bon, dit Cross.

Comprenant qu'il s'adressait à moi, je reportai les yeux sur lui et nous nous regardâmes durant quelques secondes. Martin et John descendirent de voiture.

— Salut, Lee, fit Cross avec un petit mouvement de tête.

— Mais que…

Il se retourna, mais je ne savais que dire et, après une brève attente, il descendit du taxi à son tour. Pendant un long moment, je me demandai s'il y avait une chose à dire pour modifier cette séparation. J'imaginai les mots que je n'avais pas prononcés comme une phrase unique et parfaite, une élégante et discrète figure géométrique, un axiome qui m'était inconnu mais existait forcément quelque part. Quand Cross referma la portière derrière lui, le plafonnier s'éteignit et je pus voir les trois garçons s'éloigner. J'entendis rire tandis que le taxi repartait.

Mon regard rencontra celui du chauffeur dans le rétroviseur. Je ne m'étais pas vraiment intéressée à lui jusqu'ici – il était d'âge moyen, costaud, avec une vague barbe grise et une casquette écossaise.

— Où on va maintenant ? demanda-t-il avec un fort accent bostonien. Quel bâtiment ?

— Celui-là, dis-je en pointant l'index.

Quand la voiture s'arrêta, je fus horrifiée de lire « 48,80 » au compteur.

— Il faut que j'aille chercher de l'argent, dis-je. Je vous promets de revenir très vite.

— Votre petit ami a payé.

— Mon petit ami ?

— Mais vous pouvez repayer, si vous y tenez. Je ne vous en empêcherai pas.

Il partit d'un rire tonitruant.

— Merci, fis-je en attrapant la poignée.

— C'est quelle université, ici ?

— C'est un lycée. Ça s'appelle Ault.

— Eh bien, dites donc, pour un lycée… commenta-t-il en terminant par un sifflement admiratif.

— Je sais. On est gâtés.

Quand j'entrai dans la chambre, Sin-Jun et Dede levèrent le nez de leurs bureaux.

— Lee est revenue, dit Sin-Jun.

— On te croyait morte, ajouta Dede.

— J'ai loupé le car du retour. J'ai dû prendre un taxi.

— Alors ? reprit Dede. Tu ne t'es pas dégonflée ?

— Oh, non.

Je repoussai mes cheveux en arrière et leur montrai mes oreilles, la droite puis la gauche. Comme elles s'approchaient, je regrettai de n'avoir pas choisi des clous plus originaux ; franchement, il n'y avait pas grand-chose à voir.

— Ahh, dit Sin-Jun. Très exquis.

— La gauche est rouge, commenta Dede. Mais avec de l'eau oxygénée, ça devrait aller.

— Pour quoi faire, de l'eau oxygénée ?

— On ne t'a pas expliqué quand on te les a percées ?

— Le type qui l'a fait n'était pas vraiment sympa.

— Tu dois te nettoyer les trous chaque soir pour que ça ne s'infecte pas. En même temps, tu fais tourner la prothèse.

— Tourner la prothèse ?

— Bon Dieu, Lee, on ne t'a rien dit ! Tiens, viens.

Dede alla à son lit, tira de dessous une boîte en plastique transparent, revint vers Sin-Jun et moi avec un flacon en verre marron et des boules de coton.

— C'était comment, Boston ? demandai-je à Sin-Jun.

— Boston est bien, mais il pleut tout le jour.

— Oui. Au centre commercial aussi.

— Tiens, assieds-toi, fit Dede.

Je pris sa chaise de bureau. Sin-Jun s'installa sur le bureau de Dede et posa ses pieds nus sur ma chaise à moi. Dede se mit derrière moi et rangea mes cheveux derrière mon oreille gauche. Nos positions respectives me rappelèrent la séance de perçage et je fus sur le point de leur raconter que je m'étais évanouie. Sauf que je ne savais pas encore si c'était une histoire drôle ou juste une bizarrerie ; en plus, j'aurais dû mentionner la présence de Cross.

Dede déboucha le flacon d'eau oxygénée, le bascula sur un coton, le reposa sur son bureau et mit le coton sur mon lobe. Elle le passa très doucement autour du clou.

Je ne pouvais pas leur parler de Cross. Je ne pouvais pas, car Dede l'aimait beaucoup et parce qu'elle ne me croirait pas, ou ne comprendrait pas, et je ne pouvais pas parce que moi-même je n'étais pas trop sûre de ce qu'il fallait croire ou comprendre. Ce n'était pas comme s'il m'avait embrassée, ou fait une déclaration. Que pouvais-je revendiquer ? Pendant des années et des années, j'ai éprouvé cette incertitude, pas seulement vis-à-vis de Cross mais également d'autres garçons – s'ils ne m'embrassaient pas, ça ne signifiait rien. Leur intérêt pour moi était si négligeable que tout, peut-être, n'avait été que le fruit de mon imagination.

Je me rappelai ce que j'avais ressenti, assise tout contre Cross dans le taxi, le poids de son bras sur mes épaules, la chaleur de son corps à travers ses vêtements. Je pensai à quel point c'était ce que j'avais désiré, que si je pouvais n'avoir que ça – simplement Cross à côté de moi, pas de fleurs, pas de poèmes, ni l'approbation des autres élèves, ni parents fortunés ou bonnes notes ou plus beau visage – je serais heureuse. Si cela m'arrivait, pour rien au monde je ne perdrais la tête ou ne souhaiterais être ailleurs ; ce serait suffisant en soi. Tout en rêvassant, je songeai aussi que jamais je n'aurais ça – forcément – et les yeux me brûlèrent. Des larmes roulèrent bientôt sur mes joues.

— Oh, Lee, s'exclama Dede. Pauvre chou.

Sin-Jun me tapota l'épaule.

— J'ai fini dans deux secondes, ajouta Dede.

Elle retira le coton et je compris que toutes deux croyaient que j'avais mal.

3

Assassin

PREMIER PRINTEMPS

Je fis la connaissance de Conchita Maxwell au printemps, le premier jour d'entraînement de crosse. Lorsque Mme Barrett nous dit de nous ranger par deux pour nous lancer une balle, je regardai autour de moi les filles se tourner l'une vers l'autre, murmurer trois mots et acquiescer. C'était devenu un rituel en sport comme en cours : quand il s'agissait de se mettre par deux, je n'avais personne. À ce moment-là, l'entraîneur ou l'enseignant disait : « Quelqu'un est resté seul ? » et moi et un ou deux autres élèves levions humblement la main.

— Eh, fit une voix derrière moi.

Je me retournai et vis Conchita.

— On se met ensemble ?

J'hésitai.

— Prenez dix minutes, conseilla Mme Barrett. Pour sentir le lancer et le rattrapage.

— Allons par là.

Conchita désignait un coin du terrain proche de la lisière des bois. Je n'avais pas encore répondu à sa proposition, mais il était manifeste que je n'en recevrais pas d'autre.

— Au fait, je m'appelle Conchita.

— Moi, c'est Lee.

— Je n'ai encore jamais joué à la crosse, reprit-elle gaiement.

Moi non plus, je n'y avais jamais joué – à vrai dire, j'avais acquis une crosse moins d'une heure auparavant, au magasin de l'école, et elle sentait le cuir et le métal neufs ; cependant, je ne fis pas de commentaire.

Bien que nous ne nous soyons jamais parlé, Conchita et moi, je savais qui elle était. Tout le monde à Ault savait qui elle était, principalement à cause de sa façon de s'habiller. C'était une fille maigrichonne, à la peau sombre, et pourvue d'une courte tignasse noire. La première fois que je l'avais remarquée, c'était au réfectoire, quelques mois auparavant : elle portait des sabots violets, des collants à rayures horizontales violettes et rouges, un genre de jupe-culotte violette – j'hésitai à qualifier précisément ce vêtement –, et un chemisier rouge doté d'un incroyable col à jabot. Un béret pourpre couronnait le tout, crânement incliné. Sur le coup, j'avais trouvé qu'elle ressemblait à une comédienne d'une troupe spécialisée dans les spectacles destinés aux écoles primaires. Pour l'entraînement de crosse, Conchita avait opté pour une tenue plus traditionnelle : débardeur vert pâle, short blanc et chaussettes vertes remontées jusqu'aux genoux. Apparemment accro aux couvre-chefs, elle arborait une casquette de base-ball d'Ault à la visière bien raide ; cette coiffure me poussa à me demander si finalement elle ne cherchait pas plutôt à se mettre au diapason qu'à se distinguer.

Tandis que nous nous déplacions, elle éternua trois fois d'affilée. J'envisageai de dire *À tes souhaits* mais n'en fis rien.

Elle sortit un mouchoir de la poche de son short et se moucha bruyamment.

— Je fais de l'allergie, me dit-elle.

C'était un après-midi idéal de début avril, peu après les vacances de printemps, ciel bleu cobalt et soleil radieux.

— Je suis allergique à tout ce que tu peux imaginer.

Je n'imaginais rien du tout.

— À l'herbe, reprit-elle. Au pollen, au chlore, aux champignons.

— Aux champignons ?

— Si j'en mange un, j'ai de l'urticaire pendant plus d'une semaine.

— Ça craint, dis-je.

Et je perçus dans mon ton pas exactement de l'ironie ou de la méchanceté mais un manque de compassion flagrant.

On se mit à une dizaine de mètres l'une de l'autre. Conchita plaça une balle, un globe blanc caoutchouteux qui évoquait l'œuf de quelque créature exotique, dans le filet de sa crosse et balança celle-ci en avant. La balle atterrit dans l'herbe à quelques mètres sur ma gauche.

— Ne me dis pas que tu n'étais pas prévenue, fit Conchita.

Je ramassai la balle et la relançai ; elle atterrit encore plus loin qu'au coup précédent.

— J'imagine que tu es fan de Dylan, dit Conchita.

— Hein ?

— Ton tee-shirt.

Je portais un vieux tee-shirt de mon père où était écrit en lettres blanches sur fond bleu pâle *The Times They Are A-Changin'*. Je ne sais pas où il l'avait pêché, mais il l'avait porté pour faire du jogging, et en partant pour Ault je l'avais emporté ; il était doux et, pendant quelques semaines, il avait senti la maison.

— Tu sais que c'est une de ses chansons les plus célèbres ?

— Oui, c'est vrai, dis-je.

À Ault, il y avait tant de choses que j'ignorais. La plupart avaient un rapport avec l'argent (ce qu'était une débutante, comment on prononçait Greenwich, Connecticut), ou avec le sexe (un collier de perles n'était pas forcément un bijou), mais parfois il s'agissait de connaissances plus générales sur l'habillement, la nourriture ou la géographie. Un jour au petit déjeuner, alors que des élèves évoquaient un hôtel dont je n'avais jamais entendu parler, quelqu'un avait dit : « C'est à l'angle de la 47e et de Lex », et non seulement les noms des rues ne m'évoquaient rien mais pendant plusieurs minutes je n'avais pas compris de quelle ville il était question. Si j'avais appris une chose depuis septembre, c'était bien la façon de maquiller mon ignorance. Je m'efforçais de dissimuler mon inculture derrière une feinte indifférence.

— Je suis sûre que tu as entendu cette chanson, reprit Conchita.

Et elle se mit à chanter :

— « Approchez, vous tous, d'où que vous soyez, reconnaissez qu'autour de vous les eaux ont monté… » Je n'arrive pas à me souvenir de la suite… La, la, la, je ne sais quoi… « … Si vous croyez mériter d'être sauvés… »

Je fus étonnée par sa jolie voix, haute, claire, naturelle.

— Ça me rappelle quelque chose, dis-je.

Ça ne me rappelait rien du tout.

— C'est triste de voir ce qu'est devenu Dylan, reprit Conchita, parce qu'il avait un message vraiment fort dans les années soixante. Ce n'était pas seulement de la musique pour se peloter.

Je me demandai en quoi la musique pour se peloter était méprisable.

— J'ai presque tout de lui. Si tu veux, tu peux venir l'écouter dans ma chambre.

— Oh, dis-je.

Et parce que je ne voulais ni accepter ni décliner l'invitation, j'ajoutai « Tiens » en lançant la balle, et comme celle-ci vola bien au-delà de ma partenaire, je conclus par « Excuse-moi ».

Conchita galopa derrière la balle et me la renvoya.

— On n'ira certainement pas en match à l'extérieur. Il paraît que quand la rencontre a lieu avec une équipe balèze, Mme Barrett permet aux sous-douées de rester au campus. Sans vouloir te vexer, évidemment.

— Je n'ai jamais entendu dire ça.

— Je prends peut-être mes désirs pour la réalité. N'empêche que ça me ferait du temps libre.

Pour quoi faire ? pensai-je. Je savais que Conchita n'avait pas de petit ami – parmi les soixante-quinze élèves de troisième, seuls douze sortaient ensemble – et il ne semblait pas non plus que Conchita ait beaucoup de copines. La seule fille avec laquelle je l'avais croisée était Martha Porter, une rousse avec qui j'étais en cours de latin ; en haut de son dernier devoir le prof avait écrit – je l'avais vu car Martha et moi étions assises côte à côte : *Bravo, Martha ! Encore une excellente copie !* Au même contrôle, j'avais écopé d'un C- et du mot suivant : *Lee, je suis inquiète. Venez me voir après le cours.*

— À l'origine, la crosse était un jeu des Hurons, dit Conchita. Tu le savais ?

— Oui.

— Vraiment ? Tu le savais déjà ?

Le bobard m'avait échappé spontanément ; mais, face à l'insistance, je trouvai difficile de m'entêter.

— En fait, non, avouai-je.

— Ça remonte au XVe siècle. On peut se demander comment c'est devenu le jeu préféré des pensions chics de la côte est. Tu viens de l'Indiana, c'est ça ?

Comment le savait-elle ? Si je savais qu'elle venait du Texas, c'était uniquement parce que, en plus de lire les vieux annuaires, je me plongeais régulièrement dans la brochure de l'année en cours, au dos de laquelle étaient imprimés l'état civil et le lieu d'origine de chaque élève : *Aspeth Meriweather Montgomery, Greenwich, Connecticut. Cross Algeron Sugarman, New York, New York. Conchita Rosalinda Maxwell, Fort Worth, Texas*. Ou, pour moi, *Lee Fiora, South Bend, Indiana*. Entre autres défauts, je n'avais pas de deuxième prénom.

— Je parie qu'on ne joue pas à la crosse en Indiana. Mais certaines des filles ici y jouent depuis le cours préparatoire.

— Les choses sont différentes sur la côte est, observai-je d'un ton évasif.

— C'est peu de le dire, répliqua Conchita en riant. Quand je suis arrivée ici, j'ai eu l'impression d'atterrir sur une autre planète. Un soir au dîner, ils nous ont servi un repas mexicain, j'étais vachement contente, je me pointe, et leur sauce, c'était genre ketchup avec oignons.

Moi aussi, je me rappelais ce soir-là – pas à cause du goût de la nourriture mais parce que je m'étais aspergée de la sauce en question ; j'étais restée jusqu'à la fin du repas avec une tache rouge au beau milieu de mon chemisier.

— Ma mère est mexicaine, ajouta Conchita. Elle m'a donné de mauvaises habitudes avec ses petits plats mitonnés.

Là, elle m'intéressait.

— Ton père aussi est mexicain ?

— Non, américain. Ils se sont rencontrés au travail quand ma mère a immigré. J'ai deux demi-sœurs, mais bien plus âgées. Elles sont adultes, en fait.

Pour la première fois, je réussis à attraper la balle dans mon filet.

— Joli, commenta Conchita. Alors, tu te plais ici ?

— Ouais, bien sûr.

— Qu'est-ce que tu aimes ?

— Je trouve ta question franchement bizarre, dis-je. Tu ne t'y plais pas, toi ?

Ma brusquerie ne parut pas la blesser.

— Hmm, fit-elle en piquant le bout de sa crosse dans l'herbe à la façon d'une canne. Je ne sais pas encore si nous avons opté pour l'honnêteté, toi et moi. D'abord, je l'ai cru. J'avais l'impression que tu n'étais pas comme les autres, mais, tout bien réfléchi, je me suis peut-être trompée.

Elle semblait plutôt triste mais pas fâchée, nullement – elle était bien plus maligne que je ne l'avais supposé.

— Dans la mesure où on ne s'est jamais parlé, dis-je, je me demande comment tu as pu te faire une quelconque idée de moi.

— Je t'en prie, Lee. Tu sais aussi bien que moi qu'on se fait tous des idées sur les autres.

La remarque m'ébranla. Évidemment, j'avais des idées sur les autres, mais Conchita était la première personne qui m'avouait avoir eu de moi une impression a priori. En plus, malgré ma manie d'accumuler des informations sur mes camarades, jamais je n'aurais révélé ce que je savais à la personne concernée ; j'étais assez finaude pour savoir que si, à table par exemple, je disais à un gars à qui je n'avais encore jamais adressé la parole : « *Tu as une sœur qui a fait Ault elle aussi, c'est bien ça ? Alice ? Qui a eu le bac en 1983 ?* », cela ne pourrait que hérisser le garçon en question. Personnellement, je n'étais pas hérissée par les recherches de Conchita ; elle avait plutôt éveillé ma curiosité.

— Très bien, dis-je. Quelle idée te fais-tu de moi ?

Elle aurait pu me faire marcher à ce moment-là, comme je la faisais marcher, mais elle s'en abstint.

— Première chose, j'ai beaucoup de mal à croire que tu te plaises ici.

Elle leva sa crosse, projetant en avant la balle, qui vint cahoter à mi-chemin entre nous deux.

— Tu marches toujours la tête baissée. Et à l'appel, tu es plongée dans tes bouquins, tu ne parles à personne.

Brusquement, je me sentis basculer dans une humeur différente. Je ne ramassai pas la balle et restai sans bouger, l'extrémité de ma crosse appuyée sur la hanche droite – pas de la bonne façon, pas même du bon côté, devais-je apprendre plus tard –, à fixer le logo du fabricant peint sur l'aluminium.

— Tu as l'air pensive, continua Conchita. Et je ne vois pas comment une fille pensive pourrait ne pas avoir quelques problèmes avec cette boîte.

J'ai toujours trouvé très tristes ces moments où autrui vous perce à jour ; je soupçonne le pathétique de ces instants de tenir à leur rareté, à leur contraste avec la plupart des conversations quotidiennes. Cette idée que les choses peuvent être différentes, qu'on n'est pas obligé de rester toute sa vie un inconnu pour les autres mais que ce sera probablement le cas, voilà qui est presque insupportable.

— Peut-être qu'on se ressemble, dit Conchita.

Je levai les yeux, incertaine de franchir ce pas.

— J'ai toujours pensé qu'on pouvait être amies, toi et moi, poursuivit Conchita. Tu dois connaître ce genre d'impression. Mais si je me trompe, tu peux me le dire.

Je repensai au jour où elle portait son béret en lainage pourpre vif ; si je l'avais remarqué, d'autres personnes avaient dû le faire. Puis je songeai à la façon dont ma vie à Ault se résumait à une succession de côtoiements et d'évitements au milieu desquels je feignais de n'accorder aucune importance à ma constante solitude. Je ne pouvais continuer longtemps ainsi, pendant les trois années à venir ; je n'étais à Ault que depuis sept mois et, déjà, mon isolement m'exténuait physiquement.

À ce moment-là, Mme Barrett siffla le rassemblement, et je profitai du mouvement pour ne pas donner de réponse à Conchita.

Le lendemain matin, Gates dirigea seule l'appel mais, peu avant la fin, Henry Thorpe se montra. Gates s'écarta, Henry se planta devant le bureau et, avant même qu'il ait prononcé un mot, les gens se mirent à rire – il avait l'air de s'imiter lui-même. Souvent, les élèves proposaient des sketches en guise d'annonces et, parfois, quand les terminales avaient un contrôle important, ils tenaient la scène en se livrant à des numéros successifs ; une fois, ils étaient montés sur l'estrade à une vingtaine, un par un, afin de souhaiter bon anniversaire au conseiller d'éducation Fletcher.

— Je suppose donc que c'est tout pour aujourd'hui, commença Henry. Je vais faire sonner la cloche.

Avec des gestes exagérés, presque au ralenti, il tendit la main vers la gauche du bureau, où se trouvait le bouton qui commandait la sonnerie générale, mais, avant qu'il n'appuie, une silhouette surgit de la cheminée située au niveau du premier rang de pupitres. Vêtue d'une longue robe noire et d'une cagoule noire, l'apparition brandissait un gigantesque pistolet à eau ; quand elle le dirigea sur Henry, un jet d'eau fila par-dessus les têtes des élèves entre la cheminée et l'estrade. L'eau atteignit Henry à la poitrine, trempant sa chemise.

— Ah ! s'écria-t-il. Je suis fichu ! Ils m'ont eu !

Les mains crispées sur le torse, il tituba sur l'estrade – derrière lui, Gates souriait comme une grande sœur indulgente – et finit par tomber tête la première sur le bureau, les bras ballants dans le vide.

Les élèves applaudirent furieusement. Pas tant autour de moi, car nous étions les nouveaux, et la plupart ne semblaient pas mieux comprendre que moi ce qu'il se passait. Mais plus on reculait dans la salle, plus les gens acclamaient bruyamment. Le personnage costumé ôta sa cagoule – il s'agissait d'Adam Rabinovitz, un gars de terminale – puis leva les poings en l'air en disant – du moins je le crus car il était difficile d'entendre :

— J'ai remporté la victoire.

Je savais trois choses sur Adam Rabinovitz, qui m'intriguaient sans m'inspirer aucun désir de lui parler. La première était entrée dans les annales deux ans avant mon arrivée à Ault. Souvent à l'appel, les gens annonçaient qu'ils avaient perdu un cahier ou un vêtement (*j'ai laissé une veste en peau dans la bibliothèque lundi après-midi*) ; or, alors qu'il était en seconde, Adam était monté sur l'estrade un matin pour déclarer d'une voix parfaitement normale : « Hier soir, Jimmy Galloway a perdu sa virginité dans la salle de musique, alors si vous la trouvez, merci de la lui restituer », après quoi il était redescendu, sous le regard courroucé de M. Byden et ceux, choqués ou amusés, des élèves. Jimmy était un beau blond qui partageait la chambre d'Adam, et j'aurais bien aimé savoir – le détail n'était jamais mentionné quand on racontait l'anecdote – qui était la fille.

La deuxième anecdote concernant Adam avait également à voir, d'une certaine manière, avec le sexe. À l'automne, une exposition de moulages de plâtre avait eu lieu dans l'aile des arts plastiques, organisée par deux filles de terminale qui portaient des écharpes de soie très fine autour du cou, aux oreilles des anneaux d'argent, s'habillaient généralement de noir et qui certainement fumaient, ou fumeraient à l'université. Elles prenaient leur art très au sérieux, et sans doute était-ce pour cette raison qu'on les avait autorisées à inclure dans leur expo des moulages de certaines parties du corps, dont un sein et un pénis ; la propriétaire du sein ne fut jamais identifiée mais, après bien des spéculations, l'hypothèse dominante sur le campus fut que le pénis appartenait à Adam Rabinovitz.

La troisième chose que je savais, et qui ne rendait que plus intéressantes les deux précédentes, était qu'on lui attribuait la meilleure moyenne des terminales ; de toute façon, il partirait pour Yale.

Sur l'estrade, Henry revint à la vie et Adam le rejoignit.

— Bon, « Assassin » recommence, et voilà comment on va s'y prendre cette année. Si vous êtes élève, nous supposons que vous avez envie de jouer, alors, si ce n'est pas le cas, cochez votre nom sur la liste dans la salle du courrier à midi aujourd'hui. Si vous êtes enseignant, nous supposons que vous n'avez pas envie de jouer…

Là, Fletcher lança son cri de guerre, déclenchant les rires.

— Ce qui signifie que vous avez envie de jouer, Fletchy, c'est ça ? poursuivit Adam. Que celui ou celle qui a Fletchy pour cible n'oublie pas : il est carrément fondu du jeu.

On rit encore plus, et Adam reprit :

— Pour les petits nouveaux, je vous mets au parfum. Le but du jeu est de tuer tous vos petits camarades.

Il y eut de nouveau des rires, rires qui me rendent aujourd'hui ce jour et ce jeu bien plus lointains qu'ils ne le sont ; à l'époque, certains professeurs et certains élèves désapprouvaient Assassin, mais on les considérait comme une minorité dépourvue d'humour.

— La façon de les tuer est assez simple. Le jeu commence demain à treize heures. À midi, vous regarderez dans votre boîte à lettres, vous y trouverez un nom inscrit sur un papier ainsi qu'un paquet d'autocollants orange. Le nom est celui de votre cible, et la personne en question ignore que vous devez la tuer. Vous procédez en lui mettant dessus un autocollant sans que personne vous voie. S'il y a un témoin, vous devez attendre vingt-quatre heures avant de vous livrer à une nouvelle tentative. Une fois votre cible morte, vous héritez de sa cible, sans oublier ses autocollants. Et ne perdez pas de vue que quelqu'un d'autre vous a dans sa ligne de mire. Y a-t-il des questions ?

— Combien de coups de langue faut-il pour atteindre le cœur d'une sucette Tootsie Pop ? cria une fille.

— Ça dépend de ta langue, répondit Adam. C'est le mieux que tu puisses faire ?

— Quel est le sens de la vie ? lança quelqu'un d'autre.

M. Byden, qui se tenait près de Gates, tapota l'épaule de Henry, et Henry se pencha pour murmurer à l'oreille d'Adam. Celui-ci hocha la tête.

— On me fait dire en haut lieu qu'il est temps de la boucler. Donc, pour résumer, gare à vous et ne vous fiez à personne. Et si vous avez des questions, adressez-vous à moi, Galloway ou Thorpe.

Il descendit de l'estrade, suivi de Henry.

— Tu aurais dû leur préciser que le gagnant remporte le titre de Grand Maître Assassin, entendis-je Henry lui dire quand ils passèrent près de mon pupitre.

L'annonce suivante avait débuté mais je continuais à les regarder.

— Ou le droit de te tailler une pipe, dit Adam. Au choix.

Ils ricanèrent et je souris de mon côté, comme si la blague m'avait été destinée.

À ce moment-là, en les écoutant, je ne pensais guère à Assassin. Mon état se résumait principalement – j'aurais été incapable de le formuler, et je n'y aurais pas cru si quelqu'un l'avait suggéré – au désir d'*être* Adam Rabinovitz. Mon intérêt pour certains garçons me troublait, parce qu'il n'avait rien de romantique, mais j'ignorais sa nature. À présent, je sais : j'aurais voulu monopoliser le temps des gens en faisant des blagues, me moquer du conseiller d'éducation devant l'école entière, l'appeler par un surnom. J'aurais aimé être un lycéen impertinent, absolument sûr d'avoir sa place dans le monde.

Je quittais le gymnase quand j'entendis Conchita m'appeler. Au cours des dernières vingt-quatre heures, c'était avec gêne que je m'étais souvenue du dédain que je lui avais manifesté. J'attendis qu'elle me rejoigne et nous remontâmes ensemble l'allée qui conduisait aux dortoirs.

— Rude, le plein air, dit-elle.

J'avais remarqué que, lorsqu'il avait fallu courir jusqu'au hangar à bateaux et revenir, Conchita faisait partie des traînards – au moment où la plupart d'entre nous entamaient le retour en quittant la rivière, elle n'y était pas encore arrivée, marchant plus qu'elle ne courait, son inhalateur contre l'asthme à la bouche. Pendant un instant, j'avais songé à m'arrêter, puis j'avais vu Clara O'Hallahan marcher à côté d'elle.

— À la rivière, j'ai pensé rejoindre les équipages d'aviron, continua Conchita. Tu as vu les barreurs ? Ils se contentent d'être assis à crier les ordres.

— Sauf qu'il paraît que les rameurs les jettent à l'eau quand ils gagnent une course, et imagine-toi plongeant dans Raymond River. Tu mettrais au monde un bébé à deux têtes.

Conchita se mit à rire.

— Je ne risque pas de mettre un bébé au monde, à moins que ce soit par l'opération du Saint-Esprit.

Comme si je n'avais pas compris, elle ajouta :

— Je suis vierge, évidemment.

Je m'efforçai de ne pas la dévisager. Qui aurait eu l'idée de se *vanter* de sa virginité ?

— Eh, tu veux venir écouter Bob Dylan dans ma chambre ?

Nous étions arrivées au bout de l'allée ; son dortoir était à l'ouest de la pelouse circulaire, le mien à l'est.

— Maintenant ? dis-je.

C'était une chose de quitter le gymnase avec Conchita puisque nous prenions le même chemin, mais c'en était une autre de l'accompagner à son dortoir, d'aller quelque part avec elle.

— Pas de problème si tu ne peux pas.

— Si, je pense que je peux. Un petit moment.

Tandis que nous montions l'escalier de son bâtiment, je lui demandai :

— Tu partages ta chambre avec qui ?

— J'ai une chambre seule.

— Je te croyais nouvelle.

Les chambres seules, en dépit de l'opprobre qui y était attaché, n'étaient jamais attribuées aux élèves de première année.

— C'est bien ça. Mais comme j'ai de l'insomnie, ils ont fait une exception. Parfois, je ne ferme pas l'œil de la nuit.

— C'est horrible.

Je n'avais jamais rencontré d'insomniaque de mon âge.

— Je fais un petit somme quand je peux.

En découvrant sa chambre, j'eus l'impression d'un cadre imaginé par quelqu'un qui n'aurait jamais fréquenté une adolescente de sa vie. Il y avait quelque chose de sinistrement professionnel, un peu comme un décor de feuilleton télé : les rideaux roses froncés – les fenêtres des dortoirs possédaient toutes des stores –, le tapis bleu pâle jeté sur la moquette brune standard, la photo encadrée de la tour Eiffel, le miroir en forme de cœur ourlé d'osier blanc. Une table basse en plastique blanc, supportant une assiette remplie de friandises et un vase de fleurs artificielles roses et bleues, était flanquée de deux poufs Sacco blancs. (Toute cette blancheur m'impressionna confusément parce que, à la maison, ma mère n'achetait jamais rien de blanc, ni mobilier ni draps ni vêtements. Chaque année jusqu'à mes douze ans, j'avais réclamé des chaussures en cuir verni blanc pour Pâques, et chaque année ma mère avait refusé en arguant que c'était « bien trop salissant ».) Au-dessus du lit de Conchita, son nom était écrit en cursive au néon rose ; ces tortillons de néon allumés en plein jour dans une pièce déserte me parurent hautement déprimants. Sur la commode trônait une chaîne stéréo, d'un rose invraisemblable elle aussi, mais le plus remarquable dans la pièce, au-delà du décor, était sa dimension. Il ne s'agissait pas d'une chambre pour une personne, mais d'une chambre double occupée par un seul lit.

— Assieds-toi où tu veux, dit Conchita.

Je pris l'un des poufs Sacco.

— Tu as faim ? J'ai de quoi grignoter.

— Merci, ça va.

Passant outre, elle se dressa sur la pointe des pieds pour atteindre l'étagère supérieure de son placard, et en sortit un grand panier contenant – en paquets inentamés – chips, graines de tournesol, noix d'Australie, biscuits aux pépites de chocolat, crackers et divers sachets de poudre de cacao. Même la disposition dans le panier avait quelque chose de professionnel et, subitement, j'eus le sentiment d'assister à une fête fantomatique que les autres invités auraient boudée.

— Je vais juste prendre un bonbon, dis-je en désignant la table. Mais merci d'avoir sorti tout ça.

Comme elle remontait ses provisions sur leur étagère, je choisis un caramel dans l'assiette, remarquant au passage la fine couche de poussière qui recouvrait l'emballage de chaque friandise.

— J'ai quelque chose à faire, déclara Conchita. Peux-tu garder un secret ?

Je dressai l'oreille.

— Bien sûr.

Elle souleva le rabat de son dessus-de-lit et fit apparaître un téléphone.

— Je ne savais pas qu'il y avait des prises de téléphone dans les chambres, dis-je.

Le secret n'avait rien de terrible. Je préférais de loin les secrets qui concernaient les gens.

— On l'a fait installer. Fletcher et Mme Parnasset ont été d'accord, mais je ne dois pas le dire aux autres élèves. Maman leur a expliqué que j'en avais besoin au cas où j'aurais une crise d'asthme pendant la nuit.

— Sauf que si tu avais une crise d'asthme, tu ne pourrais pas te servir du téléphone.

— Je ferais le 911. La vérité, reprit Conchita après un silence, c'est que ma mère est plutôt surprotectrice. Quand je suis arrivée ici, elle a essayé de m'appeler à la cabine, mais soit c'était occupé, soit personne ne répondait, et elle n'a pas pu laisser de message. Bon, je mets le disque dans un instant. D'abord, je l'appelle très vite.

Elle composa le numéro et j'entendis bientôt : « *Hola, mama.* » Bien qu'étudiant l'espagnol, je ne compris pas un traître mot par la suite, sinon peut-être mon prénom. Je songeai à la somme qu'avait coûtée l'installation de cette chambre, puis me dis que c'était peut-être culturel, que même si sa famille ne possédait pas énormément d'argent elle préférait peut-être l'investir dans des objets palpables, voyants. Récemment, j'avais lu un article sur les *quinceañeras*[1], et je supposai que Conchita en donnerait certainement une pour ses quinze ans. Peut-être serais-je invitée ; et – parce que

1. Fête à l'occasion du quinzième anniversaire des jeunes filles mexicaines, qui consacre leur passage à l'âge adulte. (*N.d.T.*)

ce serait fascinant et que ça se passerait très loin d'Ault – j'irais. Je pourrais demander à mes parents le prix du billet d'avion en guise de cadeaux d'anniversaire et de Noël cumulés.

— Tu appelles ta mère chaque jour ? questionnai-je quand Conchita eut raccroché.

— Au moins une fois. Elle souffre beaucoup de mon absence.

Je téléphonais à ma mère chaque dimanche, quand la communication était moins chère, et nous ne parlions jamais longtemps car j'avais le chic pour tomber à l'heure où elle préparait le dîner ou couchait mes frères. Parfois, après avoir raccroché – même quand d'autres filles attendaient, ce qui était fréquent –, je restais un moment dans la cabine à ne rien faire. Je me rappelais que mes parents n'avaient pas voulu que j'aille en pension, que mes frères avaient pleuré le jour de mon départ, et que tous semblaient s'être rapidement habitués à mon absence. Je leur manquais, je le savais, mais on aurait dit que le fait que je ne vive plus à la maison les surprenait moins que moi-même.

Conchita s'approcha de la chaîne stéréo.

— Chose promise… Mesdames et messieurs, je vous présente M. Bob Dylan.

Tandis que pointait le son d'une guitare, elle augmenta le volume, et j'entendis une voix grave et douce chanter *Lay, Lady, Lay*. Ce n'était pas à cela que je m'étais attendue – c'était plus doux, plus nasillard. Le plus étonnant était que cette musique évoquait la séduction, ou même le sexe : Dylan parlait d'un homme dont les vêtements étaient crasseux mais les mains propres, et disait qu'une femme sur un lit était la plus belle chose que l'homme eût jamais vue.

— Ça me plaît, dis-je.

Conchita baissa le volume.

— Comment ?

— J'aime bien.

— Oh, moi aussi, fit-elle avant de remonter le son.

Pourquoi attendre plus longtemps que le monde commence ? chantait Dylan. *Pourquoi attendre plus longtemps celui que tu aimes, alors qu'il est là devant toi ?*

Derrière les vitres, la lumière abandonnait le jaune vif de l'après-midi pour les tons plus sourds du crépuscule. C'était toujours le moment de la journée où je me sentais le plus triste, où je croyais que ma vie serait différente de ce qu'elle était, et la musique s'accordait bien à mon sentiment – j'aurais voulu exister à l'intérieur de la chanson, être allongée sur des draps blancs tandis qu'approchait un homme timide aux vêtements sales. Je pourrais aimer un tel homme, pensais-je ; il porterait une chemise en flanelle, et je l'attirerais vers moi, les bras étroitement noués dans son dos, et je sentirais la chaleur de sa peau à travers l'étoffe.

Puis la chanson s'acheva. Je ne voulais pas relever les yeux, croiser le regard de Conchita ; je n'avais pas particulièrement envie d'être dans la même pièce qu'elle.

— Tiens, en voilà une autre bien, dit-elle. Ça s'appelle *Subterranean Homesick Blues*.

Le mot *homesick*, nostalgie, mal du pays, me donna de l'espoir, mais la chanson parlait de politique quand je souhaitais qu'on me parle encore de désir. Conchita en passa quelques autres, changeant les CD, interrompant parfois les chansons au beau milieu. À la fin, ma préférée restait *Lay, Lady, Lay*.

— Je peux te prêter le disque, proposa Conchita au moment où je m'en allais.

— Non, merci.

— Ça ne m'ennuie pas, au contraire.

— Je n’ai pas de lecteur de CD.

— Et tes copines de chambre ? Tu es bien avec Dede et Sin-Jun ?

Elle avait mené son enquête.

— Dede a une chaîne mais on n’est pas trop copines.

J’avais la main sur la poignée quand elle reprit :

— Tu veux aller dîner en ville ? À la cantine, c’est du flétan ce soir, alors si tu n’as pas prévu autre chose…

À l'exception des dîners officiels, nous étions autorisés à quitter le campus, mais je ne le faisais jamais. Sauf quelquefois durant le week-end, en empruntant le vélo de Sin-Jun, pour aller chercher du dentifrice ou des biscuits à l’épicerie.

— On pourrait manger une pizza ou essayer le chinois, suggéra encore Conchita.

Je n’avais mis les pieds dans aucun de ces restaurants. D’une certaine façon, plus le temps passait sans que j’y sois allée, plus j’avais l’impression que la démarche exigeait une invitation ; ces lieux semblaient appartenir à d’autres, aux élèves de première et de terminale, aux élèves riches, aux élèves pourvus d’amis. Or voilà qu’on me faisait une invitation. Conchita m’aimait bien, me dis-je. Elle était gentille. Accepter sa proposition revenait à agir comme les autres.

— D’accord pour la pizza, dis-je. Je vais chercher un vélo et je te retrouve en bas.

— Attends.

Je me retournai.

— Je n’ai pas de vélo, dit-elle.

— Moi non plus. J’emprunte le sien à Sin-Jun.

Elle hésita.

— Je veux dire que je ne sais pas faire du vélo.

Je dus avoir l’air surprise.

— Mais j'ai déjà marché jusque là-bas. Ce n'est pas si long.

Sorties de son dortoir, on passa les portes du campus pour tourner sur la route à deux voies.

— Donc tu n'as jamais appris ? demandai-je en espérant dissimuler l'étendue de ma stupéfaction.

Je ne connaissais aucun enfant de plus de cinq ans qui ne sache monter à bicyclette.

— Il n'y a pas eu de raison particulière, si c'est ce que tu veux savoir.

— Mais quand tu étais petite, les gosses de ton quartier faisaient bien du vélo ?

— Je ne les fréquentais pas vraiment.

Je pensai à mon propre quartier, aux bandes de mômes entre huit et douze ans qui fonçaient sur leurs deux-roues, comme je l'avais fait moi aussi. On allait jusqu'au jardin public et on revenait ; juste avant la nuit, quand les lampadaires s'allumaient et que le crissement des cigales nous emplissait les oreilles, on pédalait vers la maison, en sueur, la figure pas trop propre.

— Tu aimerais savoir en faire ? questionnai-je.

— Je n'y ai pas beaucoup réfléchi.

Puis j'ajoutai :

— Je pourrais t'apprendre. Du moins, je pourrais essayer.

Elle ne répondit pas immédiatement, mais je sentis en elle une sorte de nervosité joyeuse, une émotion hésitante. Sans voir son visage, car nous marchions côte à côte, je devinai son sourire.

— Tu ne penses pas qu'il est trop tard pour moi ?

— Absolument pas. Ça fait partie de ces trucs, une fois que tu sais, tu te demandes comment tu as pu ne pas savoir. Ça ne prendra que quelques jours, sûrement.

Songeant que Conchita n'aimerait pas que d'autres élèves la voie, je précisai :

— On pourrait faire ça sur la route derrière l'infirmerie. Le matin, peut-être, avant l'office.

Ma première cible au jeu d'Assassin fut Devin Billinger, un garçon auquel jusque-là je n'avais pas fait attention. Dans ma boîte aux lettres, je trouvai la feuille de papier portant mon nom et le sien dactylographiés, ainsi que, tenus par un gros trombone, les autocollants orange. Autour de moi, d'autres découvraient leur mission dans un brouhaha de paroles. Je sortis de la salle du courrier pour aller déjeuner à la cantine. J'arrivais juste à la cage d'escalier menant du sous-sol au rez-de-chaussée quand, de façon ahurissante, je tombai nez à nez avec Devin. Comme moi, il était seul. Nos regards se croisèrent sans qu'on se salue et il se dirigea vers les marches.

J'avais toujours à la main mon ordre de mission ainsi que les autocollants. Je détachai l'un des ronds orange de son support. Aussitôt, mes mains se mirent à trembler. Je m'avançai dans la cage d'escalier.

— Devin, appelai-je.

Il s'arrêta quelques marches plus haut, tourna la tête.

— Quoi ?

Sans prononcer un mot, je comblai l'espace qui nous séparait et, une fois sur la même marche que lui, appliquai l'autocollant sur son bras gauche.

— Tu es mort, dis-je, me mordant la lèvre pour ne pas sourire.

Il considéra son bras comme si je lui avais craché dessus.

— C'est quoi, ce machin, bordel ?

— C'est pour Assassin. Tu es ma cible.

— Le jeu n'a pas encore commencé.

— Si.

Je tendis mon poignet pour qu'il puisse lire l'heure à ma montre : il était treize heures dix.

— C'est de la connerie, tout ça.

Sa voix était plus qu'irritée ; sans le connaître suffisamment pour en être certaine, je pouvais supposer qu'il était furieux. Il me fusilla du regard et se détourna comme pour continuer à monter.

— Attends. Tu dois me donner ta cible.

— Je ne dois rien du tout.

On se dévisagea, et je me mis à rire. En théorie, contrarier Devin Billinger aurait dû me démonter. Il appartenait à un groupe de six ou sept gars de troisième surnommés les « banquiers » – la plupart venaient de New York, et leurs pères étaient conseillers en investissements, courtiers en Bourse et autres métiers dont je n'avais aucune idée. (À proprement parler, un « banquier » n'avait pas besoin de venir de New York ou d'avoir un père dans la banque – il suffisait qu'il en ait l'air.) Mais la colère de Devin était plus ridicule qu'effrayante ; il m'évoquait un bambin boudeur.

— Tu as l'intention de tricher ? dis-je.

— Et toi, tu me fais le coup de la vertu ? Ce n'est qu'un jeu.

— J'y joue selon les règles.

Après m'avoir assené un nouveau regard furibond, il fouilla dans sa poche, en sortit des morceaux de papier chiffonnés et me les tendit.

— Tiens. Tu es contente ?

— Et comment ! Je te remercie.

Le lendemain matin, à l'heure prévue pour la première leçon de bicyclette de Conchita, de lourds nuages gris obscurcissaient le ciel et le tonnerre grondait dans le lointain. Je me demandais si Conchita viendrait ; elle me semblait du genre à modifier ses projets à la seule perspective d'un vilain temps. Pourtant, quand j'arrivai derrière l'infirmerie, elle m'attendait, vêtue d'un imperméable transparent rose vif et d'un chapeau assorti – la vraie coupe d'un suroît de pêcheur sauf que j'avais du mal à imaginer un pêcheur en rose fluo.

J'étais venue avec le vélo de Sin-Jun ; je ralentis, m'arrêtai près de Conchita et descendis de selle.

— À toi. Commence par l'enfourcher.

Elle passa une jambe par-dessus la barre, planta ses deux pieds au sol.

— Maintenant assieds-toi.

Elle se laissa aller en arrière.

— Pose les pieds sur les pédales.

— Tu me tiens, hein ?

— Évidemment.

Jusque-là, j'avais tenu le porte-bagages ; je déplaçai mes mains sur la barre et l'arrière de la selle.

— Ça te paraît plus stable ?

Elle posa le pied droit, leva le gauche. Mais il y avait des cale-pieds. Loupant le second, elle heurta la pédale, qui se mit à tourner.

— Désolée, dit-elle.

— Essaie encore.

La seconde tentative fut un succès.

— Bien. Maintenant, pousse vers l'avant et vers le bas. Tu dois te servir… euh… ça doit être les muscles de la cuisse.

Elle poussa. La pédale droite descendit, la gauche monta, puis rien d'autre ne se passa.

— Tu continues. C'est ce qui fait avancer le vélo.

Elle recommença. Ses mouvements étaient encore saccadés, mais néanmoins continus, et elle avançait. Je trottais à côté.

— J'ai l'impression que ça penche.

— En quelque sorte. Plus tu vas vite, meilleur est l'équilibre.

— C'est la bicyclette de Sin-Jun ? Tu dois mieux t'entendre avec elle qu'avec Dede puisque tu ne veux pas emprunter la chaîne de Dede.

— Sin-Jun est plus relax, dis-je. Ça ne va pas trop mal avec Dede, mais elle est plus speed.

— Le problème de Dede, c'est qu'elle voudrait être Aspeth Montgomery.

C'était bien vu ; en même temps, l'observation me parut bizarre – le ton de Conchita laissait supposer une certaine familiarité avec Dede alors qu'à ma connaissance elles ne s'étaient jamais parlé.

— Tu penses que Dede et Aspeth prendront une chambre ensemble l'année prochaine ? interrogea Conchita.

Bien que le dépôt des demandes fût fixé à la fin mai, la question des chambres était devenue un sujet de conversation banal depuis les dernières vacances.

— J'en doute, dis-je.

Dede en rêvait, mais je soupçonnais qu'Aspeth se déroberait au dernier moment.

— Quelle idée de vouloir faire chambre commune avec Aspeth ! reprit Conchita. Elle est tellement méchante.

— Tu la connais ?

— Oh, depuis toujours.

Cela me parut impossible. Aspeth n'était pas dans le dortoir de Conchita, et même si elles se retrouvaient ensemble pour certains sports ou certains cours, Aspeth était perpétuellement entourée, protégée en fait du reste d'Ault, par une bande de filles du genre de Dede. Je songeai aux longs cheveux blonds d'Aspeth, à ses tenues vestimentaires – maintenant que c'était le printemps, chemisiers à boutons aux couleurs pastel, shorts kaki, espadrilles blanches ou bleu marine –, à ses jambes fuselées et bronzées, à ses discrètes taches de rousseur sur le nez, qui lui donnaient l'air d'avoir passé l'après-midi à jouer au tennis en plein soleil. Puis je regardai Conchita perchée sur le vélo, enveloppée dans son plastique rose bonbon, les cheveux noirs et bouffants.

— Je ne savais pas que vous étiez amies, toutes les deux.

— J'ai connu Aspeth toute ma vie. Nos pères travaillaient ensemble. On a été dans la même classe dès la maternelle.

— Je croyais qu'elle venait du Connecticut.

— Sa famille a déménagé il y a quelques années seulement. Avant, elle vivait au Texas.

— Et vous continuez à vous fréquenter ?

Conchita me considéra avec un certain amusement.

— Sûr, on ne se quitte pas. Tu n'as pas remarqué ? Lee, continua-t-elle, quand vas-tu arrêter de jouer à la dinde avec moi ? Aspeth et moi, on était copines quand on était petites, mais elle a cessé de me parler en CM2, quand elle s'est mise à se croire supérieure.

Conchita s'exprimait d'un ton neutre, dépourvu de ressentiment. Sans doute acceptait-elle sa situation d'exclue, et ce bien avant de venir à Ault, contrairement à moi qui nourrissais l'espoir que les circonstances m'aideraient à me faire aimer.

— Et Sin-Jun ? reprit Conchita. Tu penses que vous reprendrez une chambre ensemble ?

— Peut-être.

J'étais quasiment certaine que Sin-Jun envisageait une cohabitation avec la rondelette et jacassante Clara O'Hallahan. J'imaginais qu'elles m'autoriseraient à prendre une chambre triple avec elles, ce qui serait préférable à être seule, mais je n'y tenais pas plus que ça. Tout comme la cohabitation avec Aspeth doterait Dede d'un statut de fille en vue, partager une chambre avec Sin-Jun et Clara signifierait, ne serait-ce qu'à mes propres yeux, que je faisais partie des filles anodines, ennuyeuses, de second rang.

Nous avions largement dépassé l'infirmerie.

— On va tourner ici, dis-je. On peut se contenter de faire des allers et retours.

Le mercredi, après avoir tué Devin, je tuai Sage Christensen (une seconde, appartenant à l'équipe de crosse), et au dîner je tuai Allie Wray, une terminale. Toutes deux poussèrent une exclamation de surprise au moment où je les atteignais, mais aucune ne parut y accorder grande importance.

— Je suis nulle à ce genre de jeu, commenta plaisamment Allie en me remettant ses autocollants et le nom de sa cible.

Apparemment, j'avais une aptitude pour Assassin, et je finis par me demander – impossible de ne pas y penser – si j'avais une chance de gagner la partie. Si j'allais étonner tout le monde ? Si tous les garçons – ils jouaient avec plus de sérieux, c'était clair –, trop occupés à se tuer entre eux, m'oubliaient au point de se laisser approcher sans se méfier ? Car, indéniablement, les qualités qui d'habitude me désolaient – ma transparence, ma vigilance toujours en alerte – me servaient fort bien. Peut-être me conduiraient-elles à une improbable mais inévitable victoire, comme quand on jouait aux cartes en famille et que je remportais souvent la partie.

Et même si je ne gagnais pas Assassin, je n'en aimais pas moins la vibration inhabituelle que le jeu suscitait au réfectoire et dans tout le lycée. Certains disaient qui ils avaient tué, d'autres se montraient secrets – comme pour les notes – et on racontait qu'un groupe d'élèves de seconde avait dessiné un immense tableau, un peu comme un arbre généalogique refermé sur lui-même, reliant tous les joueurs. Évidemment, ce genre de diagramme ne pouvait rester longtemps d'actualité puisque la situation des individus changeait d'heure en heure. J'avais également entendu dire que Mme Velle, le censeur, avait fourni les emplois du temps d'autres élèves à Mundy Keffler et Albert Shuman, deux terminales, mais qu'ensuite, quand d'autres étaient venus lui demander le même service, elle avait refusé. Dans la queue du self au petit déjeuner, j'appris par Richie Secrest, un troisième, qu'au moins la moitié des élèves avaient été tués au cours des premières vingt-quatre heures. Je ne fus pas étonnée – Dede et Sin-Jun avaient été liquidées le soir précédent. Je me faisais griller un petit pain quand j'entendis Aspeth déclarer à Cross Sugarman :

— Si j'entends un mot de plus sur ce foutu jeu, je hurle.

— Ouais, parce tu es déjà éliminée, dit Cross. Ne sois pas mauvaise joueuse.

(Si proche de Cross, je regardais par terre, me sentant moite et moche après la leçon de vélo de Conchita.)

— Non, assura Aspeth. C'est parce que c'est débile. Et parce qu'il y a suffisamment de minables dans ce lycée.

— Je te crois entièrement, approuva Cross.

Ils étaient à quelques pas de moi et, dès que leur pain fut grillé, ils s'éloignèrent. Donc Cross était encore en lice, pensai-je, et ce fut à cet instant que l'idée me vint : si je restais en vie, le jeu finirait par me conduire jusqu'à lui. Ou par le conduire à moi, ce qui serait encore mieux. Que Cross soit en possession d'un morceau de papier portant mon nom, qu'il arpente le campus à ma recherche pour me plaquer un autocollant sur le corps… l'éventualité me rendait presque triste, presque terrifiée, tant je l'espérais. Pour la première fois depuis que nous étions rentrés ensemble en taxi, un mois auparavant, nous serions obligés de nous parler ; il devrait se préoccuper de moi.

La vie est plus limpide quand des motivations secrètes nous guident ; en me dirigeant vers la chapelle, je me sentais animée par un véritable dessein. Je m'apprêtais à tuer McGrath Mills, un gars de première de Dallas dont j'avais hérité en supprimant Allie Wray. On disait McGrath fort à la crosse, et je pensais qu'un athlète serait plus difficile à éliminer – il y avait toutes les chances pour qu'il soit sur ses gardes.

Durant la nuit, j'avais conclu qu'il valait mieux tenter mon coup à la sortie de l'office. J'avais donc filé après le petit déjeuner, sans Conchita, et je m'installai dans les derniers rangs de la chapelle. D'habitude, je me mettais devant, le fond étant le domaine réservé des grands les plus somnolents ou des élèves zélés qui terminaient leurs devoirs pendant l'office. Tandis que les bancs se remplissaient autour de moi, je guettais McGrath. À sept heures cinquante-huit, il prit place deux rangs devant moi. Pendant que M. Coker, professeur de chimie, nous expliquait comment, enfant, il avait appris la patience en observant son grand-père au cours de parties de pêche dans le Wisconsin, je ne lâchai pas des yeux la nuque de McGrath.

Même si nous pouvions quitter la chapelle après le cantique, j'attendais généralement la sortie des participants. Ce matin-là, cependant, avant qu'ait retenti la dernière note de *Jerusalem*, je suivis McGrath vers la sortie. Un embouteillage s'était formé à la porte – raison pour laquelle j'attendais en temps normal – et tout le monde se poussait en rigolant.

— Gaffe à tes fesses, Dooley ! cria Parker Farrell.

Et un autre renchérit :

— Laissez venir à moi mon assassin !

Deux personnes me séparaient de McGrath ; je me faufilai devant la première, puis devant l'autre. La main droite dans la poche, j'avais préparé mon autocollant orange. McGrath n'était qu'à quelques centimètres de moi, je pouvais compter les mailles de son polo rouge.

Je sortis l'autocollant de ma poche, le posai sur ses reins, mais je n'avais pas encore retiré ma main que Max Cobey, un première, se dressa sur ma gauche.

— Je vous y prends, mademoiselle la nouvelle, et c'est raté pour cette fois. Eh, Mills, gare à toi !

McGrath se tourna vers Max, et Max me montra du doigt.

— Elle vient d'essayer de te tuer.

Je baissais les yeux, le visage empourpré ; quand je les relevai, McGrath souriait.

— Toi ? dit-il.

Le flot nous entraîna et on se retrouva tous les trois à l'extérieur de la chapelle.

— C'est complètement loupé, insista Max.

Il parlait fort et me désignait du haut de sa grande taille. Cependant, il n'était pas hostile comme l'avait été Devin ; mieux, il se montrait carrément enthousiaste. Quelques autres garçons, amis de Max ou de McGrath, s'étaient rassemblés autour de nous.

— Comment tu t'appelles ? questionna McGrath.

Il avait un accent du Sud, une voix légèrement nasillarde. Il avait attrapé l'autocollant orange sur son polo et le tenait entre ses doigts.

— Je m'appelle Lee.

— Et tu viens d'essayer de me tuer, Lee ?

Je risquai un œil vers les autres garçons puis revins à McGrath.

— En quelque sorte, dis-je, ce qui les fit rire.

— Alors je vais t'expliquer une chose, reprit McGrath. Tu peux *essayer*, pas de problème, mais tu aurais tort de réussir. Tu saisis ?

— Répète-lui, dit un autre gars.

— En résumé, fit McGrath, levant doctement sa main droite où était collé le rond orange, essayer, d'accord. Réussir, pas beau. Pas beau du tout.

— Je vais voir si j'arrive à m'en souvenir.

— Oh, oh, elle tient tête, commenta Max.

J'avais déjà flashé sur tous les deux, lui et McGrath.

— C'est bon, Lee, dit ce dernier en se détournant. Sache que je t'ai à l'œil.

— Moi aussi, ajouta l'un des autres.

Il fit semblant de m'observer avec des jumelles puis me sourit avant de rattraper ses copains. (*Simon Thomworth, Hanover, New Hampshire* – l'après-midi même, au dortoir, je découvrais son identité dans l'annuaire.)

Ce soir-là, je quittais le réfectoire après le dîner, poussant le vélo de Sin-Jun pour la deuxième leçon de Conchita, quand, regardant par-dessus mon épaule, je vis Edmundo Saldana, un élève de seconde sans histoire, à qui je n'avais jamais parlé. Plusieurs autres étaient sortis peu avant moi, mais Edmundo et moi étions seuls ; je le précédais de quelques mètres.

— Tu essaies de me tuer ? questionnai-je.

Il fronça les sourcils d'un air innocent. Les battements de mon cœur s'accélérèrent.

— Si tu essaies, je hurle. Quelqu'un viendra.

Je bluffais à moitié ; je n'aurais probablement pas hurlé – c'eût été disproportionné – mais peut-être que si, tellement j'avais envie de rester dans le jeu.

— C'est complètement idiot, dit Edmundo.

Il marmonnait mais je tendais l'oreille.

— Je n'y tiens pas tant que ça, tu sais.

— Donc tu as bien l'intention de me tuer ?

Je n'en revenais pas d'avoir eu raison ; tout en lui posant la question, je m'étais rendu compte qu'il pouvait aussi bien se diriger vers la bibliothèque.

— En fait, je m'en fiche un peu, grommela-t-il. Si tu tiens à vivre, je ne te tue pas. Je ne sais pas pourquoi on joue à ce truc.

Comme il me regardait à peine dans les yeux, j'envisageai le piège : l'air de s'en moquer ou d'avoir renoncé, il allait s'approcher insensiblement et me coller le rond orange. Mais en repensant à d'autres fois où je l'avais vu – il venait de Phoenix, il était boursier (j'en étais quasiment sûre), et lui et son copain de chambre, Philip Ivers, un riche boutonneux de Boston, passaient soi-disant leur temps à jouer au backgammon –, je me dis qu'il était peut-être toujours aussi timide et fuyant.

Manifestement, il était encore plus mal à l'aise que moi.

— Alors si ça t'est égal, tu vas me laisser vivre ? Tu vas t'éloigner ? Ou bien tu restes là, et c'est moi qui m'en vais.

— Peu importe, dit Edmundo. D'accord, va-t'en.

Quand je racontai ça à Conchita, elle demanda :

— Tu es la cible d'Edmundo ? Edmundo Saldana ?

— Oui. Pourquoi ?

Elle était montée sur la bicyclette et pédalait pendant que je la tenais – elle avait déjà fait des progrès à la deuxième leçon.

— Rien de particulier. Je le vois à l'AEIM.

AEIM signifiait Alliance des élèves issus des minorités ; j'ignorais pratiquement tout de ce groupe, sinon que ses membres se réunissaient le dimanche soir.

— Tu ne serais pas amoureuse de lui, dis ? demandai-je.

— D'Edmundo ? Tu es sérieuse ?

— Tu as eu l'air tout émue quand je t'ai parlé de lui.

— Je ne crois pas à l'amour, répondit Conchita. À quoi ça sert ?

Question sans réponse. À quoi servait d'être un individu, à quoi servait de respirer ?

— Ne me dis pas que tu aimes quelqu'un, reprit-elle.

Comme elle me regardait, elle fit tourner le guidon par inadvertance. Le vélo fit une embardée sur la gauche, et elle s'empressa de fixer à nouveau la route.

— C'est qui ? Je ne dirai rien à personne. Promis.

— Je ne me confie pas à quelqu'un qui ne croit pas à l'amour.

Je n'avais parlé de Cross à personne. Je n'avais même pas prononcé son nom à voix haute depuis le congé surprise. Mais j'avais si souvent pensé à lui que, parfois, le voir m'apparaissait comme une étrangeté – le véritable Cross, Cross qui allait et venait, Cross qui discutait avec ses copains. C'était à *lui* que je songeais sans cesse ?

Si je n'avais parlé de lui à personne, c'était en partie afin de préserver sa particularité, et aussi parce que je n'avais jamais eu d'oreille bienveillante à ma disposition.

— Tu ne le diras vraiment à personne ? Sérieux ?

— J'aurais cru que tu savais que tu pouvais me faire confiance, répliqua Conchita avec un air blessé.

— C'est Cross. Le jour du congé surprise…

— Cross ? *Cross* te plaît ?

— Tu veux que je raconte ou pas ?

— Excuse.

— C'était donc le jour du congé surprise, repris-je, et on s'est retrouvés dans… Qu'est-ce qui cloche dans le fait que Cross me plaise ? Est-ce que tu le connais ?

En prononçant ces mots, je me fis fortement penser à quelqu'un, et il me fallut plusieurs secondes pour m'apercevoir que ce quelqu'un était Dede.

— On est en cours de maths ensemble, dit Conchita. Il n'est pas mal mais je t'aurais plutôt vue attirée par un garçon du genre… du genre Ian Schulman.

— Je ne vois même pas qui c'est.

— Il est en seconde, super-bon dans les matières artistiques. Il dessine des BD et d'autres trucs. Et il porte des Converse noires.

— Tu es sûre qu'il ne te plaît pas à toi ?

— Je n'ai pas le temps. Vu qu'Edmundo et moi sommes fous amoureux…

Je ne pus m'empêcher de rire.

— Alors, continue. Le jour de congé surprise et puis quoi ?

Après que je lui eus raconté le centre commercial, le taxi, Cross me caressant les cheveux, Conchita demanda :

— Il t'a embrassée ?

— Là, John et Martin nous auraient vus.

Tout en laissant entendre que seules les circonstances avaient empêché un baiser, je songeai que c'était peut-être pour cette raison qu'on racontait ses histoires aux autres – pour la multiplication des possibilités que suscitait la répétition du récit.

— Mais, au fait, dit Conchita, Cross a une petite amie.

— Il ne la trompait pas, assurai-je.

Et nous tournions, tournions – j'avais déjà perdu le compte des allers et retours de Conchita sur la route – et elle parvenait à me fixer dans les yeux sans provoquer des embardées intempestives.

— Vraiment pas, insistai-je. Embrasser, c'est tromper. Mais être assis à côté de quelqu'un dans un taxi, non.

— C'est ce que tu penserais à la place de Sophie Thruler ?

Elle avait fait un nouveau tour complet et repartait vers le nord.

— Vas-y, pédale, dis-je.

En vérité, je pensais rarement à Sophie. Elle était belle, elle était en première, et Cross pouvait bien être son petit ami, il était impossible qu'elle tienne à lui autant que moi. S'ils rompaient, elle sortirait avec un autre type en moins d'une semaine. Mais je ne souhaitais même pas qu'ils rompent – si Cross ne sortait plus avec personne, toutes les autres filles deviendraient dangereuses, par leurs regards, par leur proximité avec lui à la chapelle, par un éclat de rire au cours d'une conversation. Tant qu'il était hors d'atteinte pour moi, il l'était autant pour l'ensemble de la population féminine.

— Laisse tomber Sophie, dis-je à Conchita. Maintenant, avec Assassin, j'espère avoir Cross ou que lui m'aura pour cible.

— Je croyais qu'on ne choisissait jamais sa cible.

— Exact, mais le nombre de joueurs se réduit de façon exponentielle…

L'idée m'effleura que j'utilisais à faux le terme *exponentiel*, mais qu'avec Conchita ce n'était pas grave ; elle était tolérante.

— Plus je tue de gens, plus j'ai de chances d'arriver à lui.

— En supposant qu'il ne se fasse pas tuer par quelqu'un d'autre.

— Je crois qu'il est prudent. N'empêche, tu n'es pas impressionnée par ma façon d'utiliser Assassin pour parvenir à mes fins ? Je deviens machiavélique.

À l'automne, tous les troisièmes avaient lu *Le Prince*.

— M. Brewster serait fier, approuva Conchita. Et pense que si tu épouses Cross… il te donnera peut-être des points supplémentaires.

Je la regardai, elle souriait. Nous étions toutes les deux en nage après le cours de vélo, et je compris à cet instant que j'avais capitulé devant Conchita. Nous étions amies. Sans doute éprouvait-elle la même chose, car elle dit :

— Il y a un truc que je veux te demander.

Tout en sachant ce qui allait suivre, je feignis l'ignorance.

— Quoi ?

— Je me disais qu'on pourrait prendre une chambre ensemble l'année prochaine.

C'était comme si j'y étais : notre chambre aurait des rideaux roses à fronces, je mangerais toutes les friandises, et on écouterait Bob Dylan en révisant. Sans être le pire scénario possible, il me mettait mal à l'aise. Il y avait ce que nous avions déjà en commun – notre ringardise, le fait d'être boursières – et ce que nous finirions par avoir en commun – je redoutais ma propre malléabilité. Je nous voyais rester au dortoir le samedi soir, en pyjama à huit heures, commander des repas chinois, nous lancer des bombes à eau… devenir gogoles, quoi. Et je n'étais pas sûre d'avoir envie de devenir gogole. Je voulais avoir des petits copains, je voulais une vie pleine de tourments et de complications, une vie tordue, au moins un peu tordue.

— Waouh, dis-je. Je n'y avais pas pensé. Il faut que je vérifie certains trucs avant de te donner une réponse ferme.

— Des trucs avec Sin-Jun ?

J'acquiesçai.

— Et toi, avec Martha Porter ? lui demandai-je. Vous n'êtes pas grandes copines ?

— Martha est super. Mais elle partageait sa chambre avec Elizabeth, qui était boulimique et qui n'est pas revenue après Noël. Martha s'est tellement habituée à être toute seule qu'elle risque de vouloir une chambre à part l'an prochain.

Ainsi, d'autres partageaient mes doutes quant à une cohabitation avec Conchita ; je n'étais pas surprise.

— Dis-moi quand tu sauras, reprit Conchita. On a encore un moment pour remplir les formulaires. En attendant, ma mère vient à Boston ce week-end, et je voulais t'inviter à déjeuner avec nous samedi. J'ai aussi invité Martha.

Curieusement, car c'était à moins d'une heure de route, je n'étais encore jamais allée à Boston – j'avais seulement traversé l'agglomération en car pour gagner l'aéroport ou en revenir. Dorénavant, quand à la maison on me questionnerait sur la ville, je serais capable de répondre.

— J'ai beaucoup parlé de toi à ma mère, ajouta Conchita.

Je ne pus m'empêcher de me demander pourquoi elle m'appréciait à ce point, surtout qu'elle était seule dans son cas. Comment avais-je pu la charmer avec si peu d'efforts, voire aucun effort du tout – quasiment à mon corps défendant ? Mon manque d'intérêt l'avait-il attirée ? L'explication pouvait-elle être aussi évidente ?

— J'essaierai de ne pas la décevoir, dis-je.

Alors que je tuais le temps dans la chambre avant le couvre-feu – Sin-Jun n'était pas là et Dede se reposait, ce qui devait signifier son intention de travailler tard en vue d'un contrôle –, je surpris mon reflet dans le miroir au-dessus du bureau de Dede, et compris subitement que je n'avais pas la tête à gagner un jeu à l'échelle de tout un lycée. Je ne savais pas trop à quoi pouvait ressembler un vainqueur potentiel, en tout cas pas à moi. J'avais des cheveux châtains ondulés, les lèvres fines, les sourcils épais – pas comme un homme mais épais pour une fille – et, je ne l'ignorais pas, un regard trop intense. « Pourquoi tu me regardes comme ça ? disait ma mère quand elle conduisait, ou bien à la table de la cuisine. Quoi ? J'ai quelque chose entre les dents ? » Parfois je me rendais compte que j'étais en train de scruter le visage de quelqu'un près de moi, et j'avais du mal à m'en empêcher – où fallait-il poser les yeux, sinon ? C'était encore plus étrange de ne pas regarder du tout.

Je m'approchai du miroir de Dede, à la recherche d'éventuels boutons ; j'en étais à l'inspection de la partie gauche de ma mâchoire quand Dede demanda d'une voix assourdie :

— Qu'est-ce que tu fais ?

— Rien.

— Si je ne finis pas mon latin, ce sera la cata.

— Tu es complètement endormie, Dede. Laisse venir le sommeil et puis c'est tout.

Après le couvre-feu, Sin-Jun et moi engouffrions des beignets devant la kitchenette. Entre-temps, il y avait eu l'appel, les annonces, deux tiers d'entre nous étaient restés dans la salle, et je commençais à me sentir écœurée. Amy Dennaker s'approcha du réfrigérateur, y prit un Coca light, et déclara sans me regarder :

— McGrath a trouvé trop marrant que tu essaies de le tuer à la chapelle ce matin. Un vrai crâneur, ce type.

Il y avait quelque chose d'exceptionnellement amical dans son ton, comme une envie de parler.

— Tu savais que sa chambre est juste au-dessous de celle d'Alexis et Heidi ? ajouta-t-elle.

À la gaieté de sa voix, je compris qu'Amy avait un faible pour McGrath.

Je passai le sachet de beignets à Sin-Jun, qui hésita :

— Peut-être je n'en mange pas plus.

Amy nous regardait.

— Tu en veux un ? demandai-je.

Je lui tendis le paquet. Amy en saisit un entre le majeur et l'index, et l'idée me traversa qu'elle devait être du genre à ne pas se laver les mains après être allée aux toilettes.

— Je suis de ton côté, dit-elle. Il faut que tu descendes McGrath.

Elle avait donc un compte à régler avec lui, pensai-je. Je n'étais pas étrangère à ce type de préoccupation, je comprenais les intrigues, la nécessité d'un prétexte.

— Le problème est que ses copains jouent les gardes du corps, maintenant, dis-je.

— En effet, reconnut Amy.

— Tu peux passer par sa fenêtre quand il dort, suggéra Sin-Jun. La nuit il n'a pas garde du corps.

Je ris et mon regard rencontra celui d'Amy.

— Ce ne serait pas à l'heure des visites autorisées, fis-je remarquer. Je risquerais le conseil de discipline.

— Tu n'es pas obligée d'*entrer*... commença Amy.

— Oh, tu suggères que je lui envoie un avertissement ? Ou que je fasse pendouiller un truc ?

— Ouais, histoire de lui mettre la pression.

— Je sais, s'exclama Sin-Jun. On prend canne à pêche !

— Où est-ce que tu vas trouver une canne à pêche ?

À entendre le ton méprisant d'Amy, je dus me rappeler que c'était elle qui avait engagé la conversation.

— Au sous-sol, rétorqua Sin-Jun. J'ai vu entreposées.

— Tu as raison, abondai-je, à côté de l'armoire métallique.

Le sous-sol courait sous plusieurs dortoirs, créant, disait-on, un passage propice aux visites nocturnes illicites.

— Sauf qu'on ne peut pas y descendre après le couvre-feu, ajoutai-je.

— On demande Madame, suggéra Sin-Jun.

— Lui *demander* ? répéta Amy.

— Ça ne coûte rien d'essayer, dis-je.

Mme Broussard répondit très vite quand on eut frappé à sa porte. Comme ni Amy ni Sin-Jun ne soufflaient mot, je compris que le rôle de porte-parole me revenait.

— Bonsoir. Nous avons une permission à vous demander. Vous êtes au courant du jeu Assassin ? Et vous connaissez McGrath Mills ? Il est ma cible, et on aimerait lui flanquer la trouille. Juste pour blaguer. Je sais qu'il est dix heures passées mais on se demandait…

— Faudrait qu'on aille chercher une canne à pêche au sous-sol, conclut Amy. Ça prendrait deux minutes.

— Pour quelle raison, une canne à pêche ? s'enquit Madame.

À ma grande surprise, elle ne semblait pas étonnée par notre apparition à sa porte.

— On voudrait envoyer quelque chose à McGrath, dis-je, un genre de message. Il habite sous Heidi et Alexis. Mais on fera doucement, et ça ne prendra pas longtemps.

— Mais si vous faites cela… commença Madame.

Je m'attendais à ce qu'elle dise *Vous allez enfreindre le couvre-feu*, or j'entendis :

— … McGrath saura qu'il est votre cible.

— Il le sait déjà. J'ai essayé de le tuer à la sortie de la chapelle, et plusieurs de ses amis m'ont vue.

— D'autres élèves de première ?

J'étais étonnée : Madame paraissait franchement intéressée.

— Oui, répondis-je. Surtout des gars de son équipe de crosse.

— En ce cas, conclut Madame avec un hochement de tête décidé, je crois que nous allons donner une petite leçon à ces garçons.

Nous voilà parties toutes les trois, Amy, Sin-Jun et moi, sur ses talons pour traverser la salle commune et descendre au sous-sol. Hélas, les cannes à pêche ne se trouvaient pas là où nous l'avions cru, et notre petite bande en fut momentanément désemparée.

— On n'a pas besoin de canne à pêche, dis-je. On peut se contenter d'un balai.

Et nous voilà remontant les escaliers, fouillant dans le placard de la salle commune, puis cinglant dans le couloir jusqu'à la chambre de Heidi et Alexis, qui, à mesure que nous leur exposions le projet, fortes cette fois de l'appui de Madame, passèrent de l'étonnement à l'amusement, puis à l'enthousiasme, enthousiasme aussi brusque et aussi curieusement sincère que le nôtre.

— Vous devriez utiliser une taie d'oreiller, dit Heidi. Là, vous pourrez écrire vraiment en gros.

Elle fouilla dans son sac de linge – encore un détail typiquement aultien, le sacrifice désinvolte d'une taie d'oreiller au profit d'une plaisanterie ; peu importait qu'une taie d'oreiller, comme tout le reste, coûtât quelque chose. Heidi me la lança, et Alexis me passa un marqueur noir.

Le capuchon ôté, j'hésitai :

— Qu'est-ce que j'écris ?

Il y eut un silence, un silence lourd, électrique.

— Je sais où tu habites, suggéra Alexis.

— Je te vois quand tu dors, proposa Heidi.

— Je sens ton sang, ajouta Amy. Et ça sent... *très délicieuse*, on dit en français ? demanda-t-elle à Madame.

— Ne mêlons pas le français à cela, répliqua Madame.

— Je préfère : « Je te vois quand tu dors », dis-je. Mais ça ne fait pas trop neuneu ?

— Je veille sans repos, énonça Sin-Jun.

On se regarda toutes les six – vu notre nombre, le groupe semblait habilité à prendre une décision sérieuse –, et tandis que Heidi et Amy acquiesçaient, je commentai :

— Très bien. C'est simple mais ça flanque la chair de poule.

Amy enleva plusieurs livres d'un bureau afin que nous puissions étaler la taie d'oreiller, et j'écrivis, en capitales : JE VEILLE SANS REPOS.

— Dessine un œil, me souffla Heidi.

Je traçai la forme en amande, l'iris, la pupille, les cils en bas et en haut.

— Vous devez signer, dit Madame.

J'hésitai.

— Signer de mon nom ? Non, plutôt…

J'écrivis : *Amicalement, ton assassin*.

— Ça est parfait, approuva Sin-Jun en applaudissant.

Une fois la taie scotchée au balai, il fut évident qu'il fallait deux perches ; Alexis partit en courant et revint bientôt avec un balai-brosse. Heidi releva le store, et Amy et moi – je sentais qu'elle voulait participer directement à la manœuvre, McGrath comptait beaucoup pour elle – nous penchâmes dans la nuit… Je tenais le balai à la base de ses poils, elle avait le balai-brosse. La lumière brillait à la fenêtre d'en dessous, ce qui signifiait qu'ils n'avaient pas baissé leur store. Amy cogna le manche du balai-brosse contre le mur en brique.

— Hou ! hou ! appela-t-elle. Livraison spéciale, les gars.

Dix secondes s'écoulèrent. L'inquiétude me gagnait : si McGrath et Spencer, son camarade de chambre, ne remarquaient rien ? Puis j'entendis bouger au-dessous, et des voix masculines. « Eh, Mills », dit quelqu'un, et quelques secondes après retentit, sans doute possible, le rire de McGrath. Sa tête apparut à la fenêtre, levée vers nous.

— Coucou, mon chou, lança Amy.

(Je n'aurais jamais, jamais dit *Coucou, mon chou* à Cross Sugarman.)

— Salut, McGrath, fis-je.

— Qu'est-ce que vous fabriquez là-haut ? demanda-t-il. Z'êtes frappées ?

Un autre gars glissa la tête dehors et déclara, non pas à nous mais à quelqu'un dans la chambre :

— C'est le noyau dur.

Derrière moi se pressaient Alexis, Heidi, Sin-Jun et Madame. Heidi ouvrit l'autre fenêtre et se pencha à son tour.

À ce moment-là, un troisième garçon – ils devaient être au moins trois ou quatre dans la chambre – tendit le bras et attrapa la taie d'oreiller.

— Ho ! Pas touche ! cria Amy.

— Ce n'est pas ce que tu dis habituellement aux mecs, Dennaker, rétorqua le gars en retenant la taie.

C'était Max Cobey.

— Tente ta chance, répliqua Amy.

— Il y a qui d'autre en bas ? interrogea Heidi.

— Il y a qui d'autre là-haut ? demanda Max. On croirait un troupeau d'éléphants.

— En fait, il s'agit d'une bande de nanas incroyablement chaudes qui portent seulement des strings et du rouge à lèvres, dit Amy. Et pour seulement quatre-vingt-dix-neuf centimes la minute, tu peux téléphoner et parler avec n'importe laquelle. Nos opératrices se tiennent prêtes…

— Ça suffit maintenant, intervint Madame. Laissons-les tranquilles.

Je fus à moitié soulagée, à moitié déçue.

— Faut qu'on y aille ! cria Amy. Adieu, à plus, *auf Wiedersehen*, bye-bye.

Comme nous entreprenions de remonter les balais, McGrath ressortit la tête dehors.

— Je n'ai pas le droit de la garder ? demanda-t-il. Après ce harcèlement caractérisé ?

— D'accord, tu peux la garder, répondis-je, comme si la taie d'oreiller m'appartenait. Mais à condition de dormir dessus ce soir.

— Tous les soirs, juré ! assura McGrath.

Ce furent les derniers mots que j'entendis avant de retrouver la chambre et, dehors, la nuit noire.

Le vendredi matin, à la fin du cours de latin, comme nous rangions nos livres, je demandai à Martha :

— Tu viens bien demain, hein ? Avec Conchita ?

Nous nous étions à peine parlé jusqu'ici, et engager la conversation m'intimidait. D'un autre côté, ç'aurait été bizarre d'aller à Boston ensemble sans s'être jamais adressé la parole alors qu'on venait de passer sept mois assises côte à côte en latin. Surtout que j'avais le sentiment que ce silence et cette distance étaient ma faute : le premier jour de classe, alors que j'étais tétanisée au point de ne pouvoir croiser un regard, Martha m'avait dit : « Je n'ai jamais fait de latin. Et toi ? » J'avais répondu « Non » en détournant les yeux et en croisant les bras. Quelques mois plus tard, Tab Kinkead avait pété alors qu'il était au tableau pour traduire la phrase *Sextus est un voisin de Claudius* ; la plupart des autres n'avaient rien entendu, mais en voyant Martha essayer sans succès de réprimer son rire, j'avais compris mon erreur – on aurait pu être amies, elle et moi.

— La mère de Conchita est super-sympa, disait à présent Martha dans le couloir.

— Tu sais où on va manger ? demandai-je.

Les questions logistiques étaient à mon avis les meilleures de toutes, car les plus inoffensives.

— Comme on a rendez-vous à l'hôtel Maxwell, ce sera sûrement quelque part dans le quartier, répondit Martha. Tu fais de la crosse avec Conchita, c'est ça ? Elle t'aime vraiment beaucoup.

J'aurais dû répliquer *Conchita est géniale*, ou *Moi aussi, je l'aime beaucoup*, mais les mots ne me vinrent pas. La remarque de Martha m'évoquait, sans que ce soit péjoratif, les qualités d'une monitrice de colonie de vacances : généreuse, encourageante, heureuse de voir les gens s'entendre.

— Quel sport fais-tu ? questionnai-je.

— De l'aviron. En fait, je suis quasiment sûre que ce sera mon seul samedi libre de tout le printemps, alors je suis contente d'aller quelque part.

— C'est aussi intense qu'on le dit, l'aviron ?

— C'est beau à regarder, mais quand tu es à bord, tu ne fais que grogner et transpirer.

— Quand je vois ramer les équipages, je pense toujours à Jonas Ault en… 1880, disons. Je l'imagine dans son petit costume de la marine, exhibant sa moustache en guidon de vélo.

Martha se mit à rire. Plus tard, une de nos blagues serait de dire qu'elle avait le rire facile, comme on parle d'une fille facile. Mais elle donnait à autrui l'impression d'avoir de l'esprit, chose que j'ai toujours appréciée chez elle.

— Oh, en effet, dit-elle en adoptant un ton affecté. L'aviron est un sport des plus civilisés.

— Un sport pour les gens bien, approuvai-je.

Et je me demandai pourquoi je n'avais jamais parlé à Martha auparavant.

Grâce à la liste affichée à l'extérieur du bureau de Fletcher, je savais que McGrath servait à la table de Mme Prosek cette semaine ; l'information me permit d'élaborer mon plan, alors que je ne dormais pas à quatre heures du matin. Comme tous les serveurs, McGrath arriverait pour dresser la table vingt minutes avant le début du repas officiel. À ce moment-là, décidai-je (et la manœuvre me parut si palpitante, l'idée si parfaite que je ne pus me rendormir jusqu'à la sonnerie de mon réveil, à six heures trente), je serais à l'affût sous la table, prête à lui plaquer l'autocollant sur la jambe.

Après l'entraînement de crosse, je fonçai au réfectoire et arrivai à cinq heures trente, dix minutes avant ma victime. Seuls cinq ou six élèves se trouvaient dans la salle, y compris le délégué de la soirée, un terminale du nom d'Oli Kehlmeier. (Les trois délégués de salle à manger occupaient des postes très convoités : surveiller le service lors des dîners officiels leur permettait de mener à la baguette les garçons plus jeunes et de flirter avec les filles.) Oli étant en train d'étaler des nappes blanches sur les tables – je fus surprise de voir un délégué travailler –, j'eus l'inspiration de m'emparer d'une nappe sur la pile près des portes de la cuisine.

Je disposai la nappe sur la table de Mme Prosek puis scrutai les alentours. Personne ne faisait attention à moi. Je tirai une chaise, m'accroupis, me glissai sous la table et remis la chaise en place. Assise sur les talons, je ne tardai pas à trouver cette position inconfortable et me mis en tailleur. Il n'y avait pas trop de place pour se remuer. Mon coude cogna une chaise, je me figeai, mais ne perçus aucune réaction extérieure – ni alerte à l'esprit frappeur ni apparition d'un visage à la hauteur du mien pour me demander ce que je fabriquais là-dessous ; je me détendis. Je remarquai quelques vieux chewing-gums collés sous la table ; les odeurs de la table et du parquet se mélangeaient, quoique ni l'une ni l'autre n'évoquent particulièrement le bois ; ça sentait plutôt la chaussure, la basket moyennement crasseuse ou les tongs de gosse.

À six heures moins vingt, je me préparai à l'arrivée de McGrath. De plus en plus de serveurs s'activaient et chaque fois qu'un pas approchait, j'étais sûre qu'il s'agissait du sien. On s'affairait à toutes les tables autour ; on allait finir par me voir, par remarquer le bleu pâle de ma jupe – n'était-ce pas ridicule d'être assise par terre en jupe ? – ou mes pieds chaussés de sandales. Or personne n'approchait. À la table située sur ma droite, la serveuse – Clara O'Hallahan, je la reconnus à sa voix – chantonnait *I Got a Name* de Jim Croce. Un peu après, j'entendis un garçon dire :

— Reed était d'une humeur de chien aujourd'hui, hein ?

À quoi une fille rétorqua :

— Pas pire que d'habitude.

J'attendais que quelqu'un parle d'Assassin, mais personne ne le fit. Finalement, les voix se mêlèrent en une rumeur incroyablement bruyante, ponctuée par les tintements d'argenterie et de verre. Il était moins dix. McGrath n'oserait quand même pas manquer le dîner officiel alors qu'il servait ? Une simple absence à table entraînait la corvée de ménage, mais, si on était serveur, c'était certainement la retenue.

Il arriva à six heures moins quatre ; je reconnus sa voix traînante et joyeuse avant qu'il atteigne la table.

Quelqu'un devait lui avoir fait remarquer son retard car il expliquait en approchant :

— C'est la méthode deux minutes. Regardez bien et prenez-en de la graine.

Il disposa assiettes et couverts au-dessus de ma tête. Avant que je puisse le toucher, il était reparti, puis il revint avec un plateau de verres. Ses mollets n'étaient qu'à quelques centimètres de moi – comme il portait un short kaki, je pus constater qu'il avait les poils blonds et épais – et il sifflait.

Deux sentiments s'emparèrent simultanément de ma personne. Le premier était une jubilation incrédule à l'idée de tuer incessamment McGrath Mills. Quand on est habitué au rejet et à l'échec, comme je l'étais ou croyais l'être, le succès peut se révéler déstabilisant. Parfois, je me racontais intérieurement un succès afin de me convaincre de sa réalité. Pas seulement les grands triomphes – si tant est que j'aie connu de grands triomphes, en dehors de mon admission à Ault –, mais les gloires minuscules, n'importe quel petit fait attendu, espéré : *Maintenant je mange de la pizza, maintenant je descends de voiture*. (Et plus tard : *Je suis en train d'embrasser ce garçon, il est allongé sur moi.*) Je le faisais car obtenir ce que j'avais désiré me portait un coup violent ; il était toujours plus facile d'éprouver le manque de la chose que la chose elle-même.

Mon second sentiment s'apparentait à la tristesse, à un relâchement brutal. Je crois que c'était à cause des poils sur les mollets de McGrath. De son sifflement aussi. McGrath était une personne. Il n'avait aucune envie d'être tué, il ignorait que je le guettais sous la table. C'était injuste de l'avoir par surprise. Je ne voulais pas gagner le jeu, compris-je soudainement. Je désirais être admirée, bien sûr, reconnue par tous mais je ne me sentais plus capable d'assumer les étapes obligées, ces instants où il n'y avait que moi et l'autre, que je devais tuer. Il n'y avait pas eu de problème avec Devin parce que c'était un nul, ni avec Sage et Allie parce qu'elles se fichaient de rester dans le jeu. McGrath, lui, était sympa ; demeurer en vie paraissait lui tenir à cœur, en tout cas un peu ; en même temps, ç'aurait été grotesque de ne pas l'éliminer alors que je l'avais sous la main. Et ce n'était même pas comme si je m'y refusais. Simplement, ça semblait alambiqué. Dorénavant, me dis-je, je ferais le nécessaire pour avoir Cross. Mais pas de zèle. Je n'accorderais plus tant d'importance au jeu lui-même. Voilà la décision que je pris à la seconde où je tendis le bras et plaquai l'autocollant sur le mollet de McGrath – je le plaçai précisément sur le côté du tibia, à mi-chemin de la cheville et du genou. Après quoi je poussai la chaise pour émerger de ma cachette à quatre pattes. Relevant les yeux vers McGrath, je me fis vaguement l'effet d'être un chien.

Comme je l'avais craint, sa surprise était totale. Je ne suis même pas sûre qu'il m'ait reconnue sur-le-champ. Je me remis debout et déclarai d'une voix incertaine :

— Je viens de te tuer.

McGrath éclata de rire, mais je pense que c'était seulement parce qu'il était bon joueur.

— Nom d'un chien, fit-il avec son accent du Sud. Tu m'as chopé. Tu m'as eu joliment. Depuis quand étais-tu là-dessous ?

Je haussai les épaules.

— Voilà une victoire bien méritée. Eh, Coles, regarde qui était sous ma table. Elle me guettait, tu imagines ça ?

— Désolée, dis-je quand McGrath revint à moi.

— Tu n'as pas à être désolée. Désolée de quoi ? Tu m'as eu à la loyale. Faut que je te donne mes autocollants, c'est ça ? Mais devine…

Il tâta la poche arrière de son short, puis les deux poches latérales de son blazer.

— Je les ai laissés dans ma piaule. Je peux te les donner plus tard ? Je monterai à ton dortoir pour te les remettre en main propre.

— C'est bon. Il n'y a pas de problème.

(Évidemment qu'il n'avait pas ses autocollants sur lui. Le jeu ne lui importait pas *réellement*.)

Je sus tout de suite que j'avais gâché la relation légère et blagueuse qui avait existé entre nous, j'en avais tué la substance. À partir de là, McGrath se montrerait toujours amical envers moi (j'avais raison de le penser : il demeura sympa jusqu'à son départ d'Ault) mais ça resterait superficiel. En le tuant, j'avais rompu l'unique passerelle entre nos vies. « Tu as assassiné quelqu'un récemment ? » me demanderait-il des mois plus tard, quand nous nous croiserions dans un couloir entre deux cours. Ou encore : « Tes taies d'oreiller tiennent le coup ? » Je rirais ou répondrais : « Elles vont bien, merci » – un truc bref. McGrath ne désirerait pas parler, bien sûr, ce ne serait pas comme si nous avions des choses à nous *dire*.

Je savais tout ça, je connaissais les règles, et, néanmoins, rien ne me brisa le cœur comme cette mort lente d'une plaisanterie partagée qui avait sur le coup paru si amusante.

Le samedi matin, j'attendais dans la cour du dortoir ; Conchita avait dit que sa mère envoyait une voiture nous prendre à onze heures. Le temps était doux, ensoleillé, un peu venteux, et Martha était contente de sortir ; je l'étais moi aussi. Une limousine arrivait de l'autre côté, deux garçons jouaient au ballon, j'offris mon visage au soleil en fermant les yeux. Quand je les rouvris, peut-être une minute plus tard, la limousine se trouvait devant moi, et la tête de Conchita s'encadra dans l'une des vitres arrière ouvertes.

— Eh, Lee ! Monte.

Je m'efforçai d'afficher une expression dénuée de surprise. Jamais je n'étais montée dans une limousine. À l'intérieur, les sièges en cuir gris étaient disposés en U ; une vitre teintée séparait les occupants du chauffeur. Conchita avait mis un tee-shirt violet, une robe chasuble en jean fermée par d'énormes boutons orange, des collants blancs et des sandales à hauts talons ; cette fois, elle ressemblait moins à un membre d'une troupe de théâtre qu'à une gamine de quatre ans qu'on a autorisée pour la première fois à s'habiller toute seule. Martha était vêtue normalement et, à mon grand soulagement, ne portait pas de jupe.

— On se demandait quelle musique écouter, me dit Conchita. Les seules stations qu'on peut capter correctement proposent du reggae et… comment tu dis, Martha ?

— Du *gentle* jazz.

— Moi, je vote pour le reggae, fis-je.

— C'est ce qu'on pensait mais on voulait être sûres.

Conchita appuya sur un bouton et la vitre qui nous séparait du chauffeur descendit de quelques centimètres.

— Vous voulez bien mettre la première station ? Merci.

Sans attendre de réponse, elle pressa de nouveau le bouton et la vitre remonta. Là je compris, je compris enfin, que Conchita était riche. Et cet élément brouilla tout ce que je savais d'elle par ailleurs. Quel besoin avait-elle de se tenir bizarrement ? Pourquoi faisait-elle si souvent valoir ses origines mexicaines ? Pourquoi affirmait-elle se sentir étrangère ? Si elle était riche, elle appartenait au monde d'Ault. Ce n'était pas plus compliqué. Être riche, en fin de compte, importait plus, beaucoup plus qu'être jolie. En y réfléchissant, je me dis que Conchita ne m'avait cependant rien caché. La décoration recherchée de sa chambre aussi bien que sa garde-robe, certes curieuse mais qui n'avait rien de médiocre, constituaient des indices face auxquels j'étais restée aveugle. Je me rendis compte qu'en la supposant boursière, je m'étais montrée blessante ; c'était gênant. (Gênant et en même temps… Sachant à présent que je m'étais trompée, j'étais libre de partager une chambre avec elle. Je pouvais céder, c'était sans problème. Cette pensée me fit le même effet que quand on fait pipi dans sa culotte à cinq ou six ans : un soulagement ambigu, un mieux impossible à savourer sur l'instant.)

— Au fait, que je vous raconte, disait-elle. J'ai attendu d'être avec vous deux en même temps… Il paraît que M. Byden est sorti avec Mme Broussard.

— Impossible, dit Martha.

— M. Byden, le directeur ? demandai-je. Mais il est marié.

— C'était il y a longtemps, assura Conchita. Mais vous imaginez s'il en pince toujours pour elle ?

— Comment tu sais ça ? questionnai-je.

— C'est Aspeth qui me l'a dit. Son père et M. Byden étaient à Harvard ensemble dans les années soixante, et je suppose que Madame vivait à Boston à l'époque.

— Vous vous imaginez embrasser M. Byden ? reprisje. Il t'obligerait à rester à un mètre de distance.

C'était la règle au cours des visites d'un dortoir à l'autre ; les couples étaient également tenus de laisser la porte ouverte.

— Le plus dégueu, ajoutai-je, c'est d'imaginer M. Byden en train de bander.

— *Lee !* s'exclama Conchita.

Je l'avais sans doute choquée.

— Avoir une érection, si tu préfères.

— Arrête, ordonna-t-elle en se bouchant les oreilles.

— Ils devaient se donner des petits noms doux, dit Martha.

— Gros ballot, suggérai-je.

— Chausson aux pommes, répliqua Martha.

— Tourte au frometon, renchéris-je.

Et sans véritable raison, on se tordit de rire.

— Quoi ? interrogea Conchita.

Elle avait entendu, s'étant depuis longtemps découvert les oreilles.

— Ce n'est pas… commençai-je.

Un coup d'œil à Martha fit repartir mon fou rire.

— Quoi ? répéta Conchita. Qu'est-ce que ça veut dire, tourte au frometon ?

— Rien du tout, répondit Martha en s'essuyant les yeux. Lee vient juste d'en faire un surnom.

— Alors pourquoi est-ce si drôle ?

— Eh bien… fit Martha, qui essayait de retrouver un peu de sérieux, c'est comme ça… tourte au frometon…

— Chausson aux pommes, répétai-je.

Notre hilarité repartit de plus belle.

— Martha a permis à un garçon de lui toucher les nichons, dit Conchita.

— Merci, Conchita, dit Martha, imperturbable.

— Moi, je ne ferai jamais ça, continua Conchita. En tout cas, pas avant le mariage, et là je n'aurai des rapports sexuels que dans le noir.

— C'est bien, commenta Martha avec tendresse.

— Toi, tu as déjà eu des rapports sexuels ? lui demandai-je.

Je regrettai aussitôt ma question. Franchement, je la connaissais à peine ; je l'avais oublié.

— Mon Dieu, non ! Ma mère me tuerait, répondit-elle sans avoir l'air de me trouver indiscrète. Conchita, quand un mec soulève ta chemise, en dessous ce n'est que de la peau. Et c'est plutôt agréable.

— Tu laisserais un mec te toucher les seins, Lee ? interrogea Conchita.

— Ça dépend qui.

Je pensais à la chanson *Lay, Lady, Lay*, l'homme aux vêtements crasseux.

— Tu me surprends, rétorqua Conchita. Je ne m'étais pas aperçue que tu étais immorale, toi aussi.

Pour la troisième fois, on éclata de rire, Martha et moi.

— J'aimerais avoir été immorale, repris-je.

— Ne dis pas ça.

Devant la mine bouleversée de Conchita, je m'amendai :

— Je plaisante.

Et comme elle semblait soulagée, je ne pus m'empêcher d'ajouter :

— Plus ou moins. Oh, Conchita, continuai-je en la voyant de nouveau toute chiffonnée.

Je m'approchai d'elle et la pris par les épaules pour la bercer pendant un petit moment. À cet instant, elle me paraissait très jeune et très mignonne. Nous étions alors arrivées sur la 128 ; il y avait quelque chose dans la vitesse de la voiture, le fait que cette voiture soit une limousine, le soleil radieux, la conversation… j'étais réellement heureuse. Le sentiment qui m'étreignait en permanence à Ault que ce que j'avais à offrir était médiocre, que je devais me tenir sur mes gardes, était en train de s'éloigner, de filer par le toit ouvert.

L'hôtel se trouvait près du jardin public du Boston Common ; c'était l'hôtel le plus luxueux où je sois jamais entrée, mais rien ne pouvait plus me surprendre. Le hall était décoré de colonnes corinthiennes, habillé de marbre vert, du sol au plafond. Conchita s'approcha du concierge pour demander où était le restaurant, Martha et moi sur ses pas. Nous étions toutes les trois encore étourdies après le trajet, et le personnel ainsi que les clients dispersés dans le hall nous regardaient. Ils voyaient en nous trois filles ordinaires et, en l'occurrence, notre banalité ne jouait pas en notre défaveur. Au contraire, par notre manque d'élégance, notre attitude un rien tapageuse, notre aspect « bande », nous nous conformions à l'idée qu'ils se faisaient des adolescentes, et je me sentis fière de nous.

Arrivée dans la salle de restaurant, Conchita cria « *Mama* ! » et se précipita dans les bras d'une femme très jolie et très grosse à la fois. Mme Maxwell l'embrassa partout sur le visage, toutes deux pleurant, parlant en même temps en espagnol, pleurant de plus belle et se tournant vers nous pour s'excuser de pleurer. Mme Maxwell ne se leva pas de son siège pour nous accueillir mais nous tendit le bras – un bras bronzé dont le poignet était ceint de multiples bracelets en or.

— Je suis ravie de rencontrer les amies de ma fille, dit-elle avant d'ajouter quand Conchita m'eut présentée : Ah, la fan de Bob Dylan.

Elle portait un ensemble en soie vert pâle, pantalon large et tunique au col quelconque et aux manches amples ; même à distance, je sentais son parfum. Sa peau était lisse et mate, plus foncée que celle de Conchita, ses cheveux coiffés en un chignon alangui sur la nuque.

— Merci de nous avoir invitées, dit Martha.

— Oui, c'est très aimable à vous, ajoutai-je.

Autour de nous, seules quelques tables étaient occupées ; à proximité déjeunait un grand costaud. Un serveur nous apporta les cartes, de grands rectangles en cuir où le nom des plats était calligraphié. Parmi les entrées, une seule coûtait moins de vingt dollars, et il s'agissait de légumes grillés. Je fus étrangement soulagée en pensant que je n'avais que quinze dollars en poche – je ne paierais pas, je n'essaierais même pas puisque j'en étais incapable. La date était inscrite au bas de la carte et, comprenant qu'on en imprimait chaque jour une nouvelle, je jugeai la chose remarquable. J'avais déjà pressenti, et cette journée ne faisait que renforcer mes soupçons, que l'argent pouvait rendre la vie agréable, qu'on pouvait le désirer non par pure cupidité mais pour des raisons de confort, parce qu'il vous permettait d'envoyer une limousine chercher votre fille et ses amies, de déguster des mets savoureux dans un cadre élégant, d'être grosse et de porter cependant de jolis vêtements. L'une des amies de ma mère était presque aussi replète que Mme Maxwell mais elle s'habillait en pantalons de survêtement et blouses à fleurs.

— Je voudrais que vous me racontiez chacune votre vie, déclara Mme Maxwell. Vas-y donc, Lee.

Je ris, mais je me lançai… Je commençai par ma mère saisie des premières contractions dans une piscine, racontai comment au jardin d'enfants j'avais tenu à mettre toute l'année les mêmes bottes en caoutchouc marron, mon ami imaginaire qui s'appelait Cochon, l'âge que j'avais à la naissance de chacun de mes frères. Je parcourus ainsi le chemin jusqu'à Ault. Elles me posèrent des questions, mais aucune pour me coincer, et puis les amuse-gueule arrivèrent – nous en avions toutes commandé, apparemment cela se faisait –, après quoi vint le tour de Martha : comment elle avait cru mourir quand sa première dent était tombée, comment elle avait remporté le concours d'orthographe en CE1, et tous les jours de neige de son enfance dans le Vermont. Les plats arrivèrent. J'avais choisi du poulet rôti accompagné de purée de pommes de terre et de sauce aux canneberges ; on se serait cru à Thanksgiving.

Il y eut du dessert aussi. Chacune de nous ayant commandé différentes pâtisseries et mousses, nous piquions fourchettes et cuillères dans les assiettes voisines. La mère de Conchita donna des nouvelles de leur maison, de leurs connaissances, parla d'un mariage auquel son mari et elle avaient assisté le week-end précédent.

— Et j'ai une chose drôle à te raconter, *mi hija*. Nous avons engagé un nouvel ouvrier pour aider Miguel au jardin, et figure-toi qu'il s'appelle Burro[1].

— C'est son surnom ou son vrai nom ? demanda Conchita.

Mon regard rencontra celui de Martha. *Un nouvel ouvrier pour aider Miguel au jardin ?* nous répétions-nous silencieusement.

Nous prîmes toutes du café, même moi qui n'en buvais jamais à l'école, puis on continua à parler, une autre heure s'écoula, et ce fut le moment convenu avec

1. « Âne » en espagnol (*N.d.T.*)

le chauffeur de la limousine pour qu'il nous reconduise, Martha et moi ; Conchita passait la nuit à l'hôtel avec sa mère. On embrassa Mme Maxwell. Écrasée contre son énorme poitrine, à respirer son parfum, je ressentis pour elle une immense affection ; quelle chance j'avais d'être tombée dans ce monde…

Dans la limousine, dès que le chauffeur eut refermé la portière, Martha et moi nous tournâmes l'une vers l'autre.

— Mme Maxwell est super-cool, hein ? dit Martha.

— On aurait cru qu'elle voulait vraiment connaître nos vies.

— J'ai mangé comme quatre. La mousse au citron vert était incroyable.

— Et ce machin au chocolat… Si j'en avais avalé une bouchée de plus, j'aurais dû défaire le bouton de mon pantalon.

— Et le garde du corps ? dit Martha. C'était dingue.

— Tu parles de quoi, là ?

— Le mec à la table d'à côté. Avec son écouteur.

Je n'avais pas remarqué d'écouteur, mais effectivement le grand costaud était resté dans la salle aussi longtemps que nous ; je m'étais figuré que notre conversation l'amusait.

— Pourquoi la mère de Conchita a-t-elle besoin d'un garde du corps ? questionnai-je.

— J'ignore si elle en a besoin, le fait est qu'elle en a un. Sais-tu qui sont les Maxwell ?

Je secouai la tête.

— Le père de Conchita est le directeur général de Tanico.

À South Bend, il y avait une station Tanico à trois rues de chez mes parents – apparemment, bien avant notre rencontre, la vie de Conchita avait effleuré la mienne.

— On raconte des tonnes d'histoires sur les Maxwell, continua Martha. Pour commencer, je crois que le mariage de ses parents a causé un gros scandale. Sa mère était femme de ménage dans les bureaux de son père. C'est comme ça qu'ils se sont rencontrés.

— Pas possible.

— Comme je te le dis. À l'époque, il était marié avec une autre. La mère de Conchita avait dix-neuf ans, à peu près, elle débarquait du Mexique et parlait à peine anglais. La nouvelle a fait du bruit au début des années soixante-dix. Quand j'ai évoqué pour la première fois Conchita devant mes parents, ils m'ont dit : « Pas la fille d'Ernie Maxwell ? »

— Pourquoi ? Comment est-il, son père ?

— Un portrait de lui est paru récemment dans *Fortune*. Le magazine était à la bibliothèque mais quelqu'un l'a pris. Il paraît qu'on le surnomme le roi du pétrole. Sa famille était dans la partie depuis un moment, et elle avait déjà gagné beaucoup d'argent, mais on dit de lui qu'il est impitoyable en affaires et qu'il a réussi au-delà de tout. Il est aussi très vieux. Sur les photos, il a l'air d'avoir au moins soixante-dix ans. Il est petit, chauve. Conchita lui ressemble, en fait. Sans compter qu'il portait des jambières orange.

— Sérieux ?

Martha se mit à rire.

— Non, Lee. Il était en costume.

— Conchita ne m'a jamais parlé de tout ça.

— Elle raconte des trucs quelquefois, mais elle ne veut pas s'étaler. Je pense que c'est pour ça qu'elle est venue à Ault, pour essayer de s'intégrer quelque part. Sauf que ça n'a pas été exactement comme elle l'imaginait.

Je ressentis envers Conchita le même agacement que j'avais éprouvé en découvrant la limousine. Elle pouvait s'intégrer si elle le voulait.

— Sa mère lui manque énormément, continuait Martha. Personne ici ne la dorlote, ce qui explique sûrement son hypocondrie.

— Elle est hypocondriaque ?

— En tout cas, elle ne souffre pas d'insomnie : ma chambre est à côté de la sienne, et je l'entends ronfler comme un camionneur. Attention, je ne dis pas qu'elle ment. Sa réalité est différente de celle des autres, mais c'est pour ça que je la trouve intéressante.

— Si elle n'a pas de problèmes de santé, comment se fait-il qu'on l'ait autorisée à avoir le téléphone, cette grande chambre et tout le tremblement ?

— Allons, Lee, souffla Martha en frottant son pouce contre ses autres doigts. Ault doit saliver à l'idée de toutes les salles de sciences et ateliers d'arts plastiques que peut lui offrir l'empire Maxwell.

Sur le coup, je fus surprise d'entendre Martha évoquer si franchement l'argent des Maxwell, et plus tard, quand je connus la maison de famille de Martha dans le Vermont, je me rendis compte que ses parents aussi étaient fortunés. Mais il existait différentes espèces de riches, finis-je par comprendre. Il y avait les riches normaux, les riches dignes, dont on ne parlait pas, et les riches excessifs, cocasses, lourdauds – du genre à faire décorer une chambre de dortoir par un professionnel ou à aller retrouver votre mère à Boston en limousine –, qu'on était autorisé à commenter.

— Tu partagerais une chambre avec Conchita ? demandai-je.

Martha fit la grimace, pas une grimace dégoûtée mais coupable.

— Elle m'en a parlé, mais c'est assez pénible à imaginer.

Je regardai par la vitre ; un taxi remontait l'allée à côté de nous. Je revins à Martha.

— Ça va te paraître bizarre, dis-je, mais tu nous verrais toutes les deux ensemble ?

— Oh ! J'ai pensé à ça toute la journée.

Martha souriait, moi aussi, d'une part parce que je n'aurais finalement pas à faire chambre commune avec Conchita, mais aussi parce que je venais de comprendre, là, dans la limousine payée par les Maxwell, que désormais, tant que je serais à Ault, je ne serais plus jamais seule. Martha et moi nous nous entendrions toujours, notre amitié durerait. J'avais un sentiment de certitude et de soulagement. Des années plus tard, lors d'un mariage j'ai entendu le pasteur décrire cette union entre deux êtres comme la réduction pour moitié du chagrin et le doublement de la joie ; je n'ai pas pensé alors à l'homme que je fréquentais à l'époque, ni même à quelque idéal époux imaginaire que j'étais susceptible de rencontrer plus tard ; j'ai immédiatement pensé à Martha.

Ce soir-là sur le campus, je croisai Edmundo dans la cour, accompagné de son camarade de chambre Philip.

— Salut, Edmundo, dis-je. Salut, Philip.

Je m'efforçais d'avoir l'air sûre de moi, l'air de dominer la situation – je n'avais pas envie d'être victime d'un vilain tour comme celui auquel s'étaient livrés Matt Relman et son copain Jasdip Chowdhury : Jasdip avait fermé les yeux pendant que Matt tuait Laura Bice.

— Salut, répondit Edmundo, toujours aussi incapable de soutenir le regard de son interlocuteur.

Sa timidité m'enhardit.

— Jolie soirée, non ?

— Tu n'es plus ma cible, déclara-t-il. J'ai été tué il y a quelques jours.

— Par qui ?

Mon pouls galopait. Je m'étais promenée en toute inconscience alors qu'on aurait pu m'éliminer, quand mes chances d'atteindre Cross risquaient d'être pulvérisées à tout moment par quelqu'un qui n'était pas Edmundo.

— Je ne peux pas te le dire, rétorqua-t-il.

S'il avait seulement souri, j'aurais songé à lui extorquer le renseignement en lui faisant du charme – les garçons timides et gauches n'attendaient-ils pas d'être cajolés par des filles fringantes ? –, hélas, il restait sérieux comme un pape. À vrai dire, il n'avait même pas l'air d'avoir envie de me parler. Et je sentais chez Philip un manque d'intérêt similaire, voire de l'impatience. Mon prestige était-il si piètre que même les pauvres types évitaient ma compagnie ?

— Pourquoi tu ne peux pas me le dire ?

— Parce que.

Nous demeurions plantés là tous les trois, moi regardant entre eux, aucun d'eux ne me regardant. Philip avait une peau horrible, couverte, surtout sur le menton, à la fois de cicatrices et de pustules à têtes blanches. Si j'avais eu une figure pareille, je n'aurais pas osé quitter le dortoir. Cette pensée me rendit plus charitable à son égard, même s'il ne m'aimait pas, à l'égard d'Edmundo aussi, puisqu'il adoucissait l'épouvantable existence acnéique de son copain.

— Très bien, conclus-je. Ce n'est pas grave.

J'avais déjà ouvert la porte de Broussard quand Edmundo me lança une phrase que je finis par comprendre malgré sa tendance à mâcher les mots. Il disait :

— Tu te fais trop de souci.

Nous nous retrouvâmes pour un cours de vélo, Conchita et moi, le dimanche soir, après son retour de Boston. La leçon terminée, je la raccompagnai à son dortoir en poussant la bicyclette de Sin-Jun. Martha avait proposé d'attendre un peu, au moins le temps que Conchita remette la question sur le tapis, pour lui annoncer notre décision, mais la lui dissimuler me mettait mal à l'aise. Nous longions la bibliothèque quand je lui dis :

— J'ai quelque chose à t'annoncer, même si ce n'est pas une affaire d'État. Martha et moi allons prendre une chambre ensemble l'année prochaine.

Conchita s'immobilisa et éclata en sanglots. Je lui mis la main sur l'épaule.

— Ne pleure pas.

Ses épaules se raidirent, comme pour créer une barrière entre nous. Plusieurs garçons venaient dans notre direction.

— Allons par ici.

Je désignai un banc en marbre circulaire qui se trouvait sous la bibliothèque – ce banc, cadeau de la promotion 1956, rehaussé d'une statue de chérubin en son centre, ne servait jamais à personne.

— Viens près de moi, invitai-je en tapotant le marbre. Je suis désolée, Conchita. Sincèrement. Mais calme-toi.

— Que devient notre projet d'une chambre à nous deux ?

Son visage était rouge et luisant.

— Tu veux dire toi et Martha, ou toi et moi ?

— Toi et moi.

— Je te considère comme une excellente copine. Simplement, c'est dur de partager un espace exigu.

— C'est pourtant ce que vous allez faire, Martha et toi.

— Oui, mais… tu as tellement d'affaires.

— La faute au décorateur de ma mère. Pour la plupart, je ne les aime pas.

— Il y a aussi que Martha et moi avons beaucoup de choses en commun. On s'entend bien.

— Tu ne lui avais même pas parlé avant que je te la présente.

— Si, quelquefois. En cours de latin.

J'aurais pu lui concéder ce point, mais une sorte de vérité supérieure m'avait dicté ma réponse.

— Quand avez-vous décidé ça ?

— Hier. En plus, Conchita, je te rappelle que tu fais de l'insomnie.

— Vous avez pris la décision en revenant au lycée ? C'est toi qui l'as proposé ou c'est elle ?

— C'était réciproque.

Conchita s'était ressaisie. Pourtant, quand elle parla de nouveau, sa voix tremblait – d'espoir, je crois :

— On pourrait se mettre toutes les trois. On pourrait demander une chambre triple.

J'aurais pu répondre oui. Si je savais que Martha préférait une chambre double, j'étais certaine de pouvoir la convaincre pour la triple.

— Ça ne marcherait pas, dis-je. À trois, on finit toujours par se disputer.

— On ne s'est pas disputées à Boston.

— C'était pour une seule journée. Conchita, ça ne change rien du tout. On peut rester d'excellentes copines.

On est devenues amies cette année sans habiter le même dortoir.

— Nous ne sommes pas amies.

Elle s'essuya le nez avec un mouchoir lavande qu'elle avait tiré de sa poche, mais ne se moucha pas. Un peu de morve resta autour de ses narines.

— Bien sûr que si, nous sommes amies.

Jamais je n'aurais imaginé ce moment : moi essayant de la persuader de notre amitié.

— Là, tu as une réaction disproportionnée, continuai-je. Dès demain, tu t'en ficheras comme de ta première chemise. Allez, je te raccompagne à ton dortoir.

Je me levai et considérai ses maigres épaules encore agitées de soubresauts ; dans la lumière crépusculaire, je remarquai pour la première fois qu'elle avait à ses baskets des lacets rayés jaune et orange.

— Je ne sais pas ce que tu veux que je fasse, Conchita.

— Laisse-moi seule.

La cloche de la chapelle sonna une fois ; il était vingt heures trente. Les gens qui disent *laisse-moi seul(e)* n'en pensent pas un mot, c'était une chose que je savais déjà.

— Bien, fis-je. Si c'est ce que tu veux.

Quand j'avais tué McGrath, j'avais appris que sa cible était Alexander Héverd, un élève de seconde qui venait de Paris. On le disait camé ; il possédait une beauté gracieuse sans être efféminé. Taille moyenne, plutôt mince, les hanches étroites, et quand il portait un jean – les soirs où il n'y avait pas de dîner officiel – au lieu de se chausser de baskets, à l'instar de la plupart des garçons d'Ault, il mettait des chaussures en cuir qui avaient l'air carrément ringardes, ou même orthopédiques – avec leurs grosses semelles en caoutchouc –, mais le fait qu'Alexander Héverd les porte signifiait plus ou moins, même si ce n'était pas évident pour un œil profane, qu'elles étaient hautement branchées. Je ne lui avais jamais parlé, mais je m'étais trouvée derrière lui dans la file d'attente du self, et sa voix, teintée d'un léger accent, m'avait paru très assurée, si ce n'est condescendante. Enfin, peut-être avais-je pensé ça parce qu'il était français.

Seul problème : si McGrath m'avait désigné Alexander pour cible, il ne m'avait pas donné le papier l'attestant, non plus que ses autocollants. J'avais encore des autocollants, en quantité, mais j'estimais important d'entrer en possession du papier portant le nom d'Alexander. Même si personne, y compris Devin, ne m'avait demandé de prouver qu'il était ma cible, j'avais besoin de cette preuve pour moi-même. Et si McGrath s'était emmêlé les pinceaux et que je devais en réalité tuer Alex Ellison, qui était en terminale ?

Le lundi, McGrath ne m'avait toujours rien remis. Certes, je m'étais absentée une bonne partie du samedi, mais tout le dimanche, à la chapelle, ensuite au déjeuner – censé être le plus agréable, le repas dominical se révélait le pire ; on y servait fréquemment de l'agneau –, enfin au dortoir, il aurait pu facilement me trouver. Pour finir, le lundi soir, au dîner officiel, je m'approchai de lui, sur le lieu même de notre ultime et fatal face-à-face. Il se frappa la tête et m'assura qu'il me déposerait le tout le soir même, promis, il n'oublierait pas. En effet, il n'oublia pas. Je tuai Alexander le lendemain en le suivant à la sortie de l'appel. Sa cible était Riley Haddix, également en seconde. À rester plantée sur place en attendant qu'Alexander mette la main sur ses autocollants – il était deux secondes trop tard pour lui dire que je n'en avais pas besoin, il risquait de penser que je lui avais déjà fait perdre assez de temps –, je me sentis fruste, américaine et en état de surchauffe.

Cependant, il fallait que je continue à jouer : sinon, comment approcher Cross ? Au fil des jours, pourtant, je savais de moins en moins combien de joueurs demeuraient en lice, si j'étais proche ou non du but, combien de temps il nous restait à chacun. Personne n'avait attenté à ma vie depuis qu'Edmundo m'avait appris qu'il était mort. Mais même si celui ou celle qui l'avait tué ne tentait rien contre moi, l'assassin de cet assassin s'en chargerait, ou encore l'assassin de l'assassin de cet assassin. Surtout que les joueurs restants – peut-être quinze, peut-être cinquante – devaient être rusés. Aussi regardais-je par-dessus mon épaule quand je marchais, et m'efforçais-je de ne pas me retrouver seule à découvert.

Ce qui me travaillait plus que la possibilité de ma propre mort était l'éventualité de celle de Cross. S'il avait décidé que le jeu ne l'amusait plus ? S'il s'en était lassé ? D'habitude, quand je le voyais sur le campus, j'aimais l'observer tout en conservant mes distances. Or je me mis à l'approcher, m'asseyant à la table voisine de la sienne au petit déjeuner, et encore au déjeuner, dans l'espoir de saisir une bribe de conversation à propos du jeu. Je quittais même le réfectoire derrière lui – s'il faisait attention, peut-être avait-il pensé qu'il était déjà ma cible. Au bout du compte, j'obtins ce que je cherchais. Cross se trouvait à quatre ou cinq mètres de moi, en conversation avec John Brindley et Devin Billinger ; je n'entendis pas le début de sa phrase, seulement la fin : « … à moins qu'il essaie de me choper dans les douches ». Les trois garçons se mirent à rire.

— S'il me cherche sous la douche, continua Cross, ce sera du genre, c'est bon, mec, si tu y tiens à ce point-là…

Bingo ! Cross était toujours vivant.

En cours de latin, Martha m'apprit que Conchita était partie pour l'infirmerie après le petit déjeuner. Je ne la vis pas à la crosse, ni le lendemain. Martha et moi nous étions souvent consultées dans ce laps de temps, du moins avais-je consulté Martha. Mon premier geste après que j'eus laissé Conchita sur le banc le dimanche soir avait été d'appeler Martha depuis la cabine de Broussard. (Si j'allais à son dortoir, je risquais de tomber nez à nez avec Conchita.) Ça m'avait paru étrange, excitant à vrai dire, d'avoir besoin de parler au téléphone avec quelqu'un qui se trouvait aussi sur le campus.

— Elle est vraiment fâchée, m'annonça Martha le lundi.

— Contre nous deux ou contre moi ?

— Principalement contre toi. Elle ne raisonne pas, parce qu'elle est blessée, mais elle s'en remettra.

Comme chaque fois, parce que c'était Martha, le commentaire n'avait rien de venimeux.

Après que Conchita eut manqué une nouvelle séance de plein air, je me rendis à l'infirmerie. L'infirmière m'apprit qu'elle avait regagné son dortoir. Arrivée à la porte de sa chambre, j'entendis de la musique qui devait être du Bob Dylan. Je frappai.

— Entrez, répondit Conchita.

Apparemment, elle attendait quelqu'un d'autre : quand elle me vit, elle pinça les lèvres et fronça les sourcils à la façon d'un enfant boudeur.

— Jolie chanson, dis-je en désignant la chaîne hi-fi.

— Qu'est-ce que tu veux ?

— Je me faisais du souci pour toi.

— Avant ou après m'avoir volé ma meilleure amie ? La vraie question est de savoir si tu t'es servie de moi depuis le début pour approcher Martha, ou si tu as seulement saisi l'occasion quand elle s'est présentée.

— Conchita…

Je souriais malgré moi. Elle me fusilla du regard.

— On n'est pas dans un feuilleton télé, repris-je. Dans la vraie vie, personne ne se vole des amis.

— Qu'est-ce que tu en sais ? Tu n'avais aucune amie avant moi.

— Ce n'est pas vrai.

Je pensai à Sin-Jun, ensuite à Heidi et Alexis à qui je n'avais pas reparlé depuis la blague de la taie d'oreiller ; je me doutais bien qu'elles comptaient pour du beurre.

— Je t'ai surestimée, dit Conchita. Je te croyais intelligente et réglo. En fait, tu es superficielle et conformiste. Tu n'as aucune personnalité, alors tu te détermines selon tes fréquentations, et tu as peur de ne pas fréquenter les gens qu'il faut. J'ai de la peine pour Martha parce que je suis sûre qu'elle ignore complètement qui tu es. Si Aspeth Montgomery te proposait de faire chambre commune avec elle l'an prochain, tu laisserais tomber Martha dans la minute.

À l'écouter, je sentis l'aiguillon de la vérité, ainsi qu'un soulagement familier, qui confinait à la gratitude envers quelqu'un qui me voyait telle que j'étais. Imparfaite comme je l'étais, quelqu'un me reconnaissait.

— Pourquoi n'essaies-tu pas de t'améliorer ? continua Conchita avant d'ajouter plus doucement : On pourrait quand même prendre une chambre ensemble. Je te pardonnerais.

— Tu n'es pas prête à accepter mes excuses si je ne cohabite pas avec toi ?

— Si tu ne veux rien d'autre que ça, c'est bon. Voilà. J'ai accepté tes excuses.

— Tu reviendras à la crosse ?

— Que j'aie manqué la crosse n'a rien à voir avec toi. C'est parce qu'il y avait trop de pollen.

Elle détourna le regard.

— Il faut que je prenne une douche.

J'étais dans le couloir quand j'entendis sa porte se rouvrir. Et quand je sentis sa main dans mon dos, je crus qu'elle cherchait à m'étreindre – peut-être même avec une arrière-pensée sexuelle, peut-être Conchita était-elle amoureuse de moi – et simultanément je sus, dans ce minuscule recoin de certitude qu'abrite la conscience, qu'elle était en train de me tuer.

Je fis volte-face.

— Tu es morte.

Elle avait parlé d'une voix neutre, nullement satisfaite. Rétrospectivement, je pense qu'elle ne me tuait pas tant par plaisir que parce que s'abstenir – m'épargner malgré ma conduite envers elle – l'aurait fait souffrir. Plus tard, j'essayai de reconstituer l'enchaînement mais, dans la mesure où je ne pouvais plus lui parler, ma vision des choses demeura incomplète. J'imaginai qu'elle avait eu Edmundo pour cible et qu'en apprenant qu'il était mon assassin, elle l'avait tué pour me protéger – elle l'avait tué avant le week-end, alors qu'elle allait s'absenter du campus et ne risquait donc pas d'être tuée à son tour. Elle s'était d'abord associée à mon désir de gagner puis avait cessé de me soutenir. Ou peut-être était-ce plus complexe : peut-être avait-elle tué encore plus de monde afin de se rapprocher de moi pour m'offrir sa protection. Si sur le moment il me paraissait essentiel de comprendre les liens qui nous unissaient, la chronologie des événements, cela cessa rapidement d'avoir une quelconque importance. Je n'ai plus jamais participé à Assassin après mon année de troisième, bien que le jeu ait repris chaque année le temps de ma scolarité à Ault. Je ne sais trop quand le jeu fut supprimé, ou peut-être y joue-t-on encore, sous un nom différent. Chat Collé. Ou Elimination. C'est le genre de chose qu'on ne sait plus quand on a quitté un endroit, mais même avant mon départ je ne m'y intéressais plus ; j'étais de ceux qui trouvaient ce jeu ridicule et déplaisant.

Pour en revenir à cet instant dans le couloir, je dévisageai Conchita, cherchant à savoir si elle plaisantait ou si elle allait annuler ma mort. Cette possibilité devait exister puisque, de mon point de vue, c'était une mauvaise chose qu'elle m'ait tuée. Assassin n'avait aucun rapport avec nous deux. C'était ma relation avec Cross qui se jouait dans cette partie, et de quoi était fait le cœur de Conchita si elle était capable d'entraver sans remords l'amourette d'une autre fille ? À moins qu'elle-même n'eût un penchant pour le garçon, ce qui aurait constitué une justification ; sinon, contrarier les amours d'autrui représentait toujours et foncièrement une mauvaise action.

Et je décryptai bel et bien son expression ; dans ses yeux, au pli de sa bouche, je lus qu'elle reviendrait sur sa décision, mais à une seule condition : que je partage une chambre avec elle. D'une certaine façon, il n'y avait rien à lui reprocher car elle ignorait qu'elle changerait son fusil d'épaule, ou si elle le savait, elle savait aussi que je ne marcherais pas. Pour résumer, elle ne se livrait pas à un chantage. Notre amitié était terminée. Peut-être aurait-elle pu se renouer si seulement

Conchita avait eu une raison de m'en vouloir sans que j'aie en retour des griefs contre elle. J'imagine que de ce genre d'asymétrie aurait pu naître un fragile équilibre, n'exigeant le pardon que de l'une des parties. Au lieu de cela, notre ressentiment était réciproque, solide des deux côtés comme un mur dressé par deux forces égales et opposées.

Aujourd'hui, j'ai le sentiment d'avoir été redevable à Conchita ; involontairement, elle m'avait donné Martha. Elle avait créé les circonstances qui m'avaient permis de connaître Martha, mais elle avait fait mieux encore, quelque chose de difficile à quantifier : elle m'avait rappelé que je savais comment me faire des amies. J'avais donc une dette importante envers elle mais, à l'époque, je crus qu'en me tuant elle avait obtenu sa revanche ; je crus ne rien lui devoir.

Il se produisit autre chose au cours de cette semaine remarquable. Cela se passa le dimanche soir, avant que j'annonce à Conchita que j'allais prendre une chambre avec Martha, avant qu'elle me tue et que nous n'échangions des propos aussi peu amènes que rédhibitoires : Conchita apprit à faire du vélo.

Quand j'arrivai derrière l'infirmerie, elle était assise dans l'herbe. Je descendis de bicyclette et elle prit ma place. Je saisis le porte-bagages.

— D'accord. Tu es prête ?

Je me mis à trottiner au rythme où elle pédalait. Elle me regarda par-dessus son épaule.

— Maintenant mon père veut te rencontrer, lui aussi.

Je me figurai Ernie Maxwell, courtaud et chauve – je n'avais pas encore vu de photo de lui – et trouvai étrange d'entendre appeler *mon père* quelqu'un qui faisait parler de lui.

— Ce sera avec plaisir, dis-je.

Une mèche de cheveux me tomba sur les yeux. Machinalement, je la rangeai derrière mon oreille. Et brusquement je me rendis compte que Conchita avait pris de l'avance, que je l'avais lâchée. Elle avançait toute seule sur le vélo, avec un équilibre impeccable. Je continuai à trotter, tentant de combler l'espace qui nous séparait, mais, privée de la retenue de mon poids à l'arrière, elle avait pris de la vitesse.

— Eh, Conchita ! Pas besoin de flipper, mais je ne tiens plus le vélo. Tu roules toute seule.

Aussitôt, elle freina et mit pied à terre.

— Tu t'en sortais très bien, tu aurais dû continuer. Allez, je t'aide à repartir.

La crainte me traversa que ça ne se reproduise pas, du moins pas tout de suite, mais ce fut sans problème. Elle avait fait des progrès. Pour avoir roulé une fois toute seule, elle s'en savait capable.

— Tu me tiens, hein ?

— Oui, je te tiens. Pédale.

Je la tenais, oui, mais vaguement, et la lâchai dès qu'elle eut acquis de la vitesse. Elle continua, je m'arrêtai.

— Lee ! cria-t-elle plus loin. Tu m'as lâchée ! Je le sens !

— Oui, mais tout va bien. Regarde-toi.

— Il faut que je m'arrête, hein ? Faut que je m'arrête.

Elle stoppa pour effectuer le virage comme à chaque fois, en descendant de vélo et en le retournant.

— Remonte dessus pour revenir, lançai-je.

Elle était à plus de vingt mètres ; je songeai qu'on risquait de nous entendre brailler puis me dis : *Quelle importance ?*

— J'y vais ?

— Oui. Exactement comme quand je suis à côté.

Même à cette distance, je pus la voir respirer puis redresser les épaules.

— Tu peux le faire, criai-je.

Et elle arriva vers moi sur sa monture ; elle rayonnait. Le vent balayait ses cheveux sombres, et elle serrait si fort le guidon que ses phalanges en étaient blanches. Je me mis à applaudir.

— Hourra ! Tu y es ! C'est bon !

Elle me dépassa et cingla de l'avant.

— Regardez-la filer ! Qui pourra rattraper Conchita Maxwell ?

Elle leva la main droite, peut-être pour me faire signe. Le vélo oscilla, elle s'empressa de reposer la main sur le guidon. Je retins mon souffle, mais elle récupéra sa stabilité. Elle était bien, mieux que bien : elle était formidable. Comme je regardais son dos penché s'éloigner de plus en plus, je me sentis aussi heureuse pour moi que pour elle. J'avais appris à Conchita à faire du vélo – c'était incroyable. Et cette joie, peut-être la seule de notre brève amitié, ne tourna jamais à l'aigre.

4

Inanité

DEUXIÈME AUTOMNE

En seconde, dans des moments d'oisiveté pendant les cours d'anglais, je regardais la broche que portait Mlle Moray et m'interrogeais sur son origine. Entièrement en argent, elle représentait un gros livre ouvert, l'épaisseur des pages retombant lourdement de chaque côté de la reliure. Mlle Moray la mettait trois ou quatre fois par semaine, et je me demandais si quelque logique dictait ce rythme. J'imaginais un cadeau de ses parents – d'une mère, en particulier – ou d'un professeur de lycée désireux de lui souhaiter bonne chance alors qu'elle épousait cette profession pénible et valeureuse. Ou le présent d'un vieux voisin, ou encore d'un parent. Ça ne venait pas d'une amie ou d'un copain, j'en étais quasiment certaine ; quand elle vint enseigner pour un an de stage à Ault, Mlle Moray avait vingt-deux ans, âge qui ne me semblait pas très jeune dans la mesure où j'en avais quinze, mais trop jeune en tout cas pour se faire offrir un bijou de mémère par quelqu'un de son âge. Les broches étaient bonnes pour les femmes de quarante ans, trente à la rigueur, mais à condition qu'elles soient passées auparavant par l'étape boucles d'oreilles et colliers.

En arrivant dans la classe de Mlle Moray en septembre, je remarquai tout d'abord que Cross Sugarman, à qui j'avais pensé des heures durant au long de l'été, n'était pas là. Comme c'était le dernier cours de la journée et que jusqu'ici je n'avais vu Cross dans aucune salle, ma peur s'accrut de ne plus le revoir, de ne plus jamais lui parler, qu'il n'ait plus aucune occasion de tomber amoureux de moi. La deuxième chose que je remarquai fut cette phrase écrite à la craie sur le tableau noir : *« La littérature est une hache pour briser la mer gelée qui est en nous. » Franz Kafka.* La troisième chose fut un attroupement agité près d'une des fenêtres palladiennes ouvertes. Darden Pittard brandissait une basket en l'air et subissait l'avalanche de conseils de plusieurs élèves installés à la longue table rectangulaire.

— Écrase-la, c'est tout, dit Aspeth Montgomery.

— Mais ça va la rendre dingue, souligna Dede, ma copine de chambre en troisième.

— Et après ? fit Aspeth. Elle sera morte.

Norie Cleehan, une fille pâlichonne aux cheveux bruns, longs et mous, qui venait du Colorado, intervint de sa voix douce :

— Laisse-la tranquille, Darden. Elle n'embête personne.

Je pris la place libre à côté de Norie. Il s'agissait d'une abeille – c'était l'origine du désordre.

De l'autre côté de la table, Dede, qui avait pivoté sur sa chaise pour observer Darden, regarda par-dessus son épaule et m'aperçut.

— Salut, Lee. Tu as passé de bonnes vacances ?

J'hésitai, cherchant dans la question une trace de sarcasme ou d'hostilité.

— Oui, c'était bien, dis-je lentement. Et toi, ton été ?

— Affreux. J'étais… Oh ! Chassez-la d'ici ! Faites-la partir !

L'abeille était venue bourdonner à l'oreille droite de Dede, qui agitait la main autour de sa tête. Quand l'insecte passa derrière elle, elle se mit à crier :

— Où elle est ? Où elle est partie ?

À côté d'elle, Aspeth eut un rire hystérique.

— Je l'ai eue, annonça Darden.

Mais comme il faisait un pas en avant, l'abeille fila devant lui et fonça sur moi. Droit sur mon visage dans un vrombissement. Sans réfléchir, je claquai des mains devant mon nez, et quand je sentis une piqûre, puis un truc poisseux, je compris que je l'avais eue. J'ignorais seulement si j'en avais eu l'intention. La salle était silencieuse.

Au bout de plusieurs secondes, Darden commenta :

— Putain de merde, Fiora. Pas mal.

Et au même moment, la prof passa la porte.

— Je ferai comme si je n'avais pas entendu, déclara-t-elle.

Elle sourit, et on eut tous l'impression qu'elle apaisait l'atmosphère, au point de penser, unanimes : *Elle est cool. On a décroché la stagiaire la plus sympa en anglais !* Sans être franchement jolie – elle avait le nez retroussé, un tantinet porcin, et des sourcils foncés qui paraissaient d'autant plus sombres et fournis que ses cheveux mi-longs étaient blonds –, elle avait une bonne tête. Elle portait une chemisette à manches courtes sur une jupe portefeuille en jean, pas de collants, et des sabots. Ses mollets bronzés et musclés donnaient à penser qu'elle avait joué au hockey à Dartmouth. Chaque année, Ault accueillait trois ou quatre nouveaux stagiaires, de jeunes diplômés qui venaient enseigner durant un an avant leur titularisation.

Elle s'approcha du bout de la table et sortit une chemise de son cartable en daim bleu pâle.

— Je suis Mlle Moray, annonça-t-elle. Et ne vous amusez pas à m'appeler « madame » Moray : c'est ma mère.

Il y eut des rires.

— Je suis ici pour enseigner la littérature anglaise à une classe de seconde, continua-t-elle. Alors, si vous n'êtes pas ici pour apprendre les lettres niveau seconde, je vous invite à prendre la poudre d'escampette sur-le-champ.

Darden se leva, ce qui déclencha de nouveaux rires, puis se rassit.

Mlle Moray inclina la tête.

— D'accord, monsieur le plaisantin. À présent, je veux connaître votre nom.

— Je m'appelle Darden Pittard.

Elle étudia la liste des élèves.

— Effectivement. Vous portez un nom assonant. Quelqu'un sait-il ce qu'est l'assonance ?

Dede leva le doigt.

— C'est comme le *vilain viveur* ou le *grand gredin* ?

— Pas loin. Mais il s'agit là d'allitérations, la répétition des consonnes. L'assonance est la répétition des voyelles, comme dans D*ar*den Pitt*ar*d. En bref, monsieur Pittard, vous apportez de la poésie où que vous soyez.

— Ça me plaît, ça, approuva Darden.

Je me demandai si ce lien noué avec Darden participait d'une stratégie chez Mlle Moray – Darden était l'un des gars les plus appréciés de seconde. Les gens l'aimaient bien, tout simplement, surtout ils aimaient bien aimer tout simplement un grand Noir costaud issu du Bronx.

— Bon, voyons vos camarades… fit Mlle Moray.

Incapable de tenir plus longtemps, je me levai à moitié de ma chaise, les mains toujours serrées l'une contre l'autre.

— Excusez-moi, dis-je. Puis-je aller aux toilettes ?

— Pourquoi n'y êtes-vous pas allée avant ?

— Je veux juste me laver les mains…

Les autres se mirent à rire. Je ne me dis pas qu'ils se moquaient de moi, pas tout à fait, et je n'étais pas franchement gênée, sauf que je percevais une gêne dans l'atmosphère. Tuer une abeille à mains nues pouvait être considéré par mes camarades comme un acte grossier ou bizarre – un peu comme d'étaler du fromage blanc sur ses pancakes au réfectoire, ou de trimballer avec soi toute la journée en cours ses serviettes hygiéniques usagées pour ne s'en débarrasser que le soir dans sa chambre, deux délits que la rumeur prêtait à une certaine Audrey Flaherty, une fille de première qui jouait du violoncelle. Je n'avais aucune envie de devenir l'Audrey Flaherty de la classe de seconde.

Comme mes camarades gloussaient, Mlle Moray promena les yeux dans la salle. Durant quelques instants, elle parut déroutée, puis sa résolution s'afficha brusquement.

— Vous attendrez que j'aie fini l'appel.

Elle replongea vers sa liste.

— Nous disions donc… Oliver…

— Excusez-moi, mais je vais faire très vite, et la cloche n'a pas encore sonné.

Je me levai. Mon désir de me laver les mains, de faire disparaître la preuve, confinait à un criant besoin physique.

Nos regards s'accrochèrent à nouveau – sur les traits de Mlle Moray, je lus qu'elle me prenait pour une personne tout à fait différente de celle que j'étais, le clown de service ou l'enquiquineuse – et, pendant ce temps, la cloche sonna.

— Si, la cloche a sonné, rétorqua-t-elle. Asseyez-vous. Et pensez, vous tous, à vider vos vessies avant le cours.

Les autres pouffèrent – un prof avait employé le mot *vessie* – et la colère me gagna.

— Continuons, disait Mlle Moray. Oliver Amunsen… où êtes-vous ?

Oliver leva la main.

— Ai-je prononcé correctement ?

Oliver acquiesça.

— Norie Cleehan ?

— Présente, dit Norie de sa voix douce.

Quand Mlle Moray appela mon nom, je dis « Ici ». Nos regards se croisèrent, et elle hocha la tête, l'air de classer l'information : *La petite peste s'appelle Lee Fiora.*

— Lève la main, me souffla Aspeth.

Je l'ignorai ; j'avais gardé soudées l'une à l'autre, sur mes genoux, sous la table, mes mains qui me chauffaient et me piquaient.

— Allez, insista Aspeth. Fais-nous un petit coucou.

— Y a-t-il un problème ?

Le regard de Mlle Moray allait d'Aspeth à moi et finit par se fixer sur moi.

— Non, dis-je.

— Souhaitez-vous annoncer quelque chose à la classe ?

Personne ne parla, et je me rendis compte que tous attendaient que je réagisse.

— Eh bien, ça, fis-je.

Je levai les bras, ouvris les mains, révélant une bouillie de liquide sombre coagulé, brisures d'ailes et minuscules touffes de fourrure noir et jaune ; dans ma paume gauche, la boursouflure rouge de la piqûre. D'habitude, évidemment, j'évitais de me faire remarquer, mais mon geste n'avait pu se départir d'une inévitable théâtralité. Parfois, on subit si bien la pression des autres qu'on finit par accéder à ce qu'ils réclament, par se sacrifier, quitte à passer pour étrange, voire louche, afin de leur fournir leur divertissement.

À la façon du public d'une sitcom, la classe poussa une exclamation qui se mua en rires.

— Qu'est-ce que c'est ? interrogea Mlle Moray.

— J'ai tué une abeille.

Elle émit un son que je mis quelques secondes à reconnaître pour un soupir agacé.

— Très bien. Allez vous laver les mains et revenez.

Son irritation m'étonna ; j'aurais cru que tout s'arrangerait entre nous une fois qu'elle aurait compris mon problème.

Debout devant le miroir du lavabo, je ressentis, au-delà de ma contrariété de m'être mis un prof à dos dès le jour de la rentrée, une joie aussi imprécise que surprenante, dont j'essayai de saisir la source. Je passai en revue l'enchaînement des faits, puis je me souvins : après que j'eus tué l'abeille, Darden Pittard m'avait appelée par mon nom de famille. « Pas mal, Fiora », avait-il dit. Et ça semblait naturel, comme si j'étais pareille à n'importe quelle autre fille, avec qui on pouvait être copains sans embrouille. Voilà le genre de quasi-compliments que je thésaurisais.

Quand je revins dans la classe, Dede avait la parole :

— … et mon livre préféré est *Marjorie Morningstar*, parce que c'est une histoire à laquelle on peut vraiment s'identifier. Oh, et je viens de Westchester County.

Tandis qu'Aspeth nommait son livre favori et sa ville d'origine, je réfléchissais à ce que je dirais quand viendrait mon tour. *Jane Eyre*, peut-être – durant l'été à South Bend, je l'avais lu d'une traite, en vingt-quatre heures, autant par ennui que par attrait pour le roman proprement dit. Or il s'avéra qu'Aspeth était la dernière à parler. Soit Mlle Moray m'avait oubliée, soit elle ne souhaitait pas m'entendre.

— Maintenant, dit-elle, je désire attirer votre attention…

— Mademoiselle Moray ? coupa Aspeth. Excusez-moi, mais, avant de continuer, pourriez-vous nous dire d'où vous venez et quel est votre livre préféré ?

— Pourquoi voulez-vous le savoir ? interrogea Mlle Moray presque avec coquetterie – d'un ton content et réticent à la fois.

— Nous, nous vous l'avons dit, fit valoir Aspeth.

— Ah. Il s'agit donc d'un dû.

— On veut avoir une idée de votre caractère, dit Darden.

— J'ai grandi à Dubuque, dans l'Iowa, j'ai étudié à l'université d'Iowa City où j'ai passé ma licence… Allez l'Iowa !

Elle leva un bras victorieux, ce qui fit rire deux ou trois garçons. J'en conclus qu'elle n'avait donc pas joué au hockey sur gazon dans l'équipe universitaire de Dartmouth puis, la sachant originaire de l'Iowa, décelai chez elle un soupçon de Midwest : dans sa tenue vestimentaire, surtout la jupe en jean, également dans ses gestes. Je me rendis compte qu'elle n'était pas parfaitement à l'aise et songeai : *Bien sûr qu'elle n'est pas à l'aise*. Ce n'était pas seulement son premier jour d'enseignement à Ault, c'était son premier jour d'enseignement tout court. Au même instant, je remarquai sa broche, sur le pan droit de sa chemise, juste sous le col.

— J'ai principalement étudié la littérature, continua-t-elle. Plutôt brillamment… je vous le dis histoire de me faire un peu mousser.

Elle rit, mais personne ne joignit son rire au sien. À Ault, on ne se faisait pas mousser ; et puis personne ne se figurait que ce genre de confession faisait passer la pilule.

— Il est difficile de choisir un livre préféré, poursuivit Mlle Moray, mais je dirais *Mon Antonia.*

Je vis Dede noter *Mon Antonia* dans son cahier.

— C'est de qui ? questionna-t-elle.

— Qui veut dire à… ?

Mlle Moray jeta un coup d'œil à la liste des élèves.

— Qui veut dire à Dede qui a écrit *Mon Antonia* ?

Nul ne pipa.

— Vous le savez, n'est-ce pas ?

C'était toujours le silence.

— Ne me dites pas que les élèves d'un établissement d'élite comme Ault ignorent qui est Willa Cather. Je croyais avoir affaire aux meilleurs et aux plus brillants.

Elle rit de nouveau, et même si je ne l'aimais pas beaucoup, je fus mortifiée pour elle. C'était encore un faux pas que de parler d'Ault comme dans un article de magazine, ou comme le ferait un habitant de la ville employé à l'épicerie ou chez le coiffeur.

— Est-ce Willa Cather qui a écrit *Pionniers* ? finit par demander Jenny Carter. Je crois que ma sœur a dû lire ça à Princeton.

— Vous voulez dire que votre sœur a eu la *chance* de le lire, corrigea Mlle Moray. Cather est l'un des écrivains majeurs de ce siècle. Vous devriez tous lire au moins un livre d'elle.

Elle désigna le tableau noir où était inscrite la citation de Kafka (elle avait dû venir avant le cours pour l'écrire puis repartir).

— Combien d'entre vous ont remarqué cette phrase en arrivant ? interrogea-t-elle.

Quelques-uns, mais pas moi, levèrent la main.

— Qui veut la lire à voix haute ?

Dede se proposa.

— Qui est d'accord avec Kafka ? demanda ensuite Mlle Moray.

Là, je pris mentalement la tangente. Je n'avais jamais beaucoup participé aux discussions en classe à Ault – quelqu'un d'autre exprimait chaque fois mes idées, plus élégamment que je ne l'aurais fait et, à mesure que le temps passait, moins je parlais, moins j'avais de choses à dire. Peu avant la fin du cours, Mlle Moray nous donna un devoir ; il s'agissait de lire les trente premières pages de *Walden*[1] et de rédiger, pour le lundi suivant, un texte de deux cents mots sur un lieu où nous nous rendions afin de méditer sur notre vie.

— Soyez aussi créatifs que…

La cloche sonna alors qu'elle parlait.

— Ouille ! Ils pensent que nous avons un problème d'audition ? Je disais donc, soyez vraiment créatifs dans cette dissertation. S'il n'existe pour vous aucun endroit, inventez-le. *Comprende ?*

Quelques-uns hochèrent la tête.

— Vous êtes libres jusqu'à demain.

1. *Walden ou la Vie dans les bois*, de Henry David Thoreau, essayiste, mémorialiste et poète américain (1817-1862). (*N.d.T.*)

On se leva, on rassembla ses affaires. Je regardai par terre autour de ma chaise pour m'assurer que je n'avais rien laissé tomber. J'étais terrifiée à l'idée d'abandonner derrière moi un bout de papier sur lequel auraient été écrits mes désirs secrets et mes humiliations. Le fait qu'aucun bout de papier de ce genre n'existe, que je ne tienne même pas de journal intime ni n'écrive de lettres hormis de ternes et consciencieuses missives faussement joyeuses à ma famille (*Nous avons perdu au foot contre Saint Francis, mais je pense que nous gagnerons ce samedi ; en arts plastiques, on travaille sur l'autoportrait, le plus difficile pour moi, c'est le nez*) n'apaisait en rien ma crainte.

Je fus l'une des dernières à quitter la salle. Dans le couloir, Darden, Aspeth et Dede me précédaient de quelques pas. Je ralentis afin d'accroître la distance qui nous séparait. Tous trois riaient en disparaissant dans la cage d'escalier, et j'attendis que la porte battante se referme derrière eux avant de la pousser à mon tour.

J'étais en pyjama debout devant la cuisinière, en train de faire réchauffer un potage poulet-vermicelle, quand Tullis Haskell apparut dans la salle commune. C'était peu après neuf heures le samedi soir, et toutes les autres du dortoir – tous les autres du campus – étaient à la première soirée dansante de l'année. Pendant que Martha se préparait – bracelet, rouge à lèvres –, j'étais restée à lui parler, assise à mon bureau. Qu'elle n'ait pas essayé de m'entraîner m'avait procuré une minuscule déception et, en même temps, un immense soulagement, le sentiment de m'être enfin fait à Ault une amie qui me comprenait. Après son départ, j'avais écouté les bruits du dortoir (l'eau qui coulait, les radios, les voix des filles) s'amenuiser jusqu'au silence. Alors j'avais enfilé le bas de mon pyjama bleu pâle ainsi qu'un vieux tee-shirt, j'étais descendue dans la salle commune, j'avais allumé la télé et versé le contenu de la boîte de soupe dans une casserole. Ce n'était pas désagréable de passer un samedi soir seule. Tout n'était qu'un problème d'espérances, et pour ma deuxième année à Ault, j'avais appris à ne pas trop attendre. En troisième, j'avais parfois cru que si ma tristesse était assez profonde, elle attirerait magnétiquement un beau garçon qui viendrait me consoler dans ma chambre, et cet espoir m'avait servi de motivation pour traînasser et sangloter dès que j'étais seule. Mais rien n'avait jamais couronné mes efforts, et j'avais fini par me rendre compte que le temps passait plus vite si l'on faisait quelque chose, genre regarder la télé ou lire un magazine. De surcroît, mon vœu nébuleux d'un garçon s'était réduit à un désir précis pour Cross Sugarman, or il était à la boum, et je pourrais bien me tordre de douleur, gémir, psalmodier son nom, il serait toujours à la boum.

Je touillais mon bouillon quand j'entendis une voix masculine dire « Salut » et, me retournant, je découvris Tullis sur le seuil de la salle commune.

— Salut, dis-je.

Tullis était en terminale ; au spectacle des élèves de l'hiver précédent, il avait joué *Fire and Rain* à la guitare. Assise dans le public (j'avais assisté au spectacle car je pouvais observer passivement, regarder les autres manifester leur enthousiasme sans être obligée, comme à une fête ou une séance de chauffe avant un match, de m'agiter moi aussi), j'avais éprouvé une succession de sentiments puissants pour ce type que je n'avais jamais remarqué auparavant. Pour commencer, il posa un tabouret sur scène, repartit, puis revint avec sa guitare pendue à son cou par une sangle bleu et jaune. Tandis qu'il traversait la scène, un gars cria : « Donne-moi une sérénade, Haskell », et Tullis ne réagit pas. (Son visage était sérieux et un peu vulnérable, comme s'il venait de se réveiller d'une sieste ; il avait des traits pensifs et une queue-de-cheval longue de quinze centimètres, coiffure inhabituelle chez un garçon d'Ault.) En le voyant sur scène, je me demandai s'il était aimé de ses camarades de classe et, alors que je me posais la question, je sentis avec lui cette affinité que me suscitaient tous les proscrits qui n'ont pas mérité leur sort – je ne parle pas des empotés ni des affreux (espèce rare à Ault) mais de gens qui, me semblait-il, auraient pu être soit populaires soit impopulaires et qui finissaient – par choix ? le choix entrait-il en ligne de compte ? – à la marge. Tullis s'assit, gratta les cordes de sa guitare puis, sans rien dire, commença à jouer. Je reconnus l'air avant qu'il se mette à chanter, et mon sentiment d'affinité se mua en autre chose, plus éloigné de la sympathie et plus proche de l'affection. À l'évidence, il savait ce qu'était la tristesse : qui aurait pu choisir de jouer *Fire and Rain* sans connaître la tristesse ? J'essayai de décider s'il était mignon ; d'abord je me dis : *Peut-être que oui*, et un peu plus tard : *Oui, très mignon*. Au second couplet, j'en étais à imaginer comment les choses pourraient s'amorcer entre nous, comment un jour prochain on se croiserait dans la salle du courrier et comment je le complimenterais timidement sur son interprétation (interprétation qui, tandis que j'élaborais ce scénario, n'en était pas à sa moitié) ; il me remercierait, timidement aussi, on se mettrait à parler, bientôt nous formerions un couple. Ça se passerait simplement, et à partir de ce moment nous serions pour toujours l'un à l'autre et le reste d'Ault nous paraîtrait lointain : on s'assiérait côte à côte à la chapelle et on s'embrasserait la nuit dans une salle de musique et j'irais dans sa famille pour Thanksgiving – j'avais la vague idée qu'il venait du Maine – et après le repas de fête, nous irions nous promener sur la plage aux rochers dominant l'océan, je porterais la veste de chasse de son défunt grand-père, nous nous tiendrions par la main quand il me dirait pour la première fois qu'il m'aimait. Sur scène, Tullis gardait les yeux baissés, mais quand il arriva à la phrase « Doux rêves et engins volants en morceaux à terre », il nous offrit un regard grave, et je sentis un changement dans le public. Jetant un coup d'œil d'un côté puis de l'autre, je me rendis compte que toutes les filles de ma rangée, aussi bien que des autres rangées dans mon champ de vision, étaient en extase. Je me mis à paniquer. Si nous étions deux solitaires, c'était jouable, mais si une horde de nanas se mettaient à rivaliser pour ses beaux yeux, c'était fichu. Par quoi pouvais-je me distinguer sans passer pour bizarroïde ? Rien. C'était impossible. La chanson s'acheva, le public explosa, le pic d'ardeur étant nettement féminin. Tullis se leva, inclina une fois la tête puis, toujours sous les applaudissements, fit un signe d'adieu et sortit de scène. Devant moi, Evie Landers se tourna vers Katherine Pound pour lui déclarer : « Je n'avais jamais remarqué que Tullis était sexy. » *Non !* pensai-je. *Non !* Et : *Très bien. Parfait, Tullis. Sors avec une autre plutôt qu'avec moi. Je pourrais prendre soin de toi, je pourrais te rendre heureux, mais si tu n'y crois pas, je ne peux pas t'en convaincre*. Au couvre-feu, ce soir-là, on parlait encore de lui, et quelqu'un dit : « Isabel a vachement de chance. » Alors je me souvins soudain, comme je m'étais rappelé qu'il était du Maine, que Tullis sortait avec une jolie fille de petite taille nommée Isabel Burten. À ce moment-là, au bout de quelques heures à peine, le flux d'émotions qui m'avaient assaillie paraissait ridicule. Autant que si j'avais croisé un inconnu dans un aéroport et l'avais embrassé en le confondant avec un parent. Tullis n'était pas quelqu'un que j'aurais pu aimer ou par qui j'aurais pu être aimée ; mon Dieu, nous ne nous étions même jamais adressé la parole ! Assez curieusement, au début de la semaine suivante, je l'avais croisé dans la salle du courrier, à une heure où il n'y avait pas affluence, où j'aurais pu lui parler de sa chanson sans me sentir empotée, or je n'avais rien dit, et rien éprouvé du tout.

À le voir dans la salle commune sept mois plus tard, je ne ressentis encore rien, ou presque rien – je regrettai seulement de ne pas porter de soutien-gorge. J'étais contente d'être en train de faire réchauffer du bouillon poulet-vermicelle, ce qui était inoffensif. J'avais dans l'idée que plus un mets était substantiel ou épicé, plus il était compromettant pour une fille – un gros sandwich viande-fromage-oignons, par exemple, que j'aurais pu, mais jamais je ne l'aurais fait, acheter à la pizzeria de Raymond un dimanche après-midi à l'occasion d'une commande groupée du dortoir, eût été carrément humiliant.

— Tu sais couper les cheveux ? interrogea Tullis.

— Hein ?

— Les cheveux, répéta-t-il.

Jouant de l'index et du majeur, il mimait le mouvement d'une paire de ciseaux.

Je le regardai fixement. J'avais cru qu'il me demanderait de trouver quelqu'un à l'étage et, bien que certaine que le dortoir était vide, je m'étais préparée à monter vérifier, par simple politesse.

— Tes cheveux ? questionnai-je. Ou ceux de quelqu'un d'autre ?

— Les miens, répondit-il en soulevant sa queue-de-cheval. J'en ai marre de ça.

Je fis le bilan de mon expérience en la matière : au jardin d'enfants, j'avais coupé les cheveux d'une poupée et en avais tiré une profonde satisfaction, quand bien même la poupée s'était retrouvée affreuse et ma mère contrariée. Ensuite, à l'âge de neuf ans, quand ma mère avait refusé que la coiffeuse d'Easy Cuts me fasse une coupe en dégradé qu'elle jugeait trop adulte, dès le retour à la maison je m'étais glissée dans la salle de bains pour me la faire moi-même. Là encore, le résultat n'avait rien eu de terrible. Couper les cheveux de Tullis en revanche… l'étrangeté de la situation me plaisait.

— D'accord, je vais te faire ça, dis-je.

— Génial.

Il sourit ; si j'avais deviné l'imminence de ce sourire, je lui aurais dit oui avant qu'il ait terminé sa première question.

— Tu veux qu'on le fasse ici ?

Je désignais la salle commune, avec la cheminée, la télévision, les deux canapés orange fatigués, cinq ou six fauteuils bleus guère plus frais, quelques étagères de livres au mur et, près de la kitchenette, une table ronde entourée de plusieurs chaises de bois.

— Oui, c'est bien ici, dit Tullis. Tu as des ciseaux ?

— Oui, mais ce ne sont pas des ciseaux de coiffeur.

— Ça ira. Il faudrait aussi une serviette. Tu veux que j'aille en chercher une ? Je suis à côté, à Walley.

Voilà pourquoi il avait atterri dans cette salle commune : c'était le dortoir de filles le plus proche du sien. Peut-être tous les garçons pensaient-ils que toutes les filles savaient couper les cheveux, comme elles savaient confectionner les biscuits aux pépites de chocolat ou tenir un bébé dans les bras. S'il croyait ça, c'était plutôt mignon – je ne voulais pas être celle qui lui révélerait son erreur.

— Je peux aller chercher une serviette en haut, dis-je.

Je ne possédais que mes serviettes personnelles, que je lavais dans les machines du sous-sol, mais Martha, comme la plupart des élèves, recourait au service de blanchisserie. Chaque mardi avant l'office, vous déposiez sur les marches du dortoir tout votre linge sale dans un sac jaune fermé par un cordon et marqué de votre nom. Au retour de la chapelle, vous trouviez un nouveau sac contenant vos serviettes propres ainsi que les vêtements de la semaine précédente à présent nettoyés. Cette transformation magique s'effectuait au prix de trois cents dollars l'année. Lorsque mon père avait vu le tarif dans l'un des nombreux courriers qu'Ault m'avait adressés au cours de l'été précédant ma première rentrée, il avait déclaré que pour moitié moins par élève, en n'utilisant qu'une planche à laver et du savon, il était prêt à abandonner ma mère et mes frères et à s'installer dans le Massachusetts avec moi pour faire la lessive de tous les pensionnaires.

Je coupai le feu sous ma soupe et me précipitai à l'étage. Dans notre chambre, je pris une serviette encore emballée dans son plastique (Martha ne verrait pas d'inconvénient à cet emprunt, de toute façon elle n'utilisait pas toutes ses serviettes au cours de la semaine), les ciseaux qui se trouvaient dans le tiroir de mon bureau, et la brosse à cheveux sur ma commode. Tant que j'y étais, je mis un soutien-gorge. J'envisageai aussi de changer de tee-shirt mais renonçai aussitôt :

Tullis risquait de le remarquer et d'en conclure que je cherchais à l'impressionner ; il me croirait assez bête pour me figurer qu'un changement de tenue faisait la différence. Je regagnai la salle commune en dévalant l'escalier.

— Si tu t'asseyais là ?

Je tirai l'une des chaises en bois devant la télé afin qu'il puisse regarder une émission pendant que je lui couperais les cheveux. Il s'assit ; par-derrière, je lui posai la serviette sur les épaules puis le contournai pour me trouver face à lui, et tirai deux coins du tissu éponge afin de ne pas laisser d'espace entre la serviette et son cou.

— Défais ta queue-de-cheval.

Il s'exécuta. Je le scrutai. Nos visages étaient peut-être à soixante centimètres l'un de l'autre, le mien un peu plus haut, et en temps ordinaire pareille proximité avec un garçon m'aurait fait flipper – j'imaginais les pores de ma peau énormes, ma figure couverte de boutons – mais rien de moi n'était en jeu ; face à Tullis, je me sentais parfaitement maîtresse de moi, quasiment pro.

— Tu veux garder la même forme mais en plus court, ou tu veux une coupe de garçon plus classique, plus près du crâne partout ?

— Tu en penses quoi, toi ?

— Je ne crois pas qu'il faille faire super-court.

Pour la bonne raison que j'en serais incapable, me dis-je sans l'énoncer à voix haute.

— Mais ça peut suivre un peu la forme de ta tête.

Repassant derrière lui, j'entrepris de lui brosser les cheveux. Ils étaient châtain clair, avec des mèches plus blondes, pas aussi doux que ceux d'une fille mais presque. Je passai le bras par-dessus son épaule pour lui tapoter le menton.

— Garde la tête bien droite.

Immédiatement, il releva la tête et ramena les épaules en arrière. M'emparant des ciseaux, je me mis à tailler à petits coups. Il y avait dans ce geste un plaisir physique indéniable, dû au son et à la sensation du cheveu tranché par le métal. Je me rendis compte que je ne savais pas quoi faire de ce que je venais de couper.

— Attends une seconde, fis-je.

Je pris des journaux dans la corbeille et les étalai autour de la chaise, puis laissai la mèche tomber en silence avant d'en saisir une autre.

— Tu ne penses pas qu'il faudrait que je les mouille ?

L'idée ne m'avait pas effleurée – pourquoi donc ? Mais il me sembla que si je lui disais maintenant de se mouiller les cheveux, ma crédibilité en serait gravement ébranlée.

— Non, ça va, dis-je. Je peux me débrouiller comme ça.

Comme il me tournait le dos, je m'efforçai de gommer l'amusement qui pointait dans ma voix :

— C'est juste une question de préférence. Certaines personnes trouvent que ça rend la coupe plus facile. En fait, continuai-je, gagnant en audace, c'est à double tranchant : comme les cheveux ont l'air plus longs quand ils sont mouillés, on risque de trop couper.

C'était indéniable, sauf que je me demandais bien où j'avais pu pêcher cette information – dans un magazine, probablement.

On ne parla plus pendant plusieurs minutes. Au début, je ne coupai qu'un centimètre à la fois, égalisant de chaque côté, puis coupant un nouveau centimètre. Mais Tullis ayant déclaré qu'il voulait se débarrasser du tout, et sa chevelure étant affreusement longue, ma méthode se révélait plutôt inefficace. D'un seul coup de ciseaux, je retirai dix centimètres et, ce faisant, ressentis la jubilation de l'irréversible. Tullis était absorbé par une émission télé qui évoquait la recherche de l'Atlandide. Plusieurs minutes encore s'écoulèrent. La longue chevelure ne ressemblait plus que d'un côté à ce qu'elle avait été le matin. Une coupe aussi radicale ne passerait pas inaperçue, me dis-je, et Tullis risquait de nommer la responsable. *Lee Fiora ?* demanderaient les autres élèves. *Comment ça s'est fait ?* Ou peut-être seulement : *Qui est-ce ?* Peut-être même la nouvelle parviendrait-elle jusqu'à Cross Sugarman.

— Pourquoi n'as-tu pas attendu lundi pour aller chez le coiffeur ? questionnai-je.

— Tu sais ce que c'est quand on se met une idée en tête. On se dit : « Pourquoi attendre ? » C'était le moment, voilà.

J'hésitai avant de l'interroger de nouveau :

— Pourquoi n'es-tu pas à la boum ?

— La boum ?

— Au foyer.

— Je sais où ont lieu les boums, répliqua-t-il en riant. Disons que ce n'est pas vraiment mon truc, tu comprends ?

— Oui. Moi non plus, ce n'est pas mon truc.

— J'y allais les premières années, mais c'est un peu toujours pareil.

— Ouais, je m'en doute.

N'ayant jamais assisté à une seule soirée de ce genre, j'étais mal placée pour en juger, mais il me semblait qu'il fallait abonder dans son sens.

— Bien, dis-je. C'est pas mal, court.

Tullis porta la main à sa nuque comme pour saisir sa queue-de-cheval, mais ses doigts se refermèrent sur le vide.

— Putain de merde !

— Ça ne va pas ?

— Si, si, c'est super, assura-t-il en continuant à se tâter le cou. C'est exactement ce que je voulais. N'empêche que ça change.

— Il faut encore que j'égalise. Redresse-toi bien.

Il s'exécuta et je me remis à couper ici et là. Là où j'étais moins sûre de moi, c'était au sommet du crâne : quelle longueur devais-je laisser ? Je revins devant, m'interposant entre Tullis et la télé, et chassai vers l'arrière les mèches qui lui retombaient sur les tempes.

— Dis, tu veux une frange ? Je suis sûre que tu veux une frange.

— Tu crois ?

— Ça fera drôle si tu n'en as pas.

— Alors, d'accord. C'est cool.

— Ferme les yeux.

Durant quelques secondes, j'observai son visage. Il avait sur le nez et les pommettes quelques taches de rousseur invisibles à plus grande distance et, sur le côté droit du menton, un bouton presque cicatrisé. Sur son menton également, et au-dessus de sa bouche, s'éparpillait l'or pâle d'une barbe naissante. J'éprouvai alors envers lui une tendresse, presque un désir de protection, qui m'étonna. C'était étrange de me souvenir que je m'étais crue amoureuse de lui, alors que je savais que ce genre de coup de cœur trompeur – si tant est que ces élans furtifs ne soient pas mensongers par définition – pouvait renaître quelque temps plus tard. Mais là, alors que nous étions physiquement si proches, il me fit penser à moi-même ; il me ressemblait beaucoup trop pour que je l'aime.

Je continuai à couper et, chaque fois que je m'éloignais pour juger de mes progrès, je pensais : *Pas mal.* Je n'étais pas si godiche que ça.

— Tu peux rouvrir les yeux, dis-je enfin. Je crois que c'est terminé.

— Il y a un miroir par là ?

— Dans les toilettes.

Je lui désignai la porte à côté de la cabine téléphonique, et lui emboîtai le pas quand il s'y rendit.

— Waouh, souffla-t-il.

Et mon cœur s'arrêta, mais Tullis sourit en se passant la main dans les cheveux.

— Joli travail, dis donc. Merci beaucoup.

— Il n'y a pas de quoi, rétorquai-je en lui rendant son sourire.

— Il faut que je te paye.

— Tu plaisantes. Il n'en est pas question.

L'éventualité était vexante, comme de se faire payer pour passer un coup d'aspirateur dans la chambre d'une copine.

— Eh, reprit Tullis, ça t'embêterait de me raser la nuque ? Ou est-ce que j'abuse ?

À vrai dire, la requête me flattait.

— Je peux aller chercher mon rasoir, ajouta-t-il.

— On va prendre un des miens, c'est sans problème.

Celui que je sortis de mon seau de toilette à l'étage était en plastique rose. Je remplis un mug d'eau à l'évier de la cuisine et le posai sur la télévision à côté d'une savonnette. Tullis reprit sa chaise, à califourchon cette fois, le dos tourné à la télé. Je trempai les doigts dans l'eau, les savonnai puis les passai sur son cou. Dès que j'eus touché sa peau, alors qu'il ne me regardait pas, mon hypothèse d'amourette se dessina à nouveau. On n'échangea pas un mot tandis que j'étalais la mousse, faisais glisser le rasoir, le plongeais dans la tasse d'eau, le reposais sur sa nuque.

« Pour prouver que l'Atlandide ne serait autre que l'île de Thíra/Santorin, disait le commentateur de l'émission, on évoque l'éruption volcanique qui, vers 1500 avant l'ère chrétienne, fit que la majeure partie de l'île fut engloutie dans la mer. »

À quoi pensait Tullis ? me demandais-je. Quel effet lui faisait le contact de ma main ? Sauf que les garçons ne me voyaient certainement pas de cette façon. Une seule fois, dans le taxi avec Cross, je m'étais un peu sentie désirable.

Quand je fus à peu près certaine d'avoir tout éliminé, je passai les doigts sur sa peau et la trouvai très douce.

— OK, dis-je d'une voix qui parut normale. Terminé.

À son tour, Tullis se passa la main dans le cou.

— Merci. J'aurais pu essayer moi-même mais je me serais bien coupé dix fois.

Il se leva, rapporta la chaise près de la table ; de mon côté, je chiffonnai le journal plein de cheveux et le jetai dans la poubelle. Je devinais que Tullis allait partir dans la minute. Jusque-là, j'avais espéré que personne ne reviendrait au dortoir car je n'avais aucune envie de fournir des explications ; amené à se justifier, Tullis aurait pu changer d'avis au beau milieu de l'opération. De plus, j'avais senti qu'un genre de lien se créait entre lui et moi – oh, un lien discret, je le savais, il n'était pas question de devenir amis –, et je ne voulais pas que ce lien ténu soit brisé. J'imaginais l'une des filles du dortoir se campant devant nous en hurlant : « Je ne peux pas croire que tu l'aies laissée couper si court ! Tu es dingue, Tullis ! » Or, maintenant que la coupe était achevée et qu'il allait s'en aller, j'étais déçue que personne n'y ait assisté. Je me rendis compte que je m'étais plu dans ce rôle, et un public ne m'aurait pas gênée. Comme lorsque Tim, le plus jeune de mes deux frères, était né, et que ma mère m'avait laissée le promener dehors en poussette à condition de rester dans notre rue, je n'avais cessé de penser – j'avais onze ans – que si les quelques garçons du quartier pouvaient me voir, tous tomberaient amoureux de moi tellement j'avais de l'allure et faisais grande personne. Rendez-vous compte : m'occuper de mon petit frère ? Toute seule ?

Je versai l'eau savonneuse dans l'évier, y posai le mug. J'avais gardé le rasoir en main, hésitant à le jeter, non pour m'en resservir, non pour en faire quoi que ce soit, juste pour le ranger dans la boîte en carton sous mon lit où je conservais de vieux blocs-notes, des dissertations et les programmes des spectacles de l'école. Mais Tullis risquait de remarquer que je ne jetais pas le rasoir, ça aurait paru bizarre, un peu à la Audrey Flaherty. Je le balançai dans la poubelle.

— Encore merci, dit Tullis.

— Je t'en prie.

Il m'avait rejointe près de l'évier et nous nous faisions face. Il me serra la main.

— Je te vois un bel avenir, dit-il. Des salons partout dans le pays. Une clientèle de célébrités.

Je levai les yeux au ciel.

— Ce serait faire bon usage de mes études à Ault.

— Tu pourrais faire pire. Bon. À une prochaine fois.

À quelques pas de la porte, il se retourna vers moi.

— Je suis désolé. C'est terrible, mais… ton nom… tu t'appelles…

— Lee. Lee Fiora.

— D'accord. Bien. C'est sûr qu'Ault est tout petit, mais quand on arrive en terminale…

— Il n'y a pas de problème, dis-je.

— D'accord. En tout cas, merci, Lee.

Il sourit, et je songeai une fois de plus qu'il avait le plus beau sourire du monde. Cela dit, je lui avais fait une coupe de premier ordre. Comment était-ce arrivé, ça me dépassait.

Il me tournait de nouveau le dos quand je lâchai :

— Au fait…

Et lui, simultanément :

— Oh, excuse-moi. Moi, je m'appelle Tullis.

— Oui, oui, je te connais. Je voulais juste te dire : je sais que ça remonte à longtemps, mais je voulais te dire que quand tu as joué de la guitare pour le spectacle l'année dernière, c'était vraiment super.

Il continua de sourire. J'adorais les garçons. Tous.

En sortant, il fit un signe de la main comme quand il avait quitté la scène après avoir chanté *Fire and Rain*.

Le lieu où Dede allait méditer sur la vie, à en croire sa dissertation d'anglais, était une banquette de fenêtre située sur le palier entre le rez-de-chaussée et le premier étage de sa maison de famille à Scarsdale. Darden déclara qu'il réfléchissait dans le métro, et Aspeth pendant l'été, chaque fois qu'elle prenait le bateau de son grand-père pour caboter dans le détroit de Long Island. (Je voulais bien croire qu'Aspeth passait l'été à Long Island, que son grand-père possédait un bateau, et même qu'elle naviguait, mais pas qu'elle le faisait seule – d'après mes observations, les gens beaux et appréciés étaient rarement seuls.) Martin Weiher nous expliqua qu'il méditait pendant qu'il était aux W-C, ce qui déclencha les rires, puis Jeff Oltiss nous lut la même chose, et cette fois on rit à peine, parce qu'il n'était pas aussi sympa que Martin et parce qu'il venait en second.

Personne ne s'était porté volontaire quand Mlle Moray avait demandé qui voulait lire son devoir à voix haute, aussi avait-elle désigné Dede, suite à quoi Darden, assis à côté de Dede, avait dit qu'il enchaînait, et ça avait continué ainsi autour de la table. Après Jeff, c'était mon tour. À mesure que la menace approchait, mon cœur s'était mis à s'affoler et une chaleur m'avait envahi le visage. Ma dissert m'angoissait – je doutais qu'elle soit bien écrite, et ça n'avait rien de drôle – mais, surtout, je sentais la résignation de la classe qui s'apprêtait à m'écouter. À l'instant crucial, je me trouvai incapable d'ouvrir la bouche. Incapable. Je savais que ma voix sortirait tremblante et haletante, que ma conscience du phénomène ne ferait que l'exacerber, jusqu'à ce qu'enfin mon trouble me rende la suite impossible à supporter. J'avais l'impression que ce serait comme un moment qui se replie sur lui-même – mais je ne voyais pas trop à quoi pouvait ressembler un moment qui se replie sur lui-même ; à une combustion vive peut-être, ou alors le sol allait se déformer pour nous faire faire des roulés-boulés à la façon des ingrédients dans un robot ménager.

— Je passe, dis-je. On a le droit, n'est-ce pas ?

— Pour quelle raison ? questionna Mlle Moray.

— J'aimerais mieux pas, c'est tout.

Mlle Moray soupira, comme si j'essayais de faire perdre du temps à tout le monde – comme si elle-même n'avait pas présenté l'exercice comme facultatif.

— Tous les autres l'ont fait, dit-elle. Si vous vous dérobez, c'est injuste.

Je doutais d'avoir jamais entendu un adulte recourir à l'argument de l'injustice. Mais si je m'opposais de nouveau à Mlle Moray, je pouvais prédire que notre relation s'enkysterait et que ça ferait jaser après le cours.

Je baissai les yeux vers mon devoir que j'avais tapé le soir précédent sur l'ordinateur de Martha.

— « Méditer sur notre existence est important pour élaborer notre jugement ainsi que la compréhension de notre morale et de nos valeurs… commençai-je d'une voix à peine audible. Bon nombre de personnes, tel Henry David Thoreau, ont un lieu de prédilection où profiter du silence et de la tranquillité. Pour moi, cet endroit est dans le magasin de… »

Là, ma voix s'éteignit. Je compris brusquement pourquoi j'avais tant rechigné.

— Je ne peux pas lire ça.

— Vous vous en sortiez très bien, souligna Mlle Moray.

Je ne regardais ni elle ni mes camarades, mais je sentais qu'ils m'observaient.

— Vous pouvez recommencer si vous le souhaitez, suggéra Mlle Moray avec une gentillesse qu'elle n'avait pas manifestée auparavant.

— Non.

— Lee, personne ne vous juge. Il faudra vous habituer à lire votre travail à voix haute car je vous le demanderai souvent cette année.

Je me taisais.

— Pouvez-vous me dire la raison de votre refus ?

Je sentis alors non que j'allais pleurer mais qu'il était possible que je le fasse ; l'éventualité pointait son nez. Mieux valait parler le moins possible.

Mlle Moray poussa un nouveau soupir, différent, dénué d'impatience.

— Ça ira pour aujourd'hui, conclut-elle. À l'avenir, cependant, préparez-vous à lire ce que vous avez écrit, et c'est valable pour tout le monde. Sans exception. Norie, c'est à vous.

À la fin du cours, elle m'appela :

— Lee, je veux vous parler avant que vous partiez.

Je finis de ranger mes affaires puis restai assise à ma place, mon cartable fermé sur la table devant moi. J'avais gardé mon devoir sur mes genoux, prête à le lui donner. Après tout, ce qu'elle pensait n'avait pas grande importance – je voyais les enseignants un peu comme des médecins, détachés dans leurs jugements.

Quand la salle fut vide, Mlle Moray s'assit en face de moi. Elle portait un col roulé lavande et un blazer noir – il s'était déjà mis à faire frais – avec sa broche en forme de livre épinglée sur le col de son blazer. Sous son sein gauche, la craie avait laissé une ligne horizontale de plusieurs centimètres, ce qu'elle devait ignorer. Et puis sa peau était légèrement grasse, surtout aux coins du nez.

— Je voudrais que vous lisiez votre devoir à haute voix, dit elle. Maintenant. Pour moi. Je comprends qu'on n'ait pas envie de parler en classe, mais vous devez dépasser cette répugnance.

Je ne dis rien.

— Je le lirai de toute façon, poursuivit-elle. À moins que vous préfériez ne pas me le remettre et avoir un zéro.

À la manière dont elle s'exprimait, il était évident qu'elle ne trouvait pas l'éventualité vraisemblable. Cela dit, ce n'était pas une mauvaise idée. En général, ma peur ne s'appuyait que sur l'hypothétique, or une conséquence concrète me paraissait moins violente qu'un enchaînement d'événements informes contre lesquels j'aurais eu à me prémunir. Je me fichais d'écoper d'un zéro à un devoir qui devait représenter cinq pour cent de ma note trimestrielle globale.

— Ça me va, le zéro, dis-je.

C'était la meilleure option ; là où nous en étions, j'avais trop attiré l'attention sur ma copie, et la prof risquait de poser des questions, de ne plus avoir le détachement nécessaire. J'avais fait trop d'histoires pour qu'elle puisse la lire d'un œil neutre.

— Mais vous l'avez écrit, ce devoir, insista-t-elle.

— Oui, sauf que j'ai changé d'avis.

Mlle Moray ouvrit la bouche, la referma puis la rouvrit :

— Je veux que vous me lisiez votre texte, déclara-t-elle. Je ne vous laisse pas le choix.

Je ne discutais jamais les positions catégoriques.

— D'accord, fis-je à sa grande surprise. Je commence tout de suite ?

— Tout de suite. Allez-y, dit-elle avec enthousiasme.

Non, non, pensai-je. *C'est le moment d'avant qui revient.*

Ma copie passa de mes genoux à la table.

— « Méditer sur notre existence est important pour élaborer notre jugement ainsi que la compréhension de notre morale et de nos valeurs. Bon nombre de personnes, tel Henry David Thoreau, ont un lieu de prédilection où profiter du silence et de la tranquillité. Pour moi, cet endroit est dans le magasin de mon père. Le magasin de mon père s'appelle le Palais du Matelas. Ça se trouve à South Bend, dans l'Indiana. Lorsque je vivais à la maison, je n'allais pas au magasin en semaine parce que j'avais classe. En revanche, je m'y rendais le week-end. Au fond du magasin, il y a un bureau, et derrière le bureau une réserve où sont entassés beaucoup de matelas. C'est dans cette pièce que je vais méditer parce que c'est paisible et confortable, que je peux m'allonger sur tous les matelas dont les piles atteignent parfois le plafond. Ce que je préfère dans ce lieu, c'est que je peux entendre les gens parler à côté, surtout mon père qui a la voix qui porte. Je peux les écouter, lui et les autres, par exemple les clients ou les vendeurs, savoir que je ne suis pas seule et en même temps ne pas être obligée de participer à la conversation. Dans cet endroit, je réfléchis à de nombreux problèmes, comme la profession que j'aimerais exercer, l'université où j'aimerais étudier, la politique. Je crois que la réflexion est très importante pour nous construire en tant qu'individu et déterminer quelles sont nos priorités. »

Je relevai les yeux.

— Voilà.

— Je me demande ce qui vous rendait si timide. C'est exactement le devoir que je souhaitais. Et me le lire n'a pas été une si rude épreuve…

Je haussai les épaules.

— J'ai surtout aimé le moment où vous évoquez la voix de votre père.

Que Mlle Moray se montre si gentille – d'une gentillesse apitoyée – indiquait qu'en dépit de sa première impression défavorable, elle ne me prenait plus pour une enquiquineuse.

— Je ne comprends toujours pas pourquoi vous n'avez pas voulu le lire tout à l'heure, reprit-elle.

Voilà précisément ce qui avait constitué mon principal souci – qu'elle comprenne immédiatement. Qu'il n'en soit rien me soulageait et me poussait à la déconsidérer.

— Vous estimez peut-être que vous avez eu des débuts difficiles à mon cours, continua-t-elle, mais sachez que je n'ai aucun préjugé. Quiconque manifeste sa volonté de travailler est pour moi un élève intéressant. De surcroît…

À ma grande horreur, à cet instant elle m'adressa un clin d'œil. Alors que nous étions seules dans la salle ! Comment devais-je réagir ? Ne se rendait-elle pas compte que nous n'étions pas dans un film où, dans une pension fictive, une élève et son prof auraient soudain copiné, et ce juste avant le cut inaugurant la scène suivante, du genre l'élève à l'entraînement sportif ou le prof qui regagne à vélo sa maisonnette à la lisière du campus ? Non, nous étions toujours dans la même pièce, toutes deux contraintes de continuer à respirer et à parler à la suite de l'épouvantable clin d'œil.

— … j'avouerai avoir un faible pour une concitoyenne du Midwest, poursuivit-elle. Apparemment, nous ne sommes pas nombreux à Ault.

Je m'efforçai de sourire.

— Vous venez de l'Indiana, c'est ça ?

— Oui. De South Bend.

— C'est drôle, je suis sortie avec un gars qui avait grandi là-bas. Evan Anderson. Vous ne le connaissez sans doute pas.

Elle eut un rire d'autodérision, comme pour montrer qu'elle savait à quel point la chose était peu probable.

— Je ne crois pas, dis-je.

Je poussai mon devoir dans sa direction, me levai et ramassai mon sac.

— Au fait, Lee, lança-t-elle tandis que je m'en allais.

Je me retournai.

Elle s'était levée elle aussi, et je la vis rejeter les épaules en arrière, fléchir les deux bras, et brandir vers moi ses deux poings serrés.

— Confiance ! dit-elle.

Une fois de plus, j'essayai de sourire – je n'aurais su dire si c'était convaincant.

En traversant le bâtiment scolaire désert et en regagnant mon dortoir, je songeais à quel point Ault m'épuisait ; que de bavardages, que de simagrées : se montrer empressée ! Toujours attentive ! Je baissais enfin ma garde quand je vis quelqu'un surgir de la cour, à dix mètres devant moi. C'était Charlie Soco, un type de terminale, encore quelqu'un à qui je n'avais jamais parlé. Constatant qu'il ne me regardait pas alors que nous nous approchions l'un de l'autre, je fis mine de fourrager dans l'une des poches latérales de mon sac à dos. De cette façon, en le croisant, j'évitai de dire bonjour.

Quelques personnes firent des commentaires sur la coupe de cheveux de Tullis, et un jour, au déjeuner, Aspeth et Dede en discutaient quand je les rejoignis à table. J'attendis qu'elles évoquent mon rôle dans l'affaire, mais ce fut en vain.

— Il est dix fois mieux, décrétait Aspeth.

— Lee, dit Emily Phillips qui était assise à côté de moi, ce ne serait pas toi qui lui as coupé les cheveux ?

Comme j'acquiesçais, Dede s'exclama :

— Toi ?

Je hochai de nouveau la tête.

— Mais tu ne connais même pas Tullis.

Je dois avouer que depuis le début de l'année scolaire, chaque fois que nous nous retrouvions en cours d'anglais, Dede se montrait aimable avec moi, voire, parfois, amicale. Néanmoins, la voir s'énerver à cause de cette histoire m'amusa beaucoup.

— Il me l'a demandé, dis-je.

Les pupilles de Dede s'étrécirent.

— Mais tu *sais* couper les cheveux ?

Si je lui avais caché ce talent durant l'année où nous avions partagé une chambre, elle se demandait ce que je pouvais encore bien lui dissimuler. J'eus envie de lui dire : *Je suis trapéziste. Je parle le swahili.*

— Bien sûr, répondis-je.

— Tu me couperais les miens ? s'enquit Nick Chafee, qui était assis en bout de table.

— Si tu veux.

Dede demeura bouche bée, comme chaque fois qu'elle était désorientée. Nick Chafee n'était pas mignon, mais on le disait richissime et, manifestement, Dede doutait de ma capacité à traiter avec lui hors de toute surveillance.

— Tu peux ce soir après le dîner ? reprit Nick. Je viendrai à ton dortoir.

— Ou je viens au tien.

Je n'avais jamais mis les pieds dans la salle commune d'un dortoir de garçons. Pourtant, je me rendis compte que j'avais parlé avec un parfait naturel, ceci parce que Dede était à l'affût, parce que déjouer ses attentes se révélait irrésistible. Pour peu que nos regards se soient croisés, je me serais mise à rire, prouvant par là que je frimais. Je m'efforçai de mâcher consciencieusement mes miettes de thon.

— Tu pourrais me les couper, à moi aussi ? demanda Emily Phillips.

— Tu es dingue, intervint Dede avant que je puisse répondre. Les cheveux des garçons et les cheveux des filles, c'est complètement différent !

— Je veux juste me débarrasser des fourches, plaida Emily.

— Pas de problème, dis-je.

Ce serait beaucoup plus facile que pour Tullis.

— Je peux te le faire ce soir aussi.

— J'ai un contrôle de français demain… Mercredi soir, ça irait ?

Pour ma part, j'avais un contrôle d'espagnol le jeudi. Non que ça change grand-chose – comme je ne brillais en rien, autant utiliser mon temps à couper les cheveux plutôt qu'à réviser.

— Je n'en crois pas mes oreilles, commenta Dede.

— Tu veux que je te coupe aussi les cheveux ?

— Non ! s'exclama-t-elle.

Ce qui fit rire toute la tablée.

Au cours des semaines suivantes, je coupai les cheveux à de plus en plus de monde, j'en arrivai peut-être à vingt-cinq personnes à la fin octobre. Certaines habitudes s'étaient instituées suite à la coupe de Tullis – il était inutile de se mouiller les cheveux au préalable, je demandais toujours qu'on ferme les yeux quand je taillais sur le front, et je ne me faisais pas payer. Sur le campus, des gens se mirent soudain à me parler, profs et garçons en particulier. Tullis me saluait chaleureusement en m'appelant par mon nom ; un jour que je traversais le gymnase pour gagner le terrain de foot, Reynolds Coffey, le délégué des terminales, me cria : « Hou ! hou ! Lee, où sont tes ciseaux ? » Une autre fois, alors que je quittais le réfectoire après un dîner officiel, le révérend Orch, l'aumônier, qui était chauve, me posa la main sur le bras pour me dire : « D'après ce que j'ai entendu, mademoiselle Fiora, il est fort dommage que je ne puisse recourir à vos services. »

Dans de telles situations, je restais réservée, répondant à peine. En revanche, quand il s'agissait de couper effectivement les cheveux, j'avais une confiance en moi que je n'avais ressentie dans aucune autre circonstance depuis mon arrivée à Ault. Parfois même, je ne faisais pas la coupe qu'on m'avait demandée, mais celle qui me paraissait d'un plus bel effet – par exemple, en supprimant quelques centimètres de plus – et si la personne concernée était perplexe – pas fâchée, jamais fâchée, seulement perplexe –, les autres autour adoraient. J'appris à me servir d'un rasoir électrique, et même s'ils étaient capables de le faire eux-mêmes, certains garçons préféraient faire appel à mes services. « Je te fais plus confiance qu'à moi-même », me dit un jour Oliver Amunsen.

Entre mes mains, sous mes doigts, les têtes des gens me semblaient chaudes et vulnérables, et j'avais l'impression que j'aurais pu leur couper les cheveux les yeux fermés, guidée par le seul toucher. Jamais je n'étais anxieuse ; on aurait dit que ma conscience se reposait. Je bavardais toujours un petit peu, rarement en permanence, et je ne m'inquiétais ni de trop parler ni d'un quelconque malaise dans les silences. Ensuite, une fois la personne partie, en passant l'aspirateur ou en balayant, j'éprouvais un sentiment d'accomplissement. J'étais fière de ma compétence. Si d'habitude je trouvais déplaisante toute espèce de fierté, là ça ne me dérangeait pas, car couper les cheveux était un acte neutre, il n'y avait pas de quoi s'en glorifier. C'était comme de savoir défaire des nœuds ou lire des cartes routières.

Nous avions terminé *La Case de l'oncle Tom* peu avant le jour des présentations par groupe. La consigne était de sélectionner une scène marquante n'importe où dans le roman, d'expliquer son intérêt, et de la mettre en scène. Je faisais équipe avec Norie Cleehan et Jenny Carter ; nous avions choisi le moment où Cassy et

Emmeline se cachent dans le grenier et font semblant d'être des fantômes afin d'effrayer Simon Legree ; je jouais le rôle de Legree.

Après notre prestation, ne resta que le groupe formé par Darden, Aspeth et Dede.

— On doit aller mettre les costumes, annonça Dede.

— Très bien, approuva Mlle Moray.

Personne d'autre ne s'était soucié de se déguiser.

Ils sortirent. La salle de classe vibrait d'une énergie fiévreuse et mutine – nous nous étions levés de nos chaises, nous avions parlé en imitant l'accent du Sud d'une façon épouvantable, et applaudi à la fin de chaque saynète. À un moment, j'avais pensé que nous faisions un vacarme du diable, comme celui qu'on entend fuser dans les couloirs – en général pendant un contrôle de maths –, quand les braillements et les rires donnent l'impression que toute une classe fait la fête.

— Je dois reconnaître que je n'imaginais pas tant de comédiens talentueux dans votre groupe, dit Mlle Moray.

Aspeth glissa la tête dans l'entrebâillement de la porte.

— On doit vous prévenir, déclara-t-elle. Il s'agit d'une interprétation moderne. Ça peut aller ?

— Absolument, acquiesça Mlle Moray.

— C'est le moment où les esclaves Shelby se retrouvent dans la case d'oncle Tom et de tante Chloé, expliqua Aspeth dont seule la tête était visible. C'est pendant que M. Shelby est dans la grande maison et cède oncle Tom et Harry à Haley.

— Et pourquoi est-ce important ? interrogea Mlle Moray.

— Nous allons montrer la solidarité qui unit les esclaves. Oncle Tom est leur chef, et quand ils apprennent qu'il va s'en aller, tous viennent lui apporter leur soutien.

— Formidable. Allez-y.

— Encore une seconde.

Aspeth disparut, la porte se referma. Une minute plus tard, elle se rouvrait sous la poussée de Darden qui s'avança à grandes enjambées, Aspeth derrière lui, cramponnée à sa taille, et Dede cramponnée à Aspeth. Darden arborait un feutre mou incliné sur le crâne, d'immenses lunettes de soleil, plusieurs colliers en or, argent et perles, enfin un long imperméable d'un rouge chatoyant qui le serrait aux épaules et que je reconnus comme appartenant à Dede. Il avait une canne dans la main droite. Dede ne portait qu'une combinaison en soie couleur crème longue jusqu'aux genoux, et Aspeth un haut de bikini rayé (rayures roses, vert pomme, bleu pâle) accompagné d'une jupette de tennis ; les deux filles étaient perchées sur des talons hauts.

— Tchou-tchou ! cria Darden.

Il lança le poing en avant, mima plusieurs fois le mouvement d'une roue, puis renversa la tête vers Aspeth et Dede.

— C'est-y pas le plus chouette train que vous ayez vu, missiés, midames ?

Quelques rires fusèrent de différents coins de la table et quelqu'un – peut-être Oliver – lança : « C'est ça, frère ! » Comme en réponse, Aspeth et Dede levèrent le menton en l'air, remuèrent la tête, papillonnèrent des cils.

L'étrange caravane se glissa le long du tableau en se tortillant, jusqu'à se retrouver entre l'extrémité de la table et la fenêtre. Darden se pencha et tendit sa joue à Jenny Carter.

— Donne un peu d'amour à grand-papa Tom, mon cœur.

Le visage de Jenny exprimait à la fois stupéfaction et amusement. Son regard chercha Mlle Moray, je l'imitai ; la prof grimaçait, troublée. Je partageais sa confusion. Je ne comprenais rien à ce que fabriquaient Darden, Aspeth et Dede, quelle idée sous-tendait leurs tenues bizarres, leurs gestes, le baragouin de Darden. La plupart de mes camarades, eux, semblaient comprendre. Jenny avança les lèvres et embrassa Darden.

— Merci, bébé.

Il recula d'un pas ; Aspeth et Dede se placèrent de chaque côté de lui, le tenant par le bras, le contemplant, lui caressant l'épaule ou le front.

— Savez pourquoi qu'on est là c'soir, mes poulettes ? reprit Darden. Papa sûrement devoir partir, mais toujours il pensera à vous. C'est pas facile que maître Shelby…

— Arrêtez, dit Mlle Moray d'une voix forte et tranchante.

Ça faisait drôle d'entendre une voix normale.

— Ça suffit. Rasseyez-vous, tous les trois. Mais d'abord, allez vous débarrasser de ces accoutrements.

Darden, Aspeth et Dede la considérèrent en silence. Leur attitude était déjà différente – Aspeth avait croisé les bras, ne touchait plus Darden – et aucun ne souriait.

— On voulait juste… commença Dede.

— Tout de suite, coupa Mlle Moray. Dépêchez-vous.

Ils ressortirent rapidement dans le couloir. En leur absence, on échangea des coups d'œil furtifs ; Chris Graves posa le front sur la table. À leur retour, Darden, Aspeth et Dede s'assirent sans rien dire.

— Quelqu'un veut-il m'expliquer à quoi cela rimait ? demanda Mlle Moray.

Personne ne souffla mot. J'ignorais si elle avait posé la question à l'ensemble de la classe ou seulement à eux trois, je ne savais pas non plus si elle quêtait réellement une explication – si, comme moi, elle n'avait rien compris – ou si elle attendait davantage une justification.

— Sincèrement, reprit-elle, je suis curieuse... curieuse de savoir ce qui a pu vous pousser tous les trois à trouver pertinent ou opportun de représenter l'oncle Tom en maquereau et les autres esclaves en prostituées.

Bien sûr. J'étais une imbécile.

— Oncle Tom est un personnage christique, continua Mlle Moray. C'est un héros.

Darden baissait les yeux. Aspeth regardait dans le vide, le visage dénué d'expression, les bras de nouveau croisés. C'était bizarre de la voir se faire passer un savon, et pas agréable, contrairement à ce que j'aurais pu imaginer. En fait, j'aurais pu avoir de la peine pour elle, sauf que les commentaires de la prof ne semblaient pas la toucher ; elle avait surtout l'air de s'ennuyer. Des trois, seule Dede regardait Mlle Moray.

— On a voulu être novateurs, expliqua-t-elle.

— Novateurs dans quel sens ? s'enquit Mlle Moray avec un sourire hostile.

— Ben... du genre... en imaginant un parallèle avec l'époque moderne... On pensait que ce serait rigolo.

— Je vais vous dire une chose, répliqua Mlle Moray, et c'est une leçon qui peut vous servir à tous, aujourd'hui comme à l'avenir quand vous vous retrouverez dans le monde réel – et ce n'est pas si éloigné. La prochaine fois que vous vous sentirez *novateurs*, la prochaine fois que vous trouverez une idée *rigolote*, prenez le temps de réfléchir à la façon dont vous serez perçus par les autres. Pour ma part, ce que j'ai vu n'était qu'une expression du racisme.

Tout le monde la fixa alors, même Darden et Aspeth. Le racisme n'existait pas à Ault. Ou il existait, bien sûr, mais pas sous cette forme. Les élèves étaient d'origines différentes, avec des parents qui avaient émigré du Pakistan, de Thaïlande, de Colombie, et pour certains leurs familles vivaient encore sur d'autres continents – dans mon seul dortoir, il y avait des filles originaires du Zimbabwe et de Lettonie. Et personne ne se risquait même à des insinuations, il n'était pas question de frapper les non-Blancs d'ostracisme. Le racisme m'apparaissait comme une survivance de la génération de mes parents, pas complètement disparu mais tombé en disgrâce – un peu comme les gaines ou le corned-beef.

— Nous n'avons pas été racistes, déclara Aspeth.

Sa voix n'exprimait pas l'empressement de Dede à vouloir réparer, expliquer. Aspeth s'estimait dans son bon droit, la seule question étant de savoir si ça valait la peine de faire une démonstration à un esprit inférieur tel que Mlle Moray.

— Comment aurions-nous pu être racistes ? ajouta-t-elle. Darden est noir.

La déclaration était plutôt hardie, voire déplacée – dans notre environnement post-raciste, il n'était pas de bon ton de souligner la couleur de peau de Darden.

— C'est votre justification ? rétorqua Mlle Moray. Le fait que Darden soit…

Même elle paraissait incapable de prononcer le mot « noir », ce qui confirmait la force de l'argument d'Aspeth. Mais Mlle Moray recouvra très vite son contrôle.

— Écoutez, le racisme intériorisé demeure du racisme. La haine de soi n'est en *rien* une excuse.

Je jetai un coup d'œil vers Darden, qui avait de nouveau baissé les yeux. Il aspira, gonfla ses joues, expira, secoua la tête. Je n'aurais pas cru qu'il se haïssait, surtout je ne voulais pas – moi, je me haïssais ; n'était-ce pas suffisant ? Était-il obligé que nous soyons si nombreux ?

— Il y a aussi la question… continua Mlle Moray.

Darden l'interrompit :

— On a commis une erreur, d'accord. Si on en restait là ?

Il regardait la prof, les lèvres serrées. À cet instant, j'eus l'impression de voir un adulte, du fait de sa voix grave, de sa taille et de sa carrure, de sa proposition raisonnable – il souhaitait plus mettre un terme à la situation que se disculper. J'aurais aimé être sa copine pour pouvoir lui dire après le cours combien sa réaction m'avait impressionnée, et ce sans avoir l'air de me ranger du bon côté.

Mlle Moray hésita. On aurait pu penser qu'elle s'était simplement échauffée auparavant, mais la sortie de crise semblait relativement facile.

— D'accord, dit-elle enfin. Cependant, je soulignerai encore une chose. Votre mise en scène n'était pas seulement choquante à cause des stéréotypes racistes. Je suis aussi profondément, profondément troublée par le sexisme que vous colportez. Le fait que vous soyez des femmes ne doit pas nous faire admettre que vous vous transformiez en objets. Notre culture enseigne aux femmes que leur valeur réside principalement dans leur apparence, or nous devons réfuter cette idée. Nous pouvons faire étalage de nos corps, ou choisir de conserver notre intégrité et le respect de nous-mêmes.

Sa voix était montée dans les aigus, elle était un peu trop passionnée, et je vis Aspeth adresser à Dede une grimace impatientée. Elle n'aurait pas dû employer le mot *femmes*, pensai-je. À l'exception de Mlle Moray, dans la salle nous n'étions que des filles.

Plus tard dans la journée – la nouvelle de l'incident s'était répandue comme une traînée de poudre et même Martha m'avait pressée de lui fournir des détails –, je me trouvais dans le local des vestiaires quand j'entendis Aspeth qui en parlait encore :

— Bravo et encore bravo. Il nous reste à brûler nos soutifs.

Le lendemain, alors que nous attendions la sonnerie avant le cours, Mlle Moray demanda :

— Qui est prêt à apprendre ?

Puis elle joua la meneuse de claque d'une équipe sportive, agitant les bras, criant :

— A-N-G-L-A-I-S… c'est bien comme ça que ça s'épelle ? Anglais ! Vive l'anglais !

Nous n'avions pas de meneurs de claque à Ault, et elle faisait sa blague pour nous montrer qu'elle nous avait pardonné ; elle ne parut pas se rendre compte qu'elle-même n'avait pas été pardonnée.

Un samedi après-midi de début novembre, Martha et moi lisions dans notre chambre. Elle était à son bureau, moi allongée à plat dos sur mon lit, celui du bas, tenant en l'air mon manuel d'histoire de l'Europe occidentale. Je finissais par avoir mal aux mains, fermais les yeux, posais le livre ouvert sur mon visage, et attendais que mon engourdissement se dissipe. Plus l'après-midi avançait, plus mes moments de lecture étaient courts et longues mes plages de repos. J'avais justement les paupières closes quand j'entendis Martha se lever et, apparemment, enfiler une veste. Je soulevai le livre de mon visage.

— Je vais en ville, annonça-t-elle. Tu veux quelque chose ?

— Je vais peut-être venir, dis-je en me redressant.

— Je fais juste quelques courses.

Bien qu'elle ait l'air de ne pas souhaiter ma présence, je n'imaginai pas que ce fût le cas. Martha me donnait le sentiment – sentiment que personne d'autre ne me communiquait, à l'exception, parfois, de mes parents – que j'étais d'une excellente compagnie, qu'il n'existait à peu près aucune situation que mes observations pénétrantes et mon esprit hilarant ne sachent améliorer.

— Martha, tu ne sais pas encore qu'il n'y a aucune honte à acheter de la pommade anti-hémorroïdes ?

Elle sourit.

— Je te promets que si j'ai des hémorroïdes, tu seras la première avertie, assura-t-elle en remontant la fermeture de son sac à dos.

— Martha, pourquoi es-tu... ? commençai-je.

Et en même temps, elle m'annonça :

— Je vais me faire couper les cheveux.

Aussitôt, elle ajouta :

— Qu'est-ce que tu voulais me demander ?

— Rien, dis-je. Tu vas te faire couper les cheveux ?

— Ne sois pas vexée. Je pense que tu coupes très bien les cheveux. Sincèrement.

— Je ne suis pas vexée, assurai-je sans trop savoir si c'était la vérité. Mais pourquoi agis-tu de façon si bizarre ?

Elle soupira et, son sac à dos dans les bras, s'assit à son bureau.

— J'agis de façon bizarre ? interrogea-t-elle d'une voix où perçait le regret.

— Oui.

— C'est juste que ça me fait drôle. En fait… pourquoi est-ce que tu coupes les cheveux aux gens ?

— Pourquoi ? Je ne sais pas. Pourquoi me poses-tu la question ?

Nous n'étions pas en train de nous disputer. Franchement, il était difficile d'envisager une dispute avec Martha car c'était la personne la mieux équilibrée que je connaisse. Même à ce moment-là, elle paraissait plus triste qu'autre chose. Je sentais néanmoins une tension inhabituelle entre nous.

— Je te le demande parce que… Oh, je ne sais pas.

— Dis-le. Dis ce que tu as à dire.

— Je pense que tu coupes les cheveux des gens, surtout des garçons, pour avoir un contact avec eux sans devoir t'approcher d'eux vraiment.

— Tu parles du contact physique ou seulement du contact social ?

Elle réfléchit.

— Les deux, je suppose.

— Je suis donc perverse ?

— Non ! Oh, non, Lee, ce n'est pas du tout ce que je veux dire. C'est parfaitement normal d'avoir envie d'être proche des gens.

Si Martha ambitionnait de devenir professeur de lettres classiques, parfois je l'imaginais mieux en thérapeute, ou alors en directrice d'école primaire.

— Mais tu rends un service aux gens, et qu'en tires-tu en retour ? Ils ne t'aident même pas à faire le ménage après. Ce n'est pas un échange équitable. Je pense que tu mérites mieux.

Je contemplais mes cuisses pressées contre le matelas.

— Tu peux être copine avec, par exemple, Nick Chafee, poursuivit-elle. Enfin, si tu en as envie. Personnellement, je trouve qu'il ne casse pas des briques. Mais tu peux faire autre chose que lui couper les cheveux pour parvenir à tes fins.

Martha croyait à ce qu'elle disait. Ce qu'en pensait Nick Chafee, c'était une autre histoire.

— J'accorde peut-être trop d'importance à ça, conclut-elle.

— Non, j'apprécie que tu m'en parles, dis-je avec quelque difficulté. Sincèrement.

Elle se remit debout.

— Voilà, je trouve préférable d'aller chez le coiffeur en ville. Tu n'es pas tenue de faire quoi que ce soit pour moi.

— Mais je serais contente de te couper les cheveux.

Elle était près de la porte, la clef de l'antivol de son vélo à la main.

— Je sais, dit-elle. Merci.

Comme elle sortait dans le couloir, je la rappelai :

— Martha !

Elle se retourna vers moi.

— Est-ce que c'est ce que tout le monde pense de moi ? Que je coupe les cheveux pour…

Je faillis dire : *pour pouvoir parler aux garçons même si je suis une nulle*, mais Martha détestait que je m'insulte moi-même.

— Bien sûr que non, dit-elle en souriant. Les gens sont trop occupés à penser à eux-mêmes.

(Personne ne savait mieux me rassurer que Martha. Avant les contrôles, elle m'affirmait que j'aurais la moyenne ; avant un dîner officiel, que ma tenue allait très bien ; avant que je rentre chez moi pour Noël ou pour l'été, que l'avion ne s'écraserait pas. Elle m'affirmait que personne n'avait remarqué que j'avais trébuché à la sortie de la chapelle, que je serais heureuse à l'université, que ce n'était pas grave si j'avais renversé de la limonade sur son futon, et que je n'avais pas mauvaise haleine ; si je doutais de cette dernière assertion, elle avançait le visage vers moi et me disait : « D'accord, souffle-moi à la figure. Vas-y, ça ne fait rien. » Souvent je pensais : *Qu'est-ce que je te donne, moi, en retour ?*)

— Je serai revenue dans deux heures, dit-elle. Ne va pas dîner sans moi, d'accord ?

J'acquiesçai.

— De toute façon, j'aurais su que tu étais allée chez le coiffeur. Même si tu avais filé en douce, je m'en serais rendu compte à ton retour.

— Ouais, forcément, dit-elle avec un grand sourire. Si ça me prend un jour, dissuade-moi de faire de l'espionnage.

En la regardant s'éloigner, je fis un bond en avant dans le temps, vers cet avenir où nous ne partagerions plus une chambre, où nos vies quotidiennes ne seraient plus mêlées l'une à l'autre. Cette idée me donna l'impression qu'on me maintenait la tête sous l'eau. Puis je me dis : *Tu es ridicule ; on a encore presque trois ans ensemble*, et je pus respirer à nouveau. Mais je savais, j'ai toujours su – et, même malheureuse comme je l'étais souvent, cette certitude ne sut jamais me consoler, au contraire – que nos vies à Ault n'étaient que temporaires.

Mlle Moray était au tableau pour nous expliquer la différence entre syllabes accentuées et syllabes atones dans le vers d'un poème lorsque Dede me donna un petit coup sur la cuisse. Je tournai la tête, mais Dede regardait droit devant elle.

Quelques secondes plus tard, elle me pinça presque. Baissant les yeux, je constatai qu'elle essayait de me faire passer une feuille de papier. En haut était écrit, de la main d'Aspeth, *RELEVÉ DE NOTES du 8/11*. Au-dessous, un tableau avec *Robe* puis *Chaussures* puis *Maquillage* notés en abscisse ; en ordonnée figuraient les noms *Aspeth* puis *Dede* puis *Lee*.

Dans les cases qui lui étaient attribuées, Aspeth avait écrit « 3,4 » pour *Robe*, « 6,0 » pour *Chaussures*, « 0,8 » pour *Maquillage*, note sous laquelle elle avait ajouté en lettres minuscules : *« Quelqu'un aurait-il la bonté d'avertir cette femme que l'eye-liner à l'eau est dépassé depuis un temps fou ? »* Dede, pour sa part, avait estimé *Robe* à 2,8, *Chaussures* à 6,2, et *Maquillage* à 1. Sous le commentaire d'Aspeth, elle avait écrit *« Bien d'accord ! »*, ce qui m'apparut comme le résumé le plus juste et le plus concis de leur relation.

Mlle Moray revint à la table, et je laissai la feuille de papier, sans la toucher, sur mes genoux, comme une serviette de table. En vérité, je me sentais coincée. Oui, certaines choses me déplaisaient chez Mlle Moray, mais elles n'avaient pas grand rapport avec ses vêtements. Et puis, Aspeth et Dede ne savaient-elles pas que les mots écrits devenaient des pièges ? Un morceau de papier pouvait glisser d'un cahier, s'envoler par une fenêtre, être ramassé dans la poubelle et défroissé, tandis qu'une réflexion compromettante glissée dans la conversation restait volatile, sans conséquence, niable l'instant d'après.

Cependant, comment pouvais-je m'abstenir de participer ? Il s'agissait d'une invitation de la part d'Aspeth et de Dede ; si je la déclinais, il n'y en aurait pas d'autre. Alors que Jeff Oltiss commençait à lire à voix haute le poème d'Emily Dickinson – « L'oiseau le plus triomphant que j'aie jamais connu ou croisé / Sur une brindille aujourd'hui campé » –, je posai la pointe de mon stylo sur la feuille de papier et, en travers des trois cases qui attendaient mes estimations, écrivis : *« La broche éclipse tout le reste… Ça craint un max ! »*, et, avant de réfléchir davantage, repassai la feuille à Dede.

Le cours terminé, je traînassais comme à mon habitude. Aspeth, arrivée à la cage d'escalier, jeta un coup d'œil en arrière – Dede et elle se trouvaient à quelques mètres devant moi – et nos regards se croisèrent.

— Bien vu pour la broche, Lee, me dit-elle.

Elle cessa de marcher, donc Dede dut s'arrêter elle aussi, et je les rejoignis.

— C'est à se demander à quelle mémé elle l'a piquée, continua Aspeth. À partir de maintenant, on ajoutera la catégorie accessoires.

— Absolument, approuva Dede.

— Au fait, Lee, reprit Aspeth, j'ai un truc à te demander.

La crainte me saisit. Qu'allait-elle dire ? *Tu as déjà embrassé un garçon ?* Ou *Ils ont quel genre de voiture, tes parents ?*

— Tu peux me couper les cheveux ? questionna-t-elle.

— Oh… Bien sûr.

Mon soulagement était tel que le souvenir de ma conversation avec Martha ne me revint qu'après que j'eus répondu. Sans me pousser à une décision radicale, la discussion m'avait donné à réfléchir.

— Disons à six heures, puisqu'il n'y a pas de dîner officiel ce soir, reprit Aspeth. Ensuite, on aura le temps de manger avant la fermeture du self.

Les soirs où il n'y avait pas de dîner officiel, Martha et moi arrivions au réfectoire à six heures précises, pour l'ouverture, et j'avais généralement l'estomac dans les talons depuis cinq heures et quart. On se mettait à table avec un petit groupe, d'autres secondes qui dînaient tôt. Ils passaient un peu pour tartes, mais avec eux je m'étais mise à participer activement à la conversation. N'empêche... c'était Aspeth.

— Six heures, c'est bien, dis-je.

Je frappai à sa porte à six heures trois, après être arrivée à moins cinq, avoir attendu l'heure pile puis décidé que l'exactitude était sans doute pire qu'une légère avance, et patienté quelques minutes supplémentaires. Derrière le battant, je percevais le martèlement d'une musique, et je dus frapper à plusieurs reprises avant qu'Aspeth m'ouvre. Elle portait un tee-shirt, un cardigan rouge avec de minuscules boutons nacrés en forme d'étoiles, une culotte et pas de pantalon. Le peigne avait tracé des sillons dans ses longs cheveux blonds mouillés. Elle m'adressa une grimace facétieuse puis bondit dans l'angle de sa chambre pour baisser le son de la chaîne, m'offrant le spectacle de son arrière-train doré : ses cuisses fuselées et lisses sous les rondeurs jumelles d'un petit cul enchâssé dans – ça me surprit, fugitivement, avant que me saute aux yeux l'évidence d'un choix aussi classique et sexy à la fois – une culotte en coton blanc. Elle écoutait les Rolling Stones, et l'idée me traversa qu'elle était le genre de fille pour qui étaient écrites les chansons rock. Comment Dede supportait-elle de la fréquenter ? Moi-même à cet instant, je me faisais l'effet d'être son chaperon.

— Donne-moi deux secondes, dit-elle après avoir baissé le son. J'espérais que mon jean serait sec, mais non…

Là, elle se mit à tâter en différents endroits un pantalon posé sur un dossier de chaise.

— … il faut donc que je mette l'autre.

Elle s'empara d'un autre jean dans une panière à linge, l'enfila et le boutonna sur son ventre plat. À la regarder, je ressentis l'étendue de mon insignifiance : j'étais quelqu'un devant qui elle pouvait se pavaner en sous-vêtements, remettre un pantalon visiblement sale, et cela non parce que nous étions proches mais parce qu'elle se fichait éperdument de ce que je pensais. En même temps, je cherchais quoi dire – *Tu as vu comme il s'est mis à faire froid ?* – avant de renoncer à chacune des phrases qui me venaient, guindées, sans intérêt, ou ressemblant à ce que lui aurait dit un amoureux transi pour essayer de faire la conversation.

Je regardai autour de moi. Nous avions habité le même dortoir l'année précédente, mais je n'étais jamais entrée dans la chambre d'Aspeth. Cette année, elle la partageait avec Horton Kinnelly, une fille de Biloxi – Dede avait rêvé d'occuper cette place, elle y avait même cru, mais elle devait être la seule –, et sur les deux lits défaits se trouvaient des couettes habillées de housses à fleurs. (Les housses à fleurs me faisaient invariablement penser à Little Washington.) Des guirlandes d'ampoules blanches allumées couraient en haut des quatre murs, et sur celui exposé au nord elles avaient accroché une immense tapisserie orange et vert. Une multitude de cartes postales ainsi qu'une carte du Tibet étaient punaisées au-dessus d'un des bureaux ; au-dessus de l'autre se trouvait une oriflamme en feutre bleu sur laquelle était écrit en lettres blanches : *Ole Miss*[1]. Sur les troisième et quatrième murs étaient affichés plusieurs grands posters en noir et blanc – un de John Coltrane, un autre d'un Jim Morrison mince et torse nu, le regard ardent (la plupart des filles affichaient des reproductions de natures mortes éditées par les Beaux-Arts de Boston) – ainsi que ces assemblages de photos qui étaient de rigueur dans toutes les chambres de filles à Ault : vous et vos amies coiffées de chapeaux en mouton retourné, au ski, ou en maillots de bain, à la plage ; vous et vos amies en robes de soirée, avant un bal ; vous et vos amies vêtues des tenues de sport d'Ault, les bras sur les épaules des voisines à l'issue d'un match victorieux. Il y avait un ordinateur sur chaque bureau, deux chaînes hi-fi, et, sur toutes les surfaces planes, des cahiers, des manuels scolaires, des brochures, ainsi qu'un mélange d'articles de toilette de luxe ou bon marché : un grand flacon en plastique blanc de lotion pour les mains, du talc, plusieurs tubes dorés de rouge à lèvres, du dentifrice, un parfum de Chanel (je n'avais jamais vu de Chanel en vrai), une boîte de pansements adhésifs, et par terre devant la porte un caban gris doublé en satin, sur lequel Aspeth marcha – elle posa carrément le pied dessus, avec sa chaussure – comme nous quittions la pièce. Aussi, elle laissa les lumières allumées, les guirlandes et le reste, ainsi que la chaîne. En la suivant dans le couloir – on devait passer prendre quelqu'un avant la coupe, mais soit je n'avais pas saisi le nom soit elle ne l'avait pas dit –, j'étais surexcitée et confusément irritée. La chambre que je partageais avec Martha me semblait tranquille et quelconque, nos vies me

1. Surnom familier d'Oxford University. (*N.d.T.*)

semblaient tranquilles et quelconques. Aspeth était-elle née telle quelle, aussi cool, ou quelqu'un lui avait-il appris à l'être, genre une grande sœur ou une cousine ?

— On va chercher qui, alors ? demandai-je.

Aspeth marchait vite, j'étais deux pas en retrait.

Elle répondit, mais comme je crus avoir mal entendu…

— Qui ? redis-je.

Elle se retourna.

— Quoi ? Tu ne l'aimes pas, ça te pose problème ?

— Non. Juste que… Tu as dit Cross ? Comme Cross Sugarman ?

Elle eut un petit sourire suffisant.

— Comme *l'unique* Cross Sugarman ? Le *célèbre* Cross Sugarman ? Pourquoi ? Tu es amoureuse de lui ?

— Non, fis-je.

Et songeant que plus ma réponse serait véhémente, plus mon mensonge serait flagrant, j'ajoutai :

— Je le connais à peine.

— Quand je lui ai annoncé que j'allais me faire couper les cheveux, il a dit : « Faut que je voie ça. » Je lui ai donc dit qu'on le prendrait à son dortoir.

Au cours des deux mois passés, je m'étais rendue dans les salles communes d'à peu près tous les dortoirs de garçons. La plupart sentaient une drôle d'odeur, des cartons de pizzas traînaient partout, et plus les mecs étaient nombreux plus ils se montraient désagréables, avachis, les mains dans la ceinture du pantalon, plaisantant probablement à propos de sexe mais ce n'était pas certain, me guettant du coin de l'œil dans l'espoir que j'aie compris ou non leurs commentaires codés, et que j'en aie été, ou pas, choquée. Ou alors ils jouaient à se lancer un ballon qui passait si près de ma tête que je devais m'écarter, suspendant mon geste, de la personne à qui j'étais en train de couper les cheveux ; cela quand le jeu ne consistait pas à shooter dans un carton de pizza avec pour règle de ne pas le laisser toucher le sol et jusqu'à ce qu'il soit crevé de tous les côtés. La télé était systématiquement allumée, soit le son à fond, soit sur un programme ennuyeux au possible, soit les deux, comme le dimanche où j'avais coupé les cheveux à Martin Weiher pendant qu'il regardait une émission sur les mégacamions. Avant de me rendre dans un dortoir de garçons, je prenais grand soin de mon apparence, empruntais parfois son parfum à Martha, or une fois là-bas, je me sentais complètement décalée ou, pire, comme une intruse. Si les filles aimaient la compagnie des garçons, j'avais souvent l'impression qu'eux préféraient rester entre eux, à parler des nanas avec une avidité que je les soupçonnais de trouver plus agréable que la présence effective d'une fille. Et pourtant, dans les tanières bruyantes, confinées, inhospitalières de mes camarades masculins, je n'avais jamais véritablement envie de partir ; parfois, je prolongeais une coupe sous le prétexte de bien égaliser. (Dès que j'avais terminé, il était impensable de rester, simplement de m'attarder. C'était peut-être sans problème pour d'autres filles, moi j'avais besoin d'une raison.) Je voulais rester, je crois, parce que la façon d'être de ces garçons, leur brusquerie, leur plaisir physique à lutter entre eux aussi bien qu'à roter, leur excès dans le vacarme et dans le désordre qui gommait presque leur gaucherie, tout ça me paraissait peut-être plus authentique et plus vivant, préférable à la manière dont se comportaient les filles. Du moins préférable à ce que j'étais, moi qui tentais d'être jolie, d'avoir l'air intelligente, mais n'étais-je pas, comme n'importe quel garçon, un concentré de pulsions répugnantes ?

Dans la salle commune du dortoir de Cross, plusieurs gars, assis sur les canapés, mangeaient des hamburgers et des frites en buvant dans d'immenses verres en carton paraffiné ; l'un d'eux avait dû convaincre un prof de l'emmener en voiture au McDonald et avait pris les commandes de tout le dortoir. Généralement, quand j'arrivais dans une salle commune de garçons, je restais sur le seuil, attendant que quelqu'un me remarque et me propose son aide. À peine étais-je entrée avec Aspeth que Mike Duane, un terminale, grand joueur de foot, se leva pour venir vers nous.

— Le mot de passe ? dit-il en attirant Aspeth contre lui pour l'enlacer étroitement.

Jamais, vraiment jamais, aucun garçon d'Ault ne m'avait serrée dans ses bras.

— Dis à Sug de ramener ses fesses, fit Aspeth.

— Je vais le chercher, annonça un autre gars qui fila dans le couloir.

— Pourquoi tu viens toujours chercher Sug, Aspeth ? s'enquit Mike. Pourquoi pas moi ?

— Tu te sens seul ? rétorqua Aspeth en riant.

— Seulement quand je vois une nana aussi bien roulée que toi.

Il la tenait toujours enlacée et commença à lui frotter le dos. Je n'aurais pas aimé que Mike Duane me touche de cette façon. Sa force de gros balourd, sa peau rouge et son poil au menton avaient quelque chose d'angoissant.

— Tu aurais dû être là… commença-t-il.

À ce moment-là, j'entendis Cross :

— Salut, Aspeth. Lee, ajouta-t-il en me gratifiant d'un signe de tête.

Mon cœur battait furieusement.

— Finissons-en avec ça, déclara Aspeth. Je meurs de faim.

C'était aussi mon cas. Une odeur de nourriture planait dans la salle commune et, au lieu de couper les cheveux d'Aspeth, j'aurais volontiers attrapé un cornet de frites et piqué un sprint pour aller les manger dans un coin. Sauf que Cross venait d'apparaître, et sa présence m'était plus précieuse que tout le reste.

— Où on se met, Lee ? questionna Aspeth.

— N'importe… On peut rester ici.

Ce n'était pas la coupeuse de cheveux qui avait répondu mais la moi ordinaire, tremblotante et hésitante.

— Ça pue ici, fit Cross. Allons au sous-sol.

Mike Duane extorqua une dernière embrassade à Aspeth puis on suivit toutes les deux Cross hors de la salle commune. Au sous-sol, on pénétra dans un espace vaste, avec du béton nu au sol, des néons, et d'étroites fenêtres horizontales proches du plafond ; la pièce ne contenait qu'un distributeur de boissons bourdonnant, deux lave-linge et deux sèche-linge.

— J'y pense, dit Cross. Vous devez avoir besoin d'une chaise ?

Il tourna les talons et repartit dans l'escalier.

Nous avions également besoin d'une serviette pour mettre sur les épaules d'Aspeth, et de journaux pour étaler par terre, mais il avait disparu.

Aspeth bâilla.

— Je suis crevée. J'ai dû rester debout jusqu'à trois heures du mat' cette nuit.

— Waouh, dis-je.

Mais Cross me préoccupait tellement que je n'avais plus guère d'attention à prêter à Aspeth. Attendre son retour avec la chaise me mobilisait tout entière.

— Et la nuit d'avant, je ne me suis pas couchée avant deux heures.

Je me demandais jusqu'où nous allions remonter dans la recension de ses heures de sommeil quand Cross réapparut. Il apportait une chaise de bureau qu'il tenait par le dossier, si bien que les pieds métalliques pointaient en l'air et que l'assise en bois reposait sur son épaule. Cette façon de transporter une chaise me parut touchante, très « petit garçon ». Il la déposa devant le distributeur de boissons et Aspeth s'assit.

— Tu vas avoir des cheveux partout sur toi, dis-je. Tu veux enlever ton pull ?

Elle obtempéra – donc, même avec Aspeth, je jouissais de cette étrange autorité – et passa son cardigan à Cross.

— Comme il est joli ! commenta-t-il en caricaturant une voix féminine.

Il noua les manches autour de son cou. Ce geste m'horrifia.

— Le rouge est vraiment ta couleur, dit Aspeth.

— Merci, mon chou, répliqua-t-il toujours avec la même voix.

J'avais une envie pressante qu'il enlève le pull, qu'il cesse de parler ainsi. Il n'était pas drôle, et l'effet comique recherché était si ordinaire, si piètre même. Je savais de surcroît qu'il n'aurait jamais agi de la sorte en ma seule présence, son numéro n'était destiné qu'à Aspeth. Un moment plus tôt, j'avais secrètement espéré qu'il ait voulu assister à la coupe de cheveux non pour elle mais pour moi. Il m'était assez facile de croire que Cross ressentait exactement pour moi ce que je ressentais pour lui. Je ne le croyais pas en permanence, mais certaines fois – entre deux cours, disons : quand nous manquions d'entrer en collision dans la cage d'escalier, et qu'alors nous restions plantés sur le palier durant quelques secondes, face à face, sans bouger, avant de repartir chacun de notre côté. Si les choses avaient été normales, n'aurait-il pas dit un truc du genre *Salut*, et son silence ne pouvait-il passer pour un signe prometteur ?

— Je les veux à la même longueur mais plus courts, déclara Aspeth.

Cross rit – d'un rire naturel, masculin, Dieu merci.

— Comment ça peut être plus court si c'est à la même longueur ?

— En cela réside le paradoxe, dit Aspeth.

C'était une phrase que les gens disaient souvent à Ault, une sorte de rengaine qui avait cours depuis mon arrivée l'année précédente. La première fois que je l'avais entendue, dans la bouche de Tom Lawsey, j'avais ressenti une gêne à cause de l'aspect maladroit, fabriqué de la formule, un peu comme s'il s'était fait recoller les oreilles. Mais l'expression était si banale que j'avais quasiment cessé d'y prêter attention, et une fois – pas à Ault, mais à la maison durant l'été, quand ma mère m'avait demandé comment je comptais terminer la confection des biscuits aux pépites de chocolat alors qu'il n'y avait plus d'œufs – je m'étais surprise à lui sortir la phrase bateau. (Évidemment, il n'y avait en l'occurrence pas de vrai paradoxe ; je l'avais résolu en allant emprunter des œufs chez les Orshmidt, deux maisons plus loin.) Un autre refrain avait été à la mode pendant un temps, davantage dans ma classe que dans le reste de l'école, c'était le mot *patine*. Il avait acquis sa popularité en cours d'histoire de l'Antiquité, où il passa d'un terme qualifiant la couche verdâtre qui s'était formée sur le bronze à un sens vaguement cochon – tout en jouant des sourcils et en se léchant les lèvres, les garçons disaient – pas à moi, bien sûr, mais aux autres filles – « Tu as une jolie patine. » Mais, résultat des courses, *patine* n'avait pas tenu la route comme *En cela réside le paradoxe*.

J'expliquai à Cross :

— Aspeth veut que tous ses cheveux soient de longueur égale, mais le tout plus court.

Cross me considéra avec des yeux vides. Sans doute avait-il compris dès le début.

— Exactement, dit Aspeth. Tu vois, Sug, Lee a percuté.

Du sac en plastique que je trimballais depuis que j'avais quitté ma chambre près d'une heure et demie plus tôt, je sortis des ciseaux et une brosse à cheveux (pas la mienne – peu après la coupe de Tullis, j'en avais acheté une pour la collectivité, que je ne lavais jamais et personne ne m'avait jamais demandé si je la nettoyais). Je me plaçai derrière Aspeth et coiffai ses cheveux encore humides. Son shampooing sentait à la fois la noisette et la fleur, et je compris une fois de plus pourquoi les garçons adoraient les filles dans son genre.

— J'enlève combien de centimètres ?

— Dix ou douze, je pensais.

— Tu es sûre ?

Normalement, j'aimais couper le plus possible, j'aimais être radicale. Mais Aspeth avait une chevelure si remarquable que je craignais de rendre un mauvais service à l'ensemble de la communauté aultienne.

— Commençons par cinq ou six centimètres, et tu verras ce que tu en penses.

— Sauf que plus ils sont longs, plus ils s'emmêlent. Tu devrais peut-être me raser carrément.

— Ça t'irait bien, la boule à zéro, commenta Cross.

Je le retrouvais tel que dans mon souvenir, capable de draguer tout en bavardant de façon très ordinaire – sa séduction caressante résidait dans la contradiction entre son ton calme, sincère, et le caractère improbable de ses propos.

— Super, dit Aspeth. Enlève tout. Rends-moi chauve.

Je soulevai une mèche, donnai un petit coup de ciseaux. Regardant autour de moi, je m'aperçus, comme c'était prévisible, qu'il n'y avait pas de poubelle. Je laissai tomber la mèche sur le sol nu.

Cross fit le tour et vint se poster auprès de moi.

— Putain de merde ! s'exclama-t-il. Tu vas vraiment être chauve, Aspeth.

J'avais coupé cinq centimètres à peine, mais Cross avait envie de la charrier ; ce n'était pas moi qui l'intéressais, c'était clair.

— La ferme, dit Aspeth.

Elle aussi devait bien l'aimer. Officiellement, ainsi que Dede me l'avait fait savoir l'année précédente, Cross et Aspeth étaient « bons amis », et en troisième chacun sortait avec quelqu'un d'autre, or ces deux relations étaient terminées ; Cross et Sophie Thruler avaient rompu en octobre. Si Cross et Aspeth se plaisaient, pensai-je, ils devraient sortir ensemble. La seule surprise de cette évolution serait son manque de surprise.

— Je me demande un truc, reprit Cross. Tu fais sacrément confiance à Lee. Or, Lee, quelles sont tes références ?

Penchée en avant, je tournai la tête pour le regarder. Il affichait une mine joyeuse. Durant plusieurs secondes, je le fixai en silence, et j'eus l'impression qu'il lisait en moi, le sourire moins hilare, et qu'une compréhension passait entre nous – *Je ne suis pas personne, je ne suis pas rien du tout, je n'existe pas pour que tu aies le plaisir de me lancer tes vannes* – mais comment en être certaine ? Peut-être pensa-t-il simplement que je ne trouvais rien à dire.

— Lee a coupé les cheveux à des tas de gens, répondit Aspeth. C'est elle qui a coupé ceux de Tullis.

— Sans blague, commenta Cross.

Il s'était déplacé afin de se remettre en face d'Aspeth. Elle leva la tête, sans doute inconsciemment, pour soutenir son regard. J'aurais pu lui refaire baisser la tête, mais je m'abstins. Je m'effaçais devant elle ; mieux, j'éprouvais le désir pervers de contribuer à leur union. Je me fichais presque de sa façon de feindre qu'elle et moi faisions bloc, nous contre Cross, nanas contre mec.

— Et la coupe de Tullis était fantastique. Alors voilà.

— Alors voilà ? Bon sang, Aspeth, tu devrais envisager une carrière d'avocate. Tu vas sortir quoi, ensuite ? Nounou-nounou-bobo ?

Il y avait quelque chose de répugnant à regarder Cross draguer, comme quand on surprend un geste trop intime.

— Viens t'en faire le dodo, enchaîna Aspeth.

Tous deux éclatèrent de rire.

— Ce n'est pas ça ? Nounou-nounou-bobo, viens t'en faire le dodo.

Cette fois, ils le dirent à l'unisson – autant que les clins d'œil, les phrases dites à l'unisson me rendaient malade –, et je dus me retenir pour ne pas quitter le sous-sol en courant. Ils étaient nuls ! Ils étaient plus ringards que moi ! Le truc, évidemment, serait que je m'en souvienne pendant l'appel, lorsque je les verrais de loin, avec leur air froidement impénétrable.

— Aspeth, dis-je.

Ils continuaient à rire et je cherchais à changer de sujet.

— Tu crois que Mlle Moray mettra ses bottines demain ?

— Tu as aussi Miss Mortelle ? questionna Cross.

— Lee et Mlle Moray se détestent, affirma Aspeth. Elles se sont livré des batailles mémorables.

Était-ce vrai ?

— Tu étais dans l'histoire du maquereau ?

— Non, mais ça a clashé d'autres fois entre elles, assura Aspeth.

— Lee, je ne te croyais pas aussi…

Cross s'interrompit. Nos regards se rencontrèrent. Selon ce qu'il allait dire, peut-être retrouverais-je l'autre Cross, celui que j'avais cru bien aimer.

— … soupe au lait, conclut-il.

Je ne l'avais pas retrouvé.

— Je ne le suis pas.

J'avais certainement l'air en colère à cet instant, mais je m'en fichais.

— De toute façon, Mortelle est un second choix, c'est bien ça ? reprit Cross.

— Ferme-la, lui enjoignit Aspeth.

— Je croyais que tout le monde le savait.

— Tu veux bien te taire ?

Puis Aspeth parut se raviser – eu égard à ma personne, apparemment – car elle reprit :

— D'accord, Lee, tu ne le diras à personne, mais Mlle Moray a été recrutée en catastrophe. Ils avaient engagé une autre prof de lettres, super-brillante, elle sortait de Yale, elle était noire, et tout et tout, ils étaient complètement emballés, mais voilà qu'à la dernière minute, en août, son fiancé qui vit à Londres a eu un cancer des testicules, alors elle est partie pour rester avec lui. Ils ont dû s'agiter un max pour trouver une remplaçante, et c'est là qu'entre en scène Mlle Moray, qui, quelle coïncidence, rêve d'enseigner mais n'a pas décroché de poste pour la rentrée. Donc, on l'embauche, et voilà comment deux jours plus tard, elle nous débarque tout droit du Dakota du Sud.

Personne ne parla plus – j'avais même arrêté de couper les cheveux d'Aspeth – puis Cross dit :

— Un cancer des couilles. Ouille.

— Comment tu l'as su ? demandai-je à Aspeth.

— C'est Renny qui me l'a dit.

Renny Osgood était le prof d'ébénisterie, un type d'une trentaine d'années qui avait fait ses études secondaires à Ault, seul parmi le corps professoral de l'école à n'être pas passé par l'université. Sa beauté était régulièrement commentée dans le journal des élèves, et on lui prêtait une liaison avec une fille de terminale plusieurs années auparavant, encore que personne ne connût le nom de la fille ; en tout cas, il entretenait des « amitiés » avec certains élèves, dont Aspeth.

— Elle n'est pas à la hauteur ici, reprit Aspeth. Non seulement comme prof, mais côté sport idem... Elle peut faire une athlète correcte mais n'a aucune expérience du hockey sur gazon. Elle ne connaît même pas les termes techniques.

Bien sûr que Mlle Moray n'avait aucune expérience du hockey sur gazon – personne ne jouait à ça dans le Midwest. J'eus une vision fugitive d'elle en septembre dernier, apprenant son engagement à Ault, pliant bagage à toute allure et partant pour l'Est. Je la voyais seule au volant, changeant de station radio quand ça se mettait à grésiller, dormant le soir dans un motel où depuis la porte de sa chambre elle pouvait contempler des champs de soja à perte de vue ponctués seulement par un panneau d'affichage contre l'avortement ou un château d'eau. Depuis l'Iowa (pas le Dakota du Sud), elle avait dû prendre la I-80 pour Cleveland, puis continuer par la 90 – c'était la route que nous avions suivie avec mon père quand il m'avait amenée à Ault pour ma rentrée en troisième.

— Elle a eu du pot, conclut Aspeth. C'est une prof merdique, mais Ault n'avait pas le choix.

Sauf que ce n'était pas une prof merdique quand on l'avait engagée. Elle n'avait encore jamais enseigné. Et qui était Aspeth pour décider qu'elle était merdique ? Elle manquait encore d'expérience. Si j'avais rarement regretté d'entendre des commérages, je songeai soudain que je n'avais aucun besoin de savoir que Mlle Moray avait été pour Ault un pis-aller.

— OK, dis-je. C'est fini.

Aspeth se leva et passa les doigts dans ses cheveux, une main de chaque côté de sa tête. Je fus vaguement déçue de constater à quel point j'avais été soigneuse – beaucoup de cheveux étaient tombés autour de la chaise mais aucun n'avait osé s'égarer sur le tee-shirt d'Aspeth. Elle se tourna vers Cross.

— Je suis comment ? lui demanda-t-elle.

— Affreuse, répondit-il.

Elle lui tira la langue – même ainsi elle n'avait rien d'affreux – puis consulta sa montre.

— Putain, le self ferme dans un quart d'heure.

Elle se dirigea vers l'escalier, Cross sur ses talons. Je ne savais pas si j'étais censée suivre. En plus, il y avait le problème du nettoyage.

— Eh, Aspeth, appelai-je.

— Quoi ? demanda-t-elle sans se retourner.

— Il y a plein de cheveux par terre.

Elle jeta un coup d'œil par-dessus son épaule.

— Pas tant que ça.

Il y en avait assez pour fabriquer une perruque.

— Vous voulez bien, au moins, rapporter la chaise ?

— Ah, ouais, fit Cross.

Il revint sur ses pas, prit la chaise contre son épaule ; cette fois, son geste n'avait plus aucun charme.

— Merci mille fois, Lee, dit Aspeth.

Et tous deux disparurent.

Je regardai les cheveux puis l'escalier. Il s'agissait peut-être des cheveux d'Aspeth, c'était néanmoins grossier de les laisser là. Au bout du compte, je remontai à la salle commune, trouvai un balai et une pelle, balayai le tout, le mis à la poubelle – en même temps, je m'imaginais transportant mon butin à travers le campus pour aller le déverser sur le lit d'Aspeth, mais mon acte aurait certainement été taxé d'entorse à la discipline, ou considéré comme typiquement *Audrey Flahertien* –, enfin rangeai pelle et balai dans le placard. La salle commune s'était vidée, quelques frites abandonnées traînaient sur la table devant les canapés. J'envisageai de les manger – après tout, j'avais loupé le dîner – mais ça aussi, c'était digne d'une Audrey Flaherty. Martha avait vu juste, pensai-je en regagnant mon dortoir. Voilà, c'était la dernière fois : je prenais ma retraite de coiffeuse.

Il s'agissait pour le devoir *Chant de moi-même*[1] d'écrire sur un problème qui nous tenait à cœur, de prendre position, or quelques jours avant la date prévue pour la remise de la copie, je n'avais encore trouvé aucun sujet.

1. Œuvre de Walt Whitman. (*N.d.T.*)

— La peine de mort, me suggéra Martha en route pour un dîner officiel.

— Je serais pour ou contre ?

— Lee !

— Contre, je suppose.

— Tu serais contre car c'est une discrimination à l'encontre des minorités et des pauvres. L'écrasante majorité des condamnés à mort sont des hommes noirs dépourvus d'instruction. En plus, beaucoup de gens expédiés dans les couloirs de la mort se sont révélés innocents.

Martha savait ce genre de choses à la fois parce que son père était avocat et parce qu'elle était généralement plus sérieuse et mieux informée que moi. Moi, le genre d'informations que je retenais était, par exemple, le nom de l'animal de compagnie d'un acteur célèbre, un shih tzu (Pétunia), ou pourquoi tel top model avait été récemment hospitalisé (pour anorexie, à quoi la rumeur ajoutait que la fille sniffait de la coke).

— C'est un bon sujet, la peine de mort, dis-je. Mais peut-être pas pour moi.

— Tu peux parler de l'aide sociale ou de l'avortement.

— Dede va faire l'avortement.

— Très bien, super. Le vernis à ongles sur les orteils… tu es pour ou contre ?

— Parfait, dis-je. Tu es un génie.

On se taisait en longeant la chapelle. J'étais tellement moins seule, tout allait tellement mieux pour moi maintenant que je partageais une chambre avec Martha.

— Eh, repris-je, si je faisais quelque chose sur la prière à l'école ? Je comparerais les établissements publics et privés et je dirais que ce n'est pas un problème ici puisque chacun a fait le choix de venir. Par contre, dans le public, comment fais-tu si tu es juif ou bouddhiste ?

— Ça n'a pas l'air mal, dit Martha. Pas extraordinaire car tu n'es pas passionnée par le sujet, mais pas mal.

Quand on remit les copies, je fus soulagée que Mlle Moray ne nous les fasse pas lire à haute voix. Le devoir devait totaliser huit cents mots minimum, et en comptant mon nom, la date, le libellé « Classe de seconde, Anglais, Mlle Moray » et le titre, j'arrivais à huit cent deux mots. Je m'étais figuré qu'elle ne nous les avait pas fait lire car ils étaient trop longs, or lorsqu'elle nous les rendit la semaine suivante, elle réclama la lecture.

— J'apprécie que chacun de vous sache ce qui se passe dans la tête des autres, dit-elle. Norie, si vous commenciez ?

Comme elle avait oublié de me rendre ma copie, je levai la main, mais elle m'ignora, alors je baissai la main. Je n'allais rien interrompre ; mieux valait attendre mon tour. Chris s'était penché sur l'importance du sport à l'école ; Aspeth, sur le voyage qui élargit nos horizons ; Dede expliquait pourquoi elle était pour l'avortement. (Depuis le jour où elle m'avait passé la feuille de notations, je m'arrangeais pour ne plus m'asseoir à côté d'elle, mais je les avais surveillées, Aspeth et elle, pour voir si elles recommençaient ; et en effet, elles notaient quotidiennement la tenue de la prof. J'étais trop loin pour lire ce qu'elles écrivaient, mais le jour où Mlle Moray arbora un kilt, fermé par une épingle gigantesque, je devinai qu'elles l'avaient assassinée – le kilt faisait partie de ces clichés que l'on peut se faire sur le pensionnat.) Jenny racontait comment sa meilleure amie en CE1 était morte d'une leucémie, sujet qui n'exigeait pas l'affirmation d'une opinion tranchée, mais c'était tellement triste que je me dis qu'elle méritait quand même un A.

J'étais à côté de Jenny. Quand elle eut fini de lire, Mlle Moray dit :

— Vous pouvez enchaîner, Jeff.

— Mademoiselle Moray ? fis-je.

— Vous ne lisez pas, me répondit-elle. Et vous savez pertinemment pourquoi.

Son visage s'était empourpré. Sentant le regard des autres rivé sur moi, je me tournai vers Jeff, comme pour lui donner ma bénédiction, comme si j'avais la moindre idée de ce qui se passait. Peut-être était-ce lié à mon refus de lire en public en tout début d'année. Je ne voyais que ça, en tout cas.

La cloche sonna.

— Nous continuerons demain, annonça Mlle Moray. Darden et Martin, pensez à rapporter vos copies. Lee, restez ici. Les autres, vous pouvez sortir.

Quand tout le monde fut parti, elle prit quelque chose – mon devoir – sous son registre de notes et le poussa vers moi sur la table. La feuille glissa un peu puis resta à mi-chemin, hors de ma portée. Je jetai un coup d'œil à Mlle Moray avant de me pencher pour m'en saisir ; je ne sais quoi dans son expression me pétrifia.

— Si je le voulais, je pourrais vous recaler pour le trimestre, dit-elle. Votre manque de respect envers moi, votre professeur, et envers cette classe me laisse perplexe, Lee. J'ignore si nous pouvons résoudre ce problème.

J'attendis une suite éventuelle puis, comprenant qu'il n'y en aurait pas, rétorquai très vite :

— Excusez-moi, je ne saisis pas bien de quoi vous parlez.

Elle eut beau hausser deux sourcils incrédules, je soutins son regard. Je me figurais que plus longtemps je tiendrais, mieux je parviendrais à la persuader de mon ignorance. Ce fut elle qui détourna les yeux ; j'en profitai pour prendre ma copie. J'avais choisi pour titre, à présent surmonté d'un F rouge encerclé : « La prière n'est pas souhaitable dans les écoles publiques. » À côté du titre, j'avais mis un astérisque, et sous l'astérisque repris au bas de la première page, j'avais écrit : « Ce problème ne me tient pas vraiment à cœur, mais je crois qu'il remplit la consigne du devoir. » Une jungle d'écriture rouge cernait mon renvoi, que je tentai de déchiffrer bien que tous les mots ne soient pas lisibles : *Alors pourquoi feindre de vous y intéresser ?! Ne comprenez-vous pas… votre désinvolture et votre totale absence de considération pour… car ce devoir, dont le seul objet…*

Je relevai les yeux.

— Je ne voulais pas dire que je m'en fichais complètement, juste que ça m'est plutôt égal.

— Ce que vous dites n'a pas de sens.

— J'essayais juste d'être franche.

— Alors pourquoi ne pas avoir choisi un autre sujet ?

— Je n'en ai pas trouvé.

— Il n'existe rien qui suscite en vous une certitude ? Vous êtes là, dans une école fantastique, pourvue de tous les avantages, et vous ne trouvez rien qui vous importe. Que comptez-vous devenir ?

Elle attendit, et je compris qu'il s'agissait d'une question à laquelle je devais répondre.

— Vous voulez dire… mon métier ?

Il m'était arrivé d'envisager l'enseignement, mais ça paraîtrait forcément suspect.

— Peut-être avocate, fis-je.

Elle émit un hoquet railleur.

— Les avocats se battent pour une cause. Ils croient en quelque chose. Tout au moins, les bons.

Elle croisa les bras.

— Je ne sais pas quoi faire de vous, Lee. Je ne vous comprends pas. Votre inanité dépasse l'entendement. Tirez-vous seulement quelque chose de ce cours ?

— Bien sûr.

— Quoi donc ?

— Je ne comprends pas ce que vous voulez savoir précisément.

— Je vous demande si vous trouvez quelque intérêt à assister à ce cours. La question est assez simple.

Aucune de nous ne parla plus, et, à mesure que le silence s'installait, je me sentais de plus en plus éloignée de ses dernières paroles. Peut-être pouvais-je changer radicalement de sujet, sauter du coq à l'âne : *Et voilà pourquoi les perroquets font d'excellents animaux de compagnie*. Ou bien : *C'est pourquoi j'ai toujours rêvé de visiter le Nouveau-Mexique*. Si j'y réfléchissais, cette conversation me semblait quelque peu ridicule, un rien arbitraire ; cette bagarre avec Mlle Moray me paraissait complètement futile.

Mais je ne pouvais pas dire ça. Ça aurait paru bizarre. Elle aurait pensé que quelque chose ne tournait pas rond chez moi, que c'était plus grave qu'elle l'avait cru.

— J'aime la lecture, dis-je. C'est intéressant.

— Quel livre avez-vous préféré ?

À peine avais-je fini de parler qu'elle m'aboyait une autre question.

— J'aime bien… euh… *Chant de moi-même*.

— Qu'aimez-vous alors dans cette œuvre ?

— Je ne…

Involontairement, j'émis un bruit de gosier étranglé. Je n'allais pas pleurer, non, mais c'était tout comme, et aussitôt l'expression de Mlle Moray s'adoucit.

— Je ne sais pas, repris-je. Les mots.

— Moi aussi, j'aime Whitman. C'est pourquoi je vous l'ai fait étudier.

Elle me dévisageait – avec moins d'hostilité mais elle me dévisageait quand même –, alors je détournai les yeux, vers le tableau, la fenêtre, la table. Quand nos regards se rencontrèrent, le sien était toujours aussi fixe.

— Vous pouvez mener une vie dégagée de tout, ajouta-t-elle. Vous pouvez dire systématiquement non, ne vous intéresser à rien, ne manifester aucun enthousiasme, rester trop indifférente pour prendre parti. Ou bien, à un certain moment, vous pouvez décider de dire oui. De vous intéresser, de vous positionner, d'aller vers les autres. Je vois que vous ne parlez pas à vos camarades, ni avant ni après les cours. Or beaucoup souhaiteraient être amis avec vous. Dede et Aspeth ne demandent que ça, et j'espère qu'un jour vous leur en donnerez l'occasion.

Je sentis la commissure de mes lèvres se contracter. Sourire à cet instant aurait été la pire des choses ; de quoi rendre furieuse Mlle Moray. Pourtant, elle se *trompait*. Elle avait tort sur toute la ligne, et son erreur, quoique absurde, était flatteuse. Je n'étais pas dégagée de tout, je n'étais pas indifférente, Aspeth n'avait aucune envie de devenir mon amie, et j'étais l'une des personnes les moins cool de ma connaissance – en fait je passais mon temps à observer les autres, à m'interroger sur eux, je restais éblouie par leur légèreté d'être, et effondrée par le gouffre vertigineux qui nous séparait, mon épouvantable manque d'aisance, mon incapacité à être naturelle. Et je ne ressentais rien profondément ? Tout m'atteignait profondément – pas seulement mes rapports avec autrui, les attitudes ou les changements des autres, mais aussi bien le monde physique, le parfum du vent, l'éclairage vertical dans les salles de maths, le volume précis du poste de radio dans la salle de bains s'il était allumé pendant que je me brossais les dents. Tout ce que j'aimais ou n'aimais pas dans l'univers, désirais plus ou moins, tout ce dont je souhaitais la fin ou la continuation. Le fait que je n'aie pas d'opinion sur, par exemple, les relations entre les États-Unis et la Chine ne signifiait pas que les choses ne me touchaient pas. Quant à savoir si mon inanité dépassait l'entendement, c'était plus difficile à déterminer dans la mesure où je ne savais pas ce que signifiait le mot *inanité*. Il faudrait que je regarde dans le dictionnaire dès mon retour au dortoir.

— Vous m'entendez ? questionna Mlle Moray.

— Oui.

— Je veux dire : vous saisissez ce que je vous explique ?

— J'avais compris. Je... je saisis.

Elle exigeait davantage de moi. Elle voulait que je parle autant qu'elle, que je me confie. Mais je n'avais rien à dire. Je n'étais pas ce qu'elle croyait, sauf à ce moment précis, avec elle, parce qu'elle m'avait inventée.

— Voulez-vous que je refasse mon devoir ? demandai-je.

— Je ne vous parle pas de votre devoir. Oui, cette copie m'a fait sortir de mes gonds, mais voilà, et je sais que ça peut paraître exagéré, l'heure est grave pour vous : il s'agit de votre vie. Il s'agit de faire quelque chose de votre vie. J'espère que vous garderez cette conversation en mémoire.

Je m'interrogeais. Pourquoi était-elle tombée sur moi ? Qu'est-ce qui, dans mon comportement, l'avait provoquée ?

— Je veux qu'aujourd'hui soit le jour où vous décidez de dire oui.

Dans un élan d'enthousiasme – la colère l'avait quittée –, elle fit claquer sa paume sur la table, et cela me fit penser à Aspeth ; si Aspeth avait assisté à cette scène, c'était là un geste qu'elle aurait imité par la suite, pour sa ferveur. Même si j'en ignorais la raison, j'étais contente que Mlle Moray m'ait choisie pour se défouler parce que je ne le raconterais qu'à Martha, je n'irais pas le crier sur les toits de l'école.

— Est-ce qu'aujourd'hui sera le jour ? questionna-t-elle.

J'avalai ma salive.

— D'accord.

— Vous n'avez pas l'air certaine.

J'étais censée m'écrier *Oui !* – le brailler, carrément – mais je n'en fis rien. Non que je ne veuille pas lui faire plaisir, simplement je n'avais pas envie de mentir. Croyait-elle qu'une exclamation ardente signifierait quelque chose ? N'était-elle pas un peu vieille pour croire qu'un individu peut se transformer, changer d'horizon en l'espace de dix minutes ? Si auparavant ses remarques m'avaient paru le fruit d'une méprise dans le jugement qu'elle portait sur moi, elles avaient cependant un lien, malgré leur inexactitude, avec ma vie. À présent, son numéro n'avait plus aucun rapport avec moi ; elle agissait comme un entraîneur de foot, ou un animateur dans un stage de motivation. J'avais déjà pensé cela d'elle, mais jamais aussi explicitement, et jamais avec plus de tristesse que de mépris. En observant son visage ému, vibrant d'espoir, je songeai : *Tu n'es pas si intelligente que ça.*

Elle vint à mon dortoir le soir même, frappant à la porte aux environs de neuf heures. Martha était à la bibliothèque ; je mangeais des biscuits à la farine complète en lisant *Glamour*. Elle n'attendit pas que je vienne ouvrir, fit jouer elle-même la poignée et entra dans la chambre. Sa présence fut à la fois surprenante et naturelle – depuis que j'avais quitté la salle de cours, des bribes de notre conversation me tournaient inlassablement dans la tête, et son apparition ne me parut que la manifestation physique de ce que j'avais déjà imaginé.

— Je ne vous dérange pas, j'espère ?

Je cessai de mâcher mon biscuit.

— Non.

— Voilà ce que je voudrais…

L'énergie qui émanait d'elle – elle avait une idée, elle avait décidé quelque chose, elle avait traversé d'un bon pas le campus glacé – offrait un contraste frappant avec mon inertie, ma position affalée, les miettes sur mon tee-shirt. Je me tins plus droite sur ma chaise.

— J'aimerais que vous me coupiez les cheveux, annonça-t-elle. Je vous noterai pour cela. Ce sera le moyen de corriger votre copie. La note que je vous donnerai pour la coupe de cheveux remplacera le F.

Je la dévisageai et me sentis soudain très fatiguée.

— Que pensez-vous du marché ? demanda-t-elle.

— Hmm. D'accord.

Bien sûr, en acceptant, je revenais sur ma décision d'arrêter de couper les cheveux. Elle était ma prof, je n'avais pas le choix, mais même si ç'avait été quelqu'un d'autre, un élève, je n'aurais pas refusé ; et je ne refusai pas durant les mois qui suivirent. Pendant un temps, je continuai à dire oui, puis j'ajoutais : *Si on faisait ça dans quelques jours,* et je ne donnais pas suite. Parfois, je rétorquais : *Tu sais, tes cheveux m'ont l'air compliqués, je ne voudrais pas te rater.* Toujours est-il que mon année de première était déjà bien avancée quand je fis ma dernière coupe.

Mlle Moray sourit.

— Vous allez voir qu'il ne s'agit pas d'une faveur de ma part. Mes cheveux ont vraiment besoin d'être coupés.

— Vous voulez qu'on le fasse tout de suite ?

— Ce serait formidable. J'ai apporté ce qu'il faut.

Elle fouilla dans son sac, en sortit une brosse et une paire de ciseaux – elle était bien la première à fournir les ciseaux.

— J'imagine que ça ira. Nous passons dans la salle de bains ?

Je n'y aurais pas pensé, mais la suggestion me soulagea ; l'avoir dans ma chambre me mettait mal à l'aise.

J'apportai une chaise que je posai sur le sol carrelé entre les cabines de douches et la rangée de lavabos. Je me plaçai derrière elle, une serviette de Martha à la main. Ça me faisait drôle de devoir la disposer sur elle, de lui toucher les épaules et le cou. Je repassai devant elle et lui tendis le rectangle de tissu éponge.

— Tenez. Pour que vous n'ayez pas des cheveux partout.

— Ah, c'est très gentil. Service client impeccable, mademoiselle Fiora. Je dois me mouiller les cheveux ?

— Ce n'est pas utile.

Debout derrière elle, je me dis que des cheveux n'étaient jamais que des cheveux. Je pouvais faire semblant de coiffer quelqu'un d'autre.

Elle inclina la tête en avant. Elle avait un grain de beauté, une minuscule petite tache saillante et brune au-dessous de la lisière des cheveux, et une onde de répugnance me traversa. Sa chevelure dégageait une odeur humaine, sans rapport avec le parfum du shampooing d'Aspeth. Au sommet de son crâne, les mèches s'agglutinaient en touffes plus sombres et qui semblaient humides. Soit elle ne s'était pas lavé les cheveux récemment, soit ils se graissaient très vite – pour être juste, disons qu'ils se graissaient très vite, car elle avait aussi la peau du visage grasse. J'entrepris de la brosser. Mlle Moray avait des cheveux épais, plus épais qu'il n'y paraissait, donc plus longs à couper. Mais je m'appliquerais, je prendrais le temps. La situation exigeait la plus grande minutie – puisque j'en étais capable, mener à bien cette tâche devenait une obligation.

Nous ne parlions pas. Je crois qu'elle aurait aimé bavarder, mais je ne lui manifestai aucun encouragement, et, à mesure que s'écoulaient les minutes, je la sentis devenir plus paisible, s'installer dans l'accalmie de son silence et de son immobilité. Je fis l'arrière, le côté droit, le gauche, puis repassai devant pour vérifier que les côtés étaient égaux. Je la brossai de nouveau, afin de débusquer d'éventuelles longueurs qui m'auraient échappé. Neuf heures quarante-cinq. Cinq minutes s'écoulèrent encore ; on entendait les filles revenir pour le couvre-feu de dix heures. À quoi pensait Mlle Moray pendant que je lui coupais les cheveux ? Elle avait vingt-deux ans alors – je le découvris plus tard, en mars, quand elle nous apporta des petits gâteaux pour son vingt-troisième anniversaire – et je ne pouvais pas encore imaginer les contrées où s'aventurait son esprit.

Plus tard, j'en fus capable ; je compris qu'elle traversait une étape de sa vie clairement identifiable. C'était une jeune femme partie vivre seule dans un coin de son pays qui lui était inconnu, et sans doute avait-elle été pleinement consciente de tous ces facteurs – qu'elle était jeune, qu'elle était une femme, qu'elle était seule ; son bonheur, si elle était heureuse (je n'en avais pas la moindre idée), devait être ténu. Voilà pourquoi, rétrospectivement, je suis quasiment sûre qu'elle s'était acheté pour elle la broche représentant un livre argenté. C'était l'acte d'une personne en plein volontarisme, en plein effort. Durant les après-midi où je rêvassais en regardant cette broche, épinglée sur ses chemisiers boutonnés ou sur ses pulls à col roulé, tandis qu'elle s'asseyait au bout de la table ou se tenait debout au tableau, quand j'envisageais toutes les origines possibles à cette broche, ce fut l'unique hypothèse qui ne me traversa pas l'esprit. Penser ça aurait été déprimant, navrant au possible (c'est là, bien sûr, une caractéristique de ma propre jeunesse à cette époque que de considérer la ténacité, l'entêtement comme infiniment triste, comme si le monde n'était pas plein de chagrins autrement plus grands), et cela aurait pu susciter chez moi, au lieu de simples serrements de cœur épisodiques, une sincère et solide sympathie envers elle.

Une fois la coupe terminée, Mlle Moray se tourna d'un côté et de l'autre devant le miroir.

— C'est super, Lee. Je comprends pourquoi on vante votre savoir-faire.

Avant son départ, nous restâmes face à face dans le couloir, et elle ajouta :

— Vraiment, je ne vous remercierai jamais assez.

Je sentis qu'elle était sur le point de m'embrasser ; je n'en avais aucune envie.

Je ne voudrais pas la revoir aujourd'hui, je ne souhaiterais ni m'excuser ni la remercier, je ne pense pas qu'elle ait influencé ma vie de façon profonde, comme sont censés le faire les meilleurs enseignants. Pourtant, quelque chose d'elle me hante : peut-être ce côté en même temps provocant et sincère, peut-être le mystère de ce qu'il advint d'elle ensuite – pour autant que je sache, personne à Ault ne resta en contact avec elle après son départ –, peut-être seulement ses erreurs puisqu'elle en commettait tellement.

Pour la coupe de cheveux, ainsi que je m'en doutais, elle m'attribua un A.

5

Le week-end des parents

TROISIÈME AUTOMNE

Dès mon entrée, je trouvai le réfectoire calme et désert comme un dimanche matin, alors qu'on était vendredi et qu'il était dix-huit heures à peine. Dans la zone où s'asseyaient les premières, une seule table était occupée, et seulement à moitié. Je posai mon plateau entre Sin-Jun et Nick Chafee, le blondinet pas particulièrement joli garçon dont les grands-parents avaient fondé les musées Chafee à Philadelphie et à San Francisco. De l'autre côté de la table, étaient assises Rufina Sanchez et Maria Oldega, les seules filles latino-américaines de notre classe avec Conchita, qui partageaient une chambre et étaient très amies. Rufina avait de longs cheveux noirs indisciplinés, des lèvres pulpeuses, de fins sourcils sombres très recourbés, de grands yeux, s'habillait de jeans et de tee-shirts moulants. Loin d'être aussi jolie, Maria était plus massive et portait cependant, elle aussi, des vêtements ajustés. Pour autant, elle ne s'effaçait pas devant Rufina, et parlait autant qu'elle en groupe ; ce trait chez elle m'avait toujours impressionnée.

Une fois installée, je me tournai vers Sin-Jun.

— Tes parents ne sont pas là cette année ?

— Trop loin, dit-elle.

— Surtout qu'ils sont déjà venus, supputai-je.

Lorsqu'ils avaient fait le voyage depuis Séoul la première année, les parents de Sin-Jun m'avaient emmenée dîner à l'auberge de la Grange Rouge qui, apparemment, était pour la plupart des parents l'unique restaurant fréquentable entre Ault et Boston. La salle s'était remplie de familles de pensionnaires dont bon nombre paraissaient se connaître indépendamment de leurs enfants ; ils se rendaient visite d'une table à l'autre, s'apostrophaient sur le ton de la plaisanterie. Quand M. ou Mme Kim m'adressaient la parole, j'avais du mal à me concentrer sur leurs propos par-delà le bruyant fond sonore, et, lorsque je répondais à leurs questions, d'où venais-je et est-ce que je me plaisais à Ault, je ne savais pas si mes réponses avaient le moindre sens. Mme Kim avait une incisive gâtée, portait un rouge à lèvres rutilant, grignota environ un dixième de son assiette et ne demanda pas de *doggie bag*[1] ; M. Kim était atteint de calvitie, sentait l'eau de Cologne et la cigarette. Tous deux étaient de petite taille et parlaient couramment anglais avec un accent prononcé. Comme la majorité des parents d'élèves à Ault, ils étaient riches – lui possédait plusieurs fabriques de chaussures de sport – mais c'étaient de riches Coréens, de riches étrangers, ce qui n'était pas du tout la même chose que

1. Petit sac que l'on peut demander dans les restaurants aux États-Unis afin d'emporter ses restes… « pour le chien », dit-on. (*N.d.T.*)

des riches de Nouvelle-Angleterre ou de New York. La plupart des autres parents se ressemblaient : les pères étaient grands et minces, arboraient chevelures poivre et sel, sourires contraints et costumes. Les mères avaient les cheveux blond cendré, portaient bandeau, perles aux oreilles, bracelets en or, cardigan noir à boutons dorés sur jupe longue écossaise, ou encore – pour les maigres – tailleur-pantalon beige ou gris anthracite, assorti d'une écharpe en soie autour du cou. (Les mères portaient également des noms qui rendaient quasi inimaginable l'idée qu'elles aient pu occuper un véritable emploi : Fifi, Tinette ou Miam.) Non contents de dîner dans le même restaurant, tous étaient descendus au même hôtel, un Sheraton éclatant sur l'I-90 ; ils louaient des chambres séparées pour leur progéniture, à savoir la plupart des internes d'Ault qui, d'après la rumeur, se cuitaient à mort avant d'échouer à poil dans la piscine du palace, ou de se peloter dans le hall près du distributeur à glaçons. Les Kim ne m'avaient pas invitée au Sheraton mais, honnêtement, je n'aurais pas voulu y aller – sans doute Sin-Jun et moi nous serions-nous couchées tôt pour rester allongées dans l'obscurité, à entendre de l'autre côté des cloisons le tapage de ceux qui s'amusaient. L'année de seconde, Martha m'avait invitée à l'auberge de la Grange Rouge pour y dîner avec ses parents, et j'y étais allée, mais quand elle avait renouvelé l'invitation cette année, j'avais décliné, et ce n'était qu'à l'instant du refus que je m'étais rendu compte à quel point j'avais toujours détesté ça.

— Mon père pensait venir, déclara Sin-Jun, mais ma mère dit le voyage en avion la fatigue trop.

— Quand on vient d'Asie, c'est pire parce qu'on va d'ouest en est, souligna Nick. Quand je suis revenu de Hongkong, j'ai dormi genre une semaine.

Je ne relevai pas le commentaire de Nick, et d'ailleurs personne ne le fit. J'achevai de couper mes spaghettis, reposai mon couteau, et enroulai quelques pâtes sur ma fourchette.

— Lee, m'interpella Maria. Tes parents ne sont pas là non plus ?

— Ils arrivent demain.

Immédiatement, la peur me saisit qu'on me demande pourquoi ils arrivaient en retard – de fait, le thé d'accueil du directeur avait eu lieu l'après-midi –, or je ne voulais pas avoir à dire qu'ils venaient en voiture, pas en avion, de South Bend. (« De si loin que ça ? risquait de répliquer quelqu'un. Ça fait quoi, douze heures ? » et je serais obligée d'avouer que c'était plutôt dix-huit.)

— Du moment qu'ils arrivent après le match… dit Rufina. Voilà un truc auquel aucun parent ne devrait assister.

Bien qu'en première, Rufina, Maria et moi jouions encore au foot catégorie junior.

— C'est la première fois tes parents te visitent, oui ? interrogea Sin-Jun.

— En dehors de mon arrivée ici, répondis-je – en réalité, seul mon père m'avait accompagnée.

— Je suis content que mes parents ne viennent pas, reprit Nick. Mon frère est à Overfield, et là-bas aussi c'est le week-end des parents.

— Et quoi, ils préfèrent ton frère ? questionna Rufina.

— La raison officielle est que lui vient d'entrer en première année, c'est donc son premier week-end des parents. Je ne m'en plains pas, ajouta Nick avec un sourire. Franchement.

Tout le monde rit, y compris moi – parce qu'au fil du temps à Ault, j'avais compris que ne pas réagir comme tout le monde dans telle ou telle situation équivalait à une agression, une tentative de se faire remarquer –, cependant, j'étais étonnée. Nick ne se sentait-il pas coupable, n'était-ce pas une trahison de dénigrer ses proches en présence de personnes étrangères ? Dans les séries télévisées et dans les films, la norme voulait que l'antipathie règne dans les familles – les garçons redoutaient de rentrer à la maison pour Noël, les filles se disputaient avec leur mère à propos des préparatifs de mariage – mais ce genre de scénario était sans rapport avec ma propre expérience. Je connaissais bien mes parents, ils étaient réels pour moi : le bruit de leur voiture s'arrêtant dans l'allée, l'odeur du dentifrice de ma mère, son peignoir rouge, sa marque de fromage blanc favorite, la façon qu'avait mon père de réciter l'alphabet en rotant ou de porter mes deux frères à la fois, un sous chaque bras, pour grimper l'escalier. Comment aurais-je pu parler d'eux avec désinvolture, parler d'eux tout court, à moins de ne pas penser réellement à eux mais de considérer simplement les mots *ma mère* et *mon père* ?

— Vous savez pourquoi j'aime tant le week-end des parents ? dit Maria. Parce que la nourriture est tellement meilleure. Pas ça… précisa-t-elle en désignant les quelques pâtes abandonnées au fond de son assiette et qui baignaient dans une sauce tomate pleine de flotte. Mais demain le repas va être si bon.

Rufina ricana.

— Alors les parents peuvent dire : « *Ault est aux petits soins pour ses élèves. Je suis si heureux d'y avoir envoyé notre Teddy chéri.* »

Rufina avait adopté un ton pincé et prétentieux en sus de son accent ordinaire, ce qui lui donnait un air gaiement allumé, dépourvu de ce côté acerbe que j'aurais eu si je m'étais avisée de me moquer d'Ault. Elle se tourna vers Maria pour ajouter de sa voix normale :

— Tu crois qu'ils auront encore des brownies ? C'était trop bon.

— On est allées au thé de M. Byden, expliqua Maria.

— Jusqu'à ce qu'on se fasse virer parce qu'on était en jean, précisa Rufina.

Elles se regardèrent et se mirent à rire.

Moi, évidemment, je n'avais pas assisté au thé ; il s'agissait d'accueillir les parents et je n'en avais encore aucun sous la main. Sans être véritablement intime avec Rufina ou Maria, j'avais toujours éprouvé une admiration béate pour leur façon de se moquer de ce que les gens pensaient d'elles. Elles paraissaient ne se sentir ni redevables envers Ault pour ses cadeaux – toutes deux étaient boursières, or une bourse, par définition, n'était-ce pas un cadeau ? – ni tenues de révérer ses usages. Mais elles étaient deux, moi j'étais seule de mon espèce et on ne peut avoir seule un comportement irrévérencieux, pas vraiment. De plus, si moi je pouvais me fondre dans la masse, leur origine ethnique les confinait définitivement à la marge.

— Au fait, reprit Nick, mon frangin vient de m'envoyer un CD des Pink Floyd. Vous voulez venir l'écouter au foyer ?

— Pourquoi pas ? dit Maria.

— Et toi ?

Nick regardait Rufina, et je me demandai pour la première fois s'il était attiré par elle. Il n'avait certainement pas envie de devenir son petit copain – les garçons d'Ault ne sortaient presque jamais avec des filles issues des minorités ; si le cas se présentait, c'était que le gars était un peu barjo et la fille asiatique ou indienne, jamais une Noire ou une Latino de la grande ville, et absolument jamais avec un des « banquiers ». Mais peut-être Nick trouvait-il Rufina jolie, peut-être cela expliquait-il sa présence au réfectoire. Car en vérité c'était un peu étrange de voir Nick Chafee s'attarder avec un groupe de filles telles que nous. Même si ses propres parents n'étaient pas venus, il aurait dû dîner à l'auberge de la Grange Rouge avec les parents d'un ami.

— Tu as envie, *chica* ? questionna Maria en boxant légèrement le bras de Rufina.

— Aïe, fit celle-ci.

Maria la boxa de nouveau.

— Arrête, dit Rufina, ou je te dénonce pour mauvais traitements.

Puis elle se mit à rire très fort, la bouche grande ouverte. La puissance de son rire excédait si bien l'échange qui l'avait déclenché que je compris qu'elle devait être heureuse. Jamais auparavant je ne l'avais considérée comme telle et, sur le coup, je ne sus trop s'il s'agissait d'un état temporaire ou permanent. Je me demandai si elle aimait Ault. Ses doléances mises à part, avait-elle le sentiment de faire corps avec l'école, d'y être à sa place ? Un souvenir de notre première année me revint subitement : j'étais assise à côté d'elle dans le car qui nous ramenait d'un match à l'extérieur. C'était un jour lugubre de début novembre, et comme le score avait été serré – au début de la seconde mi-temps, Ault n'avait qu'un but de retard – l'entraîneur nous avait laissées sur le banc de touche pendant toute la partie. Au début, nous avions échangé quelques mots, encouragé les copines de l'équipe, et parfois on se levait pour faire trois pas ou s'étirer, histoire de rester souples en cas de remplacement, mais il faisait tellement froid qu'on ne tarda pas à se rasseoir pour de bon – Maria était elle aussi sur le banc, ainsi que deux autres filles –, et on demeura ainsi, blotties les unes contre les autres, sans prononcer un mot. Quand la partie s'acheva, je me moquais bien que nous ayons perdu. Une fois dans le car, toujours en tenue, je m'assis près de Rufina, et mon corps parut se dégeler, se dilater. Laissant filer la route, les arbres bruns et nus de chaque côté, l'herbe morte, le ciel presque blanc, j'étais en état de soumission à ce moment, à cette suspension du temps. De retour au campus, en revanche, il me faudrait naviguer du chaos des vestiaires (puisque je n'avais pas joué, il ne semblait pas indispensable de prendre une douche, mais je n'aurais pas voulu qu'on me voie ne pas prendre de douche) au chaos spécifique du dîner, après quoi il faudrait meubler le temps inoccupé au dortoir jusqu'à l'heure du coucher. Ici, il ne s'agissait pas d'un intervalle où je risquais de m'égarer mentalement dans la mesure où je me trouvais là où j'étais censée être, dans la mesure où quelque chose, ne fût-ce que notre simple retour au campus, était en train de s'accomplir, et tout ce que j'avais à faire était d'attendre ; dans ma chambre, j'étais responsable de moi-même, les choix m'incombaient. Je laissai ma tête aller contre le siège, prêtai l'oreille aux sons du car : le grésillement intermittent de la CB du chauffeur, les voix de quelques filles qui ne dormaient ni ne lisaient, une mélodie étouffée, non identifiable, qui sortait d'un baladeur. Le car paraissait le meilleur endroit où me trouver à ce moment-là – pas un lieu génial, je n'y prenais aucun plaisir, mais j'aurais eu du mal à en nommer un autre. Et puis à côté de moi, je sentis une secousse, et en tournant la tête je m'aperçus que Rufina pleurait, très doucement. Elle regardait par la fenêtre et je ne pouvais voir que son profil gauche, rouge et dégoulinant de fard ; à l'époque, lors de ses débuts à Ault, Rufina se maquillait beaucoup, même pour les matches – mascara et eye-liner noirs ou violets. Elle tenait le poing droit serré devant sa bouche et haletait légèrement. Depuis combien de temps pleurait-elle ? Devais-je dire quelque chose ou faire semblant de n'avoir rien remarqué ?

Je tendis le cou de l'autre côté, vers l'allée. Personne d'autre ne soupçonnait ce qui se passait. J'entendis Rufina renifler, et, avant même d'en avoir pris consciemment la décision, je posai la main sur son avant-bras.

— Tu veux que j'aille chercher Mlle Barrett ?

Elle secoua la tête.

— Tu veux un mouchoir ?

Il s'agissait en fait d'une serviette en papier, que je sortis de mon sac posé à mes pieds ; comme je l'avais utilisée pour manger un sandwich à la dinde durant le trajet aller, elle était maculée de quelques miettes et d'une tache de moutarde.

Rufina ôta son poing de devant sa bouche, déglutit, se tourna vers moi et tendit sa main paume ouverte. Quand nos regards se croisèrent, le sien avait une expression si malheureuse que je regrettai que la serviette en papier ne soit pas nickel. Après s'être mouchée, elle tourna de nouveau les yeux vers la fenêtre. Nous longions un bosquet d'arbres à feuilles persistantes, ombreux à l'approche du crépuscule, quand elle dit :

— Je voudrais juste savoir si ce sera toujours comme ça.

Je ne m'étais pas attendue à ça. D'abord, je ne m'attendais pas à cette voix contenue, maîtrisée, surtout j'aurais cru qu'elle serait plus précise à propos de ce qui la chagrinait : *Mon copain me manque* (on racontait qu'elle sortait avec quelqu'un chez elle à San Diego, un type plus âgé qui était dans l'armée), ou *C'est dingue que Mlle Barrett ne nous ait pas laissées jouer*. Que pouvais-je lui répondre ? Soit je n'avais pas la moindre idée de ce dont elle parlait, soit je comprenais. Les deux hypothèses bien considérées, je souhaitais que la seconde fût la bonne, sauf que si je posais une autre question ce serait prouver le contraire ; que je pousse Rufina à s'expliquer, même un peu, et je lui signifierais que je n'avais rien compris du tout.

Je pris une inspiration.

— Non, dis-je. Je ne pense pas.

J'attendis de voir si l'une de nous ajouterait quelque chose. Elle continuait de regarder par la fenêtre, je l'imitai et m'aperçus qu'il s'était mis à neiger.

Deux années avaient passé, Rufina ne se maquillait quasiment plus, ne s'attachait plus les cheveux en une longue queue-de-cheval comme à l'époque mais les gardait libres, parlait souvent et sans la moindre gêne, même devant des gars comme Nick. Je me demandai si j'avais changé moi aussi depuis notre année de troisième. Certainement pas de manière aussi favorable – j'étais moins naïve, un peu moins angoissée, mais j'étais également plus grosse, j'avais pris cinq kilos en deux ans, et puis mon identité semblait établie une bonne fois pour toutes. Si auparavant, je m'étais imaginé que je pouvais passer pour étrange et rêveuse, celle qui reste solitaire par choix, désormais je n'étais qu'une fille à l'allure ordinaire qui passait la majeure partie du temps avec sa copine de chambre – d'allure tout aussi ordinaire –, ne sortait avec aucun garçon, n'excellait ni dans les sports ni dans les matières générales, ne se livrait à aucune activité prohibée telle que fumer ou faire le mur la nuit. À présent, donc, j'étais moyenne et Rufina était heureuse. Sexy aussi – soit elle n'avait pas toujours été aussi bien roulée et dotée de cette peau dorée, soit je n'avais pas remarqué. Avait-elle l'impression de perdre son temps à Ault, d'être coincée au fin fond du Massachusetts pendant ses plus belles années ? Je me posais la question.

— Tu devrais venir l'écouter, insista Nick à son adresse. Venez donc aussi, les filles, ajouta-t-il pour Sin-Jun et moi.

— On n'a rien de mieux à faire, dit Maria à Rufina.

— J'ai du travail, rétorqua Rufina.

La situation ne manquait pas de piquant – que Nick ait l'air de courir après Rufina et qu'elle le repousse. Excepté qu'il ne la poursuivait pas *réellement* de ses assiduités, je le savais.

— Moi aussi, dis-je en me levant.

Nick avait beau se montrer sympa, je n'imaginais pas qu'il souhaite vraiment ma présence au foyer.

— Amusez-vous bien, continuai-je d'un ton que j'espérais chaleureux.

Je me demande aujourd'hui où j'avais pêché l'idée que pour participer à une petite réunion, il faut que les autres personnes désirent vraiment, vraiment, votre présence, et qu'une absence d'enthousiasme forcené de leur part signifie qu'on souhaite vous évincer. Et où avais-je pris l'idée qu'être gênante était gravissime ? Je pense parfois à toutes les occasions que je n'ai pas saisies – aller chez la manucure en ville, regarder la télévision dans un autre dortoir, sortir pour une bataille de boules de neige –, et à la façon dont le refus devint chez moi une habitude, si bien qu'un acquiescement à me joindre à un groupe m'aurait paru trop ostentatoire. Un jour, en seconde, j'étais à table au déjeuner quand Dede avait entrepris d'organiser une sortie au restaurant avant la soirée dansante du printemps. Elle faisait le tour de la table, nous désignant les uns après les autres pour compter les participants. En arrivant à moi, elle avait dit :

— D'accord, pas toi puisque tu ne vas jamais aux boums.

C'était la vérité, pourtant je serais volontiers sortie au restaurant, j'aurais mis une robe, pris le car, me serais assise avec mes camarades à une grande table ronde dans une salle immense, une grande serviette de table rouge sur les genoux, j'aurais bu un Sprite avec une paille, mangé des petits pains chauds et du rôti de bœuf et du dessert ; tout ça aurait été jouable. Mais du moment que Dede m'avait écartée, comment expliquer ça ?

Et il y avait autre chose, une autre raison à mon refus d'aller au foyer avec Nick. Je croyais à l'époque que si on avait passé un moment agréable avec quelqu'un, mieux valait ne pas revoir cette personne pendant le plus longtemps possible, de crainte de gâcher la rencontre précédente. Prenons un exemple : on est mercredi, une conférence se tient après le dîner, et toi et ta copine de chambre, vous vous retrouvez à tenir une conversation étonnamment plaisante avec les garçons assis à côté de vous. Disons que la conférence est tellement rasoir que vous ne cessez de chuchoter et de vous faire des grimaces, puis ça se termine et tout le monde sort. Ensuite, quarante minutes plus tard, tu te retrouves, seule à présent, sans ta copine qui fait tampon, près du fichier dans la bibliothèque, et passe l'un des garçons, lui aussi sans son copain… et là, que faut-il faire ? Montrer qu'on se reconnaît en faisant un signe de tête serait inamical, comme une confirmation de l'anomalie que fut votre échange durant la conférence, et vous vous êtes déjà réfugiés dans vos rôles habituels. Mais il serait pire de s'arrêter pour parler.

Vous vous sentiriez obligés d'essayer de raviver votre gaieté, alors qu'il n'y a plus de conférencier dont se moquer, il n'y a plus que vous deux et vos grands sourires crispés, cherchant chacun de votre côté la plaisanterie qui conclurait la conversation de façon satisfaisante. Et si vous devez vous retrouver *une fois encore* nez à nez entre les rayonnages ? L'horreur !

Cette anxiété faisait que je passais beaucoup de temps à me cacher, en général dans ma chambre, après tout échange agréable avec une autre personne. Et cette anxiété obéissait à des règles, quasi mathématiques par leur cohérence : moins tu connais la personne, plus forte sera la pression la fois suivante, avec obligation de se montrer intéressante, voire charmante, si tu penses l'avoir été la première fois ; bref, il s'agit de confirmer. Aussi : plus le temps est court entre la première et la deuxième rencontre, plus forte est la pression ; d'où le supplice conférence-suivie-de-bibliothèque. Enfin : plus la rencontre originelle a été chouette, plus forte est la pression. Souvent, mon anxiété s'installait avant même la fin de la rencontre – j'avais envie que ça s'arrête tant que nous nous aimions encore bien, avant que les choses changent.

Quand je quittai la table, Rufina me lança :

— Passe un bon moment avec tes parents.

Mes parents… je les avais oubliés. Gagnant la cuisine pour y déposer mon assiette et mes couverts, je sentis mon ventre se nouer. Depuis qu'ils avaient décidé de venir, j'avais souvent imaginé leur visite, songé à ce que je voulais leur montrer du campus, or maintenant qu'ils étaient presque là, leur arrivée imminente me faisait l'effet d'une interruption, et même d'une intrusion. Il ne me déplaisait en rien de passer du temps avec eux, mais n'avais-je pas fini par être à l'aise à Ault, les repas comme ce soir n'étaient-ils pas la preuve que je me sentais de plus en plus à ma place ? J'étais entrée seule dans le réfectoire, et ensuite, malgré la présence de Nick, j'avais participé à la conversation, mangé des spaghettis – pendant toute ma première année à Ault, je n'avais pas osé manger des pâtes en public ; n'étaient-ce pas là des signes de progrès ? L'idée me traversa soudain que mes parents puissent être déroutés par cette version aultienne de ma personne, pour qui manger des spaghettis requérait de l'audace. En sixième, à South Bend, j'avais gagné le premier prix au concours des mangeurs de tarte lors de la fête de l'école organisée pendant le carnaval. J'avais englouti la tarte sans y mettre les mains, raflé un trophée en plastique doré en forme de vase avec des poignées, vomi dans une poubelle, et foncé direct au Grand U pour m'installer avec ma copine Kelli Robard dans un compartiment grillagé qui tournoyait et nous secouait. J'avais changé depuis. J'étais différente. Et quoi que mes parents puissent penser, cette personnalité-là – celle d'Ault – était désormais la vraie.

Dehors, il faisait noir et froid. Les étoiles étaient d'une pâleur étincelante, et la lune, presque pleine, brillait. Il était prévu un temps de fin octobre idéal pour les deux jours à venir, ensoleillé sans être trop chaud, et partout sur le campus les feuilles avaient viré à l'or et au rouge. Les deux années précédentes, le temps avait été parfait pour le week-end des parents, ce qui n'avait rien de surprenant : Ault me faisait souvent l'effet d'une personne qui obtient toujours ce qu'elle désire.

Cette bonne fortune institutionnelle ne m'indignait pas – au contraire, j'étais reconnaissante d'y être intégrée. Même si personnellement je n'obtenais pas toujours ce que je voulais, je faisais néanmoins partie de la sphère privilégiée d'Ault ; je parlais son langage à présent, je connaissais ses signes de reconnaissance secrets. Mon sentiment d'appartenance n'avait peut-être jamais été aussi aigu que ce soir, et j'ignore si j'en eus conscience sur le moment – plus tard, ce fut évident –, en tout cas il ne s'agissait nullement d'une coïncidence. C'était parce que mes parents arrivaient et que je savais qu'ils ne seraient pas à leur place. Je pense que souvent les choses ne transparaissent que par le contraste : c'est seulement quand on est malade qu'on se demande pourquoi, pendant des mois et des mois de pleine forme, on ne s'est jamais réjoui d'être en bonne santé.

J'étais assise devant le bâtiment scolaire, sur les marches en pierre de l'entrée nord, car mes parents devaient arriver par la porte située à une cinquantaine de mètres. Vers neuf heures, avaient-ils dit. À six heures du matin, alors que j'étais encore au lit, le téléphone de la cabine de la salle commune avait sonné et je m'étais précipitée pour répondre, sachant qu'aucun autre parent n'appellerait si tôt. Ils venaient juste de passer Pittsfield, État de New York, annonça ma mère, mon père prenait un café, et ils avaient tellement hâte de me voir.

J'avais mis une jupe plissée mi-longue en coton ocre, à travers laquelle je sentais le froid des marches, un chandail en laine bleu marine, des chaussures basses sans collants, et je lisais mon livre de physique, du moins l'avais-je sur les genoux. Les cours du samedi matin avaient été annulés et quasiment tout le monde dormait encore. C'était un matin frais et ensoleillé, de la pelouse circulaire s'élevait une petite brume qu'on retrouvait, au-delà des bâtiments, sur les terrains de sport. Je pensais à ce que j'aurais pu faire pour occuper ma journée si mes parents n'étaient pas venus – aller courir, ou pique-niquer. (Certes, ces hypothèses dénotaient un rien de fourberie. Je n'aimais guère courir, et n'avais jamais fait de pique-nique – sérieusement, j'aurais filé en ville pour m'acheter une baguette ?)

Je m'efforçais de penser à ce que mes parents attendaient de ce week-end. J'avais prévu de leur faire faire le tour du campus, et je savais que ma mère serait contente de rencontrer Martha. Pour mon père, c'était plus délicat. Il paraissait plus facile d'entrer dans son monde – s'attarder dans son magasin, l'aider à ratisser le jardin le soir, lui apporter une bière fraîche pendant qu'il regardait le match (durant des années, mon frère Joseph et moi nous étions disputés pour ouvrir la bouteille) – que d'espérer qu'il entrerait dans le mien. Pendant l'année scolaire, nous ne communiquions guère, que ce soit par téléphone ou par courrier. Il ne m'avait écrit qu'une seule fois depuis que j'étais à Ault, trois fois si on comptait les cartes de Pâques que toute la famille signait, alors que ma mère m'écrivait tous les quinze jours ou à peu près. Ses lettres étaient pleines de nouvelles et assommantes à la fois : *Vu Mme Nielsen et Bree au centre commercial la semaine dernière, elles m'ont demandé comment tu allais. Bree a un prof de maths du nom de Pertoski (ortho ?) qui est très sévère, je lui ai dit que je ne pensais pas que tu l'avais eu.* En général, après avoir identifié l'enveloppe dans ma boîte à lettres, je ne l'ouvrais pas immédiatement ; parfois, même, j'en exhumais une de mon sac à dos après l'avoir trimballée pendant trois ou quatre jours. Quand je les ouvrais, néanmoins, j'en lisais chaque mot, et les conservais toutes ; ça semblait méchant, ça m'aurait fait de la peine de mettre à la poubelle un morceau de papier portant l'écriture de ma mère.

Quant aux lettres que j'envoyais à mes parents et à nombre de commentaires que je faisais au téléphone... ce n'étaient que des mensonges. Après tout, c'était moi qui avais voulu venir à Ault. J'avais rempli mon dossier grâce à la vieille machine à écrire de ma mère, et seuls les formulaires de demande d'aide financière avaient requis le concours de mes parents. Ensuite, quand non seulement je m'étais retrouvée admise dans plusieurs écoles mais m'étais vu attribuer des bourses, la plus importante émanant d'Ault, je n'avais eu d'autre choix que d'y aller. Pourquoi me serais-je donné tout ce mal si je n'avais pas l'intention de partir ? Il n'en restait pas moins que mes parents considéraient cette histoire d'internat privé davantage comme une « occasion » que comme un bon point pour ma scolarité. En conséquence, je ne pouvais leur exprimer ma tristesse ou mes désillusions – ni au début, quand elles étaient les plus vives, ni par la suite, quand elles étaient diluées dans le quotidien. Même en pensant que je me plaisais à Ault, mon père me répétait régulièrement : « Pourquoi tu ne reviens pas à la maison pour finir ta scolarité à Marvin Thompson ? » Ou, après que je lui eus mentionné l'un des sobriquets d'Ault : « Tu n'en as pas marre de ces trous du culte ? » Et peut-être n'étais-je pas si malheureuse que ça puisque je tenais tant à rester.

À neuf heures moins dix, l'idée m'effleura que mes parents risquaient de louper l'entrée et de se rendre à l'autre, suite à quoi ils se mettraient à errer sur le campus à ma recherche. Dans mon esprit, ils étaient un peu comme Hansel et Gretel perdus dans la forêt, et il semblait nécessaire que je vole à leur secours. Je dévalai donc les marches et empruntai l'allée qui conduisait à l'autre porte. Cette fois, je m'installai à l'extérieur, là où j'étais certaine de ne pas les manquer. À moins bien sûr, qu'ils soient déjà arrivés, aient tourné en rond et soient, en ce moment même, en train de frapper à la porte d'un dortoir de garçons.

Durant plusieurs minutes, je restai appuyée contre une colonne de brique surmontée d'une boule en béton. Mon esprit avait dérivé ailleurs quand j'entendis un coup de klaxon. Ils se trouvaient à dix mètres, à cinq, puis ils furent auprès de moi dans leur – notre – Datsun poussiéreuse. Ma mère baissa la vitre du côté du passager, depuis sa place mon père cria « Ohé, ohé ! », et ma mère, avec un sourire démesuré, lança tête et bras dehors, et je m'avançai, et plongeai vers elle, et comme on s'embrassait, je me sentis godiche, nos visages écrasés l'un sur l'autre, ma pommette repoussant ses grandes lunettes en plastique, avant que je me souvienne qu'il s'agissait de ma famille et que les critères ordinaires de la maladresse ne s'appliquaient donc pas.

— Tu es superbe, Lee, dit ma mère.

Et mon père, souriant :

— Elle ne m'a pas l'air si bien que ça.

Ma mère encore :

— Oh, Terry !

Une Saab gris métallisé freina derrière la voiture de mes parents et demeura là, sans klaxonner.

— Il faut que vous bougiez, dis-je. Attendez, je monte.

J'ouvris la portière arrière. À l'intérieur, ça sentait le renfermé et l'aigre, une odeur de voyage en voiture. Un emballage de Burger King traînait sur la banquette et plusieurs boîtes de soda roulaient par terre. Je ne pus éviter la comparaison entre ça et le genre de provisions que transportaient les parents de Martha lorsqu'ils venaient du Vermont : soupe de légumes dans des bouteilles thermos, pain complet, et salade de fruits frais qu'ils dégustaient avec les petites cuillères en argent apportées de la maison. Derrière la banquette étaient calées les valises de mes parents, deux grands parallélépipèdes en similicuir bleu pâle. Plus jeunes, Joseph et moi avions joué à nous faire des nids dans ces valises, je m'en souvins brusquement, en tapissant l'intérieur de couvertures, en nous installant dedans puis en abaissant le couvercle sur nous comme un toit que nous relevions avec la tête. Ce souvenir provoqua chez moi une étrange lassitude – tout ce qui concernait mes parents, jusqu'à leurs bagages, me rappelait quelque chose ou me mettait dans un état particulier.

Mon père accéléra et nous franchîmes les portes d'Ault. Cela faisait plus de deux ans qu'il m'avait conduite ici pour mon entrée en troisième. Il entreprit de tourner à gauche, comme la fois précédente, et je dis :

— À droite, papa. Il y a un parking derrière le réfectoire.

En fait, il y en avait un autre sur la gauche, derrière le bâtiment scolaire mais, les piétons y étant plus nombreux, davantage d'élèves risquaient d'apercevoir la bagnole pourrie de mes parents. J'avais souffert à l'avance de ma gêne vis-à-vis de cette voiture, je devais vivre avec mais ne l'assumais pas.

— Chérie, lequel est ton dortoir ? questionna ma mère.

— On ne le voit pas d'ici. C'est de l'autre côté du passage voûté.

— Tout est si beau…

Elle se retourna pour me sourire, et je compris que son commentaire avait valeur de compliment qui m'était personnellement adressé, comme si j'étais pour quelque chose dans l'apparence d'Ault.

— Là, tourne encore à droite.

Vu l'heure matinale, beaucoup de places étaient libres sur le parking. Mon père coupa le moteur. Il regarda ma mère puis moi.

— On reste dans l'auto, histoire de voir si nos culs sont définitivement collés aux sièges ?

Normalement, j'aurais dû rire – en général, mon père me faisait beaucoup rire – mais je m'empressai de rétorquer :

— Je vous remercie d'être venus. D'être venus de si loin.

— Nous en avions envie, ma chérie, dit ma mère tandis que nous descendions de voiture. Ne fais pas attention à ton père. Pour commencer, il faut que j'aille aux toilettes, ensuite tu nous montreras tout.

On entra dans le réfectoire par-derrière et je les conduisis aux toilettes. Devant le W-C dames, j'éprouvai de nouveau un sentiment de malaise à l'idée d'en laisser un tout seul, même brièvement. Il était plus sage de rester avec mon père dans le couloir, dans la mesure où il était le plus susceptible de se retrouver dans une situation délicate – il pouvait même provoquer les ennuis alors que ma mère saurait plus ou moins bien les contourner – mais j'avais envie d'aller aux toilettes, moi aussi. Et, franchement, n'étais-je pas ridicule ? Je suivis ma mère et entrai dans le W-C voisin du sien. Tandis que je disposais du papier sur le siège, elle lâcha un long pet gémissant et commença à faire pipi.

— Lee, est-ce que nous allons voir Martha ? demanda-t-elle depuis son box.

— Je pensais vous faire faire le tour du campus, ensuite on peut passer au dortoir. Puis à midi il y a le déjeuner, et mon match de foot est à deux heures.

— Redis-moi contre qui vous jouez.

— Gardiner.

— C'est un nom, ça ? Ça veut dire quelque chose ?

— Je n'en ai pas la moindre idée, maman. C'est juste le nom d'une école dans le New Hampshire.

Comme elle se taisait, j'eus un peu honte et m'empressai d'ajouter :

— C'est sûrement un nom de famille.

Elle tira la chasse – bavarder avec elle exigeait une telle attention que je n'avais pas encore commencé à uriner. Je l'entendis se laver les mains, puis elle lança :

— Je vais retrouver papa, chérie.

Peut-être elle aussi s'inquiétait-elle de le savoir seul.

Quand je ressortis, tous deux contemplaient les dessins au pastel accrochés au mur.

— Y en a-t-il un de toi ? s'enquit ma mère. Tu t'es lavé les mains, chérie ?

— Évidemment.

— Ta mère craint que tu attrapes les microbes wasp, dit mon père.

C'était une blague familière. À la maison, au retour de la messe, ma mère nous ordonnait de nous laver les mains à mes frères et moi, et mon père disait : « Votre mère craint que vous attrapiez les microbes catholiques » – mais cette nouvelle version me surprit ; j'étais étonnée que mon père sache ce qu'était un wasp[1].

1. Acronyme (*White Anglo-Saxon Protestant*) désignant les Américains blancs, anglo-saxons et protestants, considérés comme l'élite du pays ; le nom commun *wasp* signifie « guêpe ». (*N.d.T.*)

— Oh, arrête, Terry, fit ma mère.

Je me demandai si elle le savait, elle aussi.

— Je n'ai fait aucun de ces dessins, dis-je. Je n'ai pas pris de cours d'arts plastiques ce semestre.

(Mes parents n'étaient pas du genre – contrairement à la mère de Conchita Maxwell – à savoir quelles options j'avais choisies, comment j'organisais mon temps.)

— Venez voir où nous mangeons. C'est par ici.

Ils me suivirent dans le réfectoire proprement dit. Hautes de près de cinq mètres dans cette salle, les fenêtres atteignaient presque le plafond, et le soleil pénétrait par toutes les vitres orientées à l'est. Côté sud, deux marches conduisaient à une estrade sur laquelle était disposée une très longue table – là mangeait le directeur à l'occasion des dîners officiels, les autres jours elle était réservée aux terminales ; derrière la table étaient accrochées les armoiries de l'école, grandes comme un canot à rames. Des panneaux de marbre blanc couvraient quasiment le reste du mur, sur lesquels étaient inscrits les noms de tous les délégués de terminale depuis 1882. Si dans l'entrée principale de l'école, les boiseries portaient le nom de tous les élèves de l'établissement, cette liste-là était particulière ; les noms y étaient moins nombreux, et surtout gravés et dorés. Toutes les tables étaient déjà dressées pour le déjeuner, et le personnel achevait de disposer les serviettes en éventail. Je tournai les talons.

— Je vais vous montrer la chapelle.

Aucun de mes parents ne bougea.

— C'est comme sur nos verres, souffla ma mère en désignant le mur derrière la table du directeur.

— Oui, le blason de l'école.

Le Noël de ma première année à Ault, j'avais offert à mes parents quatre verres à whisky achetés au magasin de l'école. Ma mère les mettait pour le dîner quand j'étais à la maison – comme nous étions cinq, l'un de nous avait toujours un verre différent – mais je doutais qu'ils s'en servent en mon absence.

— Et qu'est-ce qu'il y a d'autre sur ce mur ?

— Les listes des délégués. Le nom de chaque personne qui a été délégué pendant son année de terminale.

— On peut aller voir ?

Je scrutai ma mère.

— Aucun de ces noms ne te dira rien.

— Et alors ? fit mon père.

On se mesura du regard.

— Je n'ai pas dit que vous ne pouviez pas, repris-je. Mais je ne vois pas l'intérêt.

Mon père continuait de me fixer.

— Très bien, dis-je.

J'entrepris de traverser la salle, tous deux sur mes pas.

Évidemment, et j'aurais dû m'en douter, ils reconnurent certains noms. Trois exactement : un élève des années trente qui avait fini vice-président des États-Unis, un des années cinquante qui était devenu directeur de la CIA, et, à la fin des années soixante-dix, un acteur de cinéma. Je leur avais déjà parlé de ces anciens élèves, et d'autres aussi, pas nécessairement des délégués de terminale, qui avaient mené une brillante carrière ; pour les gens extérieurs à l'école, c'était l'existence d'élèves devenus célèbres – et non la moyenne des notes de l'étudiant moyen – qui semblait faire la valeur d'Ault. À la maison, si les amis de mes parents savaient une chose à propos de l'institution où je suivais ma scolarité, ce n'était pas où elle se trouvait ni même comment elle s'appelait ; c'était le nom des célébrités qui en étaient sorties avant moi.

Nous restions là tous trois, près de la table du directeur, à nous tordre le cou.

— Il y a une fille ici dont le père est sénateur, dis-je.

Je ne sus pas trop pourquoi je révélai ce détail – peut-être parce que ça les intéresserait et parce que je savais que je n'avais pas été très agréable.

— C'est quoi, son nom ? questionna mon père.

— Tunniff. Elle est de l'Oregon.

— Je veux bien rencontrer un sénateur ce week-end.

Je tournai vivement la tête vers lui, mais il continua à promener les yeux sur les hauteurs du mur, avec une expression placide bien qu'il sentît certainement mon regard. Il était impossible de savoir s'il plaisantait – s'il avait dit ça en sachant que ça allait m'ennuyer ou en toute innocence.

— Allons-y, si vous voulez voir tout le campus, dis-je.

La chapelle était déserte hormis la présence d'un organiste. Dans la nef, on contempla la voûte qui culminait à une trentaine de mètres – trente et un exactement – et mon père dit : « Je veux bien être pendu. » À voir leur air ahuri, je songeai soudain qu'ils ressemblaient moins à des personnages de conte qu'à des touristes visitant l'Europe. (Certes, je n'étais moi-même jamais allée en Europe, mais Ault savait vous familiariser avec l'aspect tocard de certains phénomènes, quand bien même vous n'étiez pas familier du phénomène lui-même – touristes européens, groupes chantant a cappella, femmes juives d'âge mur à la voix rauque, survêtements brillants et longs ongles peints.)

— C'est ici que tu pries pour tes péchés, Linotte ? s'enquit mon père.

— Où je prie pour les tiens, répondis-je. Moi, je ne commets pas de péchés.

Il sourit, et moi-même je sentis un sourire naître sur mes lèvres.

— Et maman ? questionna-t-il.

— Elle ne pèche pas non plus, fis-je.

Et ma mère, simultanément :

— Je ne pèche pas.

— Tu vois, si on est deux à le dire, c'est que ça doit être vrai.

— *Au contraire*, rétorqua mon père, recourant subitement à une expression française. Si ce qui s'est passé ce matin entre ta mère et Burger King n'était pas de la gloutonnerie, je ne suis pas le père de mes enfants.

— Terry, je n'ai même pas mangé le dernier pancake, protesta ma mère.

— Tu vois, papa, il semble que tu ne sois effectivement pas le père de tes enfants.

— Et d'où tu crois sortir, toi ?

— Nous savons tous, dis-je en baissant la voix, que mon véritable père est M. Tonelli.

— Oh ! s'offusqua ma mère. Vous êtes dégoûtants, tous les deux.

Âgé de plus de quatre-vingts ans, M. Tonelli habitait une maison derrière celle de mes parents ; son épouse était décédée depuis quelques années mais, même du vivant de la dame, nous étions tous convaincus qu'il était amoureux de ma mère.

— Tu es au courant de la dernière ? reprit mon père.

Je fis signe que non.

— Ils se sont donné rendez-vous.

— C'est ridicule, soupira ma mère.

S'étant éloignée de quelques pas, elle s'empara d'un livre de cantiques et se mit à le feuilleter.

— Où ça ?

— Demande-lui.

— Où, maman ?

— M. Tonelli ne conduit pas en ce moment à cause de son glaucome, aussi m'a-t-il demandé de l'emmener un soir au Jardin de Setchouan. C'est tout.

— Ce n'est absolument pas tout, trancha mon père, toujours souriant.

— Il y a eu une sorte de malentendu, poursuivit ma mère. Je croyais qu'il voulait emporter son repas, or il s'est avéré qu'il voulait dîner sur place. Je n'ai pas eu d'autre choix que de rester avec lui, et là il a insisté pour que je commande…

— Il a *insisté*, répéta mon père. À la maison, l'époux et les fils de madame lui tiennent son repas au chaud, mais quand M. Tonelli *insiste*…

— J'ai pris un plat de crevettes aux haricots noirs qui était fabuleux, Lee, reprit ma mère. Tu sais que je ne suis pas trop fruits de mer, mais M. Tonelli me l'a conseillé, et c'était tout à fait délicieux.

— Regarde-la qui essaie de changer de sujet, dit mon père.

— Il t'a embrassée pour te dire bonne nuit ? questionnai-je.

— Oh, tu es révoltante ! Pire que papa.

On échangea un sourire moqueur, mon père et moi. C'étaient nos meilleurs moments en famille, quand on se charriait ou qu'on se montrait grossiers. On parlait diarrhée à table ; après avoir mangé de l'ail, mes frères me poursuivaient pour me souffler leur haleine à la figure ; et une fois que Joseph avait été viré du bus pour avoir entonné une chanson parlant du scrotum, mon père avait trouvé ça si amusant qu'il lui avait fait copier les paroles. (*Scrotum : c'est rien qu'une poche en peau/Scrotum : mais ça vous pose un homme...*) À Ault, jamais je n'évoquais ce genre de choses, devant personne à l'exception de Martha. Et dans la famille de Martha, apparemment, on ne parlait pas de ces choses-là. Elle m'avait dit un jour n'avoir jamais entendu sa mère roter. La façon dont on se tenait chez moi paraissait spontanée et inconvenante – une autre version de mon vrai moi, peut-être la plus authentique de toutes, mais que je m'efforçais à tout prix de dissimuler. Quelques mois plus tôt, alors que Martha et moi déjeunions à une table de garçons, ceux-ci s'étaient mis à spéculer sur les raisons pour lesquelles un copain manquait systématiquement le petit déjeuner ; l'un d'eux avait à moitié refermé sa main pour se mettre à l'agiter d'avant en arrière. Un autre, du nom d'Elliot, s'était tourné vers moi pour me demander, d'un ton plutôt amical : « Tu sais ce que ça veut dire, Lee ? » Si je savais ? Il était sérieux ? J'avais grandi dans une maison où mon père criait dans les escaliers, à mes frères de six et treize ans : « Arrêtez de vous branler et descendez dîner ! » Or, quand Elliot m'avait questionnée, j'avais rougi, à croire que même ma physiologie se faisait complice de ma mensongère bienséance.

Mon père claqua des doigts.

— Si on changeait de crémerie ?

Ma mère reposa le livre de cantiques. Au moment de franchir la porte, on tomba nez à nez avec Nancy Daley, une fille de terminale élancée, capitaine des équipes de squash et de tennis, accompagnée de ses parents. On demeura tous les six plantés là jusqu'à ce que je dise :

— Salut. Je te présente mes parents. Maman et papa, voici Nancy Daley.

Ma mère tendit la main.

— Enchantée, Nancy.

Mon père lui serra aussi la main.

Mon cœur battait fort – en vérité, je n'avais jamais parlé avec Nancy auparavant. Vraiment jamais. Je ne l'avais présentée que parce que je ne savais que faire d'autre, parce que soudain, en présence des parents, le protocole d'Ault semblait absurde : que l'on puisse cohabiter durant des années dans une même petite communauté avec des gens dont on pouvait connaître le nom aussi bien que les secrets (en seconde, Nancy avait rejoint Henry Thorpe, alors en terminale, dans une salle de musique, et tandis qu'ils s'envoyaient en l'air, Henry avait ouvert la fenêtre, ramassé de la neige sur le rebord et l'avait étalée sur les seins de sa partenaire), et qu'en dépit de ce savoir, on puisse en se rencontrant sur le campus – c'était même la règle si on n'avait pas réellement fait connaissance – ne pas se parler, ne pas se sourire, peut-être même ne pas croiser le regard de l'autre. Nancy et moi n'aurions pas échangé un mot si nos parents n'avaient été là. Non que cette absurdité me choquât en théorie – j'avais simplement entrevu combien mes parents trouveraient ça étrange, et la panique m'avait saisie. (Mais qui se souciait de ce que mes parents jugeaient étrange ? De quoi avais-je besoin de les convaincre ? C'étaient les gens d'Ault que je désirais convaincre.)

Ma mère en était à serrer les mains des parents de Nancy.

— Linda Fiora, l'entendis-je dire.

— Birdie Daley, répliqua la mère de Nancy.

Et mon père suivit le mouvement.

— D'où êtes-vous ? s'enquit-il.

— De Princeton, répondit la mère de Nancy.

Elle portait une soyeuse jupe bordeaux à motifs cachemire et un pull assorti, M. Daley était en costume.

Mes parents s'étaient habillés plus élégamment que d'ordinaire le samedi, mon père en pantalon et blazer – tous deux kaki mais, dans la mesure où haut et bas ne constituaient pas un costume, il s'agissait certainement d'un impair –, ma mère en col roulé rouge et robe chasuble en velours côtelé grise. Au téléphone, je lui avais expliqué, non sans hésitation, que la plupart des parents se mettaient sur leur trente et un ; j'avais été incapable d'en exiger autant de leur part mais elle avait compris.

— Nous, on est de South Bend, dans l'Indiana, disait mon père. On est arrivés il y a à peine une heure, et sacrément contents d'être rendus.

Les Daley rirent, du moins les parents ; Nancy pour sa part émit un vague sourire.

— Vous êtes également en première ? lui demanda ma mère.

— En terminale, dit Nancy.

— Mince alors, souffla ma mère comme si une élève de terminale était aussi rare qu'une perle noire ou qu'une grenouille arboricole en voie d'extinction.

— Nous devons y aller, dis-je bien fort. À plus tard.

Je ne regardai pas Nancy, espérant qu'ainsi elle comprendrait que je tenais cet échange pour exceptionnel et n'essaierais jamais de lui reparler – que j'étais même prête, pour me faire pardonner ma transgression, à m'écarter de son chemin pour ne surtout pas lui adresser la parole.

— Passez un bon week-end, nous lança M. Daley.

Une fois dehors, je m'aperçus que j'avais agrippé la manche du col roulé de ma mère, afin de l'entraîner. Je la lâchai, scrutai les environs de la pelouse et des autres bâtiments – les promeneurs étaient beaucoup plus nombreux – et alors l'effroi s'empara de moi à la perspective de poursuivre cette visite guidée, sans parler d'arriver au bout du week-end. Ils repartiraient après le brunch le lendemain matin, ce qui ne laissait que vingt-quatre heures à passer, dont une bonne dizaine où ils seraient à leur motel. Donc douze heures. C'était interminable, douze heures ! Si nous quittions le campus, ce serait différent. Pour aller à Boston, par exemple – on s'entendrait bien à Boston, on pourrait visiter l'aquarium, ou faire à pied la Freedom Trail[1], ou aller au restaurant manger de la soupe de palourdes ; je laisserais même ma mère me prendre en photo à l'intérieur, à la table.

Or nous étions à Ault ; mieux valait ne s'occuper que du moment à venir. Tandis que nous nous dirigions vers mon dortoir, ma mère demanda :

— Martha va être là ?

— Normalement.

— Et ses parents aussi ?

— Ils sont venus hier. Ils doivent être à leur hôtel maintenant.

— À quel hôtel sont-ils ?

— Je ne sais pas, dis-je après une hésitation.

— Le père de Martha est médecin, c'est bien ça ?

— Non, avocat.

— Pourquoi je le croyais médecin ?

— Je ne sais pas.

Encore un mensonge. Elle avait confondu avec le père de Dede qui, lui, était médecin.

— N'oublie pas de nous présenter les parents de Martha au déjeuner. Je tiens à les remercier pour leur gentillesse envers toi.

1. Circuit qui relie seize sites historiques majeurs du centre de la ville. (*N.d.T.*)

Je ne répondis pas. Ses questions, ses petits efforts… Ignorait-elle que les gens de la côte est s'en fichaient ? La gentillesse en soi n'était pas une vertu à leurs yeux. Je me rappelai avoir eu une conversation avec elle à ce sujet pendant les vacances de Noël l'année précédente. J'étais assise à la table de la cuisine, en train de lire le journal, et elle debout devant l'évier, avec ses gants en caoutchouc jaune, lavait des casseroles. Elle avait voulu savoir s'il était vrai que les gens du Massachusetts étaient moins aimables qu'on ne l'était par chez nous. Je lui avais répondu qu'il s'agissait d'un stéréotype mais que, comme la plupart des stéréotypes, il contenait une certaine vérité (je citais là, textuellement, des propos récemment entendus dans la bouche d'un gars de terminale, meneur de débats en titre, lors d'un dîner officiel où nous nous étions trouvés à une même table). J'avais ajouté que ça ne me dérangeait pas tant que ça, cette froideur, qu'on finissait par s'y habituer. À l'époque, le sujet abordé m'avait donné l'impression d'être intelligente et adulte, pour une fois qu'on ne parlait pas de la façon dont les Martzer avaient fini par repeindre leur maison, ou comme Bree Nielsen semblait avoir grossi, surtout de la figure – non, on ne bavardait plus, on maniait une idée, un *concept*. En marchant vers le dortoir, je me demandai si ma mère se souvenait de cette conversation.

Je frappai à la porte de notre chambre, au cas où Martha aurait été en train de se changer.

— Entrez, répondit-elle.

Avant que j'aie pu attraper la poignée, ma mère s'était avancée et, les lunettes descendues sur le bout du nez, scrutait par-dessus ses verres les photographies scotchées sur la porte. Elle pointa l'index sur un cliché de Martha et moi côte à côte dans une piscine, agrippées au rebord si bien que seuls nos bras, nos épaules et nos têtes mouillées étaient visibles.

— Où ça a été pris ?

— Chez Martha.

— Tu es allée là-bas à une période où il faisait assez chaud pour se baigner ?

— Juste avant la rentrée de cette année.

— Dis, tu ne portes pas ton maillot rayé ?

— J'en avais emprunté un à Martha.

— Il me semblait bien que ce n'était pas le rayé, mais…

— Vous pouvez entrer, répéta Martha de l'autre côté de la porte.

— Deux secondes, lui répondis-je avant de revenir à ma mère : Tu as d'autres questions ?

Je n'avais même pas été sarcastique, pas complètement, mais, en voyant ses yeux se dilater, je compris que je l'avais blessée.

— Ça doit être chouette d'avoir une piscine, dit mon père.

Exactement comme il avait déclaré qu'il voulait bien rencontrer un sénateur, et je sentis mon irritation envers lui se muer en franche colère.

J'ouvris la porte. Assise sur le futon, Martha était en train de plier du linge avant de le poser sur la malle que nous utilisions comme table ; elle se leva. Mes parents étant derrière moi, je lui adressai une mimique expressive. Son sourire amusé fit place à un sourire de bienvenue destiné à mes parents.

— Quel plaisir de faire enfin votre connaissance ! dit-elle.

Elle leur serra la main, s'enquit de leur voyage et de leurs premières impressions d'Ault.

— C'est tellement joli ! s'exclama ma mère.

Martha acquiesça.

— Parfois, quand je me promène, je pourrais me pincer tellement j'ai du mal à croire à ma chance de vivre dans un endroit si beau.

Était-ce vrai ? J'éprouvais ce sentiment pour ma part, mais Martha était plus habituée que moi aux belles choses. Peut-être voulait-elle se montrer polie – réellement polie, pas au strict minimum comme Nancy Daley.

— Lee nous a raconté que vous aviez été élue à la commission de discipline, dit ma mère. Quel grand honneur !

— Merci, fit Martha.

— Elle n'a pas été élue, précisai-je, c'est le directeur qui l'a désignée.

— C'est ce que je voulais dire, rétorqua ma mère. Je trouve ça formidable. Votre père doit être très fier.

Durant quelques secondes, personne ne parla.

— N'a-t-il pas fait ses études à Ault, lui aussi ? reprit ma mère d'une voix où perçait néanmoins le doute. Je pensais…

— Oui, en effet, fit Martha.

Comment ma mère savait-elle ça, quand le lui avais-je dit ? Et pourquoi éprouvait-elle le besoin de mettre le sujet sur le tapis ? Voilà donc d'où je tenais ma propension à collectionner les informations sur autrui, sauf qu'au moins je me gardais de les mentionner en présence des personnes concernées.

— En fait, c'est drôle, continuait Martha, parce que mon père n'a pas passé de bons moments ici. À l'époque, ce n'était encore qu'une école de garçons, et je suppose qu'on pratiquait beaucoup le bizutage. Quand il a été question que je postule pour un internat, il a été du genre « va où tu veux mais pas à Ault ». Et, évidemment, j'ai fini par choisir Ault.

— Je suis content de savoir que Linotte n'est pas la seule à désobéir à ses parents, commenta mon père.

— « Lee-notte » ? répéta Martha en riant. Ça, tu ne me l'as jamais dit. Je ne peux pas imaginer Lee en fille désobéissante, ajouta-t-elle pour mon père.

— Eh bien, vous manquez d'imagination, Martha.

Là, elle rit franchement. Que Martha apprécie mes parents serait presque pire que le contraire. Le cas échéant, j'attendrais jusqu'à la fin du week-end, chaque fois que nous serions ensemble, que son impression favorable se craquelle. Elle ne devait pas forcément se craqueler, non pas que je pensais du mal de mes parents, mais si l'une de mes camarades les aimait bien, même Martha, ce serait probablement – je m'en rendais bien compte en la voyant leur parler – parce qu'ils semblaient « rafraîchissants », peut-être même « authentiques ». Précisément parce qu'ils étaient un peu négligés, parce que mon père recourait à des expressions pittoresques, parce qu'ils arrivaient de l'Indiana. Or quiconque trouvait mes parents craquants serait déçu. Mon père en particulier avait ses idées et ses goûts bien à lui, il n'avait rien de l'agneau innocent.

— Dites, Martha, demanda ma mère, vous ne jouez pas au foot, n'est-ce pas ?

— Je fais du hockey sur gazon.

— C'est bien ce que je pensais. Vous avez aussi un match cet après-midi ?

— Tout le monde a un match aujourd'hui, fis-je.

— Celui de Martha a lieu en même temps que le tien, Lee ? Parce que, Martha, on adorerait vous voir « en pleine action ».

Là, ma mère dessina des guillemets dans le vide.

— C'est très gentil de votre part, dit Martha.

Il était difficile d'imaginer ses parents proposant d'assister à mon match, et impossible de les imaginer suggérer une chose pareille dix minutes après avoir fait ma connaissance.

— Je joue à deux heures et demie. Et toi, Lee, à quelle heure ?

— Dans les mêmes eaux. Et les terrains sont aux deux extrémités du campus. Désolée, maman, mais tu ne pourras pas voir jouer Martha, sauf si tu préfères assister à son match plutôt qu'au mien.

— C'est une idée, rétorqua mon père.

— Soyez gentil, monsieur Fiora, dit Martha.

Elle avait donc bel et bien décidé de le trouver sympa – il fallait quitter la pièce le plus vite possible.

Perché sur le coin de mon bureau, mon père s'empara d'un magazine féminin.

— Content de voir que tu bosses, Lee. Ah, mais qu'avons-nous là…

Il feuilleta la revue et la leva de façon à ce que nous puissions voir l'intérieur. Un titre en grosses lettres rouges s'étalait sur deux pages : « Oh, *ouiiii* ! Comment atteindre l'orgasme du siècle. »

— Arrête, papa, c'est nul, dis-je. Repose ça.

— Nul ? À qui est ce magazine ?

Il arborait un large sourire et je songeai que le moment était peut-être arrivé où la situation allait se retourner – où mon père se révélerait être un pervers aux yeux de Martha. (Ce n'était pas qu'il était pervers ; simplement, il apparaîtrait comme tel à cet instant précis.)

— Allons voir les salles de cours, dis-je. Venez.

— « Plus vraiment ça au lit, se mit à lire mon père. On est toutes passées par là. D'accord, les premiers mois d'une relation sont merveilleux, mais assez vite… »

— Papa, arrête.

— « … assez vite vous gardez votre pantalon de pyjama au lit, et lui se taille les poils du nez devant vous. Voyons les choses en face… »

— Je m'en vais, dis-je.

J'ouvris grande la porte – je ne pouvais même pas regarder Martha – et j'entendis ma mère intervenir :

— Terry, elle veut nous faire voir le reste de l'école. Martha, vous allez devoir nous excuser…

La porte se referma. Je m'appuyai contre le mur, les bras croisés, et les attendis. Quand ils apparurent, mon père arborait une mine de culpabilité puérile, comme s'il avait fait quelque chose de déplacé mais de charmant. Je tournai les talons et m'éloignai.

— Ben quoi ? fit-il avant de dire à ma mère : Pas de quoi en faire un plat, hein ? Il était à elle, ce magazine.

Je conservai une avance de quelques pas sur eux le temps de descendre l'escalier, de traverser la salle commune et de sortir. Ma mère essayait de me rattraper.

— Martha est délicieuse, commenta-t-elle, encore sur mes talons. Je suis sûre que tu me l'as déjà dit, mais a-t-elle des frères ou des sœurs ?

— Elle a un frère.

— Plus âgé qu'elle ou plus jeune ?

— Maman, qu'est-ce que ça peut faire ?

— Moi, ça m'intéresse, Lee, répliqua ma mère.

Ce à quoi mon père ajouta brutalement :

— Surveille ton langage avec ta mère.

Je lançai un coup d'œil par-dessus mon épaule.

— Et toi, surveille ton langage avec moi.

— Pardon ?

Une quarantaine de mètres plus loin, la terrasse devant le bâtiment scolaire grouillait de monde : des hommes en blazer bleu, une femme en tailleur écossais rose pure laine, une autre coiffée d'un chapeau de paille vert au bord surdimensionné. Il était près de dix heures, le ciel bleu était sans nuages. À cette distance, les voix des autres parents me faisaient l'effet du bourdonnement d'un cocktail.

— Lee ? reprit mon père.

Derrière son ton de colère froide, je perçus – je le connaissais trop bien – une pointe d'excitation. C'était l'un de ses traits de caractère, ne jamais différer quoi que ce soit, ni dans le temps ni dans l'espace. S'expliquer là tout de suite avec moi ? Devant tous ces gens ? Bien sûr. Pas de problème.

— Rien, dis-je.

Il demeura silencieux durant quelques secondes, avant de reprendre sur un ton adouci :

— Rien. Ouais, je l'aurais parié.

Sur la terrasse, mon père alla chercher leurs badges tandis que ma mère et moi restions près de la table des rafraîchissements ; elle avait pris un feuilleté aux fruits et du jus d'orange.

— Tu n'en veux pas ? demanda-t-elle en me proposant sa tasse en plastique pour la troisième fois. Il vient d'être pressé.

— Je t'ai déjà dit que je me suis brossé les dents.

On ne parla guère pendant la visite du bâtiment scolaire – la grande salle avec ses multiples rangées de pupitres, quelques salles de cours, l'auditorium où avaient lieu les conférences (Martin Luther King Junior était venu parler une fois à Ault, événement que les guides étaient censés raconter aux futurs candidats ; en revanche, ils n'étaient pas chargés de préciser qu'à l'époque de la visite de King, l'école ne comptait pas un seul élève noir). Ma mère posait des questions auxquelles je répondais, ni trop brièvement ni longuement. Mon esprit était parti voguer loin du moment présent ; je songeai d'abord au match de foot où je jouerais forcément puisque Mlle Barrett faisait participer tout le monde à l'occasion du week-end des parents ; puis je pensai à Cross Sugarman. Mon penchant pour lui n'avait pas pris fin le soir où j'avais coupé les cheveux à Aspeth. Pendant vingt-quatre heures, j'avais cru que je ne l'aimais plus du tout, puis nous nous étions croisés au réfectoire et, soudain, il m'avait de nouveau plu, autant qu'avant. La veille, je l'avais aperçu avec ses parents. Il portait veston et cravate, et quand nos yeux s'étaient croisés, il avait légèrement relevé le menton en guise de vague salut, ce qu'il ne faisait pas d'habitude. Je m'étais dit que c'était à cause de ses parents, que, d'une certaine façon, leur présence nous rendait plus proches, ou soulignait ce que nous avions en commun – nous étions tous deux élèves à Ault, ce que n'étaient pas ces adultes bien habillés qui fourmillaient sur le campus.

Dans la salle du courrier, mon père demanda :

— C'est donc ici qu'arrivent mes lettres ?

Je compris qu'il m'avait pardonné, ou du moins qu'il voulait faire semblant.

— Je ne sais même plus où les mettre, répliquai-je. Ils vont devoir me donner une seconde boîte aux lettres.

— Tant qu'ils ne te réclament pas plus d'argent…

Enfin, ce fut l'heure du déjeuner. On se pressa de regagner le réfectoire, cette fois pour le trouver comble. M. Byden émit quelques remarques qui firent rire l'assistance, après quoi le révérend Orch bénit le repas, et l'on s'assit. Figuraient au menu poulet rôti, salade de pâtes aux olives noires et aux poivrons rouges, petits pains chauds. À ma gauche comme à ma droite, mes parents se jetèrent sur la nourriture.

— Tu n'as pas faim ? me demanda ma mère.

— Non.

Je goûtai une pâte, molle et huileuse.

Quand nous avions cherché où nous asseoir, nous n'avions pas vu Martha ni ses parents, ce qui était pour moi un soulagement ; j'avais alors repéré quelques chaises vides à une table où se trouvaient deux nouveaux, des maigrichons à lunettes, attablés avec leurs parents. Nous avions ensuite été rejoints par Mme Hopewell, l'une des profs d'arts plastiques, qui avait des cheveux en désordre, des yeux larmoyants, et portait généralement sur ses vêtements une blouse maculée de peinture – pour le déjeuner, elle avait mis une robe en batik ; le bruit courait qu'elle fumait du hasch avec son mari, un charpentier qui n'enseignait pas à Ault et ne participait pas au déjeuner. La présence de Mme Hopewell ne me posait pas de problème, la table entière ne me posait pas de problème – je m'estimais heureuse de me retrouver avec des gens dont l'opinion ne m'importait pas vraiment.

Tandis que mes parents parlaient avec ceux des garçons – ceux-là s'appelaient Cordy et Hans et l'un d'eux, bien que je ne me rappelle pas lequel, était un prodige en maths –, je parcourus la salle des yeux, jusqu'à repérer Cross. Lui et ses parents occupaient une table en compagnie de son camarade de chambre, Devin, des parents de Devin, du révérend Orch et du Dr Stanchak, qui était coordinateur de l'enseignement des lettres classiques.

— Psst, fit mon père en masquant sa bouche derrière sa main légèrement repliée. C'est lui, le sénateur ?

D'un signe de tête, il indiqua la table située à notre droite.

— Le type avec un pif d'alcoolique ?

— Papa, je t'en prie.

Il n'avait pas chuchoté, pas même parlé bas.

Il se mit à rire.

— J'ai mis dans le mille ? Il se tient vraiment comme un homme public.

— Je ne sais pas qui c'est, dis-je. Mais comme Robin Tunniff n'est pas à cette table, je doute que ce soit son père.

— Alors, où est-elle, cette Robin Tunniff ?

Je jetai un œil vers les tables disposées face à la nôtre – les Sugarman et le révérend Orch riaient jovialement – puis je me tournai pour examiner l'autre côté.

— Je ne sais pas, dis-je.

— Tu le jures ?

Je le regardai dans les yeux, car cette fois je pouvais.

— Bien sûr que je le jure.

Mais plus tard, quand on se leva pour aller chercher le dessert à la longue table qui d'habitude supportait le buffet d'entrées et offrait à présent biscuits, brownies et fontaines à café à chaque extrémité, je vis Robin avec, à ses côtés, un homme quelconque dont le trait le plus distinctif était une cravate parsemée de petits drapeaux américains. Nous n'étions que mon père et moi – ma mère avait déclaré forfait après avoir avalé mon assiette de pâtes – et ne pas lui signaler l'individu aurait pu passer pour une attitude hostile. Ce serait ma concession du week-end, le geste qui lui prouverait que je n'étais pas si mauvaise fille que ça.

— P'pa, murmurai-je en le poussant du coude.

Il était en train de verser de la crème dans son café, et quelques gouttes atterrirent dans la soucoupe.

— Oui, j'arrive, dit-il.

— Non, regarde par ici, fis-je. Le truc dont on parlait… le nez d'alcoolique. Mais cette fois le vrai…

Je reportai les yeux sur le père de Robin Tunniff, et mon père suivit mon regard.

— La cravate, ajoutai-je.

— Pigé.

On resta silencieux au milieu du brouhaha, à observer le sénateur Tunniff, et je ressentis un élan d'amour pour mon père. C'était l'une des choses les plus agréables dans la famille, cette façon de se comprendre à demi-mot.

Ensuite, mon père posa tasse et soucoupe et partit à grandes enjambées vers le bout de la table. Je n'eus même pas le temps d'envisager de le rattraper par le pan de sa veste, geste que je n'aurais de toute manière pas osé.

— Oh, mon Dieu, soufflai-je.

Une mère debout à côté de moi me scruta, nos regards se croisèrent, mais elle ne dit pas un mot. Je fis quelques pas puis m'arrêtai à petite distance de mon père.

— ... l'un de vos plus fervents admirateurs, l'entendis-je dire.

Et voilà qu'ils se serraient la main, le sénateur et papa.

Ce dernier me tournant le dos, je ne voyais que le visage du sénateur, et entre eux deux Robin qui assistait à la scène avec un air impassible. L'homme politique se montra affable. Ils s'entretinrent durant une bonne trentaine de secondes, puis se serrèrent de nouveau la main, et mon père plaqua sa paume gauche sur le bras du sénateur. Celui-ci se mit à rire, et, en cet instant précis, je souhaitai n'être jamais venue à Ault, ou être née dans la peau de quelqu'un d'autre, ou au moins pouvoir perdre conscience sur-le-champ, sans me faire remarquer pour autant, surtout pas – genre évanouissement et chute au sol – non, plutôt en disparaissant, tout simplement.

Quand il se détourna du sénateur, mon père faillit me rentrer dedans. Sa mine réjouie, à la limite de la démence, me poussa à me demander si rencontrer cet homme signifiait réellement quelque chose pour lui, s'il n'avait pas tout bonnement essayé de provoquer ma colère ou de me mettre dans l'embarras.

— Brave type, commenta-t-il en pointant le pouce par-dessus son épaule.

Je restai sans voix. Mieux valait retenir ma fureur jusqu'à ce que nous soyons sortis de la cohue.

— Je retourne à la table, finis-je par articuler.

— Attends, j'attrape mon café, et un brownie pour ta mère, tu veux bien ?

— Elle ne veut rien.

— Fais-moi confiance, elle ne boudera pas ce gâteau-là.

Il pouffa de rire, et je songeai qu'il ne me comprenait peut-être pas du tout, que sinon il aurait été penaud. Il aurait agi à dessein mais aurait néanmoins fait semblant de compatir.

Quand on regagna la table, les parents de Cordy étaient sur le départ ; Mme Hopewell et les parents de Hans étaient déjà partis. Je n'aurais su dire si les parents de Cordy avaient attendu notre retour ou s'ils s'en seraient allés de toute façon, laissant ma mère seule à la table, à promener autour d'elle ses yeux écarquillés. À cet instant, je me mis à haïr tout le monde, les élèves indifférents et le corps enseignant, et les parents inconséquents et ma propre famille, tous ceux qui se contentaient de rester superficiels.

Pendant le dessert, le réfectoire se vidait. Mon père brisa un biscuit en deux et plongea une moitié dans son café.

— Raconte à ta mère que je me suis fait un copain.

— Raconte-lui toi-même.

— Qui ? demanda ma mère. De quoi parlez-vous ?

— Papa vient d'aborder le père de Robin.

Ma mère parut ne pas comprendre.

— Tu sais bien, j'ai parlé d'une fille ici dont le père est sénateur ? Eh bien, papa est allé le trouver et s'est mis à lui parler.

— C'est toi qui me l'as montré, argua mon père d'un ton encore tout joyeux.

— Je ne l'aurais pas fait si j'avais su que tu irais l'ennuyer.

— L'ennuyer ? Bon sang, Lee, c'est un homme public. Ça lui plaît de rencontrer des gens.

— Tu n'as aucune idée de ce qui lui plaît ou pas ! m'écriai-je. Tu ne l'as jamais vu avant. Tu n'avais même pas entendu parler de lui. Il vient ici pour passer une week-end tranquille avec sa famille, et toi, il faut que tu lui sautes dessus en faisant semblant…

— Calme-toi, coupa mon père.

Toute gaieté avait disparu de son ton. Il se tourna vers ma mère pour lui dire, comme si je n'étais pas là :

— C'est un gars vraiment franc du collier. Pas un frimeur.

Ma mère acquiesça, et je restai à les regarder, tendue à craquer.

— Tu es fou, articulai-je le plus calmement possible.

Mon père me dévisagea.

— Pardon ?

— Tu es complètement dingue. Tu as parlé deux secondes avec ce type, et tu fais comme si vous étiez de vieux copains. En quoi ça compte pour toi ? Tu crois que ça prouve quelque chose que tu lui aies parlé ?

— Je ne comprends pas où tu veux en venir, rétorqua mon père.

Il plongea sa seconde moitié de biscuit dans son café.

J'allais continuer mais, en l'observant, je sentis toute énergie m'abandonner, j'éprouvai l'envie d'échapper à cette querelle où nous tournions en rond. Il me regardait d'un air interrogateur son biscuit suspendu à quelques centimètres au-dessus de sa tasse, et la partie imbibée de café commençait à se déliter, menaçant de tomber dans le breuvage. Ça paraissait navrant, ça paraissait insupportable que j'en aie conscience et pas lui. Navrant qu'il apprécie le goût d'un biscuit trempé dans le café, que ce soit pour lui une friandise. Ces petites gâteries qu'on s'accorde à soi-même, il n'y a peut-être rien de plus triste.

En fait, je ne le tenais pas réellement pour fou. Mais tant que j'avais le désir de le convaincre qu'il agissait tout comme, ne restions-nous pas confortablement campés dans nos rôles ? Le plus grave aurait été de le reconnaître pour un homme de trente-neuf ans doté de mérites patents aussi bien que de petites manies tout autant établies, et qui menait sa vie comme il l'entendait.

— Je pense seulement…

Mais que pensais-je seulement ?

— C'est comme de demander un autographe à quelqu'un, repris-je d'une voix où ne perçait plus aucune indignation. À quoi ça sert ? Je ne comprends pas pourquoi les gens font ça.

— On le dirait, observa mon père. Tu dois pourtant admettre que beaucoup de gens ne sont pas d'accord avec toi.

— Le fils des Orschmidt a toute une collection d'autographes, dit ma mère. Sharon me racontait que l'été dernier, quand ils sont allés à Los Angeles, il en a eu un de… Lee, tu dois savoir de qui je veux parler, c'est vraiment une grande star. Oh, je ne retiens jamais les noms, n'empêche que Sharon assure que l'acteur leur a parlé comme toi ou moi.

On resta tous les trois silencieux.

— Au fait, fis-je, est-ce que M. Orschmidt porte toujours sa perruque ?

Voilà. J'avais renoncé.

— Ce n'est pas très gentil de parler de lui comme ça, Lee. M. Orschmidt est un homme si sympathique.

— Qu'il porte une perruque ne signifie pas qu'il n'est pas sympathique, rétorquai-je.

— Pour un homme, on dit un postiche, chérie, mais, franchement, je ne pense pas qu'il apprécierait ce genre de discussion. Autrefois, on ne discutait pas comme ça de la vie privée.

— Du temps de ta mère, quand elle était petite et que les dinosaures parcouraient la planète, dit mon père. Pas vrai, Linda ?

Il en allait toujours ainsi : nous traversions la crise, telle une rivière tumultueuse, sur le dos de ma mère.

— Oh, arrête, fit ma mère.

Mais tout allait bien, tout allait bien, nous avions atteint l'autre rive.

Quatre minutes avant la fin de la première mi-temps, Mlle Barrett me fit remplacer Norie Cleehan – j'étais arrière – pour me ressortir du terrain quatre minutes après le début de la seconde mi-temps. Pendant que je jouais, Gardiner avait marqué deux buts.

Je m'assis près de Maria sur le banc.

— Où sont tes parents ? me demanda-t-elle.

Je montrai l'autre côté du terrain. Quelques parents avaient apporté des couvertures ou des fauteuils en toile pliants, mais les miens étaient assis à même le sol. Mon père, probablement, arrachait des brins d'herbe et soufflait dessus afin de produire un sifflement ; c'était un autre de ses tours qui m'avait fortement impressionnée autrefois.

— Waouh, maman et papa Fiora, commenta Maria. Je parie qu'ils sont heureux en ce moment.

— Peut-être.

— *Tellement* heureux. Du genre : « Chéri, as-tu vu Lee affronter le dossard numéro vingt ? Je suis si fière de notre Lee. »

Venant de quelqu'un d'autre, la remarque aurait pu paraître narquoise, mais Maria était encore plus catastrophique que moi au foot. Elle aussi jouait arrière, elle ne se fatiguait pas beaucoup sur le terrain ; parfois, quand l'avant de l'équipe adverse l'avait dépassée, elle arrêtait tout pour observer son approche du but, à croire qu'elle était davantage spectatrice que participante. Mlle Barrett en frôlait l'apoplexie.

— Tes parents t'emmènent dîner dehors ce soir ? questionna Maria.

J'acquiesçai. Quand ma mère avait dit : « Papa et moi voulons que tu choisisses un endroit agréable », j'avais proposé un restaurant chinois car je savais que son idée de l'*agréable* n'aurait pas coïncidé avec, par exemple, l'auberge de la Grange Rouge.

— Ça va te faire du bien de sortir du campus, dit Maria.

— Tu veux venir ? proposai-je.

J'avais parlé avant de réfléchir, peut-être parce que j'avais eu l'impression que Maria me suggérait cette invitation. Également parce que – c'était insultant, et néanmoins vrai – un restaurant chinois lui semblerait agréable à elle aussi.

— D'accord, répondit-elle. Avec Rufina ?

Alors milieu de terrain, Rufina était en train de cavaler sur la pelouse, sa longue queue-de-cheval tressautant derrière elle.

— Oui, bien sûr.

— Eh, regarde, reprit Maria. Ils te font coucou.

En effet, mes parents me faisaient signe. Ils aimeraient Maria et Rufina, me dis-je, ils apprécieraient que j'aie invité des amies, et mon père se sentirait généreux de nous sortir toutes les trois ; mes parents m'avaient toujours encouragée à faire venir des copains à la maison. À mon tour, j'agitai la main à leur intention.

Dans l'après-midi, je les accompagnai à leur motel. Nous avions perdu la partie sept à deux, et j'avais eu l'impression qu'à la fin l'entraîneur de Gardiner avait demandé à son équipe d'arrêter de marquer des points. Ça ne manquait pas de panache, c'était digne d'un pensionnat privé qui se respecte, vu le nombre de parents qui assistaient au match.

Pendant que mon père accomplissait les formalités à la réception, on resta dans la voiture, ma mère et moi. J'avais trouvé ce motel, l'Étape de Raymond, en cherchant dans les Pages jaunes plusieurs semaines auparavant ; la chambre, que la direction ne pouvait garantir non fumeurs, coûtait trente-neuf dollars.

— Tu as joué merveilleusement, dit ma mère.

Assise sur la banquette arrière, je me mis à rire. Je portais encore ma tenue et les cheveux tirés en arrière.

— Quoi ? C'est vrai, reprit ma mère, riant elle aussi. C'est vrai !

— Lequel des deux buts marqués par Gardiner pendant que j'étais sur le terrain as-tu préféré ? Le premier ou le second ?

— Les filles de l'autre équipe étaient sacrément baraquées. Que pouvait faire ma Lee si délicate ?

Il y eut un silence, un silence calme, sans lourdeur ; maintenant que le déjeuner et le match étaient derrière nous, l'avenir se présentait mieux.

— Oh, regarde, fit ma mère en cognant à sa vitre qui était remontée. Comme ils sont jolis !

À quelques mètres, deux merles s'affairaient sur le toit d'un abri.

— On dirait qu'ils donnent une soirée et attendent leurs invités, commenta ma mère.

— Mais ils ont peur que personne ne vienne, ajoutai-je.

— Oh, mais…

Un moineau atterrit alors sur le toit.

— Voilà le premier invité, dit ma mère.

Quelque chose chez les animaux la mettait toujours en joie – on pouvait rouler sur l'autoroute, il suffisait qu'elle aperçoive des vaches ou des chevaux pour qu'elle nous interpelle, mes frères ou moi : « Regardez ! » Elle faisait de même quand nous longions des cours d'eau ou empruntions des ponts, surtout si j'étais en train de lire.

— Lee, on est si contents, papa et moi, de voir Ault…

À cet instant, mon père émergea de la réception. Il avait l'air de siffloter.

— Moi aussi, dis-je.

Quand je frappai à la porte de leur chambre, je découvris Maria et Rufina habillées pour sortir. Rufina avait mis une jupe et un pull ; Maria portait un pantalon noir et un chemisier. Quelques minutes plus tôt, j'avais fini par me changer, sans me doucher, troquant ma tenue de sport contre un jean. J'avais trouvé un mot de Martha dans la chambre : *Mes parents veulent rencontrer les tiens ! Où es-tu ? Appelle-moi ce soir au Sheraton !* Mes parents attendaient dans la voiture, j'avais chiffonné le mot et l'avais jeté.

— Vous vous êtes faites belles, dis-je à Maria et Rufina. Mais on ne va pas…

Peut-être s'étaient-elles imaginé que je les invitais à l'auberge de la Grange Rouge.

— On va juste au Wok Doré. Ça vous va ?

Elles échangèrent un regard.

— Bien sûr, dit Maria. C'est super.

Elles avaient bel et bien cru que nous dînions à l'auberge de la Grange Rouge.

Dans la voiture, ma mère leur demanda d'où elles venaient et si elles se plaisaient à Ault.

— Pas vraiment, dit Rufina, et elle se mit à rire.

— Pourquoi ? questionna ma mère.

— Trop snobinard, répondit Rufina. Un ramassis de poseurs.

Comment pouvait-elle se sentir quitte en émettant la critique la plus prévisible, et comment pouvait-elle se plaindre alors qu'elle était devenue si belle ? (Par la suite, elle intégrerait Dartmouth, et Maria serait admise à Brown. Je l'ignorais à l'époque, bien sûr, mais l'aurais-je su, cela n'aurait fait qu'accroître ma perplexité. Du moment qu'on était belle et qu'on était promise à l'une des plus grandes universités privées du Nord-Est, pourquoi se soucier du reste ?)

— Je suis assez d'accord, dit mon père. J'ai vu un gars aujourd'hui, j'ai pensé : le pauvre, il s'est fait mal au cou. Puis j'ai compris que pas du tout, c'est juste qu'il était ultracoincé.

— Pas marrant, reprit Rufina. Et les mômes sont pires que les parents.

— Rien de tel que d'hériter d'un paquet d'argent pour vous faire croire que vous l'avez vraiment mérité, renchérit mon père.

Je me raidis. Le mot *argent* avait le don de me hérisser. Sans compter que la réflexion profonde de mon père devait sortir tout droit d'un sermon à l'église ou du *Reader's Digest*.

— Exactement, se contenta de dire Rufina.

— Et vous, Maria ? reprit ma mère. Vous appréciez Ault ?

— Il y a du bon et du mauvais, répondit Maria. Ça dépend des jours.

— Vous étiez au déjeuner, toutes les deux ? s'enquit mon père. L'arnaque, leur petit raout, pas vrai ?

Elles explosèrent de rire, moi je regardai par la fenêtre. Pourquoi fallait-il qu'il en fasse tant ? Personne ne demandait ça aux parents.

— C'est quoi, un raout ? interrogea Maria.

— Explique-lui, Linotte.

Dans le rétroviseur, je voyais mon père sourire.

— C'est un genre de réunion mondaine, avec beaucoup de monde, dis-je.

— Le mot est tordant, approuva Rufina. Il faudra que je m'en souvienne.

Comme au restaurant elle choisit des crevettes sauce homard, afin de compenser – même si mon père avait peu de chances de se rendre compte que je compensais –, je demandai du chop suey. Rufina et Maria prirent des sodas, ce qui ne se faisait pas chez nous – au restaurant, nous buvions toujours de l'eau – mais ç'aurait été injuste de leur en tenir rigueur ; on commande des sodas au restaurant presque partout dans le monde. Quand les beignets chinois arrivèrent, on lut ensemble les horoscopes ou les devises qu'ils contenaient : *Vous aimez le sport, les chevaux et les jeux d'argent, mais avec modération. Votre sourire séduisant sera votre plus sûre protection. Vous serez le(la) meilleur(e) !* Le repas n'avait pas été un désastre, tout le monde s'était bien entendu, mais j'avais commis une erreur en les invitant. Il m'avait fallu rester sur le qui-vive.

De retour au campus, alors qu'il était prévu de les déposer avant que je descende à mon tour, Maria sortit de la voiture mais Rufina demeura à sa place.

— C'était un excellent dîner, dit-elle en tapotant son ventre plat.

— Nous avons été très heureux de faire votre connaissance, répliqua ma mère.

Rufina posa les yeux sur moi, puis sur mon père, puis sur ma mère, sur moi à nouveau.

— Vous êtes descendus au Sheraton, je suppose ?

— Au quoi ? demanda mon père.

— Je croyais… Voilà, reprit-elle après un silence, j'ai dit à Nick qu'on se retrouvait là-bas.

Nick ? pensai-je. *Nick Chafee ?* Puis, parce que c'était toujours dans les moments de franche stupeur que je m'efforçais de me montrer le plus à l'aise, je dis :

— On peut t'y conduire. Ce n'est pas là que sont descendus mes parents, mais il n'y a pas de problème.

— Quelqu'un aurait-il la bonté d'éclairer ma lanterne ? dit mon père.

— Rufina a besoin qu'on la dépose à un hôtel, résumai-je avant de revenir à l'intéressée : C'est bon. On t'emmène.

— Minute, dit mon père. De quel hôtel s'agit-il, et qui est ce Nick exactement ?

Rufina voulut répondre mais je la devançai :

— Il faut qu'elle aille au Sheraton, l'hôtel où dorment la plupart des parents. Et Nick est dans notre classe. Tu ne comptes pas dormir dans la même chambre que lui, hein, Rufina ?

Rufina secoua la tête. Elle allait évidemment retrouver Nick dans une chambre.

Mes parents avaient pivoté sur leur siège pour nous regarder, le coude droit de mon père balancé par-dessus son dossier. Maria avait disparu dans l'obscurité.

— Et je devrais avaler ça ? reprit mon père, plus amusé que fâché.

— C'est la vérité, rétorqua Rufina. Je vais rejoindre une bande de copines à moi et à Lee.

— Vous n'avez pas besoin d'une autorisation pour vous absenter du campus ?

— J'ai rempli la demande ce matin dans le bureau du conseiller d'éducation.

— Papa, tu n'es pas son père. Conduis-la là-bas, c'est tout. Ça ne te regarde pas.

— Ça ne me regarde pas ?

Si j'avais été Rufina, c'est à ce moment-là que je serais descendue de voiture. Même si l'enjeu avait été de me faire conduire, je n'aurais pas eu envie d'assister de si près à une dispute familiale. Mais je n'étais pas Rufina – Rufina allait au Sheraton ce soir même, pour se cuiter, probablement, et s'envoyer en l'air avec Nick Chafee. Avec une nuit pareille en perspective, nos chamailleries ne représentaient qu'un léger contretemps. Moi-même qui n'avais jamais couché avec personne, ni bu ni rien, je savais que, quand on tenait à un garçon, les petits tracas du quotidien passaient inaperçus.

Dans les moments pénibles ou angoissants, on se cramponnait à cet espoir de le revoir comme au souvenir d'un bonheur.

— Qui es-tu pour décider de ce qui me regarde ou pas ? dit mon père.

Pas maintenant, pensai-je. Ne comprenait-il pas que la situation n'avait rien à voir avec nous ? Nous n'étions qu'un moyen de transport, destiné à conduire Rufina à travers la nuit jusqu'aux bras du garçon qui l'attendait.

— Terry…

Ma mère secoua légèrement la tête, puis articula silencieusement quelque chose – elle disait : *Plus tard*, je crois. Elle avait compris notre rôle du moment.

— Je peux quand même dire ce que je veux dans ma propre voiture, protesta mon père.

Néanmoins, il embraya, et on prit la route. Je ne sais toujours pas si c'est à moi qu'il accordait tacitement son consentement, à Rufina, ou à ma mère.

— Ça se trouve sur la 90, dis-je quand on arriva sur la route principale. Tu sais comment atteindre la 90 ?

Mon père se tut, mais ma mère répondit :

— Papa le sait, c'est par là qu'on est arrivés.

Ç'aurait pu être pire, pensai-je – si on avait dû s'arrêter à une station-service pour demander notre chemin.

Durant le reste du trajet, soit près de vingt minutes, personne ne parla. Dans l'obscurité de la voiture, avec les ténèbres de la route, nous aurions pu nous trouver ailleurs que dans le Massachusetts – n'importe où ailleurs. Mon père, ma mère, moi et cette étrange et jolie fille assise à côté sur la banquette – pendant une minute, je ne me rappelai plus son nom. Que faisait-elle avec nous ? Je concevais de me retrouver dans une même voiture avec mes géniteurs, mais cette curieuse présence me laissait perplexe.

Puis mon sentiment de confusion se dissipa. (*Rufina* – bien sûr.) Donc Nick et elle étaient amoureux ; à présent, il me paraissait ridicule de ne pas l'avoir compris plus tôt. La beauté, apparemment, transcendait les clivages raciaux. Ou m'étais-je trompée dans mes constatations sur les relations entre amour et origines ethniques à Ault ? Ou avais-je raison globalement, mais, comme partout, l'exception confirmait la règle. Parfois – plutôt souvent que rarement, quoiqu'il m'ait fallu vieillir de plusieurs années pour que ce fait cesse de me surprendre – les choses étaient ce qu'elles semblaient être. Un garçon et un fille flirtaient, et par la suite ils sortaient ensemble – il n'y avait que moi pour rester ébahie devant ce genre de phénomène.

Quand on eut déposé Rufina, on la vit franchir la grande double porte vitrée au-delà de laquelle on distinguait une moquette vieux rose, une table avec un vase gigantesque contenant des dizaines de fleurs, un lustre au-dessus du bouquet. On repartit, et personne ne prononça un mot durant le trajet de retour.

Dans l'allée du campus, mon père coupa le moteur mais laissa les phares allumés. Il était presque onze heures, l'heure du couvre-feu le samedi, alors que seule une poignée d'élèves dormirait ce soir dans les dortoirs.

Mon père referma les mains sur le haut du volant.

— Je ne… commença-t-il.

Sa voix était sortie comme un grincement à force de tout ce silence. Il s'éclaircit la gorge avant de reprendre :

— Je n'assisterai ni à la messe ni au brunch demain, déclara-t-il. Je te reverrai à Noël, Lee.

— C'est une blague ? dis-je.

— Terry ! s'exclama ma mère.

— Je ne plaisante pas du tout.

Il ne regardait aucune de nous.

— Chéri, pourquoi… ? voulut savoir ma mère.

Mais il l'interrompit :

— Je n'ai pas besoin d'être soumis à ce genre de traitement. De la part de personne, et sûrement pas de la part de ma fille de seize ans.

— Ce n'était pas… tentai-je.

Il me coupa la parole à moi aussi. Sans doute avait-il préparé ce qu'il souhaitait dire pendant le trajet. Sa voix était ferme, à la fois coléreuse et calme.

— Je ne sais pas ce qui t'est arrivé, Lee, mais je peux te dire une chose. Tu me déçois. Tu es égoïste, tu es superficielle, tu n'as aucun respect pour ta mère et moi. J'ai honte de toi.

Ta mère et moi, me répétai-je mentalement – même à ce moment-là, c'étaient les mots qui me tournaient dans la tête.

— Quand tu as commencé à Ault, continua-t-il, je me suis dit : je parie que dans ce genre de boîte il y a un paquet de mômes qui s'y croient. Après quoi j'ai pensé : je suis content que Lee ait la tête bien sur les épaules. Eh bien, je me trompais. Je peux le dire maintenant. On a commis une erreur en te laissant partir. Ta mère pense peut-être autrement, mais je n'ai pas fait dix-huit heures de route pour voir ça.

Personne ne dit plus rien ; ma mère prit un mouchoir en papier et se moucha. Si parfois quand ma mère pleurait, j'essayais de la consoler, là je n'en avais absolument aucune envie.

J'avalai ma salive. J'aurais pu dire bien des choses sur l'instant ; il fallut choisir.

— Je ne t'ai pas demandé de venir.

— Lee ! s'exclama ma mère d'une voix angoissée.

Brusquement, mon père défit sa ceinture de sécurité, ouvrit sa porte, descendit, puis ouvrit ma portière.

— Sors, aboya-t-il. Immédiatement.

— Non.

— Je t'ai dit de sortir de ma voiture.

— C'est aussi la voiture de maman.

Il me lança un regard étincelant, secoua la tête ; il faut croire qu'il ne lui restait plus aucun mot pour exprimer à quel point je le dégoûtais.

— Bien, fis-je.

Je descendis de voiture, croisai les bras et me plantai face à lui.

— Tu peux bien me dire que je suis infecte. Mais tu devrais peut-être réfléchir à ta façon de te comporter. Tu trouves amusant de me mettre dans l'embarras et de sortir des trucs bizarres devant mes amies, et dès que je suis mal à l'aise ou contrariée, tu fais semblant de n'avoir rien fait du tout.

— Je te mets dans l'embarras ? En emmenant ces filles au restaurant, je t'ai mise dans l'embarras ?

— Ah, d'accord. Tu m'emmènes dîner alors je dois ignorer comment tu te tiens le reste du temps.

— Je ne me rappelle pas t'avoir demandé d'ignorer quoi que ce soit. J'ai trente-neuf ans, et je me sens plutôt bien dans ma peau, Lee. Je n'en dirais pas autant de toi. J'ajoute que s'il y a une chose à laquelle je me refuse, c'est de te présenter mes excuses.

— Tant mieux pour toi, dis-je. Félicitations.

À ce moment-là – je n'ai pas le souvenir d'avoir vu venir le geste, seulement celui de ma stupéfaction a posteriori –, il leva la main et me frappa au visage. Sa main était chaude, et puis ma figure fut brûlante, et mes larmes coulèrent à flots, mais seulement parce que ça faisait très mal, je crois. Ce que je fis tout de suite, avant de rencontrer les yeux de mon père, avant de prononcer un mot ou de lever la main pour sentir ma mâchoire et ma joue, ce fut d'inspecter les alentours. Nous étions près de la chapelle et, à une dizaine de mètres, éclairé par un lampadaire sous lequel il passait, se trouvait un garçon, en première comme moi : Jeff Oltiss. Nos regards s'accrochèrent. Son expression, surtout à cette distance, était indéchiffrable mais, me sembla-t-il, pas indifférente. Je ne connaissais pas bien Jeff – nous avions été ensemble au cours d'anglais de Mlle Moray en seconde, c'était tout – et jamais on ne s'adressa la parole après ça ; pourtant, jusqu'à la fin de mon temps à Ault, je ne verrais en lui que la personne qui avait vu mon père me gifler. Si aujourd'hui, je tombais sur lui dans une rue de San Francisco ou de New York – il pourrait être marié, avoir des enfants, être astrophysicien ou comptable –, voilà tout ce qu'il serait pour moi : celui qui m'a vue me faire gifler par mon père. Quand nous étions encore à Ault, que nous nous croisions au réfectoire ou au gymnase, nous n'avons jamais parlé ni ne nous sommes salués, mais je devinais comme une petite connivence entre nous. Il savait.

Je me détournai de lui pour revenir à mon père.

— Tu es un sale con, dis-je.

Cela en sanglotant.

— Et toi, une sale petite garce ingrate.

Il claqua la portière arrière, s'installa au volant – avant que sa porte se referme, j'entendis la voix de ma mère mais ne pus comprendre ce qu'elle disait – et fit vrombir le moteur. Ensuite, ils ne furent plus là. Pour regagner mon dortoir, j'aurais dû suivre Jeff sous le passage voûté qui menait à la cour. Au lieu de cela, je pris la direction opposée, par la pelouse. Debout au milieu de la grande étendue d'herbe, dépourvue d'arbres sinon à sa lisière, je contemplai les vastes bâtiments en partie éclairés puis les étoiles qui scintillaient dans le ciel.

Là, au milieu de la pelouse circulaire, je n'étais pas si mal. À l'intérieur, dans la lumière électrique, je serais cernée par les meubles, les magazines, les oreillers malmenés et les photos dans leurs cadres… là ce serait sinistre.

Quand le téléphone sonna tôt le lendemain matin, ce fut comme si j'avais attendu l'appel. Je sautai du lit, dévalai les escaliers jusqu'à la salle commune et ouvris vivement la porte de la cabine.

— Lee, dit ma mère.

Elle ne put continuer tant elle pleurait.

— Maman. Maman, je suis désolée. Je veux que vous reveniez…

— Papa est allé régler la chambre.

Elle respira profondément plusieurs fois.

— Il tient à partir tôt, reprit-elle. Mais, Lee, j'espère que tu sais qu'il t'aime, il t'aime tant et il est si fier de toi. J'espère que tu le sais.

— M'man…

Mon menton commençait à trembler, mes lèvres se crispaient.

— On se faisait une telle fête de ce week-end, et je regrette tellement que ça ait tourné comme ça.

— Ce n'est pas ta faute, m'man. Maman, s'il te plaît, ne pleure pas, je t'en prie.

Mais je pleurais moi aussi. Je ne sais pas si elle le remarqua par-delà le bruit de ses propres sanglots.

— Pourquoi tu ne reviens pas ? Même sans papa. Je suis sûre que la messe te plaira.

— Je ne peux pas, Lee. Il veut prendre la route. Ce que j'aimerais que tu fasses, c'est que tu l'appelles dans quelques jours pour lui dire que tu regrettes. Je sais qu'il a eu tort, lui aussi, et il n'aurait pas dû te gifler, ça me rend terriblement triste…

Elle hoquetait.

— Ce n'est pas grave, dis-je. Ça ne m'a pas fait mal. Franchement, maman, je n'ai pas eu mal.

— Il faut que j'y aille, Lee. Je t'aime. Tu entends ? Je t'aime.

Puis elle raccrocha, et je restai à tenir le combiné, l'oreille tendue vers le silence. De retour dans la chambre, je vis au réveil de Martha qu'il n'était pas six heures et demie.

Par la suite, quand nous l'évoquerions – tout ce qui se produisait dans la famille finissait par devenir une plaisanterie ou une anecdote –, nous parlerions du week-end infernal, sans que l'on sache trop, de mon père ou de moi, qui avait été le plus odieux. Ma mère avait sa version : tout était parti du fait que Lee lisait un de ces magazines stupides qu'elle adore et papa s'était mis à la charrier, et on sait bien comment ça tourne entre deux individus qui ont leur personnalité. Ma mère s'enquit aussi régulièrement de Rufina et de Maria, à la fois dans ses lettres et dans la conversation, les appelant soit « les deux Mexicaines », soit « la fille avec son petit ami et l'autre fille ».

Ce fut la dernière fois que mon père me frappa – c'était arrivé quand j'étais petite, une tape ou une fessée plutôt qu'une gifle, et seulement quand mes frères et moi nous montrions complètement intenables ou délibérément désobéissants. Le week-end infernal marqua aussi le commencement d'une longue période durant laquelle je ne versai plus une seule larme devant mes parents.

Quand je fus à l'université, j'avais le téléphone dans ma chambre, et mon père appelait souvent – en fait, je crois que c'était la cabine téléphonique payante à Ault qui l'emmerdait un maximum – et souvent il ne laissait même pas un vrai message sur le répondeur, plutôt une seule phrase absurde ou une devinette. (*Comment fait-on danser un Kleenex ?* ou bien, à Halloween : *Lee, pourquoi les sorcières ne peuvent-elles pas avoir d'enfants ?*) Mes copines de chambre, évidemment, le trouvaient très drôle. Plus tard, quand je fus diplômée, il acheta un mobile et me téléphona quotidiennement. Je parlais chaque fois avec lui, même au travail, même quand j'étais occupée, et le laissais toujours prendre l'initiative de la fin de la conversation. Je savais bien que je ne pourrais jamais me faire pardonner pour ce week-end, ni même pour avoir pris la décision de partir pour Ault. (Comment aurais-je pu savoir, alors que j'avais posé ma candidature à l'âge de treize ans, qu'on a sa vie entière pour quitter sa famille ? Ou peut-être était-ce le fait d'être partie pour Ault qui avait fait de moi quelqu'un d'indépendant qui, pour raisons d'études puis de travail, resterait toujours éloigné de sa famille.) Donc non, je ne croyais pas *pouvoir* me racheter, je pensais plutôt que je lui devais ça, lui montrer que j'essayais. Quant à ma mère, elle ne m'a jamais punie, ne m'a même jamais grondée. En conséquence, parce que contrairement à mon père elle ne m'a jamais demandé de lui rendre quoi que ce soit, je n'ai pu m'acquitter de ma dette envers elle. Ça représentait un océan.

Un jour que j'étais allée voir mes parents chez eux, en furetant dans la chambre de mon frère Tim, je m'arrêtai devant son tableau d'affichage et remarquai un badge qui y était épinglé, un rectangle en carton de couleur crème surmonté d'un gros ruban rouge, avec l'écusson d'Ault imprimé dans le coin gauche. *Timothy John Fiora*, était-il écrit, précisé au-dessous *frère de Lee*, suivi de l'année où j'avais obtenu mon bac. À l'époque où le nom de Tim avait été écrit sur le rectangle de carton, près de deux ans encore me séparaient de la fin de ma scolarité à Ault ; au moment où je tombai sur le carton dans la chambre de mon frère, plus de dix ans s'étaient écoulés, Tim avait fini le lycée et était entré à l'université. Ce qui m'étonna, c'est que ce n'était pas l'écriture de ma mère mais celle de mon père. Avait-il pris une étiquette supplémentaire quand il était allé en chercher pour ma mère et lui, inscrit dessus le nom de Tim (sans doute en avait-il fait autant pour Joseph) avant de les confier à ma mère pour les rapporter dans l'Indiana ? Ou durant tout ce samedi à Ault, l'avait-il gardée sur lui, à l'abri dans la poche de son blazer kaki, prenant soin de ne pas la plier quand il s'asseyait ? Et puis dans la voiture lors du retour, l'avait-il mise en sûreté quelque part, sur le tableau de bord peut-être, ou sur un siège ? Ils firent la route d'une traite, je l'appris plus tard, et mon père conduisit tout le long du trajet. Ils avaient prévu de s'arrêter aux environs du lac Érié, mais ma mère s'endormit, et mon père décida de continuer. Un peu après minuit, ma mère se réveilla en sursaut. Le moteur était coupé, mon père assis à côté d'elle faisait craquer les articulations de ses doigts, le regard fixé au-delà du pare-brise.

— Où sommes-nous ? demanda ma mère.

— À la maison.

6

Un gars du coin

TROISIÈME HIVER

Une ambulance conduisit Sin-Jun aux urgences en début de soirée, à peu près à l'heure où commençait le dîner officiel. En fait, Tig Oltman et Daphne Cook – deux élèves de seconde qui habitaient le même dortoir que Sin-Jun –, la trouvèrent au moment où elles s'apprêtaient à gagner le réfectoire. Alors qu'elles ouvraient la porte de leur chambre, elles virent Sin-Jun apparaître sur le seuil face au leur et s'écrouler au sol, marmonnant des paroles inintelligibles, un bras pressé contre le ventre.

C'était un mercredi, une conférence était prévue après le dîner pour tous les élèves – l'oratrice était une femme noire chorégraphe d'une compagnie de danse –, et Martha et moi nous apprêtions à entrer dans l'auditorium lorsque Mme Morino, la responsable du dortoir de Sin-Jun, nous arrêta. Quand je repense à toute cette histoire, et même au reste de l'hiver – nous étions alors fin février –, c'est l'instant dont je me souviens.

Martha et moi bavardions gaiement de tout et de rien, et je pistais Cross Sugarman, qui se trouvait quelques mètres devant, guettant l'endroit où lui et ses copains s'assiéraient afin de pouvoir m'installer pas trop loin avec Martha, mais pas trop près non plus pour qu'il n'aille pas s'imaginer que cette proximité était intentionnelle. C'est là que Mme Morino s'approcha ; je crus d'abord qu'elle nous faisait bonjour de la main – quoique pourquoi nous aurait-elle saluées quand ni Martha ni moi ne l'avions jamais eue comme prof ni comme entraîneur et, par conséquent, la connaissions à peine ? – et je sursautai quand elle s'arrêta face à nous et me prit les mains.

— J'ai une nouvelle pénible, dit-elle.

L'appréhension m'envahit. Déjà je fouillais mon cerveau à la recherche d'une faute récente que j'aurais commise, aussi je fus soulagée, soulagement qui m'apparaîtrait bientôt comme honteux et froidement égoïste, quand Mme Morino continua :

— Sin-Jun est à l'hôpital. Elle a pris des cachets. Il a fallu lui faire un lavage d'estomac. Son état est stable maintenant – j'arrive juste de là-bas – mais elle reste très fragile.

— Elle est malade ?

Je jetai un œil à travers la double porte. Cross avait disparu dans l'auditorium, presque tout le monde était assis, la lumière baissait. Je revins à Mme Morino, étonnée qu'elle nous retarde pour la conférence ; je n'avais pas encore compris que je n'y assisterais pas.

— Elle a pris des *cachets*, répéta Mme Morino.

Je ne comprenais toujours pas – je pense que cela tenait plus à l'idée que je me faisais de Sin-Jun qu'à ma naïveté coutumière, enfin, peut-être un peu aux deux –, alors Martha, certaine que je n'avais pas saisi, précisa :

— Intentionnellement, Lee.

— Je voudrais vous emmener à l'hôpital, reprit Mme Morino. Elle est un peu dans les vapes, mais ça lui ferait du bien de voir un autre visage familier.

Sin-Jun avait pris des cachets *intentionnellement* ? Elle avait essayé de se tuer ? Plus que choquante, l'idée me semblait impossible. Sin-Jun n'était même pas malheureuse ; certainement pas suicidaire.

J'avalai ma salive.

— Martha vient aussi ? demandai-je.

— Ce n'est pas nécessaire ce soir, répondit Mme Morino. Il ne faut pas être trop nombreux. Vous comprenez, n'est-ce pas, Martha ? Vous pouvez entrer, ajouta-t-elle en désignant l'auditorium. Lee, nous partons par là. Ma voiture est juste devant.

Elle s'éloigna, je la suivis. Tout en marchant, je jetai un œil par-dessus mon épaule. Martha se tenait toujours à la porte de l'auditorium, une expression de trouble sur le visage. Quand nos regards se croisèrent, elle me fit au revoir d'un geste, et j'eus l'impression d'être son miroir – lui faisant moi aussi au revoir de la main, et tout autant ahurie.

Au cours de la décennie suivante, la chorégraphe, conférencière de ce soir-là à Ault, devait gagner en renommée dans le pays – la compagnie de danse se préoccupant beaucoup de questions politiques, raciales en particulier – et je tombai régulièrement sur des articles parlant d'elle dans des magazines. Je n'ai jamais pu lire son nom sans me sentir quelque peu nauséeuse, état identique à celui dans lequel je me trouvai après avoir appris que Sin-Jun avait avalé des cachets : état singulier d'inquiétude confuse quand on sait qu'il est arrivé quelque chose de moche sans en connaître encore les détails.

Mme Morino conduisait un break bleu marine tapissé d'autocollants griffés et écornés sur le tableau de bord et de poils de chien sur les sièges. Elle enseignait la géométrie, son mari l'histoire américaine – je ne l'avais jamais eu, lui non plus –, ils avaient trois enfants dont j'ignorais les prénoms, le plus grand avait l'air d'avoir six ans ; on les voyait parfois au réfectoire, en train de pleurer ou de se traîner par terre, les mains pleines de Cheerios. La radio était allumée sur une station de musique classique, le volume si bas qu'on ne l'entendait que quand on ne parlait pas. À cause de l'obscurité, je devinais, plus que je ne les distinguais, les champs et les bois.

— J'ai une question à vous poser, dit Mme Morino. Sin Jun était-elle déprimée à l'époque où vous partagiez la même chambre toutes les deux ?

— Je ne crois pas.

— A-t-elle jamais parlé de se faire du mal ?

— Non.

— Est-ce que certaines choses la bouleversaient ?

J'essayai de me souvenir, et me revint un jour où je l'avais vue pleurer, à propos d'une note à une interro d'anglais. Je m'étais approchée de son bureau pour lui tapoter le dos, et j'avais vu la note inscrite en bleu en haut de la première page de son devoir – il s'agissait d'un B –, ce qui n'était pas pire que la plupart de mes notes en anglais ou dans n'importe quelle autre matière. J'avais toujours su, quoique je sois à peu près certaine que ce n'était pas Sin-Jun qui me l'avait appris, que l'année précédant son entrée à Ault, elle était sortie première du concours national de maths et de sciences en Corée, et qu'elle était la première fille à l'avoir remporté.

— Elle se faisait du souci pour ses notes, dis-je à Mme Morino. Mais à part ça, non.

Il était vrai que même à l'époque où nous étions dans la même chambre, Sin-Jun et moi ne nous étions jamais confiées l'une à l'autre. D'un autre côté, quand on vit ensemble, peut-on *ne pas* connaître quelqu'un ? Lorsque Sin-Jun se réveillait le matin, ses cheveux noirs rebiquaient, son visage était pâle, et elle était incapable de participer à une conversation pendant un bon quart d'heure ; pour ce qui était du grignotage, elle avait une prédilection pour ces espèces de pois séchés croquants et épicés qui lui parvenaient en sachets aluminium, également pour tout ce qui contenait du caramel ; elle avait une peur bleue des serpents, même en photo ; et la personne qu'elle aimait le plus au monde était sa sœur Eunjee, de quatre ans sa cadette, qui vivait encore avec leurs parents à Séoul. Sauf, me dis-je, que ce n'étaient sans doute que des informations, pas une réelle connaissance. Sans compter que nous nous étions de moins en moins côtoyées au cours des deux années suivant notre cohabitation. En seconde, Sin-Jun avait pris une chambre avec Clara O'Hallahan, moi avec Martha, et nous n'avions plus été dans le même dortoir.

— Y a-t-il eu des changements récents dans la vie de Sin-Jun ? questionna Mme Morino. Du côté de sa famille ou ici ?

— Je ne crois pas.

— Des problèmes avec des professeurs ou d'autres élèves ?

— Clara devrait en savoir plus que moi, non ?

(Étais-je en train de signifier que j'étais une mauvaise amie ? *Étais*-je une mauvaise amie ?)

— Théoriquement, oui, acquiesça Mme Morino. Mais Clara est complètement retournée. Elle est partie avec l'ambulance, et elle est auprès de Sin-Jun en ce moment.

Il n'y avait pas grand-chose à ajouter. Nous n'étions pas en train de parler de la pluie et du beau temps, et manifestement j'étais incapable de répondre à ses questions. Tandis que nous roulions, mon esprit s'attachait tantôt à la nouveauté de me trouver dans la voiture de Mme Morino, tantôt à des spéculations concernant Sin-Jun, en particulier à la certitude de Mme Morino que Sin-Jun avait pris intentionnellement trop d'aspirine – il s'agissait apparemment d'aspirine ; pour autant que je pouvais en juger, Mme Morino n'avait pas envisagé d'autre possibilité. C'était tout en réfléchissant à ça que je me laissais distraire par le fait concret d'être assise à côté de Mme Morino. Où avait-elle grandi, me demandais-je, et à quel âge avait-elle épousé M. Morino ? D'après son allure et l'âge de ses enfants, je lui donnais entre trente-six et trente-huit ans. Et tandis que je calculais, mon cerveau revint brusquement à Sin-Jun. Avait-elle un jour dit ou fait quoi que ce soit qui dénote une tendance au suicide ? Voulait-elle attirer l'attention ? Ce n'avait pas été son genre dans le passé.

Lorsque je m'efforçai de me rappeler quand je l'avais vue pour la dernière fois, ce fut aussi brumeux que de me souvenir des vêtements que j'avais portés la veille ou de ce que j'avais mangé au dîner. On pénétra dans l'hôpital par la porte vitrée coulissante de l'entrée principale brillamment éclairée. C'était un petit hôpital, trois niveaux seulement, et cela me parut rassurant – si Sin-Jun avait été en danger, on l'aurait expédiée à Boston en hélicoptère.

À l'intérieur, l'éclairage était d'un blanc aveuglant, reflété par le lino blanc qui habillait les sols. On signa un registre au rez-de-chaussée avant de prendre l'ascenseur pour le deuxième étage, de franchir une double porte et de dépasser le bureau des infirmières. Dès que nous avions poussé les portes, un gémissement plaintif s'était fait entendre, une sorte de lamentation démente qui me poussa à me demander si nous étions dans le service psychiatrique. Je compris alors que tout ce qu'avait dit Mme Morino était vrai. Sin-Jun avait fait une tentative de suicide, à présent elle se trouvait à l'hôpital. Non que j'aie suspecté Mme Morino de mensonge, j'avais plutôt du mal à croire qu'il s'était passé quelque chose, ou que quelque chose était en train de se passer. Les grands événements de la vie, les événements sérieux, ont pour moi toujours été quasiment impossibles à identifier faute d'apparaître dans toute leur gravité. Sur le coup, on a envie de faire pipi, ou bien le bras vous démange, ou les propos des gens vous frappent par leur aspect théâtral ou larmoyant, au point qu'il est difficile de ne pas sourire. On a la notion de ce que devrait être ce genre de situation – totalement absorbante, déjà –, or ce n'est pas le cas. Pourtant, quand on regarde en arrière, c'*était* ça ; ça s'est bel et bien produit.

La plupart des portes étaient ouvertes et l'on pouvait entendre au passage les rires préenregistrés et les voix criardes de la télévision. Brusquement, je me souvins : le vendredi précédent. La dernière fois que j'avais parlé à Sin-Jun. On avait déjeuné ensemble après le cours de chimie, et on avait parlé des vacances de printemps, qui auraient lieu en mars. Elle devait aller chez une tante à San Diego. Rien de particulier n'avait filtré dans la conversation, pas même un regard ou une inflexion de la voix. Prévoyait-elle alors son geste, ou avait-il été le résultat d'une impulsion ? Et, encore une fois, pourquoi ? me demandais-je. N'avait-elle pas une vie agréable ? Sans être celle que tous adorent, elle avait des amis – il était en tout cas impossible d'imaginer qu'on la trouve antipathique. Par-dessus tout, elle réussissait scolairement. Son anglais avait beau rester étonnamment laborieux, elle comprenait parfaitement les gens. Quant à ses parents, que j'avais rencontrés quand nous étions en troisième, ils avaient l'air sans histoire. De toute façon ils étaient à des milliers de kilomètres. L'éloignement pouvait-il être la cause de son geste ? Ou sa sœur lui manquait-elle trop ? Ça ne tenait pas vraiment ; on n'absorbait pas des cachets parce qu'on avait le mal du pays.

Lorsqu'on entra dans la chambre, Sin-Jun était au lit, à moitié assise grâce au matelas relevé. Elle regardait droit devant elle, le visage dépourvu d'expression ; elle portait une chemise d'hôpital bleu pâle, et la peau autour de sa bouche – Mme Morino m'avait prévenue – était maculée de poudre noire à cause du charbon que les médecins avaient utilisé pour lui laver l'estomac. Néanmoins, ce n'était pas elle qui mobilisait l'attention – c'était Clara, d'où sortait le vagissement qu'on entendait de l'autre bout du couloir. Clara, qui braillait avec autant de conviction et de constance qu'un nouveau-né : la figure tachetée de rose, les joues ruisselantes de larmes, le nez dégoulinant ; sa bouche était grande ouverte, avec des filets de salive tendus entre ses lèvres supérieure et inférieure ; et de ce gosier sortait un cri inarticulé, parfois soutenu, parfois hoquetant, qui était tout à la fois grotesque et envoûtant. Elle était assise sur une chaise à la droite du lit de Sin-Jun, penchée en avant, les deux mains écrasées sur le bord du matelas, et comme celui-ci était au moins trente centimètres plus haut que la chaise, cela lui donnait une posture de suppliante. Sin-Jun paraissait l'ignorer.

Par-dessus l'épouvantable vacarme, Mme Morino cria :

— Regardez qui j'amène !

Elle m'entoura les épaules d'un bras et sourit largement.

— Salut ! beuglai-je.

Sin-Jun ne nous regarda ni l'une ni l'autre.

Peut-être fallait-il que je l'embrasse, ou peut-être pas. Je m'approchai, posai les mains sur le matelas au niveau de ses pieds, et là elle leva les yeux.

— Salut, Lee.

Elle semblait fatiguée mais ne manifestait aucune émotion – ni embarras, ni regret ni remords.

— Je suis contente de te voir, criai-je.

Sin-Jun n'avait pas élevé la voix et j'avais pu l'entendre, pourtant je ne pouvais m'empêcher de hurler. Apparemment, c'était aussi le cas de Mme Morino :

— Je retourne au campus, meugla-t-elle.

Elle s'était mise à masser le dos de Clara.

— Il faut que je couche les petits. Mais, Lee et Clara, quand M. Morino me ramènera ici pour que je passe la nuit avec Sin-Jun, il vous reconduira. D'accord ? Ça vous va ?

Personne ne dit rien.

— On vous ramènera à vos dortoirs avant le couvre-feu, continua-t-elle. Et, Sin-Jun, nous voulons que vous vous rétablissiez. Vous ferez ça pour nous, n'est-ce pas ?

Après le départ de Mme Morino, Clara cessa net de pleurer et se redressa, comme pour reprendre souffle. J'éprouvai le même soulagement qu'en présence d'un bébé hurleur qui finit par se taire, aussi le même pressentiment désagréable : il ne s'agissait pas de la fin de la crise mais seulement d'une pause.

— Depuis quand êtes-vous dans cette chambre ? questionnai-je.

— Je ne sais pas, dit Clara, faisant traîner et trembloter chaque mot.

Depuis quand est-ce que tu pleures ? voulais-je demander. Un chagrin aussi théâtral devait être épuisant physiquement, et Clara était du genre poussif – elle ne pouvait certainement pas prolonger l'effort indéfiniment.

Je revins à Sin-Jun. Quand nos regards se croisèrent, je faillis sursauter. Ses yeux contenaient tant de désespoir, tant de lassitude qu'on pouvait y lire du mépris. Je soupçonnai alors que je l'avais peut-être mésestimée. Peut-être dans le passé lui avais-je dénié le droit d'avoir des opinions ou des déceptions – d'être comme moi. Bien sûr, je ne pouvais rien faire pour elle. Je ne croyais toujours pas qu'elle avait eu l'intention de mourir, mais, oui, elle avait pris les cachets intentionnellement ; elle possédait bel et bien la volonté nécessaire.

— Je reste ici cette nuit, annonça Clara. Personne ne m'en empêchera.

Sin-Jun tourna la tête et s'adressa à elle pour la première fois depuis mon arrivée :

— Tu ne restes pas à l'hôpital.

— Tu dois me laisser décider. Je ne partirai pas.

— M. Morino vient nous chercher pour le couvre-feu, dis-je.

— Pour le *couvre-feu* ? répéta Clara en me fusillant du regard. Sin-Jun a failli *mourir* ce soir, et tout ce qui te préoccupe, c'est le couvre-feu ?

Même la référence explicite à la mort – totalement déplacée, selon moi – ne suscita aucune réaction chez Sin-Jun.

— Sin-Jun, tu veux qu'on reste ? demandai-je.

— Je veux dormir, répondit-elle. Rentre à l'école, ajouta-t-elle à l'adresse de Clara.

— Non ! Non. Je ne m'en vais pas. Je vais appeler tout de suite les Morino pour leur dire que je reste. Je coucherai sur un lit de camp, comme Mme Morino. Tu m'entends ?

Elle s'était levée et dirigée vers la porte, mais avec hésitation, comme si Sin-Jun risquait de sauter du lit pour lui faire un plaquage. Moi, j'étais au pied du lit, à peine entrée en fait, et quand Clara s'approcha, je reculai. Alors qu'elle était là à tituber ou presque et à déblatérer, je fuyais tout contact physique avec elle.

Quand elle fut sortie, la chambre parut paisible. J'étais à la fois soulagée et apeurée de me retrouver seule avec Sin-Jun. Je pris le siège de Clara – je me lèverais à son retour – et on demeura silencieuses, Sin-Jun et moi. Je finis par lui demander :

— Est-ce que tu regrettes d'être venue à Ault ?

Elle eut un haussement d'épaules.

— Ce ne serait pas grave, hein ? Si tu disais à tes parents que tu ne veux plus être ici, ils ne t'obligeraient pas à rester.

— J'ai pas le besoin de rien dire à mes parents. Mme Morino déjà leur téléphone, et mon père, il arrive demain.

Même si je ne l'avais pas encore envisagée, une intervention parentale semblait logique. D'ailleurs, j'étais un peu surprise que Mme Morino nous ait laissées seules, sans adulte, même pour un court moment.

Étions-nous censées savoir nous débrouiller toutes seules ?

— Clara est vraiment chamboulée, hein ? dis-je avant de m'empresser d'ajouter : Nous tenons tous beaucoup à toi, Sin-Jun.

J'eus l'impression de lire à haute voix une carte de vœux de prompt rétablissement. En même temps, je vis les larmes monter aux yeux de Sin-Jun. Elle battit des paupières et cela déborda.

— Hou là… dis-je. Je suis désolée.

Elle secoua la tête.

— Sin-Jun ?

Elle ouvrit la bouche mais ne parla pas immédiatement, et j'éprouvai à la fois l'envie de tirer d'elle quelques mots à force de cajoleries et celle de les étouffer. Je croyais toujours ainsi souhaiter connaître un secret, ou bien je désirais que se produise un événement – je voulais que ma vie commence – mais dans ces rares moments où il semblait que quelque chose risquait réellement de changer, la panique s'emparait de moi.

— Tu n'as pas besoin de dire quoi que ce soit, repris-je. Mais laisse-moi… Au moins, laisse-moi t'apporter un verre d'eau.

Elle s'essuya les yeux.

— Tu dois avoir soif, ajoutai-je, et je filai hors de la chambre.

Le temps que je trouve un gobelet en plastique – qu'on me donna au bureau des infirmières – et le remplisse à la fontaine du couloir, Clara était revenue dans la chambre. En posant le gobelet sur la table de chevet, je m'aperçus qu'il y en avait déjà un, à moitié plein, avec une paille.

— M. Morino est d'accord pour que tu restes ? demandai-je à Clara.

— Pourquoi il y aurait un problème ?

Clara paraissait un peu plus calme que précédemment. Du moins sa figure avait-elle cessé de couler de partout, et Sin-Jun ne pleurait plus non plus.

Je regardai ma montre. Il était vingt heures trente ; le couvre-feu était à vingt-deux heures ; les Morino ne viendraient pas avant une heure.

— Je ferais mieux de descendre, dis-je. Je ne veux pas les faire attendre.

Ni Clara ni Sin-Jun ne semblèrent me prêter attention.

— Je ne te laisserai pas toute seule, affirma Clara.

Je compris que les vannes n'allaient pas tarder à se rouvrir.

— J'espère que tu vas aller mieux, Sin-Jun. D'accord ? Tiens, je…

Je m'avançai et me penchai pour l'embrasser. Elle ne répondit pas à mon étreinte, et je la sentis toute fragile et légère dans mes bras.

— À bientôt. D'accord ? À bientôt.

— À bientôt, Lee, finit-elle par articuler.

Je n'avais pas dit au revoir à Clara, et Clara ne me dit pas au revoir quand je m'en allai.

J'avais une telle hâte de quitter l'hôpital que, arrivée au rez-de-chaussée, malgré l'attente qui se profilait, je sortis et me plantai sous le porche, les bras croisés, scrutant le parking. Le campus se trouvait à environ huit kilomètres, mais, s'il n'avait pas fait nuit, je serais partie à pied.

Enfin, il *faisait* nuit, il faisait froid aussi. Je ne tins pas plus d'une minute avant de rentrer pour m'asseoir près d'un distributeur de boissons. J'avais terriblement envie d'être au dortoir, en chemise de nuit, entre mes draps propres et sous les couvertures.

Je n'avais pas mon porte-monnaie sur moi, pas un sou. Si j'avais eu de l'argent, j'aurais pris une limonade, pensai-je, pour me dire aussitôt que si Sin-Jun n'avait pas voulu mourir, était-il plausible qu'elle ait voulu atterrir ici ? Les cachets avaient forcément été pris sur une décision brutale, quand on se dit : *Pas ça ; tout, mais pas ça.*

Alors comme ça Sin-Jun aussi – je ne m'en étais jamais doutée. Non que cela eût changé le cours des événements. Ce n'était pas de ces sujets dont on peut discuter avec quelqu'un d'autre ; que peut-on dire à autrui de ce qu'on éprouve ? On peut s'inventer des trucs, même des désirs, mais lorsque la lumière se modifie ou que le temps se ralentit… Les dimanches surtout, le temps ralentissait, et parfois le samedi après-midi quand on n'avait pas de match – et on s'apercevait que tout ça ne rimait à rien. C'était seulement interminable, ce qu'on avait obtenu ou pas obtenu n'y changeait rien, et que restait-il au bout du compte ? La pièce détestablement familière où vous viviez, votre figure et votre corps affreux, les reproches des autres, leur indifférence, et l'image qu'ils vous renverraient si vous tentiez d'expliquer, image d'une fille plutôt bizarre et plutôt rasoir et pas même originale. Pourquoi leurs vies à eux coulaient-elles si facilement ? Comment se faisait-il que ce fût à vous de les convaincre, qu'ils aient besoin d'être convaincus, et non l'inverse ? Et ça, bien sûr, sans même l'espoir de réussir si l'on s'y risquait.

Et puis à table, de quoi parlions-nous ? Des profs, des films, des vacances. On ne faisait que ça : bavarder, entretenir des relations. Et les choses que vous disiez, le trajet de la chapelle au bâtiment scolaire, votre cartable, les contrôles, tout ça constituait un pont jeté sur les eaux bouillonnantes de ce que vous éprouviez véritablement. L'objectif : apprendre à ignorer ce qu'il y avait plus bas. Tant mieux si tu rencontrais ton semblable, mais tu devais bien comprendre que rien de ce que pourrait faire un autre individu ne pourrait te consoler. De manière étrange, la tentative de suicide – je n'aurais pas pensé ça en troisième, mais je le pensais à présent, deux ans plus tard – me semblait naïve. Ça n'aboutissait à rien, le drame qu'elle mettait en branle n'était pas tenable sur la durée. En fin de compte, la vie ordinaire reprenait son cours, et personne d'autre que soi ne pouvait s'en dépêtrer.

Quelqu'un s'approcha du distributeur de boissons, et je me mis aussitôt à attendre qu'il s'en aille. En se retournant, il dit « Bonjour », alors je hochai la tête sans sourire.

— Ça va bien ? reprit-il.

C'était un homme jeune, qui portait une petite fille dans les bras.

— Ça va, fis-je.

— On dirait plutôt que vous n'êtes pas dans votre assiette.

Je me tus.

— Je ne veux pas être indiscret, reprit vivement le jeune homme. Vous ne me reconnaissez pas, n'est-ce pas ? Désolé, j'aurais dû… Tenez…

Il portait une chemise en flanelle à manches longues boutonnée sur un tee-shirt blanc ; d'entre les deux épaisseurs de tissu, il extirpa un cordon au bout duquel était fixé un badge en plastique. Le cordon toujours autour du cou, il tendit le badge dans ma direction ; de l'autre bras, il tenait à la fois la fillette, qui nous observait d'un air impassible, et sa canette de Pepsi pas encore ouverte.

Comme il se trouvait à deux mètres, je devais me lever et me pencher pour lire le badge. J'envisageai de ne pas bouger, mais le fis quand même, plus par curiosité que par politesse, et m'en félicitai. *École d'Ault*, était-il écrit en haut. Le blason d'Ault s'étalait en surimpression sur toute la surface, et dans un coin était collée la photo d'identité du gars, le menton en avant, souriant comme s'il venait de blaguer avec le photographe ; sous la photo, était précisé : *David Bardo, services restauration.*

— Excusez-moi, fis-je. Votre visage me disait quelque chose, mais je n'ai pas…

Ma voix s'éteignit.

— Personnel des cuisines.

— C'est ça, bien sûr.

Il m'était en effet vaguement familier, comme quelqu'un qu'on n'a jamais remarqué. Je m'inquiétais de ma froideur à son égard, et j'en étais mortifiée. Parce que oui, j'étais capable de me montrer impolie envers un inconnu, surtout envers un inconnu de sexe masculin qui m'abordait dans un lieu public ; en revanche, je ne serais jamais grossière avec un membre du personnel d'Ault. Les gens qui ne connaissent pas les pensionnats s'imaginent sans doute le contraire, que les élèves se montrent arrogants avec le concierge ou les secrétaires, mais ce n'était nullement le cas – à deux reprises au cours des cinq ans passés, les terminales avaient dédicacé l'annuaire à Will Koomber, le chef des agents d'entretien à qui l'on vouait une sorte de culte. Will était un sexagénaire noir, originaire d'Alabama, qu'on disait bourré la majeure partie du temps, ce qui contribuait à sa popularité. Les garçons surtout l'aimaient bien – on les voyait dehors pendant la journée à la lisière des pelouses où Will ratissait et pelletait la tonte, et on les entendait lui lancer : « Comment va votre dame, Will ? », ou bien : « Baissez pas la garde, hein, Will : les fédéraux sont pas loin. » Surprendre ce genre d'échanges me mettait mal à l'aise – les plaisanteries semblaient limites, ça paraissait si facile pour un élève de se montrer offensant, et pour Will soit de réagir soit de ne pouvoir réagir – et d'un autre côté, je me rendais compte que Will et les garçons d'Ault s'aimaient bien. C'était moi qui manquais de simplicité dans les relations humaines, pas eux. Quand je passais à côté de Will, surtout si j'étais seule, il m'assenait un bref commentaire à la troisième personne – « Qu'est-ce qu'elle est pressée », ou « C'est une jolie jupe qu'elle a mise aujourd'hui » – et je lui souriais, désireuse de lui exprimer ma gratitude puisqu'il me parlait, à moi aussi, pas seulement aux beaux gars et aux jolies filles.

Les employés des cuisines, c'était un peu différent. La plupart des élèves n'avaient pas l'air de les connaître, du moins c'était mon cas. Quand j'étais au self, j'étais complètement absorbée par le plat à choisir, la place où m'asseoir, aussi ce qui m'entourait m'était-il assez indifférent. Face à David Bardo, je tentai de me souvenir des autres personnes qui travaillaient en cuisine, mais ce furent de grossières catégories sociologiques qui me vinrent à l'esprit : les femmes d'une vingtaine d'années, les femmes quinquagénaires (dans chacun des groupes, je leur voyais des yeux bleus, des cheveux blonds retenus par un filet ou une coiffe blanche, et toutes étaient trop grosses, leurs avant-bras potelés et pâles). Dans une pièce humide contiguë à la cuisine, des hommes jeunes faisaient la vaisselle. Ils écoutaient souvent du heavy metal à fond, et chaque fois que je déposais mon plateau sur le chariot à l'entrée de la plonge, je m'étonnais qu'on les autorise à passer ce genre de musique, et à un tel volume sonore. La plupart d'entre eux étaient maigres, avaient une vilaine peau et les cheveux en brosse, et l'un était énorme, avec les pommettes si rebondies qu'il avait l'air de loucher. Le chef – on le reconnaissait à sa grande toque –, âgé d'une quarantaine d'années, portait une barbe blonde ; parfois, il se postait au self, juste après les entrées, derrière la vitre de protection, et émettait des commentaires dont la teneur évoquait les suggestions d'un maître d'hôtel secourable dans un bon restaurant mais dont le ton frisait l'hostilité : « Vous devriez vraiment essayer la sole ce soir », ou « Si vous ne prenez pas la timbale d'aubergines, vous allez manquer quelque chose. » (Évidemment, personne n'avait *envie* de sole ou de timbale d'aubergines – on voulait des hot dogs et des croque-monsieur.)

Apparemment, il y avait aussi David Bardo. Il devait avoir vingt ans et quelques, il n'était pas grand – à peine un mètre soixante-quinze – mais il était râblé, avec le torse puissant, les épaules larges. Il avait des cheveux bruns coupés ras, un visage rubicond qu'ombrait une barbe naissante. On l'imaginait jouant au hockey sur glace dehors, sur un lac gelé, ou au volant d'un camion qu'il aurait su réparer en cas de panne.

— Ouais, je vous ai reconnue tout de suite. Je me suis dit comme ça, je la connais, elle est à l'école. Vous êtes… quoi ? En seconde ?

— En première.

— Ah oui, en tout cas vous êtes là depuis au moins aussi longtemps que moi, et j'ai démarré en janvier l'année dernière. Vous venez d'où ?

— De l'Indiana.

— Ça fait une trotte. Mais y en a même qui viennent de Californie, pas vrai ?

— Je crois.

— J'irais bien faire un tour en Californie. J'ai un pote qui vit à Santa Cruz, et il dit qu'il reviendra jamais. Vous êtes allée là-bas ?

— Non.

Je le regrettai, pour une raison obscure ; j'aurais aimé correspondre à ce que j'imaginais être l'idée que ce gars se faisait d'un élève d'Ault : pour commencer, un grand voyageur.

— Je compte y aller cet été, peut-être en juillet ou en août. Par la route, passer quelques semaines là-bas.

Bien que n'ayant rien de particulier à répliquer, je m'efforçai d'avoir l'air intéressée.

— Vous avez déjà traversé tout le pays ?

Je secouai la tête.

— Moi, si, dit soudain la petite fille.

On se mit à rire, David Bardo et moi. La fillette paraissait avoir deux ans, elle avait des cheveux blonds vaporeux et des boucles d'oreilles en forme de cœur.

— Tu aimes les voyages en auto ? lui demandai-je. Tu vas aller en Californie avec ton papa ?

— Non, non, répliqua David Bardo. Kaley n'est pas ma fille. Hein que tu n'es pas ma petite fille, bout de chou ?

Il la regardait, lui caressant la joue avec le pouce.

— C'est ma nièce, précisa-t-il en revenant à moi. Sa maman a des problèmes d'asthme.

Mon visage avait dû revêtir une expression bizarre.

— Non, elle va bien, reprit David. Ils lui ont juste donné un traitement respiratoire, maintenant elle se repose. C'est bien ça, Kaley ? Maman se repose ? Ça lui arrive deux, trois fois par an.

Ce n'était pas à la crise d'asthme que j'avais réagi ; mais au moment où j'avais appris que la fillette n'était pas à lui, le soupçon m'avait soudain traversée que ce type pouvait être plus proche de mon âge que je ne l'avais d'abord pensé. La crainte me saisit d'avoir eu plus ou moins l'air de le draguer, et je me sentis agitée, mal à l'aise ; il fallait que cette conversation s'arrête.

— Pourquoi vous êtes à l'hôpital ce soir ? questionna-t-il. Si c'est pas indiscret.

Je pensai à Sin-Jun, deux étages au-dessus, calée contre le matelas dans sa chemise bleue.

— Vous n'êtes pas obligée d'en parler si vous n'avez pas envie, ajouta-t-il.

— Je suis venue voir une amie qui est malade.

— C'est dur.

David Bardo sourit, d'un sourire triste, les lèvres closes, et les coins de ses yeux se plissèrent.

— Ça craint, l'hôpital, pas vrai ? Eh, vous voulez peut-être que je vous ramène au lycée ?

— Les Morino… enfin, des profs viennent me chercher. Merci quand même.

Je regardai à travers la vitre – on ne voyait pas grand-chose au-delà de l'entrée brillamment éclairée – et sentis que David Bardo m'observait. Je reportai mon attention sur lui et, durant plusieurs secondes, aucun de nous ne parla. Puis, peut-être seulement pour mettre fin au silence, je dis :

— Je vais… euh…

Je désignai la place où je m'étais assise – une chaise vide entourée d'autres chaises vides – comme si cet endroit exigeait mon attention.

— Sûr, dit-il. Bon, j'ai été content de faire votre connaissance. Sauf qu'on ne s'est pas présentés dans les formes, pas vrai ? Moi, c'est Dave.

Il me tendit la main.

À dix heures vingt – à savoir vingt minutes après le couvre-feu – les Morino ne s'étaient toujours pas montrés. Je partis à la recherche d'un téléphone avant de me rappeler, une fois devant l'appareil, que je n'avais pas d'argent sur moi. Pas de carte non plus – quand j'appelais à la maison depuis le dortoir, c'était soit en PCV, soit avec des pièces –, et je ne risquais pas de retourner là-haut pour essayer d'emprunter de la monnaie à Clara ou à Sin-Jun. Je me rendis à l'accueil et lorsque j'eus demandé si je pouvais utiliser le téléphone, une femme aux tresses d'un blond décoloré me répondit que la cabine payante se trouvait dans le couloir.

— Je sais, mais je n'ai pas d'argent. Je vous promets que ce ne sera pas long.

— Pas d'appels à l'extérieur, dit-elle.

Elle replongea vers ses écritures. J'ignorais ce que j'allais faire ensuite, mais son manque de coopération me procura une étrange satisfaction. Quand une situation échappait à mon contrôle et que j'avais épuisé toutes les possibilités, je devenais irréprochable.

Je retournai dans la zone d'attente et n'avais pas encore atteint les sièges que je vis David Bardo – Dave – avec sa nièce et une femme qui devait être sa sœur. Elle était mince, avec de longs cheveux châtains, habillée d'un jean et d'une chemise en flanelle semblable à celle de son frère. La tête inclinée sur le côté, la fillette avait dû s'endormir dans les bras de son oncle.

Dave me sourit comme nous nous rapprochions.

— Encore là ?

Je fis signe que oui.

Il s'était arrêté, moi aussi, mais sa sœur continuait de marcher.

— Tout va bien ? demanda-t-il.

Franchement, qu'allais-je faire – passer la nuit à l'hôpital ? J'avais beau être irréprochable, ça n'adoucissait pas la perspective de dormir dans une salle d'attente.

— Vous m'avez proposé de me raccompagner tout à l'heure, dis-je. En fait, je veux bien. Enfin, si ça ne pose pas trop de problèmes…

Il m'observait d'un air vaguement rieur, et j'éprouvai la même timidité qu'au cours de notre première conversation, me sentant à la fois gênée – regardait-il quelque chose de particulier, avais-je une marque de stylo sur la joue, ou quelqu'un derrière moi s'amusait-il à faire des grimaces ? – et flattée. J'étais touchée qu'il m'accorde de l'attention ; je pouvais affirmer que j'existais à ses yeux en tant que personne, pas comme une fille parmi d'autres.

— Si vous avez besoin d'un véhicule, il n'y a pas de problème, dit-il. Eh, Lynn !

La sœur se retourna ; comme elle avait marché lentement, elle n'était qu'à trois mètres.

— Attends, on a une passagère en plus. Je te présente Lee. Lee, voici ma sœur Lynn.

— Salut.

Je me demandai si on devait se serrer la main ; pendant que j'hésitais, elle se détourna et se remit à marcher.

Arrivé à la voiture, Dave déposa la fillette dans un siège pour enfant, et la petite se réveilla, pleurnichant avant même d'ouvrir les yeux.

— Doux, doux, Kaley, susurra Dave. Ça va, bout de chou. Tout va bien.

La lèvre inférieure de la fillette, qui avait commencé à trembloter, cessa de s'agiter ; elle referma les yeux puis porta son pouce à sa bouche. Dave jeta un coup d'œil par-dessus son épaule – il se tenait devant la portière arrière ouverte, moi derrière lui – et, quand nos regards se rencontrèrent, il m'adressa un clin d'œil et leva le pouce en l'air.

— Mieux qu'une sucette.

Il se détourna de nouveau pour attacher la ceinture de sécurité de Kaley, et je ne fus pas loin d'avoir un sourire narquois. Mais au bénéfice de qui allais-je afficher ma suffisance, là, sur le parking obscur d'un hôpital ? Pour quel public essayais-je d'exprimer ma certitude qu'un clin d'œil, quel que soit le contexte, était forcément vulgaire ?

Lorsque je regardai la sœur de Dave, qui se tenait à quelques pas de la voiture, je fus surprise de la voir fumer. Nos regards se croisèrent. Elle aspira une longue bouffée, lâcha sa cigarette par terre et l'écrasa du bout de sa chaussure. Ensuite, elle s'approcha de la voiture et ouvrit la portière arrière de l'autre côté.

— Attendez, dis-je. Je vais m'asseoir derrière, et vous devant.

— Pas d'importance, répliqua-t-elle avant de monter.

Dave referma la portière du côté de Kaley – la voiture était une Chevy Nova marron clair, avec un toit en vinyle marron foncé et de la rouille qui rongeait les ailes arrière – puis ouvrit la portière avant passager. À cause du véhicule garé à côté, il n'y avait pas assez de place pour que je me glisse à l'intérieur alors que Dave était devant moi. On se regarda.

— Je dois monter ? demandai-je.

— Ça me paraît une bonne idée.

— Par là ? insistai-je en pointant le doigt derrière lui.

— Tenez.

Il posa les deux mains sur mes épaules et me poussa, pas rudement, et seulement avec les mains, contre l'autre voiture. Puis il se glissa sur le côté et, une fois le passage dégagé, s'immobilisa et regarda derrière lui.

— Ça va ?

Il me suffisait de dire *ça va*, ou *oui*. Mais je me tus, comme étourdie. Je voulais que cet instant recommence, quand ses mains s'étaient trouvées sur mes épaules et que nous avions été proches l'un de l'autre. Je voulais qu'il n'y ait que nous, ni sa sœur ni sa nièce, et peut-être alors se serait-il penché, aurait-il incliné la tête vers moi, ou simplement pressé son corps contre le mien. Je l'aurais senti robuste et fort et chaud, et quand j'aurais saisi ses bras, mes doigts auraient paru petits et fins, comme les doigts d'une fille qui aurait un petit ami.

— Oui, articulai-je difficilement. Ça va.

Dans la voiture, tout en roulant il tripota la commande du chauffage.

— Je t'ai dit que ça ne marche pas, fit sa sœur depuis la banquette arrière.

— Je vérifie.

— Lenny va le réparer ce week-end, sauf que si tu continues à le bricoler, ce sera encore pire.

Tandis qu'elle parlait, une bouffée d'air jaillit par les bouches de ventilation du tableau de bord.

— Ah ! s'exclama Dave. Un miracle !

— Tu n'écoutes jamais rien.

— J'ai fini par le faire fonctionner, non ?

Il regarda sa sœur dans le rétroviseur, d'un air plus amusé qu'agressif, puis tourna la tête vers moi.

— Votre prof vous a posé un lapin, c'est ça ? Ce n'est pas bien.

— Elle a plein de gosses. C'était peut-être la pagaille chez elle.

— Alors, ça vous plaît d'être dans cette école ?

C'était la question la plus complexe qui puisse m'être posée ; il m'était impossible d'y répondre sans raconter ma vie entière.

— Bien sûr, dis-je.

— Les gens sont cool.

Impossible de savoir s'il s'agissait d'une interrogation ou d'une affirmation.

— Certaines personnes, oui, dis-je.

Il se mit à rire.

— Il y a cette fille… commença-t-il.

Mon cœur se pinça ; il allait me confier son béguin pour une telle ou telle autre.

— … elle a des cheveux blonds, plutôt bouclés. Et elle est… Personne peut l'encadrer. Elle est toujours à dire que la nourriture est infecte. On aurait envie de lui balancer : « Coucou, on t'entend, tu sais. On n'est pas complètement bouchés. »

Je ris, pour masquer mon malaise face à la familiarité de son langage. Peut-être le faisait-il exprès : difficile à déterminer.

— N'empêche que pour la plupart, vous n'êtes pas trop désagréables, continua-t-il. Lynn a travaillé à l'école, elle aussi.

— Vraiment ? dis-je. Quand…

Je me retournai pour la regarder et me rendis compte qu'elle dormait, comme Kaley. Dave lui jeta à son tour un coup d'œil.

— Elle est vannée. C'est dur pour elle avec Kaley. Mais, ouais, c'est elle qui m'a dégotté le boulot. Disons qu'elle a glissé un mot en ma faveur. Je vais sûrement bosser encore une année ou deux là-bas, jusqu'à ce que je décroche mon diplôme.

— Vous voulez dire que vous êtes lycéen ou étudiant ?

— Oh, là, là, t'es hyper-vexante. Carrément cruelle.

— À la fac, donc ?

— J'ai l'air d'avoir quinze ans ?

— Non.

Il me fallut faire un effort pour ajouter ce que j'ajoutai ensuite, car c'était admettre quelque chose qui me mettait mal à l'aise (*Je t'ai observé, j'ai fait attention à toi, toi aussi tu es un être particulier pour moi*) ; ça faisait de moi une complice.

— Tu n'as pas l'air d'avoir quinze ans, dis-je assez bas.

— J'ai l'air d'avoir quel âge, alors ?

— Vingt ans ? suggérai-je après une hésitation.

— Vingt et un. En tout cas, je suis à East Rock State, là-bas à Rivertown.

J'acquiesçai comme si j'en avais entendu parler.

— Je pense faire d'abord un DUT commercial pour garder mes options ouvertes. Ensuite, probablement l'université de Fairfield. C'est l'idée, quoi.

— Pour faire un troisième cycle ?

— Une licence. Je fais mes deux premières années à East Rock, puis j'intègre Fairfield.

— D'accord, je comprends.

Ce n'était pas que je ne connaissais rien aux petites facultés locales qui ne dispensent que deux années de cours – c'est dans l'une d'elles qu'allaient mes cousins – mais plutôt que j'en étais très éloignée dans le contexte d'Ault.

— Toi, tu iras où ? demanda Dave. À Harvard ?

— Ouais, sûrement.

— Je parie que tu es intelligente. Tu ne dois récolter que des A.

— En fait, j'irai probablement ailleurs, genre…

Quand Martha et moi pensions avoir raté un contrôle, on disait : *Je ferais aussi bien de poser tout de suite ma candidature pour l'IUT du coin*, mais évoquer l'IUT du coin comme un expédient n'aurait franchement pas été une bonne idée.

— … une école pour chiens, terminai-je gaiement.

— Quoi ? fit Dave en me regardant.

— Comme une école de dressage.

— Tu as un chien ?

— Non, non, *je suis* le chien.

Il me regarda de nouveau, avec une expression dont je devais longtemps me souvenir, bien après ce soir-là, bien après mon départ d'Ault. Perplexe, il enregistrait une nouvelle information qui était ce qu'elle était : j'étais une fille qui, même par plaisanterie, pouvait lâcher cette phrase, *Je suis le chien*. Ce fut une bonne leçon pour moi. Ça se passait avant que j'arrête de m'insulter à longueur de temps, et je n'ai jamais complètement cessé, mais n'empêche, c'était une bonne leçon.

— Comme ça, tu es le chien ? fut la seule réplique de Dave.

Là, sachant que j'avais commis une erreur et voulant qu'on se place tous les deux sur un autre terrain, je dis :

— Je n'en parlerais pas si ta sœur était réveillée, mais à mon avis ce n'est pas de l'air chaud qui arrive.

Il avança la paume vers une des bouches de ventilation.

— Ce n'est pas chaud ?

— Regarde celle-ci.

Sans lâcher le volant de la main gauche, il s'inclina, tendit le bras au-dessus de mes genoux pour atteindre la bouche qui était de mon côté, si bien que sa tête se retrouva à quelques centimètres de la mienne. J'aurais pu lui toucher les cheveux.

— Merde, lâcha-t-il en reprenant sa place.

(Je n'avais pas craint, quand il s'était penché, que la voiture fasse une embardée ; il était très habile au volant, sans cette tension qui provoque les accidents. Ou s'il s'énervait, il devait très vite recouvrer son calme.)

— Au moins je sais de quel côté tu es, dit-il en manœuvrant la commande de chauffage. Tu me protèges de Lynn, pas vrai ?

— Il faut croire.

— Tu dois avoir vachement froid. Tu as froid ?

— Ça va.

— Tu veux…

Il hésita une fraction de seconde puis désigna le siège qui nous séparait.

— Tu peux mettre mes gants qui sont là.

— Oh…

Ma réaction immédiate, comme toujours, allait être de décliner poliment, mais il ramassa l'un des gants et me le tendit. C'était un gant gigantesque en nylon, tout moelleux, un gant pour couper du bois pendant une tempête de neige. Je l'enfilai.

— Voilà, dit Dave. C'est chaud, hein ?

Mais l'étrange intimité que créait ce gant me gênait. Je pouvais à peine parler, en tout cas pas du fait que je portais son gant, et ne pouvais me résoudre à mettre l'autre.

— Ils sont imperméables, précisa Dave.

Dans mon désir éperdu de changer de sujet, je lâchai :

— Tu trouves bizarre que des gens aillent en pension ?

— Ça dépend des cas, je suppose. Quitter la maison quand on est si jeune… Moi, je savais à peine m'habiller tout seul quand je suis entré au lycée.

— Certains types de ma classe savent encore à peine s'habiller tout seuls, dis-je.

Dave partit d'un rire tonitruant, et je songeai à mes camarades de classe dont la plupart s'habillaient très bien ; j'avais même mémorisé leur garde-robe, pour la simple raison que je les voyais à longueur de temps. À Ault, j'avais en permanence le sentiment de ne pas connaître les garçons de ma classe, or penser à eux dans la voiture de Dave Bardo me les rendait aussi familiers que mes frères.

Nous avions traversé la ville et descendions la colline qui se dressait peu avant le campus ; à travers le pare-brise, je distinguai la silhouette obscure du clocher de la chapelle. Sans doute était-il temps de parler de l'entrée qu'il fallait emprunter, de l'endroit où me déposer, pourtant je rechignais à aborder le sujet, comme j'avais rechigné à commenter le fait de porter son gant ; ça focaliserait trop l'attention sur ce qui se passait exactement.

Il prit la porte sud et se dirigea vers le parking du réfectoire. Il se rangea même à une place avant de dire :

— Oh, attends, où est ton dortoir ? Je t'emmène à ton dortoir.

— C'est bon, dis-je. Merci beaucoup.

J'avais déjà la main sur la poignée de la portière.

— Tu es sûre ?

— Absolument. Merci.

Je descendis de voiture.

— Salut. Merci encore.

— Tu es très polie, commenta-t-il avec un sourire.

Il serait malhonnête de prétendre que ce fut seulement en traversant le campus, seulement quand il fut trop tard pour faire demi-tour, que je me rendis compte que je portais toujours son gant.

Mme Morino vint me trouver à la fin de l'appel.

— Je suis désolée pour hier soir.

Je savais déjà par Mme Elwyn, ma propre responsable de dortoir, qu'on ne m'avait pas oubliée – Mme Morino avait eu l'impression, au travers des propos de Clara, que je souhaitais également passer la nuit à l'hôpital, aussi n'y était-elle pas revenue avant onze heures passées.

— Il n'y a pas de problème, dis-je. Comment va Sin-Jun ?

— Elle commence à redevenir elle-même. J'aimerais que vous y alliez cet après-midi pour aider son père à la ramener à l'infirmerie.

Qui la surveillerait pour qu'elle ne fasse pas une nouvelle tentative, me demandai-je. Une infirmière ?

— Nous ne savons pas si elle va rester à Ault, reprit Mme Morino. M. Byden, ses parents et moi en parlons avec elle mais, en attendant, ce serait gentil de votre part d'aller lui chercher quelques affaires dans sa chambre.

— Clara ne saurait pas mieux le genre de choses qu'elle peut vouloir ?

Mme Morino soupira.

— Je me rends compte que vous ignorez que Clara et Sin-Jun ne s'entendent pas bien.

Cela ne me surprit pas trop. La première année, quand Clara vivait aussi à Broussard, j'avais essayé de l'éviter dès le début. Non parce qu'à l'évidence elle ne ferait jamais partie des coqueluches de l'école, du moins ce n'était pas l'unique raison, mais parce qu'elle m'irritait. Elle était pâle, avec des cheveux blonds coupés à hauteur du menton, une raie au milieu et une frange épaisse. Elle était grosse, surtout de la poitrine et des cuisses, privilégiait les jeans fuseaux délavés et les longues jupes moulantes. Il y avait dans son attitude quelque chose de hagard et d'innocent, quelque chose de lent et d'assez satisfait, et c'était l'ensemble que je trouvais si agaçant. Cependant, je doutais que la plupart des gens portent le même jugement ; elle incarnait le type même de celles dont on dit : *Elle ne ferait pas de mal à une mouche*. On l'imaginait peu solide mais il n'en était rien ; je crois que ma véritable irritation venait de là.

Au couvre-feu, si vous vous retrouviez assise à côté d'elle, elle se mettait à parler comme si elle reprenait avec vous le fil d'une conversation interrompue ou comme si vous veniez de lui poser une question. Elle faisait ça avec tout le monde – moi, Aspeth, Amy Dennaker, même avec Mme Broussard. L'aspect le plus caractéristique des histoires de Clara était qu'elle ne vous exposait jamais le contexte et que, par peur de l'encourager, vous vous gardiez bien de l'interroger. Par exemple, elle pouvait raconter un incident survenu en cours : « Je ne savais même pas que l'interro était aujourd'hui. » J'ai demandé à Shelly : « Il nous a dit qu'il y aurait interro ? » et elle m'a répondu non. Et au début de l'année, je me souviens très bien qu'il a dit : « Je ne fais jamais d'interrogations surprises… » Tandis qu'elle continuait, moi je pensais : *Shelly ? Qui est Shelly ? Il y a une fille qui s'appelle Shelly à Ault ?*

Clara avait également la manie de fredonner et de chanter à voix haute sans la moindre gêne ; vous l'entendiez pendant que vous vous laviez le visage au lavabo d'à côté avant d'aller vous coucher. Jamais je n'avais pu me départir de l'impression que, dans ces situations, elle essayait de provoquer une réaction – des compliments sur sa voix, peut-être, ou qu'on lui demande de quelle chanson il s'agissait. Ou encore elle espérait qu'on la trouve insouciante et fantasque. En même temps, je la tenais pour une authentique tête creuse. Il était concevable qu'elle chante pour la simple raison qu'elle avait envie de chanter, parce qu'elle était bel et bien insouciante et fantasque. Cette éventualité me la rendait par-dessus tout antipathique.

Cet après-midi-là, je tombai nez à nez avec elle devant la chambre qu'elle partageait avec Sin-Jun ; elle tenait à la main une tasse de thé.

— Je viens chercher quelques affaires pour Sin-Jun, dis-je.

— Pourquoi ? Elle va rentrer ?

La panique perçait dans sa voix, et j'eus l'impression qu'elle allait éclater en sanglots dans l'instant.

— Elle va aller à l'infirmerie. Mme Morino ne t'a rien dit ?

— Il faut croire que non.

La hargne remplaçait soudain la jérémiade, mais c'était à peine préférable.

— Je dois prendre quelques vêtements. Je peux entrer ?

Sans me répondre, Clara passa devant moi et ouvrit la porte. Je la suivis. Elles n'avaient pas de lits superposés, comme Martha et moi, mais deux lits jumeaux séparés par une petite table. Le dessus-de-lit de Clara était décoré de grosses roses rouges, pêche et orange ; celui de Sin-Jun était le même que durant notre année de troisième, bleu marine à galons verts. Je songeai que la dernière fois qu'elle s'était trouvée dans cette chambre avait été le soir où elle avait pris les cachets.

— Où est son sac ? demandai-je.

Clara pointa le doigt vers le dessous du lit mais me laissa m'agenouiller pour sortir le sac. Je compris donc qu'il me fallait agir en solo et, une fois debout, ouvris le premier tiroir de la commode que j'identifiais comme celle de Sin-Jun en reconnaissant les affaires de toilette posées dessus – la lotion pour les mains coréenne avec un dessin de bébé endormi sur le flacon, le parfum auquel j'avais toujours trouvé une odeur de pamplemousse. Tandis que je choisissais quelques sous-vêtements (j'avais oublié qu'elle ne portait pas de soutiens-gorge) et les rangeai dans le sac, je sentais Clara m'observer intensément.

— Tu as oublié le pyjama, me dit-elle quand j'eus refermé le tiroir.

— Ils sont où ?

Clara rouvrit le premier tiroir, en sortit un débardeur assorti à un boxer-short gris, et me les passa. Après quoi elle se recula et croisa les bras.

Je procédai tiroir par tiroir, nous ne parlions pas. J'ajoutai dans le sac quelques affaires de toilette.

— Le shampooing va couler sur les habits, dit Clara. Il faut toujours mettre ce genre de truc dans un sac en plastique.

— Le trajet n'est pas si long.

Je fouillai la chambre du regard, me demandant ce que Sin-Jun pouvait vouloir d'autre, et m'aperçus que j'aurais dû lui acheter un cadeau.

— Je crois que c'est bon, dis-je. À moins que tu penses à autre chose.

Clara me scrutait d'un air suspicieux.

— Tu n'as pas mis une seule fois les pieds dans notre chambre, cette année.

— Et alors ?

— Alors je ne vois pas pourquoi tu fais comme si Sin-Jun et toi étiez très proches.

— Je ne fais comme si rien du tout.

— Elle a changé depuis que vous étiez dans la même chambre. Je parie que tu ignores un tas de choses d'elle.

— Clara, Mme Morino m'a *demandé* de venir ici. Que voulais-tu que je fasse ? Que je refuse ?

— Tu n'es qu'une hypocrite.

— Eh bien, je suis désolée que tu le prennes comme ça.

C'était une repartie bien aultienne, ostensiblement diplomatique quoique absolument distante. Pourtant, j'éprouvai un petit élan de sympathie pour Clara. Comment réagirais-je si, par exemple, Dede usurpait brusquement mon rôle dans la vie de Martha ? Non que j'essayais de le faire avec Sin-Jun ; ça en avait l'air, voilà tout.

— Attends, dit Clara. Donne-lui ça.

Elle jeta dans ma direction un petit lapin blanc en peluche. Je ne l'attrapai pas mais le ramassai par terre.

— Et dis-lui de ne pas prendre trop de daiquiris à la pêche. Elle comprendra.

De façon étrange, je me sentis à cet instant plus proche de Clara que jamais auparavant. Son visage tourné vers moi était rose et fatigué. Elle n'arborait plus cette satisfaction suffisante qui la caractérisait.

J'arrivai devant le bâtiment scolaire où Mme Morino m'avait dit de retrouver M. Kim ; une berline couleur crème m'attendait. M. Kim descendit de la voiture, conclut une conversation sur son portable – c'était la première fois que j'en voyais un – et me serra posément la main. Je l'avais rencontré à deux reprises : la première à l'occasion du week-end des parents quand Sin-Jun et moi étions en troisième, la seconde plus tard la même année ; en voyage d'affaires à Boston, il était venu sur le campus. Les deux fois, j'étais allée dîner avec les Kim et, les deux fois, M. Kim m'avait encouragée à commander une côte de bœuf ; ne voyant aucune raison de m'abstenir, j'avais obtempéré. M. Kim était un peu plus petit que moi, soigné de sa personne, vêtu d'un costume gris, d'une chemise blanche sans cravate, et d'un imperméable beige qui ne devait pas lui tenir chaud ; il avait la peau mate et ses cheveux commençaient à se clairsemer, surtout sur le devant où ne restaient que quelques mèches qui paraissaient, vu leur pli et leur odeur, avoir été peignées en arrière avec de la pommade.

Les sièges de la voiture étaient en cuir pâle, il faisait déjà chaud à l'intérieur ; j'oubliais toujours à quel point les choses luxueuses pouvaient être agréables. Quand on sortit du campus, plusieurs minutes s'écoulèrent durant lesquelles aucun de nous ne parla. Des phrases me traversaient l'esprit – *Comment s'est passé votre voyage ? Quand êtes-vous arrivé ?* – mais poser ces questions aurait donné l'impression que j'évitais le vrai sujet. En même temps, ce n'était certainement pas à moi d'aborder le vrai sujet.

Derrière la vitre, les arbres étaient nus, décharnés, et la route gardait sur les bas-côtés la neige sale de la semaine précédente. J'aimais vraiment la désolation de l'hiver ; c'était la saison où l'on pouvait être malheureux. Je me dis que si je devais me tuer un jour, ce serait en été.

Quand M. Kim prit la parole, je me rendis compte que ses pensées suivaient plus ou moins le même chemin :

— Si vous n'aimiez pas l'école d'Ault, commença-t-il, vous diriez à votre père et votre mère.

— Pas forcément. Je ne voudrais pas que mes parents s'inquiètent parce qu'ils n'y peuvent pas grand-chose.

On se tut pendant près d'une minute, puis M. Kim reprit :

— Vous diriez à professeur ou directeur.

— Je le dirais sans doute à ma camarade de chambre.

Admettre ça me fit l'effet d'une trahison envers Sin-Jun.

M. Kim ne répondit pas, et le silence reprit ses droits.

Une fois la voiture garée sur le parking de l'hôpital, je demandai d'un ton joyeux :

— Les hôpitaux en Corée sont-ils différents de ceux d'ici ?

— Dans grandes villes, ils sont les mêmes. Dans villages, ils ne sont pas si modernes.

— C'est l'hiver aussi, là-bas, n'est-ce pas ? Les saisons sont les mêmes qu'ici ?

— Oui, dit-il. Les saisons sont les mêmes.

Après être passés à l'accueil, on monta dans l'ascenseur.

— Quelle est votre saison préférée ? questionnai-je.

Il garda le silence, puis finit par parler :

— Quand Sin-Jun était petite fille, on l'emmena un soir à une fête. La maison de nos amis avait nombreuses fenêtres. Pendant qu'on dînait, la femme de mon ami me dit : « Regarde. » Sin-Jun était devant fenêtre. Parce que la nuit était noire, Sin-Jun voyait son reflet dans vitre. Mais elle ne comprenait pas que c'était son reflet. Elle pensait que c'était une autre petite fille. Quand elle faisait bonjour avec la main, l'autre fille faisait bonjour. Quand elle souriait, l'autre fille souriait. Elle commence à danser, et l'autre fille danse. Sin-Jun est si heureuse.

M. Kim n'avait l'air ni content ni attristé, simplement désorienté.

— Elle est si pleine de joie, conclut-il.

Arrivé au deuxième, l'ascenseur marqua une pause, eut un petit sursaut ; les portes allaient s'ouvrir. Nous regardions tous deux droit devant nous, prêts à sortir. Les hommes adultes, les pères des autres, étaient si étranges – souvent je ne comprenais pas grand-chose à ce qu'ils fabriquaient à leur travail pendant la journée, et en tout cas je ne comprenais pas ce qui occupait leur esprit. Ils étaient capables de vous mettre en boîte ou de vous poser des questions, ils pouvaient même, à l'école primaire, entraîner l'équipe de foot, mais leur attention paraissait toujours passagère, avant qu'ils retournent à leurs vraies affaires. Et on *voulait* que leur attention soit passagère – ceux qui faisaient autrement étaient inquiétants. Or, maintenant, la situation semblait inversée, c'était comme si M. Kim me demandait quelque chose. Mais si c'était le cas, qu'avais-je à donner ? Le père de quelqu'un d'autre pouvait vous faire griller un bifteck haché, regonfler la roue de votre vélo, sortir votre valise de la voiture, mais que pouviez-vous faire pour lui ? N'était-il pas présomptueux – puisque je révélais ainsi son besoin et sa vulnérabilité – de lui offrir du réconfort ?

— Je pense vraiment qu'elle va aller mieux, dis-je alors que s'ouvraient les portes de l'ascenseur.

Pour l'heure, Sin-Jun ne paraissait pas aller particulièrement mieux. Au moment de sortir de l'hôpital, son père voulut lui donner son imperméable – je n'avais pas eu l'idée de lui prendre un manteau dans sa chambre – et Sin-Jun réagit avec humeur, lui parlant en coréen – je ne l'avais pas vue si animée depuis qu'elle avait pris les cachets. Comme elle n'enfilait pas le vêtement, ne le prenait même pas en main, M. Kim le lui mit sur les épaules. Il se tourna ensuite vers moi pour me dire en anglais :

— Vous resterez ici avec Sin-Jun pendant que je cherche la voiture.

Dès qu'il eut franchi la porte vitrée, Sin-Jun sortit à son tour. Je la suivis.

— Je crois que ton père veut qu'on attende à l'intérieur.

Elle me jeta un regard hostile.

— J'ai besoin d'air.

Il était difficile de savoir comment se comporter avec elle. Instinctivement, j'étais encline à agir comme si elle était physiquement malade – d'une certaine façon, j'avais été surprise de la voir habillée, à nous attendre près du bureau des infirmières, surprise encore quand elle s'était levée de sa chaise et mise à marcher naturellement au lieu d'être poussée en fauteuil roulant – mais une autre part de moi ne la considérait pas comme malade ; j'avais envie de l'attraper par les épaules et de lui enjoindre de se secouer. Son manque d'émotion semblait ridicule, une parodie d'adolescente maussade. Évidemment, je n'allais pas l'attraper par les épaules mais la raison en était moins la crainte de me montrer inopportune que la timidité qui m'avait saisie devant cette Sin-Jun dans sa nouvelle incarnation. Je lui prêtais des pensées désobligeantes à mon égard. Elle avait fait quelque chose de courageux et de spectaculaire, quelque chose dont on parlait à Ault. La psychologue scolaire passait dans tous les dortoirs, à commencer par ceux des filles, afin de s'adresser aux élèves avant le couvre-feu – Sin-Jun, la paisible et accommodante Sin-Jun avait provoqué ces réunions – et certains, se souvenant que j'avais autrefois partagé une chambre avec elle, m'avaient questionnée pour connaître les détails de l'affaire. Les filles au moins feignaient l'inquiétude (*Elle va bien ?* Ou *Comme c'est horrible !*) tandis que les réflexions des garçons étaient plus distantes : *Quelle merde ! Pourquoi elle a fait ça ? Elle a toujours été barrée comme ça ?* Mais voilà : les filles comme les gars étaient impressionnés. Le fait que Sin-Jun ait avalé des cachets la rendait intéressante. C'était déjà devenu – la chose était palpable – un phénomène, une histoire. Ce n'était déjà plus un acte de désespoir, du moins pas de désespoir malpropre, baveux. Et à présent que Sin-Jun se voyait considérée sous un nouveau jour par l'ensemble de la communauté aultienne (même si elle n'était pas encore retournée sur le campus, elle devait sentir cette révision d'opinion ; quand on se mettait à avoir la cote, on en avait forcément conscience, même si c'était discrètement), elle me faisait peur ; peut-être me trouvait-elle ringarde.

— Tu voudras jouer au rami ce soir ? dis-je.

Sin-Jun secoua la tête.

— Ou demain, ajoutai-je.

(J'*étais* ringarde – elle était en droit de le penser.)

Elle se tenait en avant, scrutant le parking, et je ne pouvais lire l'expression de son visage.

— Tu es contente de quitter l'hôpital ? questionnai-je.

Elle eut un haussement d'épaules.

— Tu te rappelles à quel point tu te sentais mal avant ? Est-ce que tu te sens toujours aussi mal ? Ou tu te sens mieux ?

Je pouvais lui demander ça parce qu'elle m'ignorait ; son attitude me mettait à l'aise car je semblais la seule à être émue et c'était bien suffisant. Si elle s'était mise à pleurer et à se confier à moi, je me serais montrée prévenante juste comme il fallait, apaisante avec un rien de distance.

— Je vais bien, dit-elle.

— Certaines fois, j'ai vraiment le cafard.

Sin-Jun me fixa droit dans les yeux.

— Tu es déprimée ?

— Oui, dis-je.

Et j'eus l'impression de mentir. Ma dépression, s'il convenait de l'appeler ainsi, était toujours si éphémère ;

il m'arrivait d'en sortir en traînant avec Martha, ou en écoutant un orateur à la chapelle, ou même – ça devait signifier que ce n'était pas grave – en regardant la télévision.

— Il y a des trucs qui me démoralisent, ajoutai-je.

— Quels trucs ?

— Ault est complètement stressant, dis-je. On est tout le temps sous pression.

C'étaient des complaintes récurrentes chez les élèves, mais elles étaient stupides. Pas une fois en trois ans, je n'avais pensé : *Je suis tout le temps sous pression.*

— Les notes, rétorqua Sin-Jun. C'est pour les notes que tu t'inquiètes ?

— Pas autant que je le devrais.

Elle me considéra d'un air morne, si bien que je ne sus pas si elle n'avait pas compris qu'il s'agissait d'une blague ou si, simplement, elle ne la trouvait pas drôle. Soudain, je me souvins de notre première semaine à Ault, quand nous vivions ensemble à Broussard. Un soir, nous étions prêtes très en avance pour le dîner officiel – quand on est dans un endroit nouveau, le temps est toujours difficile à remplir –, aussi étions-nous assises sur nos lits, à attendre. À l'époque, j'étais intimidée même en présence de Sin-Jun ; je n'avais pas encore déterminé les hiérarchies qui me permettraient de la classer dans la catégorie des individus inoffensifs.

Je ne sais plus où était Dede – sous la douche, peut-être –, en tout cas la chambre était silencieuse, à l'exception du ventilateur de la fenêtre qui tournait et de quelques bruits dehors. Je ne mettais même pas mes cassettes préférées alors, craignant que mes goûts musicaux ne révèlent quelque chose d'humiliant. J'eus envie de dire à Sin-Jun : *J'aime bien ta jupe*. Mais, parfois, parler est si difficile ! Comme de se tenir debout immobile avant de piquer un sprint. Je me répétais mentalement la phrase, l'examinant sous toutes les coutures à la recherche d'un défaut.

— Ta jupe est jolie, finis-je par dire. J'aime bien les pois.

Elle sourit, et au vide de son sourire je fus quasiment certaine qu'elle n'avait pas compris.

— Tu sais ce que c'est, les pois sur un tissu ? Ce sont les taches rondes, comme… eh bien, comme ici.

Je me levai et désignai sa jupe.

— Ahh, souffla-t-elle. Pois.

— Moi, j'ai des chaussettes à pois.

Je les sortis du premier tiroir de ma commode pour les lui brandir sous le nez.

— Tu vois ?

— Très exquis, dit-elle. J'aime aussi.

Je me rassis sur mon lit, et repris, enhardie :

— Tu as de beaux habits.

De fait, j'avais remarqué que Sin-Jun possédait un pantalon Levi's, et je m'étais interrogée pour savoir si elle l'avait déjà à Séoul ou si elle l'avait acheté en prévision de son entrée à Ault.

— Tu peux me demander d'autres mots, si tu as envie, ajoutai-je.

C'est ce qu'elle fit parfois, ensuite – généralement pour des mots qu'elle avait entendus mais ne savait orthographier, aussi ne pouvait-elle les chercher dans son dictionnaire coréen-anglais : *mille-pattes* ou *procrastination*. Mais, le plus souvent, j'étais étonnée qu'elle connaisse le sens de : *ananas*, *sarcasme*, *lune de miel*. Je m'étais demandé si Ault était beaucoup plus dur pour Sin-Jun que pour moi, dans la mesure où elle se trouvait dans un milieu absolument étranger et pas seulement inhabituel. Ou était-ce plus facile, justement ? Peut-être cela lui procurait-il une saine distance vis-à-vis des événements, lui autorisant même l'indifférence.

Hormis cela, alors que nous attendions sur le parking, il paraissait évident qu'elle avait pris sa vie à Ault très au sérieux, qu'elle ne l'avait pas considérée comme sa vie américaine ou comme sa vie scolaire mais comme sa vraie vie.

— Sin-Jun…

Elle se tourna vers moi.

— J'ai un message à te transmettre de la part de Clara. Tu ne dois pas prendre trop de daiquiris à la pêche.

Sin-Jun m'observa d'un regard perspicace.

— Tu comprends ce que ça veut dire, hein ? ajoutai-je.

— Oui.

— Je ne veux pas me mêler de ce qui ne me regarde pas, mais qu'est-ce qui se passe entre Clara et toi ?

— Rien ne se passe.

— Je ne dis pas que c'est une fille désagréable, précisai-je, juste que ça doit être difficile de vivre avec elle.

Sin-Jun me prit la main et la pressa. M. Kim s'était garé devant nous et descendait de voiture.

— Nous arrêtons d'en parler, dit Sin-Jun.

Après qu'on eut déposé ses affaires à l'infirmerie, M. Kim annonça qu'il nous emmenait dîner à l'auberge de la Grange Rouge. Il était quatre heures et demie. Tandis que nous roulions, il alluma une cigarette – à Ault, on ne voyait jamais un adulte fumer – puis, une fois arrivés au restaurant, on commanda des côtes de bœuf, tous les trois. M. Kim mangea la moitié de la sienne, Sin-Jun presque rien, je finis mon assiette jusqu'à ne laisser que le gras et l'os.

Le soir suivant, une fois le réfectoire à peu près désert, je pénétrai dans la cuisine. Le gant de Dave Bardo formait une protubérance dans la poche avant droite de mon jean.

— Excusez-moi, dis-je à une jeune femme qui habillait de Cellophane un plateau argenté contenant des demi-poires. Dave Bardo n'est pas là ?

— Il est en train de sortir les poubelles. Vous savez où sont les bennes ?

Comme je faisais demi-tour, elle ajouta :

— Vous avez les escaliers juste ici.

Elle désignait une porte rose pâle que je n'avais jamais remarquée, percée en hauteur d'un hublot rond dont la vitre était grillagée. Quand j'ouvris la porte, je tombai sur une cage d'escalier en briquettes ocre qui donnaient à l'endroit une allure de gymnase ; l'odeur n'était guère différente, elle non plus. J'eus l'impression bizarre de ne plus être à Ault ; aucun autre lieu du campus, même pas le vrai gymnase, ne ressemblait à ça.

Au bas des marches, il y avait une autre porte, que je poussai pour me retrouver dans la nuit hivernale, sur une sorte de plateforme de laquelle on descendait par quelques marches en béton. Dave était en bas, en tee-shirt et tablier. Je distinguais les muscles arrondis de ses bras, la toison sur ses avant-bras – un poil brun foncé, comme chez un adulte, mais ça ne me dégoûtait pas du tout.

— Salut, dis-je.

— Tiens, bonjour.

Quand nous parlions, notre souffle dégageait un nuage visible.

— Je te cherchais.

— Ç'a été dur de me trouver ?

Il arborait ce sourire nonchalant, de vague expectative – ce sourire qui cadrait exactement avec le souvenir que j'en avais. Cette concordance n'atténua évidemment pas mon trouble.

— Tiens.

Je sortis le gant de ma poche et le lui tendis.

Il plissa les yeux. Une lampe brillait à l'angle du réfectoire, une autre au-dessus de la porte par laquelle j'étais sortie, cependant l'obscurité rendait les objets sombres difficiles à distinguer.

— C'est ton gant, dis-je. Je l'ai gardé sans le faire exprès quand tu m'as ramenée de l'hôpital.

— Pas bien grave. J'avais dans l'idée que tu me le rapporterais. Comment ça va ?

— Bien.

— Juste bien ?

Je ne savais pas quoi répondre.

— Tu sais, la purée de pommes de terre était drôlement bonne ce soir.

— Merci, dit-il en riant.

— Ta sœur va mieux ?

— Oui, elle est repartie pour un tour. J'ai beau lui dire de se la couler plus douce, tu sais ce que c'est pour les mères célibataires.

— Mon amie va mieux, elle aussi. Je suis retournée à l'hôpital hier pour aider son père à... à je ne sais quoi, en fait. Disons que c'est une longue histoire. Tu n'as pas froid sans manteau ni rien ?

— Ça va. Toi non plus, tu n'as pas de manteau.

— Mais j'ai un pull.

Je tendis un bras, les doigts refermés sur l'extrémité de la manche, comme pour brandir une preuve.

— Il est joli. C'est ça, du *cachemire* ?

Il avait prononcé le mot correctement, mais de façon blagueuse, comme si c'était la première fois qu'il l'utilisait. Mon chandail était en pur acrylique, mais Dave supposait – j'en avais déjà eu l'impression, à présent j'en étais sûre – que j'étais riche, que j'étais une authentique élève d'Ault. Peut-être cela expliquait-il ses prévenances à mon égard.

— Je ne sais pas trop en quoi il est, répondis-je.

— Ça a l'air doux.

— C'est vrai.

Le bras toujours tendu, je me rendis compte, quelques secondes avant que ça se produise, que Dave allait toucher soit ma peau, soit mon pull, et cette certitude me fit l'effet d'un soleil qui s'épanouissait en moi, et comme il s'agissait, sans doute possible, d'une sensation agréable, il est difficile d'expliquer pourquoi je rabattis subitement mon bras. Très brièvement, sa main resta suspendue là où s'était trouvé mon bras, et mon visage s'empourpra ; j'étais incapable de le regarder. Quand je finis par m'y résoudre, il m'observait d'un air interrogateur.

— Il paraît qu'il va neiger, dis-je d'une voix forte. Tu es au courant ? C'est ce qu'on annonce pour cette nuit.

Il continuait à me fixer.

— Alors c'est bien que tu aies récupéré ton gant, poursuivis-je. Au cas où tu aurais besoin de pelleter devant chez toi.

J'avais envie de dire : *Je regrette*. Mais il est difficile de rectifier une erreur muette par le langage ; la plupart du temps, ça ne fait qu'aggraver les choses.

— Je devrais te laisser rentrer, dis-je encore.

Aucun de nous ne bougea.

— Je vais te dire un truc, finit-il par articuler. Cette purée de patates n'était pas bonne. Ce que vous avez eu à bouffer… c'était une purée dégueulasse.

— Moi, je ne l'ai pas trouvée mauvaise.

— Tu veux goûter une vraie purée de pommes de terre ?

Qu'étais-je censée répondre ?

— Tu es déjà allée chez Chauncey ? questionna Dave.

Oui, j'y étais allée, l'année de ma seconde. Pour autant que je m'en souvienne, cela n'avait rien de particulier – meilleur qu'un restaurant bas de gamme mais sans plus. Pourtant, je répliquai :

— Je ne crois pas.

— Faut qu'on y aille, alors.

— Maintenant ?

— Je ne peux pas maintenant. Je travaille.

— Ah oui. Bien sûr.

— Qu'est-ce que tu dirais de demain ? C'est bien samedi, demain ?

— Je crois que j'ai un truc de prévu avec le lycée.

Déjà, je réfléchissais trop. Je pensais que le samedi était un jour autrement plus louche que le vendredi – on avait cours le samedi matin, donc le vendredi soir restait un soir ordinaire. Le samedi, en revanche, c'était vraiment le week-end. Si j'allais au restaurant avec Dave un samedi soir, ce serait comme de sortir ensemble.

— Et dimanche ? proposa-t-il. Je suis en congé dimanche.

Il me suffisait d'être calme. Il me suffisait de trouver les mots, de me concentrer sur la tâche immédiate et de ne pas m'abandonner au sentiment que ce moment était une monstrueuse fleur palpitante, une éclosion géométrique vert et pourpre comme on en voit dans un kaléidoscope.

— Dimanche, c'est d'accord, dis-je. Je te retrouve ici.

— Sur le parking ?

— C'est plutôt compliqué de trouver mon dortoir. Et puis ils n'aiment pas trop qu'on laisse entrer les garçons.

— Pigé. Vers sept heures. Ça te va, sept heures ?

J'acquiesçai d'un hochement de tête.

— Ça va être la meilleure purée de pommes de terre de ta vie. On a écrit des poèmes sur cette purée !

C'est toi l'auteur ? avais-je envie de lui demander en plaisantant. Mais impossible car mon anxiété explosait, la fleur tourbillonnait sans répit.

— Il faut que j'aille faire mes devoirs, dis-je.

En gagnant les marches, j'aurais pu le frôler. Mais il existait tant de subtilités que je ne connaissais pas alors, tant de gestes que je ne tenais que pour des engagements sans retour et des promesses. Je me mis de côté afin qu'on ne se touche pas du tout.

Quand je fus passée de l'autre côté, il se retourna pour me tapoter l'épaule.

— Sois bien sage, Lee.

Voici ce que je voudrais dire à celle que j'étais à seize ans : réponds *J'essaierai.* Ou : *Je ne suis pas moins sage que toi.* Tu ne lui promets rien du tout ! Je pus seulement rétorquer :

— Maintenant, tu as récupéré ton gant.

Quand je racontai ce qu'il s'était passé à Martha, elle s'écria :

— Tu as un rendez-vous !

Et elle bondit de sa chaise pour m'embrasser.

— Mais c'est dimanche, dis-je.

— Et alors ? Tu as un rendez-vous avec Dave Bardo, se mit-elle à psalmodier. Tu as un rendez-vous avec Dave Bardo !

J'avais envie qu'elle arrête. Ce n'était pas par peur d'attirer la poisse à force de suppositions, mais ça me semblait bizarre, voilà, ça paraissait difficile à comprendre.

— Je le connais à peine, dis-je encore.

— Justement. Vous allez dîner et tu le connaîtras.

— Pourquoi est-ce qu'il m'a proposé ça ?

— Je ne lis pas dans ses pensées, Lee. Peut-être qu'il te trouve jolie, c'est tout.

Je tressaillis. Cette éventualité ne me flattait pas ; elle me terrifiait. Un garçon pouvait penser d'autres choses de moi sans avoir complètement tort – que j'étais sympa, ou loyale, ou même intéressante. Non que je possédais ces qualités en permanence mais, dans certaines situations, c'était concevable. En revanche, être considérée comme jolie relevait d'une méprise fondamentale. D'abord, je n'étais pas jolie, ensuite et pardessus tout, je ne prenais pas soin de ma personne comme une jolie fille ; je ne faisais même pas partie de ces filles plutôt moches qui passent pour jolies grâce à leur persévérance et leurs fréquentations. Si un gars croyait que la beauté comptait parmi mes qualités, soit il s'était fourvoyé et finirait par être déçu, soit il n'avait strictement aucun goût. À propos de Dave, j'aurais aimé savoir s'il m'avait remarquée avant ce soir-là à l'hôpital ou si j'avais éveillé son intérêt pendant notre conversation. Mais pourquoi m'aurait-il remarquée avant, ou pourquoi aurais-je éveillé son intérêt ensuite ? Étais-je le mieux qu'il puisse viser ?

— Je n'en sais rien, dis-je.

Je nous imaginais assis face à face à table chez Chauncey, et là, en voulant prendre du pain, je renversais mon verre d'eau. Le pire serait quand il m'assurerait que ça n'avait rien de grave. Et ce ne serait pas mieux si *lui* renversait son verre d'eau. Cela ne me consolerait pas si lui, ou n'importe quel autre type, déclarait d'une voix douce, avec un sourire à moi seule destiné (en fait, la voix douce et le sourire seraient le summum de l'horreur) : *Tu sais, moi aussi je suis nerveux.* Ou : *Moi non plus je ne sais pas ce que je fais.* Il faudrait seulement qu'il sache se taire – ce serait l'idéal.

— T'as peur de quoi au juste ? demanda Martha.

— Je sais. Je suis ridicule.

— Non, franchement. Réponds à ma question. De quoi as-tu peur ?

J'avais peur que Dave ait choisi Chauncey parce qu'il trouvait l'endroit sympa, alors que cela ne l'était pas. J'avais peur qu'il raconte une histoire drôle, soi-disant à la serveuse mais en réalité à mon profit, et tout le long je me demanderais si la blague allait vraiment être rigolote, et, dans le cas contraire, si j'arriverais à sortir le rire de circonstance. Pour compenser, désireuse surtout de ne pas manquer la chute, je commencerais à glousser à mi-chemin. J'avais peur, même en ayant mis de la lotion avant de quitter le dortoir, d'avoir l'impression que la peau se desquamait autour de ma bouche, et que ce soupçon n'entraîne une conversation parallèle à celle que nous aurions, un murmure continu qui irait croissant. Qui exigerait mon attention, une grande part de mon attention, presque toute mon attention, et juste avant d'aller aux toilettes (comme si, trente secondes après être sortie des lavabos, je ne recommencerais pas à me demander si ma figure pelait), j'inclinerais la tête et bougerais le menton pour empêcher Dave de me regarder en face. C'était tellement difficile de se sentir à l'aise avec une autre personne, voilà le cœur du problème, et quelle garantie y avait-il que ça vaille le coup ?

— On est toujours empotée aux premiers rendez-vous, dit Martha. C'est la règle. Puis, quand tu es sortie avec quelqu'un depuis six mois, tu regardes en arrière, et tu te rappelles à quel point c'était drôle quand vous ne vous connaissiez pas.

— Alors, je devrais y aller ?

— Absolument. Et tu devrais mettre ton pull à col roulé parce qu'il te donne l'air d'avoir de gros seins.

— Beurk, dis-je.

— Si ma poitrine paraissait aussi généreuse que la tienne dans ce pull, je te le volerais.

Pendant que Martha faisait jouer lascivement ses sourcils, je songeai que bien aimer un garçon était exactement la même chose que de tenter de percer un secret – tout était beaucoup mieux tant qu'on était dans la privation, tourmentée par la curiosité ou la solitude. Mais le moment où il se passait quelque chose était traître. C'était carrément épuisant de devoir s'inquiéter de sa figure qui pèle, ou de devoir rire à des histoires même pas drôles. En fait, tout ce que je voulais vraiment, c'était rester au dortoir, lambiner avec Martha.

Martha était allée à la bibliothèque et j'étais assise à mon bureau, à étudier de l'algèbre – plus précisément, je regardais les pages du manuel ouvert devant moi sans en rien absorber – quand Adele Sheppard, une terminale, glissa la tête dans la pièce.

— Téléphone pour toi, dit-elle avant de disparaître et de laisser la porte se refermer.

Je me crispai aussitôt. Mes parents ne m'appelaient pas le vendredi soir. Alors si c'était Dave, qui avait simplement envie de bavarder ? (Pouvait-il avoir obtenu le numéro du dortoir Elwyn ? Ça paraissait peu probable.) Ou, bien pire, s'il s'agissait de Mme Morino ou d'une personne de l'infirmerie qui appelait à propos de Sin-Jun ? Ils avaient commis une erreur en la ramenant sur le campus, elle avait trouvé un rasoir, ou noué un drap à une conduite qui passait à hauteur du plafond. Mais quand je pris le combiné, c'était Sin-Jun elle-même qui était en ligne.

— Lee, j'ai service à demander. Je pars dimanche avec père.

— Pour de bon ?

— Peut-être oui.

— Dis donc… Je suis désolée. Ou est-ce que… tu es contente ?

— Peut-être c'est mieux d'être à la maison. Le service je te demande est de chercher passeport. C'est dans tiroir du milieu de mon bureau. Tu peux faire ça ?

— Pas de problème. Tu en as besoin ce soir ?

— Demain c'est bien. Lee, j'ai très gros ventre maintenant. Tu sais la raison ?

— Tu n'as pas un gros ventre.

— Il est tout plein de caramels. Je mange un sac entier.

— Ça m'a l'air super, dis-je.

Et soudain je mesurai combien Sin-Jun m'avait manqué, et combien elle me manquait encore à ce moment-là.

Le samedi, c'était toujours un peu la course entre la fin des cours du matin et le début des activités sportives de l'après-midi. Par conséquent, la cantine ne proposait pas un véritable déjeuner mais disposait sur une longue table des ingrédients pour sandwiches, des fruits, des biscuits, et soit l'on mangeait sur place, soit l'on glissait son ravitaillement dans un sachet en papier brun qu'on emportait dans le car. Comme je disputais un match à domicile, je n'avais pas besoin de me presser. Je me confectionnai un sandwich à la dinde et allai m'asseoir à une table où se trouvaient déjà Dede, également dans mon équipe de basket, Aspeth, qui jouait au squash, et deux garçons. Une fois assise, je savourai le soulagement que représentait le week-end. Même le match ne me tracassait pas – on jouait contre Gordon qu'on avait battu en décembre par plus de vingt points.

Je venais d'engloutir quelques chips quand je sentis une main sur mon épaule. Je me retournai tranquillement, supposant vaguement qu'il s'agissait de Martha ou d'une personne quelconque et lorsque je vis que c'était Dave Bardo, un sentiment d'horreur me raidit. Au-dessus de son tablier, il avait le visage rouge et en sueur, la transpiration lui coulait en filets sur le front.

— Lee, écoute, dit-il.

J'étais entre Dede et Devin Bellinger ; pour voir Dave, je m'étais tournée vers la gauche, le cou tendu, et Dede s'était tournée sur sa droite, les yeux levés sur lui elle aussi. Sans doute que tout le monde à la table le regardait – nous regardait – mais je n'allais pas vérifier.

— Lynn a besoin de la voiture demain. On peut repousser ?

Il me fallut quelques secondes pour comprendre qu'il s'agissait d'une question qui réclamait une réponse.

Je déglutis.

— D'accord.

— N'importe quel autre soir de la semaine qui vient me va. Je ne travaille pas lundi ni jeudi, mais si ces soirs-là ne collent pas, Sandy me doit un remplacement, alors c'est quand tu veux.

— D'accord.

— Ça veut dire quel soir ?

— Je ne… Je ne sais pas.

Je percevais ma voix assourdie et indifférente.

— Ça va ? demanda-t-il. Tu es…

Il se tut et son regard fit le tour de la table.

— Ça va, dis-je.

Quand ses yeux se posèrent à nouveau sur moi, il reprit – d'un ton sarcastique, la seule fois où je l'entendis se moquer :

— OK. Pigé. Je ne voulais pas te déranger. À une prochaine, hein, Lee ?

Quand il se fut éloigné, je me retournai vers la table et, sans regarder personne, d'une main tremblante, pris d'autres chips.

— C'est qui, ton petit copain ? s'enquit Aspeth.

— Ce n'est pas mon petit copain.

— Tu es sûre ? Il en a l'air, pourtant.

— Ah, oui, dit Devin.

Il s'adressait à Aspeth, pas à moi, mais la situation était insupportable. Mon esprit galopait : d'autres personnes le sauraient-elles – Cross Sugarman par exemple, qui partageait sa chambre avec Devin ? – et quelles conclusions en tireraient-elles ? Avec quels mots spéculeraient-elles sur les relations de Lee Fiora avec le garçon de cuisine ? La vraie question était cependant de savoir comment j'avais pu imaginer que ça *n'arriverait pas*. Pourquoi avais-je supposé que Dave resterait discret ?

— Dis-nous son nom, au moins, reprit Aspeth.

Brûlante, nauséeuse, j'avais envie que ça s'arrête.

— Ce thon est rance, dit Dede à côté de moi.

— Tu n'as pas vu le panneau ? fit Devin. Il y avait écrit : *Mangez à vos risques et périls*.

— Ha, ha. Très drôle, commenta Dede.

Plus tard, avant le match, Dede me rejoignit au vestiaire.

— Tu vas sortir avec ce type ? me demanda-t-elle.

Quand j'eus répondu non, elle continua :

— Je suis certaine qu'il est bien, mais tu es élève à Ault. Ta vie est ici, pas dans un bowling de Raymond ou je ne sais quel autre coin où il devait t'emmener. Tu peux penser que je suis snob, mais je ne fais que te dire la vérité. Je ne crois pas que tu veuilles vraiment te mettre à l'écart de la collectivité.

Je me taisais.

— C'est ce qui se passera, poursuivit Dede. Les gens jaseront si tu sors avec un gars du coin.

Voilà ce que me dit Dede dans le vestiaire, plus tard. Mais au réfectoire, c'était elle qui avait changé de sujet, or si parfois je feignais de croire le contraire, Dede avait plutôt bon cœur. Je sais que les deux fois ce jour-là, elle essayait de m'aider. Et même si elle avait tort, même si elle avait tort en partie, elle ne m'apprenait rien dont je ne sois déjà convaincue.

Après mon match, je retournai dans la chambre de Sin-Jun et fus contente de ne pas y trouver Clara. Je pris le passeport de Sin-Jun à la place qu'elle m'avait indiquée et gagnai l'infirmerie, mes cheveux humides refroidis par l'air du dehors. Je m'efforçais de ne pas penser aux quelques phrases échangées avec Dave, d'être seulement un corps dans l'univers, qui se déplaçait parmi les arbres et les bâtiments, sous un ciel que gagnait le crépuscule. Désormais, me disais-je, je ne ferais qu'effleurer la surface des choses, sans laisser de traces, sans m'impliquer. Quand je serais passée quelque part, il n'y en aurait aucune preuve.

D'un côté, je me sentais soulagée de ne pas sortir avec Dave le lendemain, ni jamais. D'un autre côté, j'étais fâchée contre lui pour m'avoir abordée en public, pour m'avoir poussée à me montrer vache. (Donc depuis le début, je m'étais figuré que nous étions tacitement d'accord pour ne nous rencontrer qu'en douce, la nuit, derrière des bâtiments ? Ce n'avait donc été que fortuit de sa part, en rien de la discrétion – c'était ça ?) Et par ailleurs, bien sûr, j'avais honte. Mais ma honte, étant le plus généreux et le plus authentique de mes sentiments, méritait à peine mon attention ; tel un poids dans mon ventre, elle resterait avec moi.

Non, c'était le soulagement qui primait. À cette période de ma vie, aucune conclusion n'était une mauvaise conclusion. Quelque chose s'achevait, aussi arrêtait-on de désirer et d'appréhender. On pouvait toujours réfléchir à ses erreurs, les regretter, mais la boîte n'en était pas moins scellée, la porte close, et l'on n'était plus immergé dans un entre-deux déroutant.

À l'infirmerie, je tombai sur la même infirmière que celle qui était de service quand M. Kim et moi avions déposé Sin-Jun, trois jours auparavant.

— Elle a des amies bien gentilles, commenta l'infirmière. Elle ne risque pas de se sentir seule avec toutes ces visites.

Je frappai à la porte de Sin-Jun puis tournai la poignée, et là je restai pétrifiée, le regard fixe. Elles étaient toutes deux sur le lit, cramponnées l'une à l'autre, frémissantes, haletantes – elles étaient tout habillées ; si ça n'avait pas été le cas, je crois vraiment que je me serais évanouie –, et Clara était au-dessus. Du fait qu'elle était tellement plus volumineuse, et parce que moi-même je n'avais jamais pratiqué ce genre de gymnastique avec quiconque, la première chose que je pensai fut : *N'est-elle pas en train d'écraser Sin-Jun ?* Clara léchait le cou de Sin-Jun et Sin-Jun agrippait le derrière de Clara, et le lit remuait au rythme de leurs ruades. Je songeai encore, un instant après, que le sexe était toujours aussi frénétique. J'aurais cru pourtant, si j'y avais réfléchi auparavant, que ce serait différent entre deux filles, pas comme entre un garçon et une fille, or ça ne l'était pas. J'aimerais dire ici que nous sommes tous des voyeurs, mais peut-être dois-je plutôt avouer que je suis, manifestement, une voyeuse. Regarder me fascinait. Qui l'eût cru ? Même avec une Clara impliquée dans l'affaire, le sexe était sexy.

Clara se mit à genoux, fit courir son visage depuis le cou de Sin-Jun jusqu'à ses seins puis jusqu'à son nombril ; au moment où elle soulevait la chemise de Sin-Jun, exposant sa peau nue, Sin-Jun tourna la tête sur le côté, ouvrit les yeux, rencontra mon regard, et glapit. Clara se redressa, et toutes deux me dévisagèrent

– Sin-Jun avec une mine effrayée et furieuse, Clara avec un air désorienté.

— Je suis désolée, dis-je. Excusez-moi, je…

— *Aigo !* s'écria Sin-Jun. *Nagar-ra !* Va-t'en ! Va-t'en !

— Je suis désolée, répétai-je.

Je jetai le passeport par terre, partis en courant dans le couloir et quittai l'infirmerie. Comme c'était étrange, me dis-je ; cette année de troisième, alors que j'avais été si troublée par le sens que pouvait revêtir mon intérêt pour Gates Medkowski, j'étais loin de soupçonner que ma camarade de chambre non seulement rêvait d'embrasser des filles mais encore passait à l'acte. Lorsque l'image de Sin-Jun et de Clara me revint plus tard dans la soirée, comme elle devait le faire à plusieurs reprises, le sentiment qui domina en moi fut que j'avais assisté à cette scène dans un film, qu'un tel débordement de passion – comment l'appeler autrement ? – n'aurait pu se produire sur le campus d'Ault.

Je ne revis pas Sin-Jun jusqu'à son départ avec son père, et je pensais ne jamais la revoir, or je me trompais. Elle revint à l'automne suivant, pour l'année de terminale. Pendant l'été, je reçus une lettre d'elle, l'adresse de mes parents dans l'Indiana inscrite de son écriture appliquée sur l'enveloppe bleu pâle. Ma mère me suggéra de conserver l'enveloppe pour mon album de souvenirs, oubliant, je suppose, que je n'avais pas d'album de ce genre.

Tu sais, j'ai relation d'amour avec Clara, mais ça finit, m'écrivait-elle. *Je ne prendrai pas chambre avec Clara l'an prochain. J'espérerai tu ne dis à personne ce que tu as vu.*

Elle signait *Ton amie toujours, Sin-Jun*, accompagné d'un minois souriant dessiné près de son nom. Quand nous nous revîmes au mois de septembre suivant, notre relation, de façon assez étonnante, se renoua telle qu'elle était avant que Sin-Jun avale ses cachets d'aspirine, c'est-à-dire dans une affection mutuelle et sans jamais parler de choses importantes. Plus tard en revanche – Sin-Jun fut l'une des rares camarades avec qui je restai en contact après Ault – après qu'il fut établi auprès de tout le monde, à l'exception de ses parents, qu'elle était lesbienne (elle coiffait ses cheveux très courts en pointes hérissées, portait un anneau d'argent à une seule oreille), j'appris le fin mot de l'histoire. C'était elle qui avait couru après Clara.

Nous étions ce jour-là installées dans des transats, sur la terrasse du logement que Sin-Jun partageait avec sa nouvelle amie, Julie, à Seattle ; Sin-Jun travaillait alors comme neurobiologiste dans un laboratoire de recherche à l'extérieur de la ville. Notre rapprochement n'était pas le résultat d'une découverte cruciale après laquelle nous nous serions mises à nous parler ouvertement ; je crois plutôt que, séparément, à l'université et après, nous avions grandi, et certains sujets avaient cessé d'être tabous jusqu'à nous sembler ordinaires.

— Mais pourquoi Clara ? demandai-je.

— On était dans la même chambre, répondit Sin-Jun. C'était très pratique.

Je faillis rire. À ce moment-là, Clara – sortie parmi les premiers de notre promotion – était mariée et avait même un fils. Son époux et elle s'étaient rencontrés à l'université ; lui venait de Virginie-Occidentale, aussi étaient-ils partis s'installer là-bas après le mariage afin qu'il puisse surveiller les mines de charbon familiales.

La photo d'eux parue dans *Le Trimestriel d'Ault* montrait Clara, la poitrine généreuse dans sa longue robe assortie d'un voile, au bras d'un blond corpulent en queue-de-pie.

Sin-Jun avait, me disait-elle, toujours tenu Clara pour une hétéro. Mais elle la savait également malléable, et plus leur liaison durait – elle avait commencé peu après Noël – plus Sin-Jun se sentait coupable. Quand elle avait essayé de rompre, néanmoins, Clara était devenue hystérique.

— Elle dit elle m'aime tellement, précisa Sin-Jun. Moi je pense elle aime le sexe surtout.

Là, je me mis à rire – incapable de m'en empêcher – et Sin-Jun joignit son rire au mien. Pourtant, aujourd'hui il m'est difficile de ne pas éprouver pour Clara une certaine admiration. Je doute qu'elle ait été simplement bêtasse ou vaguement nympho ; je crois qu'elle était aussi un peu courageuse.

Je n'ai jamais reparlé à Dave Bardo après ce déjeuner, et l'évitai jusqu'à la fin de mon année de première. J'évitais même de croiser son regard, ce qui ne s'avéra pas difficile. Mais vers la fin du deuxième trimestre, j'eus un accès de remords, ou alors le remords qui ne m'avait pas quittée s'accrut soudain. Je me mis à épier furtivement les cuisines derrière le comptoir. Début juin, ses bras étaient bronzés – il devait avoir passé du temps dehors – et il avait fréquemment l'air de blaguer avec ses collègues. Jamais il ne me regardait, et l'idée me vint qu'il y avait peut-être une raison à la facilité que j'avais eue à l'ignorer au cours des mois passés. Quand j'entrai en terminale, il ne travaillait plus à Ault ; sa sœur Lynn, en revanche, était revenue. Je fus tentée à plusieurs reprises de lui demander où il était parti – il était peut-être allé en Californie, et s'y était tellement plu qu'il y était resté – mais je redoutais de me rappeler à son souvenir.

Aujourd'hui, je pense qu'il aurait été préférable que Dave sache que j'étais boursière ; il aurait pu comprendre, à défaut d'approuver, pourquoi je m'étais tenue de cette façon. (Aspeth Montgomery aurait pu sortir avec lui et s'en tirer sans dommage, ç'aurait pu passer pour de la dérision. Mais la voiture de mes parents ne valait guère mieux que la Chevy Nova de Dave.) Bien sûr, je n'imaginais pas alors pouvoir avoir une véritable relation avec un garçon quel qu'il soit. Le seul fait d'être moi me disqualifiait.

Rien de tout cela ne justifie la façon dont j'ai agi. Je me suis trompée, j'ai foutu quelque chose en l'air – comment puis-je le dire autrement ? Mais j'ai beaucoup appris de Dave. Plus tard, après tout ce qui se passa entre Cross Sugarman et moi, je devais même considérer Dave comme un entraînement pour Cross, une préparation. Il m'a rendue prête, comme auparavant Conchita m'avait rendue prête à l'amitié avec Martha ; on se conduit mal avec certaines personnes et, plus tard, on est prêt à se conduire bien avec d'autres. Ça peut paraître intéressé, mais je suis reconnaissante à ceux qui permettent ces relations d'essai, et j'aimerais penser que les choses sont bien distribuées, que sûrement, sans le savoir, j'ai servi d'entraînement pour d'autres.

Ou peut-être n'y suis-je pas du tout, Dave ne peut-il être réduit à ce symbole de chemin qui menait à Cross. Peut-être Dave était-il simplement lui-même, et tout aurait-il pu se passer autrement. Si sa sœur n'avait pas eu besoin de la voiture ce dimanche, si nous étions allés au restaurant comme prévu… tout ne tenait peut-être qu'à ça. J'avais imaginé maintes catastrophes qui allaient gâcher le dîner, mais si dans l'éther de mon imagination existait la soirée horrible, la soirée idyllique devait exister elle aussi, non ? Nous nous retrouvons derrière le réfectoire. Il porte un pull en laine, il est détendu, nous parlons facilement. Il est plein de petites attentions, comme me tenir la porte quand nous entrons dans le restaurant, mais rien qui me fasse flipper : il n'a pas mis trop d'eau de Cologne, il ne dérape pas sur le parking verglacé, il n'essaie même pas de me faire goûter son dessert avec sa fourchette. Bien que le restaurant n'ait rien de luxueux, il y a des bougies sur la table. Leurs lueurs palpitent. La nourriture est bonne. Aucun de nous ne se montre trop loquace ni trop taciturne, et par moments, même, nous rions, d'un rire sincère. Toute la soirée, je pense que ce qui importe le plus est le baiser qui aura lieu ou non à la fin ; je ne me rends pas compte que l'important est que je sois entrée dans son monde, que je vais comprendre bien plus vite – je veux dire bien plus vite dans cette vie imaginaire que dans ma vraie vie – qu'un rendez-vous avec un garçon… n'est pas nécessairement une affaire gravissime. Ni obsession ni rien, amour ou désintérêt. Il y a un moyen terme. Pendant l'hiver en particulier, il est parfois simplement agréable de s'habiller un peu et de sortir dans la nuit avec une autre personne.

7

Nettoyage de printemps

TROISIÈME PRINTEMPS

À la fin mai de notre année de première, Martha fut proposée à la fonction de déléguée de terminale au cours d'une réunion de tous les élèves de première qui se tint durant la récréation du matin. Je n'étais pas là, ayant été convoquée dans le bureau du conseiller d'éducation Fletcher pour parler de ma dégringolade en maths. Je tombai nez à nez avec Martha peu après la première sonnerie signalant la fin de la récréation – nous étions dans le couloir du deuxième étage, elle en route pour son cours d'histoire de l'art, moi pour mon cours d'espagnol.

— Qu'a dit Fletcher ? me demanda-t-elle.

— Je te raconterai plus tard.

— C'était grave à ce point ?

— Non, dis-je.

Martha me dévisagea.

— C'était assez grave, admis-je.

— Tu dois voir Aubrey ce soir, n'est-ce pas ?

Aubrey, mon tuteur en maths, était en troisième – fait plutôt humiliant dans la mesure où j'étais en première.

J'acquiesçai.

— Qu'il t'explique encore une fois les équations polaires. Il faut qu'il soit plus clair.

— Martha, ce n'est pas la faute d'Aubrey si je me plante.

La seconde sonnerie, celle qui signifiait *Vous devriez maintenant être assis à votre place, cahier ouvert et stylo en l'air*, retentit.

Martha tressaillit.

— Il faut qu'on en reparle, conclut-elle. Mais essaie de ne pas trop t'inquiéter.

Je hochai la tête.

— Sérieusement, insista-t-elle. Je sais que tu peux passer.

Je continuai de faire oui.

— Dis quelque chose.

— Quoi par exemple ?

— Ça me va, fit-elle en riant. Je dois y aller.

Et elle s'éloigna rapidement vers son cours d'histoire de l'art. Quand j'entrai en cours d'espagnol, la porte me parut aussi pesante que l'angoisse qui m'étreignait.

Martha n'avait pas mentionné sa nomination. Ce fut par Nick Chafee que j'en entendis parler pour la première fois.

— Que penses-tu de ta copine ? me demanda-t-il au déjeuner.

— En général ? rétorquai-je.

Nick me regarda comme si je venais de dire quelque chose de déplacé, ce dont je n'avais pas l'impression.

— Non, répondit-il. Du fait qu'elle ait été désignée.

— Désignée pour quoi ? Tu n'es pas en train de me dire que Martha a été proposée comme déléguée ?

— Si, précisément.

— Tu es sérieux ?

— Eh, du calme !

Voilà une chose que je détestais m'entendre dire, surtout par un garçon. *Ma voix peut monter d'une demi-octave*, eus-je envie de lui répliquer, *mais pas la peine de courir aux abris. Je ne vais pas bondir de ma chaise pour me jeter à ton cou, je ne vais même pas hurler de joie*. Quoique si j'eusse dû un jour hurler de joie, ç'aurait été le moment.

Parce qu'être délégué de terminale, même être seulement proposé, n'était pas chose anodine. Chaque classe avait deux délégués, un garçon et une fille. (Le lycée avait adopté cette règle au printemps précédant mon arrivée, car quand les classes n'avaient qu'un seul délégué, il s'agissait toujours d'un garçon.) En plus de procéder à l'appel du matin, les délégués de terminale dirigeaient la commission de discipline, et, une fois leur diplôme obtenu, voyaient leur nom gravé sur les plaques de marbre blanc accrochées dans le réfectoire, chaque lettre peinte en or. À mes yeux, ce qu'il y avait de mieux, c'étaient les plaques de marbre ; c'était aussi ce qui avait retenu l'attention de mes parents lorsque je leur avais montré le réfectoire l'année précédente. L'autre avantage était que les délégués de terminale intégraient toujours Harvard. Deux ans auparavant, quand la pré-candidature de Driscoll Hopkins avait été ajournée, tout le monde avait été stupéfait, mais ensuite Driscoll avait été acceptée au cours des admissions régulières.

La nomination de Martha n'aurait pas dû me surprendre – elle était intelligente et fiable, sympa avec tout le monde, de surcroît elle avait siégé à la commission de discipline depuis le début de l'année comme représentante des élèves de première – pourtant, j'étais étonnée. Car Martha n'était pas une star. Elle était typiquement le genre de fille négligée par Ault plutôt que récompensée. Or être délégué était la plus haute distinction d'Ault, une marque d'approbation qui vous valorisait, semblait-il, pour la vie entière. (Votre nom serait inscrit sur le mur du réfectoire *pour toujours*. En *lettres d'or*.) Une des raisons pour lesquelles devenir délégué de terminale était très enviable résidait dans le fait qu'à l'instar des délégations pour les classes précédentes, ce n'était pas une fonction pour laquelle on postulait. Il était tout simplement interdit de quêter les suffrages. Au lieu de cela, vous deviez être proposé, mais comme il eût été grossier de vous faire désigner par votre cercle d'amis, cela revenait à attendre une nomination tombée du ciel, et ensuite seulement à être épaulé. Une fois que vous étiez proposé, pas question de faire des discours ou de coller des affiches. L'expression *faire campagne* équivalait à une accusation, guère différente de *lèche-cul*. Cette aversion acharnée pour le simple fait d'avoir l'air de vouloir quelque chose, ou pire, de courir après, m'a collé à la peau durant des années après mon départ d'Ault. Quand je sortis diplômée de l'université, mon père s'inquiéta de me voir exprimer trop peu d'enthousiasme au cours des entretiens d'embauche, et son commentaire me choqua. Il *fallait* donc montrer son enthousiasme ? Mais n'était-ce pas un peu dégoûtant, au même titre que la cupidité ou l'indigence ? Évidemment que vous vouliez ce boulot, me disais-je, et le recruteur devait le savoir, sinon pourquoi seriez-vous venue dans son bureau ?

— Qui sont les autres filles proposées ? demandai-je à Nick.

— Aspeth. Et Gillian, bien sûr.

Ces deux nominations étaient prévisibles : Aspeth était la reine de la classe, et Gillian Hathaway, notre déléguée actuelle, élue en seconde puis en première. Gillian était une discrète incarnation de la compétence tous azimuts : elle était bonne en sports, surtout en hockey sur gazon et hockey sur glace ; elle était passablement séduisante ; assez intelligente ; de plus, elle ne montrait jamais, ni en cours ni aux repas ni pendant un match, le moindre signe de nervosité ou de malaise. Durant mes premières années à Ault, cette accumulation de qualités m'avait impressionnée, jusqu'à ce que récemment, le mois précédent, je me retrouve à déjeuner à la même table que Gillian et son petit ami, Luke Brown. J'avais eu cours jusque-là et n'étais pas arrivée avant deux heures au réfectoire. Ils étaient les seuls élèves de première présents, ce qui m'avait fait redouter d'interrompre un tête-à-tête amoureux. Mais leur conversation s'avéra être tout autre : d'abord ils passèrent vingt minutes d'affilée à opposer les mérites des golden retrievers à ceux des labradors – ils ne parlaient pas de chiens en particulier, des compagnons adorés de leur enfance, mais de races : laquelle était la plus intelligente et pour quelle raison toutes deux souffraient de dysplasie de la hanche. (Je n'avais aucune idée de ce qu'était la dysplasie et me gardai de poser la question.) Ils enchaînèrent sans transition sur le ski afin de déterminer si l'on sentait la différence entre la neige naturelle et la neige artificielle, après quoi il fut question des pneus neige de la Jeep du frère de Luke qui, bien qu'ayant des bandes de roulement dissemblables, n'avaient jamais posé problème. En dehors du fait que je n'avais pas la moindre contribution à apporter à ces sujets, je me trouvais incapable de parler car j'étais en état de choc. Étaient-ils toujours aussi ennuyeux ? Comment pouvait-on s'entretenir ainsi avec la personne avec qui on sortait depuis un an ? N'avaient-ils pas envie de parler des gens, ou de leurs soucis, ou des infimes événements qui s'étaient produits depuis leur dernière rencontre ? Je songeai que Gillian était peut-être toujours à l'aise car le monde ne l'intéressait pas, parce qu'elle ne se demandait jamais ce qu'elle faisait là. Cette hypothèse me la rendit légèrement antipathique, sentiment qui s'accrut quelques jours plus tard au dîner alors que des gens évoquaient le récent scandale lié au gouverneur du Massachusetts qui avait employé comme bonne d'enfants une étrangère en situation irrégulière. J'entendis Gillian dire avec un rire : « Aujourd'hui, quelqu'un prend-il encore les démocrates pour autre chose que de parfaits hypocrites ? » Elle n'avait pas conscience que, parmi les personnes présentes, certaines ne partageaient pas forcément ses idées, et je pensai : *Tu as seize ans. Comment peux-tu déjà te ranger dans le rang des républicains ?* Peut-être l'unique raison pour laquelle j'étais déjà démocrate remontait-elle à l'un de mes plus anciens souvenirs, quand mon père avait violemment éteint la télé le jour de l'intronisation de Reagan, enfin bref je n'aimais pas Gillian Hathaway. Et à présent qu'elle était l'adversaire de Martha, peut-être même que je la détestais.

— Donc Aspeth, Gillian et Martha, résumai-je. C'est tout pour les filles ? Seulement trois ?

— C'était un peu la course, cette réunion, répondit Nick. Tu veux savoir pour les garçons ?

— Bien sûr.

— Moi.

— Tu es sérieux ?

— Merci, Lee. C'est flatteur.

— Non, je voulais… Je ne savais pas si tu blaguais.

— Eh, John, appela Nick. Est-ce que j'ai été proposé comme délégué de terminale ?

Assis de l'autre côté de la table, John Brindley leva les yeux de son assiette.

— Pas question que je vote pour toi, Chafee.

Tous deux se mirent à rire, puis Nick reprit :

— Je n'ai pas besoin de ta voix, j'ai déjà celle de Lee. Elle veut aussi devenir mon directeur de campagne. C'est bien ce que tu as dit, Lee ?

Il me poussa ostensiblement du coude, au bénéfice de John (à Ault, il n'y avait évidemment pas de directeur de campagne ou assimilé). Nous serions-nous trouvés seuls, Nick ne m'aurait jamais poussée du coude, même pas touchée du tout. Parfois j'étais flattée par ce genre de plaisanterie – après tout, c'était une forme d'attention – et parfois j'en voulais aux garçons de m'utiliser dans leurs conversations : un peu comme l'assistante du magicien qui se couche dans la boîte, se fait couper en deux, et doit continuer de sourire radieusement au public pendant que l'homme de l'art se pavane au-dessus d'elle.

— Qui d'autre a été proposé ? questionnai-je.

— Voyons, fit Nick, qui entreprit de compter sur les doigts de sa main droite. Pittard, Cutty, Sug, Smith, et Devoux.

Ces nominations, comme pour Aspeth et Gillian, étaient sans surprise. Tous des « banquiers », à l'exception de Darden Pittard, mais il était notre délégué de première, l'homologue masculin de Gillian. Lui et Cross – Sug – étaient les plus susceptibles de l'emporter. Ma voix irait assurément à l'un d'eux, soit à Darden parce que j'avais une sincère estime pour lui, soit à Cross qui continuait de faire battre mon cœur. Ce qui était certain, c'est que je ne voterais pas pour Nick Chafee.

Après l'entraînement d'aviron, Martha alla faire des haltères, aussi quand elle revint au dortoir en fin d'après-midi était-il presque l'heure de se rendre au dîner officiel. J'étais assise sur le futon, en train de lire, et Martha me tournait le dos pour inspecter son placard à la recherche de quelque chose à se mettre.

— J'ai envoyé mon chemisier à manches courtes au nettoyage ? demanda-t-elle.

— Lequel ?

— Le bleu.

— Il est sur moi.

Martha se retourna.

— Je peux te le rendre, dis-je.

— C'est bon.

Elle était revenue au placard, dont elle sortit un tee-shirt rose orné aux manches et à l'encolure d'un ruban de satin de même couleur. Je me levai.

— Franchement, Martha, je peux me changer.

Fait assez remarquable, ça n'était encore jamais arrivé, alors que je portais ses habits en permanence. Et j'aurais pu lui proposer l'un de mes vêtements, mais elle ne les mettait jamais, chose que nous ne discutions pas.

— Ne sois pas ridicule.

Elle passa la tête dans le tee-shirt rose, le tira sur ses hanches, puis leva un bras et renifla son aisselle.

— Fraîche comme une rose.

Elle prit, toujours dans le placard, une jupe blanche à motifs verts et rose plus foncé et, sans l'ôter du cintre, la tint devant elle.

— Ça va ensemble, d'accord ? Alors, finis de me raconter ce que Fletcher… Oh, waouh, Lee, c'est adorable !

Elle l'avait remarquée, enfin – la couronne en papier que j'avais fabriquée avec son papier d'ordinateur, son ruban adhésif et mes propres feutres. J'avais dessiné d'énormes pierreries en violet, vert, rouge, assorties de volutes jaunes à la base ainsi que sur les pointes triangulaires, et écrit en noir *Martha Porter, déléguée de terminale et reine du monde*.

Elle posa la couronne sur sa tête.

— Ça me va bien ?

— À merveille. Tu devrais la porter au dîner.

En réalité, j'aurais été horrifiée qu'elle la mette au dîner. Ç'aurait été précisément ce qu'attendaient les gens, la preuve de notre jubilation de filles ringardes à l'extraordinaire nomination de Martha.

— C'est tellement excitant ! m'écriai-je.

— Oui, c'était sympa d'être proposée, mais je ne gagnerai pas.

— Tu as tes chances.

Peut-être aurais-je dû me montrer plus convaincue, mais en réalité elle ne l'emporterait sans doute pas, et je n'aimais pas faire semblant avec elle. Faire semblant avec les autres pouvait passer, mais seulement à condition d'avoir une personne avec qui être réellement vous-même.

— Je prédis que ce sera Gillian, dit-elle. Trop de gens n'aiment pas Aspeth.

— Et si c'est toi et Cross, que vous ayez plein de réunions tard le soir, et que vous ne vous décolliez plus l'un de l'autre ?

Martha se mit à rire.

— Ce n'est pas moi qui suis amoureuse de Cross. Mais tu sais que c'est lui qui m'a proposée ? Curieux, non ?

Contrairement à Cross et moi, Cross et Martha avaient quelques cours en commun, et parfois Martha me racontait des choses à son sujet : *Devin a fait tomber le bec Bunsen de Cross en chimie aujourd'hui, et la table a pris feu.* Ou : *Cross part voir son frère à Bowdoin pour un week-end prolongé.* Mais je n'avais pas l'impression qu'ils se fréquentaient beaucoup.

— Et Conchita a appuyé la proposition, ajouta Martha.

Ça n'avait rien de curieux ; si Conchita et moi nous étions rarement parlé depuis la troisième, Martha et elle avaient conservé des relations amicales.

— Peut-être que Cross t'aime bien, dis-je tout en espérant que ma voix ne révélerait pas à quel point la perspective m'épouvantait.

— Je t'en prie, fit Martha avec un grand sourire. Allez, on va dîner.

Elle ôta la couronne pour la reposer sur son bureau.

— Un jour tu rencontreras un type qui t'aimera tellement que tu te demanderas pourquoi tu as perdu tout ton temps au lycée à soupirer après ce tocard égocentrique.

— Bon, premièrement… commençai-je.

Je m'échauffais. Cette conversation me permettait de nourrir mes sentiments, de faire exister Cross dans ma vie même si nous ne nous parlions jamais.

— Premièrement, pourquoi penses-tu qu'il est égocentrique, et deuxièmement, si je dois un jour penser que j'ai perdu mon temps, cela veut-il dire qu'il ne m'aimera jamais ?

Dehors, d'autres élèves se dirigeaient vers le réfectoire, cheveux humides, les filles en chemisier couleur pastel, jupe fleurie et espadrilles, les garçons en chemise blanche ou bleu pâle, cravate, blazer et short kaki. À Ault, le soir était toujours le meilleur moment.

— Il est trop sûr de lui, répondit Martha. Il sait qu'il est beau gosse, il sait qu'il est bon en sports, il sait qu'il plaît aux filles. Et alors ? La belle affaire.

— Je ne le trouve pas trop sûr de lui, dis-je. Franchement, je ne trouve pas.

— En tout cas, ce n'est pas un angoissé. Et quelle était ton autre question ? Ah, oui, si je pense que Singe Violet et toi filerez un jour le parfait amour ?

Singe Violet était le nom que nous donnions à Cross quand nous parlions de lui en dehors de la chambre.

— Attends que je regarde dans ma boule de cristal, continua Martha en arrondissant les mains devant elle. Vous ne vous parlez même pas, Lee. Si tu veux qu'il arrive quelque chose, tu devrais déjà essayer de lui parler.

— Mais je ne crois pas que lui veuille me parler. Je doute qu'il ressente un grand vide dans sa vie.

La gaieté avait déserté la conversation, et avec elle ce sentiment que les choses sont possibles qui naît à force d'évoquer des hypothèses. Je me sentis couler. Et Martha ne contredit pas mes paroles.

— Il faut encore que tu me racontes l'entretien avec Fletcher, dit-elle. Et ne change pas de sujet, cette fois.

Les maths revenues sur le tapis, je tombai au fond du fond. Nous marchions simplement vers le réfectoire mais même si c'était une chaude soirée de mai, même si le soleil par-delà les terrains de sport colorait le ciel de rose et d'orange, quand nous serions arrivées, il y aurait du foie au menu, je me retrouverais scotchée à une table de gars de seconde qui ne feraient pas mystère de la grande question qui les agitait, à savoir Aspeth Montgomery portait-elle ou non un soutien-gorge, Martha ne serait pas élue déléguée des terminales, Cross ne voudrait jamais de moi pour petite amie ; et même si des trucs comme le temps ou certaines chansons pouvaient me le faire oublier parfois, j'étais toujours la même personne.

— Mme Prosek a dit à Fletcher que j'ai actuellement cinquante-huit de moyenne, expliquai-je. Fletcher m'a demandé si mes parents m'avaient parlé après avoir reçu la lettre en milieu de trimestre. Je lui ai répondu qu'ils m'avaient dit de travailler.

Plus exactement, mon père m'avait déclaré : « Avec une note pareille, j'espère que tu n'assistes pas aux cours. » Quand j'eus expliqué que je n'avais pas manqué un seul jour de toute l'année, il rétorqua : « Alors quoi, tu fumes du hasch avant d'y aller ? » Après quoi, ma mère lui avait arraché le téléphone des mains pour me dire : « Mais, Lee, tu te rappelles quand Mme Ramirez nous a annoncé que tu étais la meilleure élève en maths qu'elle ait jamais eue ? » Ce dont je me souvenais, en effet, sauf que, comme je le soulignai à l'adresse de ma mère, c'était en CM1.

— Ce qui était bizarre avec Fletcher…

Je m'interrompis.

— Quoi ? fit Martha.

— Il m'a dit : « Tu sais que tu es un membre important de la communauté d'Ault », ou une ânerie de ce genre, et puis après : « Mais nous avons quelques inquiétudes très sérieuses. Si tu n'es pas capable de faire remonter ta note, il est peut-être temps de reconsidérer les choses, de se demander si Ault est le meilleur endroit pour toi. »

Comme je racontais cela, ma voix se brisa.

— Oh, Lee, dit Martha.

Je déglutis. On longeait la chapelle, encore une quarantaine de mètres jusqu'au réfectoire. J'énonçai mentalement : *Saladerie. Serviette de table. Cube de glace.* Quand j'avalai de nouveau ma salive, je savais que je ne pleurerais pas.

— Ils n'ont aucun motif pour te virer, assura Martha.

— Oh, non. À aucun moment, Fletcher n'a mentionné le nettoyage de printemps.

Martha se tourna vers moi et, sentant son regard, je me tournai à mon tour.

— Réfléchis, fit-elle. C'est ce qu'il voulait dire, même s'il n'a pas employé ces mots-là.

Cette fois, je ne sentis pas le tremblement qui précède les larmes, mais comme un choc dans la poitrine.

— Je n'étais pas là, reprit Martha. Mais je peux te garantir qu'aucun prof ne dit jamais : « On pense à vous pour le nettoyage de printemps. » Ce sont les élèves qui emploient cette expression.

Soudain, je songeai à toutes les victimes du « nettoyage de printemps » que j'avais connues depuis mon entrée à Ault. La première année, ç'avait été Alfie Howards, un élève de troisième, toujours débraillé – des papiers tombaient de son cartable, sa chemise sortait de son pantalon, son nez coulait, et partout il arrivait en retard. Quand les autres quittaient le réfectoire pour se rendre à la chapelle le matin, lui allait prendre son petit déjeuner, marchant à contre-courant. Sans doute n'aurait-il pas dû intégrer Ault dès le départ – se séparer de ses parents – mais il appartenait à la quatrième génération d'une lignée d'héritiers ; pour cette unique raison, en dépit de tout le reste, j'avais été surprise qu'il subisse le nettoyage de printemps. Pour compagne d'infortune, cette même année, il avait eu Maisie Vilayphonh, une élève de première, moitié finlandaise, moitié laotienne ; le bruit courait que ses parents étaient des espions. J'avais entendu dire que Maisie avait été trimballée de pension en pension depuis l'âge de sept ans ; elle parlait six langues ; un jour elle avait commandé sur catalogue une machine à masser les pieds à mille dollars, abandonné l'engin dans la salle commune après l'avoir utilisé deux fois, l'oubliant jusqu'à ce que le restant d'eau croupisse, puis balancé le tout à la poubelle. Ce n'était pas la raison de son éviction. D'après la rumeur, l'école savait qu'elle prenait de la cocaïne mais jamais on ne l'avait prise sur le fait, même si sa responsable de dortoir, Mme Morino, surgissait dans sa chambre à n'importe quelle heure sous le prétexte de savoir si Maisie avait vu le chat de la famille Morino, ou de s'assurer que Maisie savait que l'office du dimanche aurait lieu le soir et non le matin.

Un élément essentiel distinguait le nettoyage de printemps d'une expulsion ordinaire : ça ne se produisait pas au printemps, contrairement à ce que suggérait l'expression, mais pendant l'été, quand l'année scolaire était terminée. Et cela ne nécessitait pas une raison grave – ils ne surprirent jamais Maisie en train de sniffer – plutôt une accumulation de petits détails.

Après ma seconde, deux personnes avaient subi le nettoyage de printemps : Lenora Aiko, une fille de troisième originaire de Hawaii qui, soi-disant, dormait toute la journée et restait debout toute la nuit, à parler au téléphone (et à bondir devant la cabine chaque fois que quelqu'un d'autre voulait l'utiliser, en affirmant qu'elle attendait un appel), ou encore à regarder les pubs en se faisant cuire un steak au gril de la salle commune ; puis une autre fille, une de mes camarades de classe, quoique je la connaisse à peine, une externe du nom de Kara Johnson. Kara était jolie dans le genre farouche, voire sauvage, pâle, maigre, sentant la fumée de cigarette, les yeux toujours soulignés de noir, et en jean noir alors que les jeans, quelle que soit la couleur, étaient interdits dans le bâtiment scolaire. (Un jour, un prof lui avait demandé d'aller se changer au dortoir, elle avait répondu que c'était impossible puisqu'elle était externe. Le prof lui avait alors dit d'appeler ses parents pour qu'ils lui apportent un autre pantalon, et elle avait rétorqué qu'elle ne pouvait pas non plus, parce que ses parents travaillaient.) Kara et moi étions dans le même cours d'espagnol, et jamais elle ne faisait ses préparations, ni traductions ni lectures, ce qui ne l'empêchait pas de se livrer parfois à de frénétiques tentatives pour démontrer le contraire. (Moi, en revanche, je faisais toujours mes devoirs, même en maths. C'était juste que, souvent, je les faisais mal.) À plusieurs reprises, je vis Kara devant la bibliothèque peu avant le couvre-feu, attendant sans doute qu'un de ses parents vienne la chercher ; un gars de première ou de terminale lui parlait, et on pouvait être sûr, rien qu'à voir leur attitude, que le type accordait beaucoup plus d'importance à cet échange que Kara. Elle avait l'air d'une personne à la vie compliquée, souvent à traînasser ou à batailler avec un garçon, à proférer un mensonge, et, principalement parce qu'elle était sexy, l'ensemble dégageait une bonne dose de glamour. Pourtant, un de ces soirs, je la vis attendre devant la bibliothèque, toute seule ; il faisait froid, et, même s'il ne pleuvait pas, quelque chose dans sa silhouette recroquevillée me rappela le temps où, avant qu'il se fasse écraser par une voiture, maman et moi donnions un bain à notre chien King – c'était un scotch-terrier – et comment avec son poil aplati King paraissait avoir réduit de moitié, et il tremblait, et le voir ainsi était pour moi insupportablement triste ; j'aidais ma mère à le laver pour l'unique raison que je ne voulais pas qu'elle assiste à ce spectacle désolant toute seule. Je crois que personne ne se préoccupa vraiment que Kara soit balayée lors du nettoyage de printemps. Elle ne s'était pas fait d'amies parmi les filles ; quant aux garçons, même s'ils la recherchaient quand elle était devant eux, en son absence ils ne semblaient pas penser beaucoup à elle.

Dans chaque annuaire, il y avait une page intitulée « Perdus mais pas oubliés » sur laquelle figuraient les photos des élèves qui auraient dû obtenir leur bac cette année-là. Le portrait d'Alfie – je vis cela au début de ma première année à l'université, quand mon annuaire d'Ault arriva au courrier cet automne-là – le montrait à quatorze ans, l'âge qu'il avait quand il s'était fait renvoyer ; c'était comme si, contrairement à nous tous, il n'avait jamais grandi. La photo de Kara était un peu floue, n'exposant son visage que de trois quarts – avec ses yeux en amande, son menton étroit, sa bouche sérieuse. Quatre autres élèves figuraient sur la page : Little Washington, George Rimas et Jack Moory, partis respectivement en avril de l'année de seconde et en novembre de la terminale après avoir été surpris à boire à deux reprises (pour les infractions relatives à l'alcool, aux cigarettes, au hasch et aux produits pharmaceutiques, aussi bien que pour les visites illicites – à savoir, les délits mineurs – on vous donnait une seconde chance ; pour les drogues plus dures, pour avoir triché, et pour avoir menti – violations majeures – c'était immédiatement la porte) ; enfin Adler Stiles, qui n'était pas revenu après les vacances d'hiver de notre année de première. Les gens comme Adler, ceux qui partaient de leur propre volonté, étaient pour moi une énigme ; je n'étais pas loin de les admirer. Aussi malheureuse que j'aie pu être à Ault, jamais je n'aurais été capable de quitter le navire.

Martha et moi avions atteint le réfectoire, et ça bouchonnait dans l'entrée. La possibilité que je puisse subir le nettoyage de printemps – que j'aie quoi que ce soit, même ça, en commun avec Alfie Howards ou Maisie Vilayphonh ou Kara Johnson – me paraissait inconcevable. Il m'était impossible d'intégrer cette idée ici, au milieu de la foule ; j'avais besoin d'y réfléchir dans la solitude.

— Je n'essaie pas de te faire flipper, expliquait Martha. Mais si c'est ce que voulait dire Fletcher, tu dois le savoir.

— Ouais, bien sûr.

— Sauf qu'ils ne peuvent pas te traiter comme un mauvais élément. Puisque ce n'est pas le cas.

Nous avions franchi le seuil de la salle à manger, il était temps de nous séparer et de gagner nos places attribuées. Martha me regardait.

— Diviser pour mieux régner, dis-je, car l'une de nous le faisait toujours avant un dîner officiel.

Ça marcha. Martha sourit, et je souris aussi, si bien que nous avions l'air d'une même bonne humeur. Mais je ne crois pas qu'elle fut dupe. Et de nouveau, j'avais cette sensation étrange : la scène devant moi semblait reculer, ou peut-être était-ce moi qui m'y dérobais. Tout devenait à la fois immense et lointain, et quelque chose se passait, là-bas, très loin – une image confuse d'élèves bien habillés gagnant des tables couvertes de nappes blanches et de plats argentés avec leur cloche argentée. À quelques mois de là, peut-être, quand je serais entrée au lycée Marvin Thompson de South Bend, je serais assise sur mon lit un soir, à faire mes devoirs, et ce serait l'image qui me reviendrait, l'instant précis où j'avais compris que j'allais perdre ma place à Ault.

À la bibliothèque, alors que j'allais rejoindre Aubrey, je vis Dede à travers la porte vitrée de la salle des publications périodiques. Elle avait la tête penchée sur un magazine, et je ne me serais pas arrêtée si elle n'avait relevé les yeux. *Salut*, articula-t-elle, et je lui fis un signe de la main. Comme je commis l'erreur de retenir son regard, elle leva un doigt, prononça : *Attends*, posa son magazine sur une table et vint ouvrir la porte.

— Ce n'est pas dingue pour Martha ? Je n'en revenais pas.

Elle parlait d'une voix enjouée et amicale.

— Ce n'est pas si aberrant que ça, dis-je. Martha ferait une bonne déléguée.

— Oui, c'est sûr, elle a « le sens des responsabilités ».

Dede dessina des guillemets dans le vide, suggérant je ne sais trop quoi – qu'en fait Martha n'avait pas le sens des responsabilités ? Ou qu'avoir le sens des responsabilités n'était pas une qualité à proprement parler ?

— Sauf qu'elle n'a aucune chance, continua Dede.

Lorsque Martha elle-même avait dit à peu près la même chose quelques heures auparavant, ç'avait été comme l'énoncé d'une triste vérité ; dans la bouche de Dede, la prédiction devenait calomnieuse.

— Tu n'as aucune idée de qui l'emportera, dis-je.

Dede eut un tout petit sourire, j'eus envie de la gifler. Notre antagonisme ne s'était jamais départi d'une intimité fraternelle ; un jour, la première année, où on se disputait face à face, Dede m'avait carrément tiré les cheveux, et l'absolue puérilité de son geste m'avait fait éclater de rire. Elle avait balbutié, presque timidement : « Quoi ? Quoi ? » mais s'était mise à rire elle aussi, suite à quoi la querelle avait pris fin. Dede et moi étions à l'opposé l'une de l'autre, pensais-je parfois, et donc désagréablement semblables – elle feignait l'enthousiasme, je feignais l'indifférence ; elle était fascinée par des gens comme Aspeth Montgomery et Cross Sugarman quand je mettais mon point d'honneur à ne pas leur adresser la parole d'un semestre à l'autre.

— Je parie que tu crois que c'est gagné pour Aspeth, dis-je. Mais, franchement, je serais étonnée qu'elle l'emporte.

Ne prononce pas le mot « salope », me disais-je – ce serait aller trop loin.

— Elle est trop…

Je m'interrompis brièvement.

— Au fond, c'est une salope, lançai-je.

— Pardon ? fit Dede. J'ai mal entendu ?

— Je n'ai pas dit : *Je* pense que c'est une salope, précisai-je. Mais ne rentrons pas dans des subtilités sémantiques.

Quand j'étais à Ault, je trouvais très classe de mettre un désaccord sur le compte de la sémantique.

— Dede, je ne veux pas être désagréable, mais ta vénération pour Aspeth tourne au grotesque.

Elle me fusilla du regard.

— Tu sais ce que tu es ?

Je la voyais creuser profond, à la recherche d'une insulte particulièrement mordante.

— Tu es exactement comme quand on était en troisième.

Aubrey attendait dans la salle d'études où nous nous retrouvions habituellement ; par la fenêtre, je l'aperçus en train de mâchonner son stylo, la tête levée vers le plafond. Il ne se livrait à aucune activité bizarre, néanmoins son attitude était si clairement celle d'une personne qui se croit seule que je me sentis gênée. Je cognai à la fenêtre avant d'ouvrir la porte.

Aubrey ôta son stylo de sa bouche et se redressa.

— Lee, dit-il en hochant la tête.

En toute circonstance, Aubrey se comportait avec un sérieux absolu. Ce pouvait être le résultat de son éducation, ou une façon de compenser le fait qu'à quatorze ans il ne mesurait qu'un mètre cinquante-deux pour une quarantaine de kilos. Il avait des cheveux châtains duveteux et un minuscule nez en trompette parsemé de taches de rousseur. Ses mains également étaient minuscules, et les ongles de ses annulaires rebiquaient. Chaque fois que je le regardais écrire des équations, je me demandais si les garçons, lors de leurs poussées de croissance, grandissaient toujours proportionnellement ou s'il était possible qu'une partie de leur corps – les mains, par exemple – ne reçoive pas la consigne et demeure telle qu'elle était, un vestige de leur être plus petit. J'étais tout à fait certaine qu'Aubrey était plus intelligent que moi, pas seulement en maths mais en tout, et qu'il finirait, disons, agent de change, gagnerait des mille et des cents.

Après m'être assise sur la chaise voisine de la sienne, tandis que je sortais cahiers, livre de maths et calculette, je demandai :

— Comment ça va, Aubrey ?

— Bien, merci. Montre-moi tes devoirs pour demain.

Je fis glisser le cahier vers lui. J'avais noté au crayon : *Page 408, chapitre révisions, tous les problèmes.*

Aubrey ouvrit mon livre et lut en silence, en opinant du chef. Puis il se tourna vers moi.

— Tu comprends ce qu'on te demande dans le premier exercice ?

Je déchiffrai le problème.

— Vaguement.

— Commence, et je t'aiderai si tu as des difficultés.

Je continuai de regarder la page 408, tout au moins en direction de la page 408. Ma médiocrité en maths n'était pas un secret – depuis mon arrivée à Ault, j'avais un an de retard sur mes camarades de classe. En troisième, la plupart des élèves prenaient géométrie ; moi et quatre autres avions pris rattrapage en algèbre. Et cette année, en analyse mathématique, j'étais la seule élève de première dans un groupe de secondes. Cependant personne, y compris Aubrey, ne semblait avoir mesuré à quel point mon niveau en maths était nul. Et l'analyse mathématique m'avait fait vivre ma pire année – il n'était pas exagéré d'affirmer que je ne comprenais strictement rien à ce que nous avions étudié depuis le mois de septembre. J'avais dû rêvasser pendant la première ou les deux premières semaines de cours, et n'avais jamais rattrapé ensuite. Certes, j'étais la principale responsable de la situation mais, l'un dans l'autre, le problème restait entier ; dès le début du semestre, il avait été trop tard. Les pages de mon manuel équivalaient pour moi à une carte de la Russie où le nom des villes aurait été écrit en cyrillique. Non pas que je crusse que ça n'avait pas de sens, simplement j'étais personnellement incapable de le décrypter.

— Lee ? dit Aubrey.

— Oui, je ne sais pas trop. Je ne sais pas par où commencer.

Je levai les yeux vers la fenêtre qui se dressait face à nous. Comme il faisait nuit, je voyais mon reflet dans les carreaux ; s'il avait fait jour, j'aurais eu une vue imprenable sur l'entrée de l'infirmerie. Un dimanche après-midi, pendant l'hiver, j'avais vu Aspeth Montgomery s'approcher de l'infirmerie, hésiter devant la porte, puis tourner les talons sans entrer. Ce revirement m'avait préoccupée jusqu'à la fin de ma séance avec Aubrey.

— La conique a son foyer à l'origine, d'accord ? Et elle doit satisfaire ces conditions.

Aubrey désignait l'énoncé : *parabole dont la directrice est définie par* $y = 2$.

— Alors que dois-tu faire ?

Un silence survint, s'installa.

— Tu veux te représenter ce qu'est *y*, d'accord ? reprit Aubrey.

— Ouais.

— Comme ça… tu suis ?

— Ouais, très bien, assurai-je.

— Et puis tu mets ça ici.

— D'accord, dis-je.

— Si tu essayais le suivant ?

Pendant un moment, j'étudiai le problème, l'étudiai réellement. Mais je me retrouvai soudain à penser à Gillian Hathaway, à me demander si elle et son copain

Luke se disaient *Je t'aime*. Comment pouvait-on savoir qu'on aimait quelqu'un ? Était-ce une intuition, comme une bonne odeur qu'on ne parvient pas à identifier avec certitude, ou arrivait-il un moment où ça s'imposait comme une évidence ? Était-ce comme de marcher dans une maison, une fois qu'on avait franchi tel seuil c'était l'amour et on ne reviendrait jamais en arrière ? Peut-être irait-on dans les autres pièces, on se disputerait ou même on romprait, mais on serait toujours de l'autre côté de l'amour, après et pas avant lui. Mon intérêt pour les couples tenait de l'anthropologie – même en étant attirée par Cross, même en voulant entendre Martha me dire qu'elle me voyait sortant avec lui, pour ma part j'étais incapable de nous imaginer ensemble. Pas en présence quotidienne, deux personnes qui auraient des conversations, s'embrasseraient à pleine bouche, et s'assiéraient côte à côte à la chapelle. Lorsque je pensais à Sin-Jun et à Clara, ce qui m'arrivait souvent, le plus difficile à concevoir était qu'elles aient pu former un couple tout en partageant une même chambre. Comment avaient-elles su quand batifoler et quand s'asseoir à leur bureau pour faire leurs devoirs ? Est-ce que ça n'avait pas été trop intense, trop usant d'être sans cesse au contact de la personne qu'elles voulaient impressionner, ou encore usant à force de routine ? Peut-être la proximité vous faisait-elle renoncer à tout espoir d'impressionner l'autre et vous finissiez par vous curer les oreilles sans vous demander si vous étiez mignonne. Mais ne perdait-on pas quelque chose alors ? Si c'était ce qu'entendaient les gens par intimité, la chose ne me séduisait guère – ça me faisait l'effet de devoir batailler pour mon oxygène.

— Tu la trouves belle, Gillian ? demandai-je à voix haute.

— Lee, s'il te plaît, concentre-toi, répondit Aubrey.

— Gillian Hathaway, précisai-je. Pas Gillian Carson.

— Elle est jolie. Si j'étais toi, je commencerais par m'occuper de *x*. Quelles informations te donne-t-on sur *x* ?

Mais Aubrey s'empourprait, la rougeur envahissait son visage, gagnait jusqu'à son cou.

— Vraiment jolie ou juste moyennement jolie ? insistai-je.

Il se tourna vers moi.

— Je ne vais pas faire tes devoirs à ta place.

— Je ne te l'ai pas demandé.

— Si tu ne saisis pas ces concepts, tu vas rater ton examen final.

— En fait, c'est mieux que ça, dis-je. Si je n'ai pas l'exam, je dégage au nettoyage de printemps.

— De quoi tu parles ?

— C'est quand ils te virent, sauf qu'ils attendent…

— Je sais ce qu'est le nettoyage de printemps, coupa-t-il.

Je fus assez impressionnée – je n'avais pas été au courant avant mon retour en septembre, l'année de ma seconde, quand Alfie et Maisie étaient partis.

— Qui t'a dit ça ? interrogea Aubrey.

— Fletcher m'a convoquée dans son bureau aujourd'hui.

— C'est affreux.

— Ce ne serait pas ta faute.

— Je sais, dit Aubrey, avec une telle certitude que j'eus envie d'annuler la disculpation. Qu'as-tu l'intention de faire ?

Je l'observai du coin de l'œil. Même si j'étais certaine qu'il n'avait pas beaucoup de considération pour moi, sa question me fit l'effet d'une vacherie.

— Eh bien, le lycée à côté de chez mes parents s'appelle Marvin Thompson…

— Non. Lee…

Il tendit sa petite main vers mon bras mais la laissa en suspens ; sans doute avait-il peur de me toucher.

— Je veux dire, reprit-il en retirant sa main, qu'as-tu l'intention de faire pour l'exam ? Comment veux-tu le préparer ?

— Je ne crois pas que ça ait de l'importance, comment je le prépare. Il s'agit d'être réaliste.

J'avais l'impression de faire un genre d'aveu.

— Est-ce que *toi*, tu penses que je peux être reçue ?

Il garda le silence pendant plusieurs secondes, puis dit :

— Si tu es prête à travailler très dur.

Ce fut pire que s'il avait simplement dit non. Parce que je m'y astreindrais, je me poserais sur une chaise avec mon bouquin de maths devant moi, mais quant à travailler vraiment… L'unique possibilité serait de recommencer au début du livre. J'avais toujours adoré ce moment dans les films où un projet, ou même toute l'existence d'une personne, se déroulait en accéléré : le montage, soutenu par une musique entraînante, montrait les mômes vaillants, toutes origines confondues, qui oubliaient leurs différences pour se mettre tous ensemble à réparer la maison du vieil homme, et on raccrochait les volets, on repeignait la façade, on tondait la pelouse, on désherbait les plates-bandes ; ou alors la femme presque trentenaire qui finissait par perdre du poids, se démenant à son cours d'aérobic, s'épongeant le front tout en pédalant sur son vélo d'appartement, une serviette blanche autour du cou, tout ça pour finir par émerger toute propre de la salle de bains, pudique mais ravissante – évidemment, ravissante à un point qu'elle n'imaginait pas –, et sa meilleure amie la serrait dans ses bras avant qu'elle file à son rendez-vous ou à la fête qui consacrerait son triomphe. Je voulais être cette personne-là, et je voulais que l'entre-deux, l'intervalle durant lequel je m'améliorerais, se déroule avec cette même aisance enjouée. Mais apprendre vraiment l'analyse mathématique serait laborieux et flippant. Sans compter que je pouvais échouer. L'unique raison pour laquelle ma moyenne montait à cinquante-huit était qu'en mars Mme Prosek m'avait laissée mener à bien un projet personnel afin de rattraper des points, et j'avais dressé la chronologie des femmes mathématiciennes à travers les âges : *Hypatie d'Alexandrie, née en 370, inventrice de l'astrolabe, tuée par la foule chrétienne à coups d'éclats de poterie ; Emilie du Châtelet, née en 1706, aristocrate française et auteur des* Institutions de physique, *se lia avec Voltaire*. Pour terminer la lignée, j'avais placé Mme Prosek elle-même, collant sur mon panneau une photo d'elle découpée dans la brochure de l'établissement, et écrit à côté : *Valerie Prosek, née en 1961, professeur de mathématiques et inspiratrice de jeunes érudits scientifiques partout dans le monde*. Mme Prosek avait accroché mon panneau dans sa classe, au-dessus du tableau, et m'avait gratifiée d'un A +.

— Si je devais travailler très dur, dis-je, par où faudrait-il commencer ?

— Ça ne te ferait pas de mal de revoir les bases des équations et des fonctions. Je peux te préparer quelques problèmes.

Aubrey inscrivit plusieurs lignes dans mon cahier puis me le rendit. Je lus la première :

$3x - y = 5$

$2x + y = 5$

Ça n'aurait pas dû être difficile, je le savais. Il avait dit lui-même que c'étaient des bases. Mais je n'avais pas la moindre idée de ce qu'il fallait faire. Et admettre mon ignorance reviendrait à révéler totalement la gravité de mon retard.

— En fait, dis-je, je viens de penser… Je regrette de t'avoir fait écrire ces trucs… mais je ferais peut-être mieux de m'occuper de mes devoirs pour demain. Parce que ça va déjà me prendre longtemps, tu ne crois pas ?

Aubrey hésita.

— J'emporterai ces exercices à mon dortoir et j'y travaillerai plus tard, ajoutai-je. Merci.

Je revins au manuel et lus à voix haute le problème suivant : *Écrire la formule donnant la décomposition en fraction rationnelle…*

Peut-être ainsi, s'il entendait ma voix, Aubrey aurait-il l'impression que j'y mettais de la bonne volonté. D'ailleurs, cela marcha, je le sentais faiblir. Toutes nos séances se déroulaient de la même façon – la mise en train, la persuasion, le moment où Aubrey capitulait et faisait mon devoir à ma place, après avoir affirmé qu'il n'en ferait rien. Mais même alors, nous allions lentement, lui me détaillant le processus, me posant des questions, attendant, moi émettant des suppositions, dont bon nombre étaient complètement saugrenues – Aubrey attendait que je réponde « *un facteur du second degré irréductible* », et moi, je lui disais « *sept* ».

Même si parfois je l'agaçais, entre autres par ma paresse, j'avais rapidement compris comment Aubrey me préférait : faisant des efforts mais n'arrivant jamais à rien. Ou peut-être : n'arrivant jamais à rien mais faisant des efforts. Quoi qu'il en soit, la réaction de l'individu que j'avais en face de moi était la seule chose qui m'importait – les nombres étaient hostiles et indifférents, un être humain en revanche était chaud, respirait, pouvait se laisser influencer. Souvent, je gâchais tout avec les gens, c'était vrai, mais rarement pour les avoir décryptés de travers ; c'était parce que je devenais nerveuse, ou parce que je voyais trop bien que je ne correspondais pas à ce qu'ils désiraient. En fait, c'était dans l'échec que j'excellais vraiment. Je pouvais échouer à être ce que recherchait l'autre mais, en tant que ratage, je satisfaisais pleinement – je pouvais être obséquieuse ou truculente, triste ou sérieuse ou muette. S'il m'avait fallu me lancer dans des conjectures, j'aurais dit que Cross savait qu'il me plaisait, et qu'en n'essayant pas de lui parler, en cherchant souvent son regard et en attendant le temps d'un battement de cœur avant de détourner les yeux, je me comportais exactement comme il pensait qu'une fille qui aurait flashé sur lui mais sans réciprocité de sa part devait se comporter. Je serais peut-être victime du prochain nettoyage de printemps, mais je m'en irais avec tout le monde de mon côté – Aubrey, Martha, Mme Prosek, jusqu'à Fletcher, tous désolés et compatissants.

La réunion pour l'attribution des chambres, que je croyais d'abord avoir manquée quand la classe avait proposé les futurs candidats délégués de terminale, eut lieu le lendemain. À la récréation du matin, tous les élèves de première se rassemblèrent sur les premiers rangs de l'auditorium, et Fletcher s'assit sur le côté de l'estrade en balançant ses jambes dans le vide. Il nous servit le même discours que les années précédentes – il était impossible de satisfaire tout le monde, etc., etc., puis il ajouta qu'en tant que terminales, nous donnerions le ton dans les dortoirs. Une fois la réunion terminée, Martha quitta la salle pour aller voir son courrier, tandis que j'entreprenais de remplir conjointement nos formulaires de vœux ; nous voulions rester à Elwyn, le dortoir où nous étions déjà cette année. Alors que j'appuyais le papier sur ma cuisse pour inscrire le nom de Martha suivi du mien, l'idée me vint que je me livrais peut-être à une démarche superflue – si je ne devais pas revenir à Ault, il était inutile de remplir cette demande de logement. Mais comment pourrais-je ne pas revenir ? Qu'adviendrait-il de moi si je n'étais plus élève à Ault ? Au lycée Marvin Thompson, le lino de la cafétéria était couleur moutarde éclaboussée de taches noires et grises ; les équipes sportives s'appelaient les Vikings et les Lady Vikings ; on discutait actuellement pour savoir s'il fallait laisser les filles enceintes assister aux cours à partir du moment où leur grossesse devenait visible.

— J'ai toujours pensé que les chambres d'Elwyn sentaient le pipi de chat, mais il faut croire que ça ne vous dérange pas, Martha et toi.

Je levai les yeux pour découvrir Aspeth Montgomery assise à ma droite, assise en réalité si près de moi que j'en ressentis une gêne que je n'éprouvais généralement qu'avec les garçons – les pores de ma peau lui paraissaient-ils énormes ? Mes lèvres étaient-elles gercées ? J'avais oublié mon baume au dortoir et j'avais passé la journée à me lécher les lèvres. Tandis que mon regard soutenait celui d'Aspeth, par nervosité je me les léchai de nouveau.

— Je n'ai jamais remarqué ça, dis-je.

— Tu as bien vécu avec un calmar dans ta chambre à Broussard, avant de faire virer Little. Tu dois être habituée aux odeurs dégueulasses.

Je me taisais.

Après un silence, Aspeth continua :

— Comme ça, il paraît que d'après toi je ne ferais pas une très bonne déléguée de terminale.

Si j'avais brièvement envisagé que Dede puisse répéter mes observations à Aspeth, j'avais écarté cette éventualité, la jugeant trop prévisible. Dede aurait été aussi puérile et vindicative que je l'imaginais ; or les gens réagissaient rarement comme on s'y attendait.

— Tu ne le contestes pas, reprit Aspeth. Tu ne manques pas de culot.

Elle recula le buste, le bras gauche jeté sur le dossier du siège ; elle n'avait pas l'air en colère, mais plutôt amusée. Sans doute était-elle venue m'asticoter pour l'unique raison qu'elle n'avait rien de mieux à faire avant la fin de la récréation.

— Dede a dû te raconter des trucs hors contexte, dis-je.

— Tu crois ?

— Qu'est-ce que tu veux, Aspeth ? En quoi ça t'importe, ce que j'ai pu dire à Dede ?

Elle parut me considérer d'un œil neuf. Ôtant son bras du dossier du siège, elle se redressa et croisa les jambes.

— Martha pense vraiment qu'elle sera élue ? interrogea-t-elle d'une voix soudain dépourvue de ses inflexions indolentes et taquines.

— Qu'est-ce qui se passe ? questionnai-je à mon tour. Tu fais ta campagne ?

Une expression étrange passa sur son visage – comme si ses traits se recomposaient – et je compris qu'elle était effectivement en campagne.

— Martha ne gagnera pas, assura-t-elle. Je vais te dire comment ça va se passer. La moitié de la classe à peu près votera pour Gillian, peut-être un peu moins. Et un peu plus de la moitié votera pour moi, à l'exception, disons, d'un dixième des votes qui iront à Martha. Tu saisis ? Elle obtiendra une partie de mes voix. Ce qui veut dire que Gillian l'emportera.

Je ne pus m'empêcher de sourire.

— Tu viens de dire toi-même que ce ne seront pas tes voix, mais celles de Martha.

— Tu n'as rien compris. Tu as envie que Gillian soit déléguée ?

Je haussai les épaules.

— Bien sûr que non, poursuivit Aspeth. Gillian est une connasse. Mais tous les demeurés de la classe voteront pour elle parce qu'elle a été déléguée en seconde et en première, et ces ramollis de la cervelle sont pour le statu quo.

— Pourquoi n'aimes-tu pas Gillian ? demandai-je.

Gillian et Aspeth appartenaient plus ou moins au même groupe de copines, et je n'avais jamais eu vent de frictions entre elles.

— Parce que quelqu'un l'apprécie ? répondit Aspeth. Elle est chiante au possible.

Durant la conversation, Aspeth n'avait pas une seule fois baissé la voix, pas plus cette fois que les autres alors que des dizaines de nos camarades grouillaient encore devant l'auditorium ; je ressentis une pointe d'admiration pour l'audace avec laquelle elle débitait ses vacheries.

— La seule personne qui soit plus chiante qu'elle, c'est Luke, continua Aspeth. Je parie qu'elle s'endort pendant qu'il la tringle.

J'eus brièvement envie qu'Aspeth me demande ce que je pensais de Gillian, afin d'exprimer mon assentiment ; elle n'en fit rien.

— Il faut que Martha retire sa candidature, déclara-t-elle. Elle n'a rien à gagner. Si elle avait la moindre chance, ce serait autre chose, mais il est bien clair maintenant qu'elle n'en a aucune.

Une fois de plus, je fus malgré moi impressionnée par la parfaite arrogance d'Aspeth, son mépris absolu pour l'argument enjôleur ou la manœuvre. Martha devait abandonner pour la simple et bonne raison qu'Aspeth était Aspeth ; pour cette même raison encore, Aspeth serait élue.

— Peut-être devrais-tu parler directement à Martha, dis-je.

— Pourquoi ? Je me suis adressée à toi.

Aspeth s'étira – de toutes les filles de la classe, c'était elle qui avait les plus longues jambes, des jambes fantastiques, elle portait un short qui lui arrivait quinze centimètres au-dessus du genou – et se mit debout ; elle en avait terminé avec moi. Sur le point de s'en aller, elle fit pourtant un pas dans ma direction et se pencha vers moi. Ses cheveux couleur de miel tombèrent devant mon visage, et quand elle appuya l'index sur le formulaire de demande de logement qui n'avait pas quitté mes cuisses, je sentis la pression de son doigt sur ma chair, à travers le papier.

— À ta place, je réfléchirais à cette odeur de pisse de chat.

Elle tourna la tête pour me regarder ; nos visages étaient si proches, comment aurais-je pu ne pas penser à un baiser ?

Avec un sourire entendu, elle tapota du doigt le formulaire.

— Un simple conseil d'amie, ajouta-t-elle.

Et elle partit, laissant dans l'air le parfum de son shampooing. J'en connaissais la marque car Dede utilisait le même, quoique son odeur n'imprégnât pas la chevelure de Dede comme celle d'Aspeth. Quand j'étais à Ault, ce shampooing avait le parfum de la popularité ; après mon bac, il devint l'odeur d'Ault tout entier. Un après-midi après le travail, quand j'avais vingt et quelques années, dans un grand magasin je fis sentir un flacon à une amie, en disant :

— Je crois que c'est le shampooing qui a le meilleur parfum au monde.

Mon amie me considéra avec étonnement.

— Eh bien, achète-le, dit-elle.

Si j'estimais alors avoir suffisamment grandi pour m'être détachée d'Ault, la suggestion me fit néanmoins l'effet d'un révélateur ; en réglant mon achat à la caisse, j'éprouvai la même sensation d'être en fraude que celle qu'on ressent quand on achète pour la première fois de l'alcool après avoir passé vingt et un ans.

Après le déjeuner, alors que Martha et moi quittions le réfectoire, je vis Mme Prosek marcher seule à une trentaine de mètres devant nous. Je saisis Martha par le bras et m'arrêtai.

— Attends, dis-je. Laissons-la prendre de l'avance.

À ce moment précis, Mme Prosek regarda par-dessus son épaule et, nous voyant, me fit signe d'approcher.

— Elle m'a entendue ? demandai-je à Martha.

— Impossible.

— C'est quand même bizarre.

— Va la rejoindre, elle t'attend, m'enjoignit Martha en me poussant légèrement en avant. Tout se passera bien.

J'avais fait quelques pas lorsqu'elle ajouta :

— Respire à fond.

— J'espérais vous rencontrer, dit Mme Prosek quand je fus auprès d'elle. Comment ça va ?

— Ça va.

Tandis que nous avancions, je l'observai à la dérobée.

— Au cas où vous vous poseriez la question, fit-elle, je suis au courant de votre entretien hier avec le conseiller Fletcher. J'aimerais savoir comment vous prenez les choses.

Je ne soufflai mot – honnêtement, je ne savais pas quoi dire – mais quand ma gêne consécutive au silence l'emporta sur mon incapacité à répondre, je murmurai :

— Bien.

Ce fut alors au tour de Mme Prosek de prendre la parole.

Le problème était qu'elle n'était pas seulement l'enseignante de la matière où je coulais, dont la note catastrophique pouvait entraîner mon expulsion – elle était également mon professeur référent et, jusqu'à une date récente, même au cours des quelques mois où ma note en maths avait chuté, notre relation avait été très amicale. J'avais fait sa connaissance l'année de mon arrivée à Ault car elle entraînait la troisième équipe de basket. À l'inverse d'autres entraîneurs, elle ne semblait pas personnellement offensée quand nous perdions un match, mais nous lui avions, je ne sais plus comment, arraché la promesse que si nous gagnions un jour, elle ferait trois sauts périlleux arrière, là, sur le terrain – elle avait été gymnaste à l'université – et elle l'avait fait ; c'était le jour où on jouait contre Overfield. Ensuite, alors qu'elle se tenait vaguement chancelante, les cheveux décoiffés et sous les regards de l'autre équipe qui nous considérait bouche bée, Mme Prosek avait déclaré : « J'aurais dû mettre un autre soutien-gorge. » Les jours où nous jouions contre deux établissements, au lieu de nous déplacer en car, nous prenions une camionnette que Mme Prosek conduisait, et sur le chemin du retour elle nous emmenait au McDo.

J'admirais particulièrement deux choses chez elle, qui se renforçaient l'une l'autre. La première était qu'elle paraissait progressiste – elle était féministe, mais je ne comprenais pas bien le sens de ce mot à l'époque – sans se montrer ni batailleuse ni timorée dans l'expression de ses idées. Une fois, elle avait accompagné des élèves à Boston en camionnette pour un meeting en faveur de l'avortement (je n'y étais pas allée parce que j'étais en troisième et que je pensais devoir m'abstenir), puis elle ne se maquillait pas et, le dimanche, elle portait un bandana bleu qui tirait en arrière ses cheveux bouclés. Le second élément qui m'impressionnait chez Mme Prosek était l'extrême beauté de son mari. Il s'appelait Tom Williamson, travaillait à Washington, où il écrivait des discours pour un sénateur démocrate ; on ne le voyait guère en dehors des week-ends mais, parfois, il participait à un dîner officiel, en costume-cravate, ou alors on les voyait courir ensemble, et toutes les filles se poussaient du coude : *Voilà le mari canon de Mme Prosek.* Celle-ci, pour sa part, était séduisante mais sans beauté, peut-être n'était-elle même pas jolie selon les critères les plus répandus, et il y avait là de quoi m'émerveiller – elle n'était pas belle et il l'aimait, elle était intelligente, tranchée dans ses opinions et il l'aimait, et il semblait même, à leur manière de se parler ou de se toucher, de façon presque anodine, pas franchement romantique (lui le bras sur le dossier de sa chaise à elle, les doigts lui effleurant simplement l'épaule, ou la tête inclinée vers elle quand elle parlait tandis qu'ils se frayaient un chemin vers la sortie du réfectoire après dîner), il paraissait même qu'il l'aimait énormément et qu'elle l'aimait profondément en retour.

— Je ne vous mentirai pas, reprit Mme Prosek. Je me fais du souci pour vous. Avez-vous un programme de travail avec Aubrey ?

— Vaguement. Sauf que si l'examen a lieu dans une semaine, je ne comprends pas pourquoi Fletcher a attendu jusqu'à hier pour me menacer du nettoyage de printemps.

Je voulais l'entendre réfuter mes propos, m'affirmer que Fletcher n'avait pas proféré pareille menace. Au lieu de ça, elle répliqua :

— Vous êtes en train de me dire que vous auriez fait autrement si vous aviez su ce que seraient les conséquences ?

— Non, fis-je, percevant à quel point je paraissais sur la défensive.

— Lee…

Elle me mit la main sur l'épaule. Je me raidis et elle l'ôta. Ayant atteint l'entrée du bâtiment scolaire, nous nous étions arrêtées comme si nous étions convenues au préalable de ne pas poursuivre la conversation à l'intérieur.

Je la regardai avec ce que j'espérais être de grands yeux réceptifs ; mon tressaillement avait été involontaire.

— Concentrez-vous sur les maths. Je voudrais que vous vous familiarisiez vraiment avec les fonctions exponentielles et logarithmes. D'accord ? Les difficultés l'une après l'autre.

Facile à dire pour vous, pensai-je, et c'était déplaisant d'éprouver de l'animosité envers Mme Prosek. Depuis l'automne jusqu'au mois de mars, je m'étais rendue chez elle les dimanches après-midi, après le départ de son mari qui allait passer la semaine à Washington. (Sauf qu'une fois il était encore là, c'est lui qui m'avait ouvert la porte, disant, alors qu'on ne s'était jamais rencontrés : « Salut, Lee », ce qui m'avait mise dans un tel état que j'avais failli prendre mes jambes à mon cou.) Mme Prosek et moi révisions l'essentiel, après quoi elle faisait un potage ou un chili végétarien et m'en donnait un peu. Quand nous parlions maths, j'essayais, par respect, de me concentrer, mais le plus souvent je me laissais distraire comme avec Aubrey. J'étais très attentive, en revanche, quand nous évoquions une prise de parole récente à la chapelle ou un article de *La Voix d'Ault*, ou encore prompte à émettre des suppositions à propos d'autres élèves et professeurs. Mme Prosek ne donnait jamais son avis personnel, souvent elle secouait la tête quand je me montrais critique envers quelqu'un, mais dans ce cas-là, en général, elle souriait, et j'étais certaine qu'elle me trouvait intéressante. Peut-être, après tout, n'était-ce pas son bel époux, ni ses idées politiques, ni son caractère sportif qui me poussaient à l'apprécier – peut-être était-ce seulement qu'elle me trouvait intéressante et qu'en sa présence, encore plus qu'en présence de Martha, je me *sentais* intéressante. Et puis un après-midi, peu après les vacances de printemps, elle parut plus sombre, ne cessant de nous ramener aux maths chaque fois que nous dérivions vers autre chose. À mon arrivée, elle m'avait déclaré avoir mal à la tête, et je crus que c'était la raison, mais au bout d'une demi-heure environ – j'étais en train de lui expliquer pourquoi je soupçonnais M. Corning d'être amoureux de mon ancienne responsable du dortoir Broussard – Mme Prosek m'interrompit :

— Lee, j'ai quelque chose à vous dire. J'ai dû envoyer une lettre à vos parents. J'avais pu m'abstenir de leur écrire jusque-là parce que vous avez eu un C au milieu du trimestre, et les choses semblaient s'améliorer. Mais là je suis vraiment inquiète.

J'eus envie de lui assurer que mes parents n'étaient pas du genre à flipper en recevant une telle lettre, mais je n'étais pas sûre que ce soit la question. Et encore, à ce moment-là, je n'étais pas effrayée par ma note. Je me sentais surtout honteuse d'avoir cancané si naturellement, de m'être conduite comme chez moi, ici, à la table de sa salle à manger. Je m'étais figuré que je la charmais quand je n'étais qu'une mauvaise élève qui lui mobilisait son temps libre, se livrant à des observations déplacées sur ses collègues.

— Votre note générale au dernier semestre était D, reprit Mme Prosek. Ce qui ne vous laisse pas beaucoup de marge. Si vous êtes recalée pour ce semestre, ça vaudra pour l'année. Et vous êtes d'ores et déjà au-dessous de la moyenne. Vous avez quarante-neuf.

Je savais que mes résultats n'étaient pas terribles, mais pas au point d'écoper d'un quarante-neuf.

— Je vais vous faire une proposition, reprit-elle. Je proposerai la même chose à tous les autres élèves, mais…

Elle n'acheva pas, c'était inutile : *c'est pour vous que je fais ça.* Sa proposition consistait à me faire travailler sur un projet afin de rattraper des points, et c'était ainsi que j'avais fait la chronologie des mathématiciennes. Mme Prosek avait bien ri en voyant que je l'avais insérée dans la lignée, mais notre relation n'était plus la même. Dans son appartement cet après-midi où elle m'avait annoncé que j'avais quarante-neuf, elle n'avait pas précisé que nous nous reverrions le dimanche suivant, comme elle le faisait d'ordinaire. J'aurais pu lui poser la question en cours durant la semaine, mais je m'étais abstenue – je ne voulais pas être une charge pour elle – et, puisque je n'avais pas demandé, je n'étais pas allée chez elle le dimanche suivant. Le lundi en cours, nos regards s'étaient croisés au moment où je m'asseyais ; elle avait serré les lèvres, comme sur le point de dire quelque chose, mais elle s'était tue ; de toute façon, d'autres élèves étaient là. Je la voyais encore presque tous les jours, mais en dehors des cours c'était en passant, ou au sein d'un groupe – quand le temps s'était réchauffé en avril, elle avait organisé un barbecue pour tous les élèves dont elle était le professeur référent.

Devant le bâtiment scolaire, je lui demandai :

— Dites, je ne suis pas un mauvais élément, n'est-ce pas ?

— Évidemment, non !

— Je sais que je ne suis pas terrible en sport, que je ne suis pas, comment dire, un *atout* pour Ault. Mais j'ai toujours respecté le règlement. On pourrait peut-être me laisser le bénéfice du doute. Je ne vois pas pourquoi cet examen doit décider si je reste ou pas.

Elle soupira.

— Je me demande pourquoi vous êtes persuadée de ne pas être un atout pour l'école. Vous avez autant de soutiens que n'importe qui d'autre. En dehors de ça, j'espère que vous comprenez que personne n'essaie de vous punir. Mais, Lee, vous avez déjà un an de retard en maths par rapport à l'ensemble de vos camarades. L'établissement a des exigences, et si vous voulez obtenir votre diplôme dans un an, vous devez répondre à ces exigences. Et quelle garantie avons-nous que la situation ne se reproduira pas l'an prochain ? Ça ne vous rendra pas service si l'on persiste à vous imposer des examens pour lesquels vous n'avez pas le niveau.

— Ça n'arrivera pas l'an prochain, dis-je.

— Non ?

— Aujourd'hui, si c'était à refaire, je m'y prendrais différemment. Je le sais.

Elle se tut un moment, puis reprit :

— Je le pense aussi. Je crois que nous avons laissé la situation nous échapper. Mais comprenez bien que notre inquiétude à votre sujet concerne votre scolarité, pas votre personne.

Comme elle clignait des yeux à cause du soleil, il me fut difficile de discerner son expression lorsqu'elle ajouta :

— Franchement, je ne pense pas qu'ils vous balaient au nettoyage de printemps.

La première chose qui me vint à l'esprit fut ce « ils ». Peut-être ne pourrait-elle pas me sauver au moment critique, mais n'était-ce pas hypocrite de sa part de se conduire comme si elle ne pouvait pas empêcher la situation d'en arriver là ? Si elle le voulait, elle pouvait me mettre un D ; elle pouvait truquer le résultat et ne jamais en parler, même avec moi.

La seconde fut qu'il faudrait que j'avertisse Martha : contrairement à ses affirmations, les profs, eux aussi, utilisaient l'expression.

Les cours prirent fin ce vendredi. Au cours de la semaine précédente, on n'avait de toute façon pas fait grand-chose ; en latin, Mme Pfaff avait apporté des friandises maison confectionnées par sa fille avec des Rice Krispies, et en espagnol, on avait regardé des feuilletons à l'eau de rose mexicains. Dans les dortoirs, certains avaient déjà commencé leurs bagages, ce que je détestais – je voyais les murs nus et les étagères débarrassées comme de cruels rappels du caractère éphémère des choses ; il était illusoire d'avoir cru que quoi que ce soit ici nous appartenait.

Après la fin des cours, je vis Aubrey chaque soir, même le samedi, et me surpris à attendre nos séances. Sans les cours, les jours s'étiraient sans fin, comme de vieux caoutchoucs ; ça faisait du bien d'avoir quelques heures organisées. Et puis le temps était beau, ce qui me rendait toujours un peu plus dingue. J'entendais dire que d'autres élèves descendaient nager à la rivière, couraient à plusieurs, ou allaient à vélo s'acheter une glace en ville. J'aurais eu l'impression de parader si je m'étais livrée à ce genre d'activités ; même si je n'étudiais pas très sérieusement, je ne pourrais rien me reprocher, plus tard, quand j'aurais loupé l'examen, puisque je serais restée au dortoir.

Le mercredi soir, la veille de mon examen de maths, on procéda à l'élection des délégués de terminale sur la terrasse extérieure du réfectoire. Aucun enseignant n'était présent, ce furent Gillian et Darden qui distribuèrent les bulletins de vote. Ensuite, ils effectueraient le dépouillement.

— J'imagine très bien Gillian bourrer les urnes, dis-je à Martha comme nous retournions au dortoir.

— Elle se ferait virer, souligna Martha. Ça ne vaut pas le coup.

— Pour qui as-tu voté ? demandai-je.

— Pour Aspeth, évidemment. C'est sans conteste un chef naturel.

— Ha, ha ! En fait, je voulais savoir pour qui tu as voté comme garçon.

— Oh. Pour Darden. As-tu donné ta voix à ton amoureux Cross ?

— Martha, sifflai-je.

Jenny Carter et Sally Bishop marchaient derrière nous.

— Excuse, je voulais dire Singe Violet. Tiens, je vais essayer de me racheter. Monte.

Elle s'était placée devant moi et me présentait son dos, les genoux fléchis.

— Embarquement immédiat, lança-t-elle par-dessus son épaule.

— Tu veux que je monte sur ton dos ? dis-je, incertaine.

— Je t'emmène en balade sur le Marthasaurus.

— Tu as bu ou quoi ?

— Pas que je sache, à moins que quelqu'un n'ait versé de l'alcool dans le distributeur de jus de fruit. Monte, je te dis.

Je me retournai pour regarder Jenny et Sally, puis attendis qu'elles passent.

— Salut, fis-je, et toutes deux me sourirent. Je crois que je suis trop lourde, dis-je cette fois à Martha.

— Tu n'as pas vu mes biscoteaux ?

Elle plia le bras – elle portait un débardeur rouge avec un col festonné – et son biceps se gonfla. Elle était un peu plus petite que moi, plus mince aussi, mais assurément plus forte.

— D'accord, dis-je. Prépare-toi.

Je fis un pas en avant, m'accrochai à ses épaules. Tout en se redressant, elle attrapa mes jambes, et le creux de mes genoux se retrouva dans le creux de ses bras. Elle vacilla légèrement, je poussai un petit cri involontaire, mais elle se stabilisa.

— Où veux-tu aller ? demanda-t-elle. Tes désirs sont des ordres.

— À Boston ?

Martha émit un grognement.

— Bon, d'accord. Que dirais-tu de Bombay ?

J'avais essayé de prendre l'accent indien.

— Beaucoup mieux.

— Ou bien en mère Russie ?

J'avais recouru cette fois, avec à peu près autant de succès, à l'accent russe ; Martha éclata de rire.

— À ma datcha ! lançai-je en pressant les genoux contre les flancs de Martha. *Vamonos !*

Elle tenta de galoper mais elle riait trop fort. Elle s'arrêta, se courba, moi toujours sur son dos, et demeura ainsi, les épaules secouées par le rire. Être arrivée à la faire rire me faisait rire moi aussi.

— À Paris *fin de siècle* ! criai-je en français.

— Je crois que tu viens de me cracher dans les cheveux, haleta ma monture.

C'était sans conteste le comportement le plus étrange que j'aie pu avoir en public à Ault ; il faisait encore jour, il y avait des gens sur les marches de la bibliothèque, d'autres jouaient au ballon sur la pelouse circulaire. À ma grande surprise, personne ne paraissait faire attention à nous. Martha se redressa.

— Je t'étrangle ? lui demandai-je.

— Oui, mais ça va.

Je descendis dans la cour, devant l'entrée du dortoir Elwyn.

— Merci pour le voyage. Mais dis donc, tu es vachement bizarre comme fille.

— Je sais, rétorqua Martha. La faute à mes parents.

— Sans blaguer, insistai-je. Tu es givrée.

— Tout le monde est givré, Lee. Je te jure.

— Je ne te crois pas.

— C'est pourtant la vérité, conclut-elle.

Qui savait ce qui allait se passer, tandis que nous montions les marches d'Elwyn, que ce soit du côté de l'élection ou de l'épreuve de maths ? Les probabilités ne penchaient pas en notre faveur ; nous étions en suspens dans cet espace réduit qui précède le résultat, quand le hasard peut encore, mais ce ne sera probablement pas le cas, jouer pour nous. D'habitude, j'avais seulement hâte de connaître l'issue. À ce moment-là, pourtant, l'incertitude ne m'était pas si désagréable. C'était une chaude soirée de printemps ; le temps d'un bref sursis, il était presque plaisant d'ignorer comment les choses allaient tourner.

Après l'office, alors que tout le monde gagnait le bâtiment scolaire pour l'appel, Aubrey apparut près de Martha et moi.

— J'ai quelque chose pour toi, m'annonça-t-il.

Il regarda Martha qui dit alors :

— Je vous laisse. On se retrouvera à l'intérieur, Lee.

Aubrey me remit une enveloppe en papier kraft sur laquelle figurait mon nom, en lettres capitales.

— Ce sont les réponses pour l'exam ? questionnai-je.

Il eut l'air épouvanté.

— Je plaisantais, dis-je.

L'enveloppe contenait une carte faite à la main, avec *BONNE CHANCE !* inscrit dessus, de cette écriture grêle des garçons. À l'intérieur, il avait écrit : *J'espère que tu réussiras ton examen, Lee ! De la part d'Aubrey.* Contrairement à ce qu'aurait fait une fille, il n'avait pas décoré le carton d'étoiles, de fleurs ou de ballons.

— Ça ne m'a pas pris longtemps, fit-il en rougissant. As-tu une dernière question à me poser ?

— Je ne crois pas. Mais merci… J'apprécie ta carte, Aubrey.

Elle me faisait réellement plaisir, tout en me déconcertant. C'était le genre de chose que j'étais capable de faire pour quelqu'un d'autre, à laquelle j'aurais consacré une soirée au lieu de faire mes devoirs de maths ; mais personne n'avait jamais confectionné pour moi une carte comme celle-là.

— Quand tu dois t'occuper d'une variable, pense à procéder étape par étape. Tu t'emmêleras les pinceaux si tu essaies de définir deux variables en même temps.

Nous étions arrivés dans la salle d'études. Comme il était en troisième, Aubrey avait un pupitre assigné pour l'appel ; les premières et les terminales restaient debout au fond, ou s'asseyaient sur les caissons en bois qui camouflaient les radiateurs le long du mur.

— Merci pour ton aide, Aubrey.

Il ne s'éloigna pas immédiatement.

— Je suppose qu'il n'y a rien à ajouter, hein ? dis-je encore.

Il ne bougeait toujours pas, aussi, ne sachant que faire d'autre, je lui tendis la main. L'appel commençait. On se serra la main.

Je demeurai près de la porte pour écouter les annonces – l'Alliance des élèves issus des minorités organisait un dîner de fin d'année au foyer dimanche soir, et puis Mme Morino espérait que nous avions tous félicité Adele Sheppard pour la récompense de bonne citoyenneté que venait de lui remettre le centre social de Raymond où elle avait chaque semaine œuvré comme bénévole depuis sa seconde. Lorsque M. Byden s'avança – pendant l'appel, il se tenait debout derrière les délégués, et passait généralement en dernier quand il avait à prendre la parole –, mon cœur battit subitement plus vite. Il allait annoncer le résultat de l'élection ; j'en étais certaine. L'année précédente, il l'avait fait pendant un dîner officiel, mais sans doute les élections avaient-elles eu lieu plus tôt car les dîners officiels étaient terminés pour cette année.

Il s'éclaircit la gorge.

— Comme vous le savez, les élections de délégués pour toutes les classes se sont tenues hier. Je suis heureux de vous en communiquer les résultats.

Tandis qu'il commençait par les plus petites classes, je scrutai la salle à la recherche de Martha, et la vis appuyée contre le mur du fond. J'essayai d'attirer son regard, mais elle fixait M. Byden. Cherchant à localiser les autres nominés, je découvris Darden non loin de moi. Il affichait un sourire paisible, une expression sereine, comme s'il savait déjà qu'il n'avait pas gagné ;

j'eus du chagrin pour lui, obligé de faire bonne figure devant tout le monde.

— Enfin, continuait M. Byden, pour la future classe de terminale…

Quelques sifflements fusèrent. M. Byden eut un sourire sec.

— Pour la future classe de terminale, répéta-t-il, vous pouvez féliciter vos nouveaux délégués, Cross Sugarman et Martha Porter.

La salle explosa. Autour de moi, les gens criaient, battaient des mains en rythme – pourquoi, me demandai-je, était-il admis de montrer son enthousiasme une fois la décision prise, et déplacé de se livrer à toute manifestation avant ? – et moi aussi j'applaudissais, mais je ne me sentais pas transportée. En vérité, je n'étais même pas heureuse. J'étais abasourdie. Martha avait gagné ? *Martha ?* Ç'avait été facile de la soutenir parce qu'elle était ma copine, parce que, même si personne d'autre ne le reconnaissait, Martha était super – parce que nous étions des perdantes, toutes les deux. Sauf que, apparemment, il ne fallait plus dire *nous*.

De nouveau, je regardai Darden qui applaudissait de tout cœur, toujours souriant, même si un muscle de sa mâchoire se contractait, un peu au-dessous de l'oreille.

— Darden, appelai-je et, comme il ne m'entendait pas, je répétai : Darden !

Il se retourna.

— Je suis désolée que tu ne l'aies pas emporté, dis-je.

Était-ce hypocrisie de ma part, vu que j'avais voté pour Cross ?

— Pas grave, répondit-il. Dis donc, c'est chouette pour ta copine.

Je m'efforçai de sourire.

— C'est complètement dingue.

On resta là quelques secondes, Darden et moi, tous les deux avec des sourires contraints et puis, au même moment, on se tourna vers le fond de la salle. Cross était facile à repérer du fait de sa haute taille, mais tant de gens entouraient Martha que je n'arrivais même pas à la voir. Sur l'estrade, M. Byden s'était remis à parler, mais je crois qu'aucun élève des futures terminales ne l'écoutait.

Si j'avais été une véritable amie, dotée d'un cœur généreux, je me serais frayé un chemin dans la cohue pour aller serrer Martha dans mes bras. Et il aurait été jouable de la féliciter à cet instant-là. Ma crainte tenait à ce qui viendrait ensuite – sa légère incrédulité, la mise à nu de ses sentiments. Je risquerais aussi de devoir la persuader qu'elle méritait sa victoire. Ou, pire que tout… elle serait peut-être tout simplement *heureuse*. Peut-être aurait-elle seulement envie de jouir du moment présent, de deviner qui avait voté pour elle ou pas voté pour elle, d'imaginer à quoi ressemblerait son rôle de déléguée. Et il n'y aurait rien de déraisonnable à ces réactions – avec qui partager cette joie débordante, sinon avec votre camarade de chambre ? – mais je ne me sentais pas la force de digérer tout ça. Je sortis de la salle ; comme je ne regardai pas autour de moi, j'ignore si quelqu'un me vit.

Au rez-de-chaussée, je pénétrai dans une salle vide – pas celle de Mme Prosek, mais celle d'en face. Là, sans allumer, je me mis à feuilleter mon manuel. Il était bien trop tard mais ça me faisait du bien de me livrer à une activité.

Il était huit heures quarante-cinq. Nous devions prendre l'épreuve de l'examen dans la salle de Mme Prosek à neuf heures, l'emporter soit dans la salle d'études soit dans notre chambre, et rendre notre copie à midi ; d'ici un peu plus de trois heures, ce serait fini, mon destin serait scellé. Ensuite, je ferais quelque chose pour Martha – je lui écrirais une carte, ou j'irais lui acheter des fleurs en ville. Et à ce moment-là, elle serait plus calme. Elle-même avait un examen d'histoire ce matin, qui certainement diluerait ses premiers sentiments, et peut-être après parlerait-elle de son élection avec quelqu'un d'autre, par exemple la personne avec qui elle reviendrait au dortoir. Quand nous nous retrouverions, elle serait capable de me présenter sa réaction comme un paquet bien propret : un carré de lasagnes gentiment rangé dans une boîte Tupperware à la place d'une cuisine sordide aux plans de travail aspergés de sauce tomate. Et je n'aurais pas eu à assister au nettoyage.

Quand Martha avait été choisie par M. Byden pour siéger à la commission de discipline, j'avais été contente pour elle – ce n'était pas vraiment important, d'une certaine façon il s'agissait de distinguer une bonne élève bien sage, mais c'était néanmoins une distinction, et je l'avais sincèrement félicitée. Il y avait eu d'autres choses : l'été précédant notre année de première, quand elle avait commencé à sortir avec Colby, un ami de son frère, la chorégraphie de leur approche amoureuse m'avait passionnée ; pendant deux semaines, j'avais parlé chaque soir avec Martha au téléphone, interprétant la conduite de Colby, la conseillant, comme si je connaissais quelque chose à la mentalité des garçons. Plusieurs jours durant après qu'elle m'eut dit qu'ils s'étaient embrassés, j'avais été sujette à des bouffées de joie intermittentes et il me fallait chaque fois une minute pour me rappeler que ce n'était pas à moi mais à Martha qu'il était arrivé quelque chose de bien. Sans compter que j'étais toujours contente pour elle quand elle obtenait de bonnes notes – elle travaillait dur, elle les méritait.

Être déléguée, en revanche, ça paraissait un peu arbitraire. Avant que Cross la propose aux nominations, nous n'en avions jamais évoqué la possibilité, c'était une chose, pour autant que je le sache, qu'elle n'envisageait même pas. Et voilà que c'était arrivé, sans effort particulier de sa part. Et finalement… si j'avais moi-même été proposée comme déléguée de terminale ? Si je m'étais rendue à la réunion ce jour-là au lieu d'aller dans le bureau du conseiller d'éducation, et si ma présence avait poussé quelqu'un, peut-être même Cross, à penser *Pourquoi pas Lee ?* Si j'avais été le joker, à la place de Martha ? Peut-être les gens m'appréciaient-ils secrètement, moi aussi, peut-être me respectaient-ils, ou me voyaient-ils comme une solution à Gillian ou à Aspeth. Ce n'était pas impossible. Car franchement, cette issue n'était-elle pas autant une défaite pour les deux autres qu'une victoire pour Martha ? Si j'avais été élue, j'aurais été la partenaire de Cross, nous nous serions parlé chaque jour, debout côte à côte au pupitre devant l'école entière. Forte de la preuve que les gens croyaient en moi, j'aurais été différente, sûre de moi ; j'aurais enfin été capable de me détendre. En tout cas, je n'aurais pas été victime du nettoyage de printemps – comment Ault aurait-il pu virer une déléguée de terminale ?

Il était onze heures trente quand Martha revint dans la chambre. J'étais allongée sur le futon, à plat ventre, en train de croquer de vieilles tortillas chips. J'avais mis la tête en dehors du futon pour que les miettes tombent par terre, et cette position avait fait affluer le sang à mon visage. Et puis, parce que j'avais jeté l'éponge pour mon examen au bout d'environ un quart d'heure et passé ensuite plus d'une heure à sangloter, j'étais déshydratée et légèrement enrouée.

— Salut, fis-je. Félicitations pour ton élection.

Ce n'était pas ce que j'avais prévu – j'avais prévu d'en faire des kilos et de m'écrier *Je t'ai cherchée partout !* – mais voilà, ce qui était dit était dit.

Martha regarda mon bureau, sur lequel la feuille d'examen était ouverte à la deuxième page, puis revint à moi.

— Qu'est-ce que tu fais ? demanda-t-elle.

La question était vaste.

— Je grignote, dis-je enfin, puis, lui tendant le sachet de chips : T'en veux ?

Elle prit ma copie, la feuilleta. J'avais signé de mon nom sous le serment d'Ault imprimé en première page, le même à chaque examen : *Je, soussigné(e), certifie par la présente n'avoir ni fourni ni reçu aucune aide pour cette épreuve*... Sur la page suivante, j'avais fait le premier problème, par lequel Mme Prosek avait à l'évidence commencé afin de nous mettre à l'aise. J'avais gribouillé quelques chiffres sous le problème suivant, et puis, alors que ça n'avait aucun rapport avec la question posée, j'avais noté la formule permettant de résoudre l'équation du second degré, au cas où j'en aurais besoin plus tard. Après ça, de la deuxième page à la septième, je n'avais plus rien écrit. Je vis l'expression de Martha, à mesure qu'elle feuilletait les pages, osciller entre trouble et consternation.

— D'accord, dit-elle.

Elle consulta sa montre, reposa les feuillets sur le bureau.

— Tu ne vas pas rendre ta copie dans cet état.

— Ah bon ?

— Merde, Lee, tu dérailles ou quoi ? Tu ne comprends pas ce qui est en jeu ? Pour commencer, assieds-toi.

Je m'assis docilement.

— Essuie-toi la bouche.

Quand je le fis, des débris de chips s'accrochèrent à ma main.

Elle reprit l'énoncé en main.

— Viens par ici.

Quand je fus debout face à elle, elle désigna la chaise. Quand je fus assise, elle posa la feuille d'examen devant moi, ouverte à la deuxième page.

— Là, tu sais des trucs, d'accord ? Ici on te demande de poser l'équation… tu sais le faire, n'est-ce pas ?

Je battis des paupières.

— Regarde, on te dit que l'équation de la directrice est *y* égal à deux… Lee ?

Je levai les yeux vers elle.

— Qu'est-ce qui se passe ? dit-elle.

— Je n'y arrive pas.

Ma voix était un peu atone mais pas tremblante, absolument pas larmoyante.

— Tu as pourtant fait le premier problème.

— Regarde bien, Martha. Ce n'est pas de l'analyse. C'est de l'algèbre.

— Alors tu laisses tomber ? Tu vas rendre ces pages toutes blanches ?

— Inutile de faire plus.

— Mais chaque problème a un coefficient !

— Je crois que tu ne comprends pas, dis-je. Je suis incapable de répondre. Je pourrais écrire des trucs, mais ce serait du charabia.

— Je ne peux pas croire ça.

À son ton, je ne sus trop si elle ne me croyait pas au sens strict du terme ou si elle était simplement écœurée.

— Pousse-toi, fit-elle d'une voix coléreuse que je ne lui connaissais pas.

Je me déplaçai de façon à n'occuper que la moitié de la chaise, et elle s'assit sur l'autre moitié. Elle s'empara d'une feuille volante posée sur mon dictionnaire et, voyant qu'elle était gribouillée d'un côté, la retourna. (Le gribouillis était une liste de mots espagnols, un mémo de vocabulaire dont j'avais l'intention de me servir, mais je n'osai protester.)

— Passe-moi ta calculette, dit-elle encore.

Elle attaqua le deuxième problème, notant l'équation au crayon sur la feuille de brouillon. Furtivement, l'idée me traversa qu'elle ne pouvait pas être en train de faire ce qu'elle paraissait être en train de faire. Et pourtant, si. Cela devint bientôt très clair – elle le faisait.

— Je ne suis pas sûre que ce soit une bonne... commençai-je.

Elle m'interrompit.

— Ne m'adresse pas la parole. Il nous reste moins d'une demi-heure.

Quand elle arriva au troisième problème, elle me dit :

— Commence à recopier. Et donne-moi plus de brouillon.

J'ouvris le tiroir du bureau – à cause de notre position, il fallut qu'on se recule toutes les deux – et en sortis un cahier à spirales. Après le lui avoir passé, je lui demandai :

— Ça n'aura pas l'air louche s'il y a trop de bonnes réponses ?

— Tu auras C ou C-. Il est impossible que je finisse et, de toute façon, je glisse quelques erreurs.

Ensuite on ne parla plus. Il n'y eut plus que le grattement de nos crayons et, une fois, après qu'elle se fut plantée je ne sais où, le « putain » de Martha, avant qu'elle se mette à gommer. C'était elle qui continuait de surveiller sa montre, et il était midi moins cinq passé quand elle me dit :

— Il faut que tu ailles la remettre.

Elle était parvenue en haut de la sixième page.

Je me levai, serrant la copie dans ma main. Arrivée à la porte, je ne pus m'empêcher de me retourner.

— Martha…

— Dépêche, fit-elle en fixant le mur face à mon bureau. Va la rendre.

Quand je revins au dortoir, Martha était partie déjeuner, et elle ne se montra pas dans la chambre de tout l'après-midi, jusqu'à après le dîner. Quand elle arriva enfin, je me levai à son entrée.

— Martha, un immense merci.

Elle leva la main, secoua la tête.

— Tais-toi, Lee. Je regrette, mais tais-toi.

— Bon, d'accord, dis-je après un silence. En tout cas, c'est vraiment super que tu sois déléguée. Je suis tellement fière de partager ma chambre avec une fille aussi brillante que toi.

Le plus bizarre était qu'à ce moment-là je disais vrai. Le matin, quand je m'étais éclipsée de l'appel, me paraissait remonter à plusieurs mois ; dans l'après-midi, je m'étais déjà faite à l'idée de Martha en déléguée de terminale.

— Merci.

Martha avait l'air extrêmement fatiguée. Au cours des heures passées, pendant son absence, je l'avais imaginée fêtant sa victoire, peut-être avec Cross – en faisant la roue ou en se faisant arroser de confettis. Ces hypothèses me semblaient à présent hautement improbables.

— Tu n'as pas vraiment l'air emballée, observai-je.

— Disons que la journée a été longue.

On se regarda. Il m'était très difficile de ne pas la remercier de nouveau, ou de ne pas m'excuser.

— Je crois que tu feras une très bonne déléguée, dis-je encore. Tu seras juste.

Alors le visage de Martha se chiffonna et elle se mit à pleurer. Elle porta la main à son front comme on s'abrite du soleil, sauf qu'elle avait la figure inclinée vers le sol.

— Martha ?

Elle secoua la tête.

Je m'approchai d'elle et posai ma main sur son épaule. Que pouvais-je dire, que pouvais-je faire d'autre ? Nous devions seulement patienter, laisser passer davantage de temps à partir du moment où Martha avait rédigé les réponses à mon examen. Parce que, je m'en rendais compte, voilà ce qu'avait été cette journée-là pour elle – non pas le jour où elle avait été élue déléguée de terminale mais le jour où elle avait triché. Et je ne pense même pas qu'elle pleurait à cause de tout ce qu'elle risquait de perdre, pourtant le risque était flagrant : si notre tricherie était découverte, elle ne deviendrait pas déléguée de terminale, évidemment, pour la bonne raison qu'elle serait renvoyée ; nous serions toutes les deux exclues. Et quelle histoire ça ferait vu que Martha était également membre de la commission de discipline. La peur des conséquences cependant, j'en étais quasiment certaine, n'était pas la cause de ses larmes.

Il s'avéra que Martha avait remporté l'élection avec une majorité écrasante. Si du côté des garçons, les résultats avaient été serrés, ce n'avait pas été le cas chez les filles. J'ignorais quelle conclusion en tirer – qu'en fin de compte Martha était « cool » ? Qu'être réputé « cool » importait finalement moins que je ne l'avais cru ? Après le bac, son nom serait gravé dans le marbre du réfectoire, puis chaque lettre dorée à l'or fin.

Je ne sais pas non plus trop quoi penser de mon absence de sentiment de culpabilité envers Ault en tant qu'institution, ni envers quiconque – pas Mme Prosek, certainement pas le conseiller d'éducation Fletcher – à l'exception de Martha. Le lendemain à la sortie de la chapelle, quelqu'un me tapota l'épaule. Je me retournai pour entendre Mme Prosek me murmurer, avec un immense sourire : « Soixante-deux. » Je me contentai de hocher la tête, ne feignant ni surprise ni plaisir. Dans cet instant, je sentis qu'elle me pardonnerait, que maintenant que j'avais réussi, notre relation redeviendrait comme avant. Mais à quoi bon, alors que s'était révélée la précarité de notre lien ? Qu'une personne qui ne me connaissait pas vraiment se tienne sur la réserve avec moi était une chose, mais c'en était une autre que quelqu'un prenne ses distances après m'avoir fréquentée de près. De surcroît, je n'étais plus certaine de l'estimer comme avant. J'avais le sentiment qu'elle aurait pu me défendre avec vigueur, ou me parler plus directement, or elle avait agi à la manière d'Ault, par l'esquive et avec bienséance. Sans doute n'aurais-je pas dû être étonnée – après tout, durant tous ces après-midi passés chez elle, c'était moi qui avais parlé en toute franchise, pas elle. À l'automne suivant, je demandai M. Tithrow comme professeur référent, un enseignant de physique âgé de soixante-deux ans.

Aubrey – pauvre Aubrey, avec sa sainte et infinie patience – continua de me donner des cours de soutien, et ma note en maths ne descendit pas au-dessous de C de toute l'année. Cette année-là également, Aubrey ne grandit pas. Il grandit plus tard – quand j'étais en deuxième année universitaire et lui en terminale à Ault, je reçus un exemplaire du bulletin trimestriel des anciens élèves où figurait une photo de lui parmi les autres membres de l'équipe de crosse, et il mesurait plus d'un mètre quatre-vingts. Il était beau, quoique ses traits aient perdu leur finesse première ; c'était comme si un homme avait brusquement jailli de son enveloppe de jeune garçon, pilosité comprise.

Sa beauté eut pour moi quelque chose d'ironique, du fait de ce qu'il s'était passé le jour où j'avais obtenu mon bac à Ault. Après la cérémonie, tous les enseignants et personnels administratifs et, auprès d'eux, tous les élèves de terminale s'étaient mis en rang sur la pelouse. Les autres classes s'étaient rangées sur une ligne opposée, à la façon de deux équipes qui se serrent la main après un match, sauf qu'il y avait vingt fois plus de monde. Ainsi chaque terminale disait-il adieu à chaque non-terminale, qu'on se connaisse bien ou mal ; après le passage de toutes les plus petites classes, c'était le tour des profs. La procédure prit plusieurs heures, avec moult embrassades et force larmes.

Quand Aubrey s'approcha de moi, je l'enlaçai – j'étais encore beaucoup plus grande que lui – et le remerciai avec effusion ; la bizarrerie d'avoir finalement obtenu mon bac m'avait mise en état de surexcitation. Aubrey hocha gravement la tête, me dit : « Nos séances vont me manquer, Lee » et, me donnant une enveloppe cachetée, ajouta : « Lis ça plus tard. » Comme je n'étais guère curieuse de ce qu'il pouvait me dire, aussi car j'avais la tête ailleurs, je n'ouvris pas l'enveloppe avant plusieurs jours. Elle contenait une carte – la seconde – décorée de la tenue noire des lauréats, et, imprimé à l'intérieur, *Félicitations, bachelière !* Au-dessous, Aubrey avait écrit : *J'aimerais te dire que j'éprouve un sentiment amoureux très fort pour toi. Je ne m'attends pas à ce qu'il se passe quelque chose et tu n'as pas à me répondre, mais je voulais te le dire. Bonne chance dans ta vie. Tu es terriblement séduisante.* C'était la plus gentille carte qu'on m'ait jamais adressée, et je ne répondis jamais. Pendant un temps, j'en eus l'intention, seulement je n'avais pas la moindre idée des mots que doit employer une fille dans une lettre à un garçon qui nourrit pour elle un sentiment non partagé. Mais je gardai la carte ; je l'ai toujours.

Quant à Martha… Jamais, quand j'étais à Ault, je n'ai compris pourquoi elle avait autant d'affection pour moi que j'en avais pour elle. Même à présent, je doute encore. J'étais incapable de lui rendre la moitié de ce qu'elle me donnait, et ça aurait dû rompre l'équilibre entre nous, or il n'en fut rien, et je me demande pourquoi. Par la suite, après Ault, je pus réinventer mon être – non pas en l'espace d'une nuit, mais petit à petit. Ault m'avait appris tout ce que j'avais besoin de savoir sur comment séduire ou comment s'aliéner les gens, comment il convenait de doser la confiance en soi, l'autodénigrement, l'humour, l'indiscrétion, la curiosité ; même, en dernier lieu, l'enthousiasme. Ault avait également été le milieu le plus coriace auquel je me sois jamais frottée, au point que parfois ensuite, je jugeai décevante la facilité avec laquelle j'avais pu gagner des gens à ma cause. Si Martha et moi nous étions rencontrées à vingt-deux ans, par exemple, il ne m'aurait pas été difficile de croire en son affection. Mais elle m'avait aimée avant que je devienne aimable ; c'était l'aspect troublant.

Durant les premiers mois de notre année de terminale – nous avions obtenu la plus grande et plus belle chambre d'Elwyn, avec trois fenêtres donnant sur la pelouse circulaire – on brisa, Martha et moi, deux grands miroirs en l'espace d'une semaine. Il y avait un radiateur entre deux fenêtres, on y posa le premier miroir, un courant d'air violent le fit tomber sur le parquet. Aussi alla-t-on en ville, acheter un deuxième miroir, qu'on disposa à la même place, et l'on arriva à s'étonner que celui-là tombe également et éclate en morceaux. Martha cloua le troisième miroir au dos de la porte, où on le laissa au moment de notre départ.

Je me rappelle le jour où le deuxième miroir se brisa. Nous étions revenues du gymnase ensemble et, en ouvrant la porte de la chambre, on le vit toutes les deux en même temps.

— Merde, dis-je.

Et Martha, simultanément :

— Qu'est-ce qu'on peut être bêtes !

Elle souleva la glace et l'appuya contre, pas sur, le radiateur. Le verre était cassé en dix endroits au moins, quelques morceaux étaient tombés et leur face réfléchissante gisait sur le tapis, tessons irréguliers en forme de Tennessee ou de Caroline du Nord. Je me tenais debout derrière Martha, et nous nous reflétions un peu partout dans les morceaux de miroir restants ; ses yeux, son nez, sa bouche m'étaient aussi familiers que les miens.

— Quatorze ans de malheur, prédis-je.

Ce qui semblait une période infinie – pas seulement en longueur, même si ça paraissait long, mais en considérant à quel point nos vies changeraient dans ce laps de temps. Dans quatorze ans, nous aurions toutes les deux trente et un ans. Nous aurions des boulots, peut-être serions-nous mariées, aurions-nous des enfants, nous pourrions vivre n'importe où. Nous serions, par définition, des femmes adultes.

Martha était l'amie la plus proche que j'aie jamais eue ; j'étais, comme d'habitude, préoccupée par le moment présent (j'espérais lui emprunter sa jupe portefeuille jaune pour le dîner officiel) ; et j'étais trop jeune alors pour envisager que de simples réalités géographiques ou temporelles puissent séparer des gens. Voilà pourquoi je n'aurais pas dû me demander ce que je me demandai pourtant, tandis que je regardais nos images dans le miroir éclaté : est-ce que quoi que ce soit, même la malchance, suffirait pour nous maintenir liées l'une à l'autre durant toutes les années à venir ?

8

S'embrasser et s'embrasser

ANNÉE DE TERMINALE

Cross Sugarman vint me trouver au cours de la cinquième semaine de notre année de terminale. C'était un samedi ; Martha était partie chez une cousine à Dartmouth, afin de voir si elle souhaitait postuler pour l'université de cette ville en premier choix. Il était près de trois heures du matin quand la porte de notre chambre s'ouvrit ; j'étais au lit depuis longtemps. Je suppose que Cross dut rester immobile durant une minute, le temps de s'adapter à l'obscurité de la chambre après l'éclairage du couloir. Ce fut alors que je m'éveillai. La vision d'une haute silhouette masculine sur le seuil fit battre mon cœur plus vite – évidemment – mais je savais à l'époque que les choses étranges qui se produisaient en pension avaient généralement lieu la nuit. De surcroît, aucune des chambres du dortoir n'étant dotée d'un verrou, je m'étais habituée à voir des gens débarquer sans crier gare.

Sans doute avais-je remué car Cross dit : « Salut », avec cette tonalité rauque qui tient pour moitié du murmure et pour moitié de la vraie voix, différente du ton de la conversation, sourde et pourtant lourde de sens.

— Salut, répondis-je, encore incertaine de son identité.

Il avança d'un pas et la porte se referma derrière lui. Je m'assis – j'occupais le lit du bas – et m'efforçai de distinguer son visage.

— Je peux m'allonger ? demanda-t-il. Rien qu'une minute.

Ce fut à ce moment-là que je le reconnus, tout en demeurant désorientée au sortir du sommeil.

— Tu es malade ? questionnai-je.

Il rit. Simultanément, il enleva ses chaussures et se glissa dans mon lit, sous les couvertures, si bien que je me réfugiai contre le mur. Dans le mouvement, je respirai brièvement son odeur – il sentait un peu la bière, le déodorant et la sueur, ce qui revient à dire qu'il sentait bon pour moi – et je songeai : *Oh, mon Dieu, c'est vraiment Cross*. Ce qui m'apparaissait comme la chose la plus invraisemblable au monde.

On finit par se retrouver moi à plat dos, les yeux rivés sur le dessous du matelas de Martha, lui couché sur le côté et me regardant. Son haleine alcoolisée aurait pu m'évoquer des gares routières et des vieillards aux vêtements crasseux et aux yeux injectés de sang, mais comme j'avais dix-sept ans, que j'étais vierge et que je vivais neuf mois de l'année sur un campus aux bâtiments en brique, cerné de collines boisées et de terrains de sport aux pelouses soigneusement entretenues, ça fit surgir en moi des images de bals d'été à la campagne, d'existences remplies de merveilleux secrets.

— J'aime bien ton lit, dit-il.

Comment était-ce arrivé ? Pourquoi était-il là ? Et si je faisais quelque chose de travers et qu'il partait ?

— Sauf qu'il fait plutôt chaud, reprit-il. Attends.

Il repoussa les couvertures, redressa le buste, enleva son pull et son tee-shirt et les jeta n'importe où.

— Voilà. Beaucoup mieux.

Quand il se rallongea et ramena sur nous les couvertures, le soulagement m'envahit – j'avais craint qu'il s'en aille, mais à présent (il s'était à moitié déshabillé !), il avait l'air de s'installer.

— Donc, fit-il, voilà à quoi ça ressemble d'être Lee Fiora.

Depuis notre année de troisième, nous nous étions à peine parlé et j'avais imaginé entre nous mille conversations. Je savais maintenant, enfin, je découvrais, qu'aucune ne cadrait.

— Oui, dis-je, ce n'est sûrement pas aussi palpitant que d'être toi.

Aussitôt, je me demandai si ma réplique avait sonné comme une ébauche de drague ou comme une maladresse.

— Oh, je suis sûr qu'être toi est *bien plus* palpitant.

(Donc, j'avais plutôt été aguicheuse.)

— Je me demande tout le temps, continua Cross : pourquoi ma vie n'est-elle pas à moitié aussi cool que celle de Lee ?

— Des tas de gens se posent la question, dis-je.

Le rire de Cross me procura un bonheur sans précédent. Je trouvais la situation bizarrement facile et plaisante, peut-être à cause de son étrangeté même : parce que nous étions seuls, parce que c'était le milieu de la nuit, parce que je ne l'avais pas anticipée ni n'avais tenté d'élaborer de plan dans ce sens.

— Eh, Lee, fit Cross.

— Quoi ?

Quatre secondes peut-être s'écoulèrent avant que je comprenne qu'il n'était pas prévu que je dise quoi que ce soit ; j'aurais plutôt dû tourner la tête, et là, le cas échéant, il m'aurait embrassée. Ça me parut à la fois impossible et très précis ; j'étais contente de ne m'être pas retournée et, en même temps, je craignais d'avoir manqué mon unique chance.

Il soupira, exhalant une haleine de bière. (J'aimais bien son haleine parfumée à la bière – j'aime encore ça, chez les hommes adultes, à cause de Cross.)

— Donc Martha est à Dartmouth ?

— Comment tu le sais ?

— Voyons voir… Peut-être parce que je lui parle à peu près mille fois par jour.

C'était la vérité, du fait qu'ils étaient tous deux délégués. Pendant l'été, je m'étais demandé si, une fois que nous serions rentrés en classe, ce nouveau lien entre eux modifierait ma propre relation avec Cross, mais ça n'avait rien changé. Ils orchestraient l'appel ensemble, bien sûr, et fréquemment, quand j'étais avec Martha, assise à une table du réfectoire ou en route pour la chapelle, Cross nous rejoignait, mais leurs échanges étaient le plus souvent rapides, ou alors si longs qu'ils s'éloignaient. Dans ces moments-là, j'éprouvais une jalousie terrible, écœurante, après quoi je me méprisais d'être jalouse de ma meilleure amie, elle qui ignorait complètement ce sentiment.

Et voilà qu'au lit avec Cross, il m'était difficile de ne pas penser que son lien avec Martha pouvait avoir modifié sa relation avec moi – peut-être avait-il fini par se souvenir de moi, à force de s'adresser à Martha sans même me jeter un regard.

— Tu sais ce que je pense ? dit Cross. Je pense que Martha te raconte tous les trucs secrets des délégués. Je parie que tu sais tout ce qui se passe aux réunions disciplinaires.

— Bien sûr que non. Ce serait enfreindre le règlement.

— Ouais, va savoir.

— Toi, tu racontes tout à Devin ?

— Il s'en fiche. Mais toi, ça doit t'intéresser tous ces trucs.

— Pourquoi ça m'intéresserait si ça n'intéresse pas Devin ?

— Parce que c'est comme ça, affirma Cross. J'en suis certain. Tu crois que je ne te connais pas ?

— Je me demande comment tu pourrais me connaître alors que tu ne m'as pas adressé la parole en… mettons quatre ans.

— Trois ans, plutôt. Moins que trois, d'ailleurs, parce que le jour de congé surprise a eu lieu au printemps.

Il me semble que mon cœur cessa de battre quelques secondes. Il se souvenait – il n'essayait même pas de cacher qu'il se souvenait – et il savait que je me souvenais, moi aussi.

J'aurais pu tenter de faire durer, ou de donner davantage d'écho à cet aveu, mais Cross reprit :

— Par exemple, je suis sûr que Martha t'a fourni tous les détails sur Zane.

Arthur Zane, un élève de première, avait été sacqué quelques semaines auparavant, durant le premier mois de classe, non pas pour avoir bu ou s'être drogué mais pour être entré par effraction dans la maison du directeur un jour en fin d'après-midi, alors que tout le monde était à l'entraînement sportif, et avoir essayé les vêtements de Mme Byden. À l'appel, seule l'effraction avait été évoquée ; sur l'histoire des habits, on s'était efforcé de rester discret.

— Je doute d'en savoir beaucoup plus sur Arthur que n'importe qui d'autre, dis-je.

(Il avait même mis les collants de Mme Byden, et utilisé son rouge à lèvres. Bien qu'il ait quitté l'école, il n'avait pas été expulsé à proprement parler – il s'agissait de sa première entorse à la discipline et, de surcroît, il était la « troisième génération » de sa famille à fréquenter Ault –, on l'avait plutôt encouragé à trouver un établissement où il serait plus à son aise. « Qu'est-ce que ça veut dire ? » avais-je demandé à Martha, et elle m'avait répondu : « Ça veut dire que M. Byden a eu une peur bleue qu'Arthur soit le premier élève dans toute l'histoire d'Ault à afficher son homosexualité. » À l'époque, Martha comme moi assimilions le travestisme à l'homosexualité, et nous supposions aussi qu'Arthur était le seul homosexuel de notre connaissance – à ce moment-là, je ne tenais toujours pas Sin-Jun pour une *vraie* lesbienne.)

— Tu ne fais pas une très bonne menteuse, remarqua Cross. On t'a déjà dit ça ?

Je retins un sourire.

— La vraie question, poursuivit-il, est de savoir s'il a été surpris dans la robe noire sans bretelles ou dans la rouge à paillettes.

— Mme Byden ne porterait jamais une robe rouge à paillettes, soulignai-je.

C'était la stricte vérité : Mme Byden était plutôt abonnée aux longues jupes plissées et vestes en laine naturelle.

— Tu optes donc pour la noire sans bretelles ? Tu es bien certaine de ne pas vouloir modifier ta réponse ?

— Est-ce qu'il ne portait pas simplement une jupe en velours marron et un chemisier ?

— Et vlan, tu es cuite. Martha te raconte absolument tout. Je le savais.

— Elle ne me dit rien du tout.

— Elle te dit absolument tout.

— Bon, d'accord, admis-je. Mais si Mme Byden avait bien une robe rouge à paillettes et une noire sans bretelles, n'importe quel travelo qui se respecte aurait choisi les paillettes.

Disant cela, j'éprouvai un léger remords ; traiter Arthur de travelo n'était pas le qualificatif le plus cruel dont je puisse l'affubler, mais ce n'était pas franchement sympa non plus. Ce qui me frappe aujourd'hui, c'est à quel point j'étais prête à dire et faire bien des bêtises pour séduire. Ce n'était que le début ! Durant des années, je serais prête à faire des choses que jamais je n'aurais faites dans ma vie ordinaire – raconter des blagues que normalement je n'aurais pas racontées, aller dans des lieux où je ne serais jamais allée, porter des vêtements que je n'aurais normalement pas portés, consommer des boissons que je n'aurais normalement pas bues, des mets que je n'aurais normalement pas mangés, ou alors que j'aurais mangés mais certainement pas devant lui. J'ai vingt-quatre ans ; le type et moi sommes sortis avec un groupe, la personne qui conduit est ivre, les ceintures de sécurité sont coincées dans la banquette, et de toute façon je laisse courir car ce que j'attends du type vaut plus que mes autres désirs.

Cross se taisait. Je me demandai si, après tout, il n'avait pas trouvé drôle ma plaisanterie sur le travesti. Ensuite, je me demandai s'il s'était endormi.

Ce fut alors, un peu comme il l'avait fait ce soir pluvieux dans le taxi, trois ans plus tôt, qu'il commença à me caresser les cheveux. Ses doigts se posèrent en haut de mon front, glissèrent vers l'arrière pour lisser les mèches contre l'oreiller, recommencèrent. Encore et encore, à travers ma chevelure, le doux va-et-vient de sa main – je crois que rien d'autre dans ma vie ne m'a jamais procuré un bien-être si simple et si entier. J'étais incapable de parler car je craignais, si je le faisais, de me mettre à pleurer, ou que lui arrête. Je fermai les yeux.

Au bout d'un long moment, il dit :

— Tu as de beaux cheveux. Ils sont vraiment doux.

Ses doigts effleurèrent alors ma joue, mes lèvres.

— Tu es réveillée ?

— Vaguement, murmurai-je.

C'était un effort de parler.

— Je peux t'embrasser ?

J'ouvris grands les yeux.

Les baisers étaient, évidemment, mon obsession ; je pensais aux baisers au lieu de penser aux verbes espagnols, au lieu de lire la presse ou d'écrire à mes parents ou de m'intéresser au sprint pendant l'entraînement de foot. Mais entre imaginer Cross tout près de moi et l'avoir effectivement là qui me sollicitait, il y avait une différence. Je ne savais pas *comment* embrasser. Ça me terrifiait, comme quelque chose de véritable qu'on fait avec un autre individu, et il n'existait personne d'autre que Cross avec qui il puisse être plus humiliant de mal embrasser.

Il s'était redressé sur un coude.

— Ne t'inquiète pas.

Il s'inclina pour m'embrasser la joue.

— Tu vois ?

Quand elles touchèrent les miennes, ses lèvres m'évoquèrent la peau d'une prune.

— Tu peux m'embrasser aussi, dit-il.

J'avançai mes lèvres ; nous étions en train de nous embrasser. C'était plus de labeur que je ne l'avais imaginé, et moins immédiatement agréable. En fait, c'était plus étrange que plaisant – le mouvement, le chevauchement des zones sèches et humides de nos bouches et de nos visages, la légère aigreur de sa bouche (cela paraissait *intime* de goûter la bouche de Cross), et puis il était difficile de ne pas être consciente de l'instant, de ne pas avoir envie de s'interrompre pour saluer ce moment, ne serait-ce que d'un rire. Je ne trouvais pas le baiser amusant, mais ça n'avait pas l'air non plus bien sérieux, pas aussi sérieux que le laissait sous-entendre notre attitude.

Cross se redressa et se disposa au-dessus de moi, si bien que ses jambes enserrèrent mes hanches ; il se tenait sur les genoux et les paumes. Je me rendis compte qu'il était en érection, et j'en fus un peu choquée. J'avais entendu dire, bien sûr, que tous les garçons voulaient du sexe, qu'ils se masturbaient à longueur de temps, que n'importe lequel d'entre eux coucherait avec n'importe quelle fille, même affreuse. Mais j'existais en dehors de ce monde ; personne n'avait jamais rien tenté avec moi.

Sauf que maintenant, Cross essayait. Son érection était-elle due à moi ou juste à la situation ? Et si j'en étais la cause… étais-je censée coucher avec lui ? Ça ne me paraissait pas une très bonne idée.

Il attrapa mes seins que recouvrait ma chemise de nuit, en pressa un, puis y appuya son visage, suçant le téton à travers le coton. Là, je me mis à rire – ç'avait l'air ridicule, comme si je l'allaitais – mais Cross ne sembla pas reconnaître un rire dans ma réaction, ce qui était sans doute préférable.

— Tu aimes ça ? demanda-t-il.

Si ça m'avait beaucoup plu, j'aurais été incapable de l'admettre. Mais parce que ça ne me plaisait que modérément – je préférais nettement la caresse de sa main dans mes cheveux –, je dis doucement : « Oui. »

Il étira le bras pour attraper le bas de ma chemise de nuit – elle était blanche, longue à mi-mollets, le genre de chemise de nuit que portaient les filles à Ault – et entreprit de la faire remonter – avait-il l'intention de me l'enlever complètement ? Je me raidis.

— Ça va, dit-il. Je veux te faire du bien.

— Pourquoi ?

— Pourquoi ? répéta-t-il. Ça rime à quoi, cette question ?

J'avais donc dit ce qu'il ne fallait pas, il ne m'avait pas fallu longtemps.

— Laisse tomber, dis-je.

Je pensais qu'il allait insister – « *Si, réponds* » ; j'avais si peu d'idée sur la façon dont tout ça fonctionnait. Au lieu de cela, il me caressa le ventre, la hanche gauche, la cuisse, revint à mon ventre. Ma chemise de nuit bouchonnait autour de ma taille, au-dessus de ma culotte, et je savais ce qui allait se passer ensuite – j'étais à la fois dans l'incertitude et la certitude.

Il se servit de deux doigts, et je me cambrai vers sa main, comme si j'essayais de l'aider à trouver quelque chose à l'intérieur de moi. Tout était mouillé et chaud. Brusquement, j'étais à sa merci, je sentais à quel point les choses avaient changé et j'en voulais davantage, en même temps c'était tellement bon que je m'en fichais presque. Je ne saurais dire combien de temps cela dura, seulement que ça me laissa ivre de désir, vorace et extasiée. Puis ce fut terminé et l'on s'embrassa de nouveau ; le baiser était plus facile cette fois, une chose à laquelle nous revenions. Alors, lentement, le calme nous gagna, je compris qu'il n'allait pas tenter de coucher avec moi – comment cela aurait-il pu me décevoir puisque j'avais déjà décidé que je ne voulais pas ? –, et il s'allongea, la tête sur ma poitrine, sur mon cœur ; ses jambes devaient dépasser au bout du lit. Son corps était lourd contre le mien, presque trop lourd, et en même temps non. Je pouvais m'y adapter. Voilà encore une chose que je n'ai comprise que plus tard : que certains hommes ne s'abandonneront jamais de tout leur poids contre vous, et qu'avec Cross cela paraissait révéler une certitude – certitude que j'étais assez forte et certitude que je le voulais, ce qui était le cas. Je posai les mains sur ses épaules, et ma caresse sur son dos produisit comme un murmure apaisant.

Au bout d'un long moment, on entendit une voiture passer dehors. Peut-être s'agissait-il du gardien de nuit qui patrouillait sur le campus – il était plus de quatre heures – ou alors d'un prof qui rentrait très tard ou partait très tôt. Toujours est-il que ça nous ramena à la réalité ; le charme se rompit.

— Il faut que j'y aille, dit Cross.

Puis aucun de nous ne parla, et il ne bougea pas tout de suite. J'abaissai le regard vers sa tête. Légèrement, très légèrement, elle se levait et descendait au rythme de ma respiration.

Quand je m'éveillai le lendemain matin, les yeux encore fermés durant quelques secondes, je me souvins qu'il s'était passé quelque chose d'agréable, mais sans parvenir à m'en rappeler la nature. Puis cela me revint, Cross. J'ouvris les yeux. La chambre était baignée de lumière – il était près de neuf heures ; l'office dominical, obligatoire, avait lieu à onze heures – et tout paraissait si ordinaire : les bureaux et les posters, le futon et la malle qui servait de table, encombrée de revues, de stylos, de cassettes, d'un paquet de chips ouvert et d'une orange menacée de pourriture. Il n'y avait aucun signe de Cross nulle part – j'avais songé que s'il oubliait son tee-shirt ou son pull, je ne dirais rien, mais il avait pensé à les prendre – et je commençai à glisser dans cet état coutumier de méfiance et de désorientation. C'était comme lorsque je devais retrouver quelqu'un à la bibliothèque, et quand j'arrivais, la personne n'était pas là, ou bien au moment de frapper à la porte de sa chambre, je me demandais : *Ai-je imaginé que nous avions prévu quelque chose ?* Parfois, j'étais même incapable de rappeler quelqu'un au téléphone, parce que j'avais fini par me convaincre que j'avais inventé son coup de fil.

Mais Cross avait bel et bien été là. Je le savais. Je me retournai, mon corps était endolori, cette sensibilité était une preuve. J'aurais dû être heureuse de ce qui s'était passé – j'avais enfin embrassé un garçon, ce garçon était Cross – or, plus le sommeil et la nuit s'éloignaient, plus l'incident me semblait étrange. Qui était cette fille qui avait laissé Cross glisser les doigts en elle, puis avait frémi et gémi sous lui ? Ça ne pouvait pas être moi. J'avais envie de parler à Martha, mais elle ne rentrerait pas avant le soir.

Si la plupart des élèves sautaient le petit déjeuner le dimanche matin, Martha et moi ne le manquions jamais. Nous y allions vers neuf heures, mangions lentement et beaucoup, et partagions plusieurs journaux avec la poignée de nos camarades qui venaient eux aussi au réfectoire. Parmi les habitués, il y avait Jonathan Trenga, qui s'appropriait les articles sérieux du *New York Times* – ses parents étaient tous deux avocats à Washington, et quoi qu'il se passe dans le monde, quels que soient les pays au nom imprononçable qui étaient en guerre, quelle que soit la crise en cours dans l'industrie pharmaceutique, l'énergie ou les marchés financiers, Jonathan non seulement était parfaitement au courant mais avait une opinion tranchée sur ce qu'il convenait de faire. Un jour, je lui avais demandé : « Mais tu es démocrate ou républicain ? », et Jonathan m'avait répondu : « Je suis socialement progressiste et fiscalement conservateur », ce sur quoi Doug Miles, un joueur de foot qui venait également au petit déjeuner du dimanche mais ne lisait que les pages sportives et ignorait tout le monde, avait levé la tête pour dire : « C'est comme d'être bisexuel ? », réplique que j'avais trouvée drôle, même si je tenais Doug pour un pauvre type.

Venait aussi le camarade de chambre de Jonathan, Russell Woo, qui lui non plus ne parlait guère mais dont la présence était plus agréable que celle de Doug. Pour des raisons que je n'aurais su définir – ce n'étaient guère plus que des regards –, je m'étais mis en tête que Russell était amoureux de Martha, chose que je signalais à cette dernière chaque semaine, quand nous quittions le réfectoire, et qu'elle niait invariablement. Je ne savais à peu près rien de Russell, hormis qu'il venait de Clearwater en Floride, mais parfois j'aurais aimé qu'il soit amoureux de moi afin que je puisse aller chez lui pendant les vacances de printemps.

Les autres élèves de terminale qui venaient régulièrement étaient Jamie Lorison, le garçon qui en troisième, au cours de Mme Van der Hoef, avait fait son exposé sur l'architecture romaine juste avant moi ; Jenny Carter et sa copine de chambre Sally Bishop ; et, les jours où elle s'était levée tôt pour étudier, Dede. En ces occasions, elle portait ses lunettes et son survêtement bleu marine, ce que je trouvais curieux dans la mesure où elle attachait tant d'importance à son apparence le reste du temps, et même s'il n'y avait pas beaucoup de gens pour vous voir le dimanche matin, ce n'était pas comme s'il n'y avait eu *personne*.

Si je ne m'habillais jamais avec élégance pour le petit déjeuner, je ne m'habillais pas mieux le reste du temps. Ce matin-là, après m'être débarbouillée et brossé les dents – je me douchais rarement le dimanche –, j'enfilai un jean, un tee-shirt à manches longues et une veste en peau. Après quoi je restai plantée au milieu de la chambre, tout habillée, chagrinée par l'absence de Martha. Je serais allée prendre mon petit déjeuner toute seule sans trop d'embarras s'il n'y avait pas eu la nuit précédente. Mais était-il opportun à présent de me rendre au réfectoire comme si tout était normal ? Est-ce que tout *était* normal ? Peut-être que oui, finalement.

Je sortis, pourtant plus je m'éloignais du dortoir, plus je le ressentais fortement : tout n'était pas normal. Un sentiment de malaise m'empêtrait. Le temps que j'atteigne le réfectoire, j'avais la gorge complètement serrée ; je ne pouvais pas entrer. Car si par hasard, aujourd'hui, ce dimanche-là entre tous, Cross venait prendre son petit déjeuner ? Et s'il me voyait comme ça, au grand jour, à la lumière du jour (pourquoi avais-je quitté le dortoir sans me doucher, pourquoi mon naturel m'inclinait-il à me conduire en plouc ?), s'il s'étonnait de se rappeler que je n'étais pas plus jolie, s'il en concluait qu'il avait commis une erreur ? Ou peut-être que ce n'était même pas, pour lui, une affaire si marquante qu'il faille la qualifier d'erreur. Voilà ce que je désirais le plus savoir, si ça signifiait quelque chose ou rien. Je tournai les talons et repartis en direction du dortoir, marchant de plus en plus vite, et comme je me dépêchais –, il était soudain primordial non seulement de ne pas tomber sur Cross mais de ne croiser personne, même pas un prof –, mon ancien moi me manqua cruellement, ce moi que j'avais été jusqu'à la nuit précédente. J'étais allée aux petits déjeuners du dimanche avec Martha, j'avais parlé, ou pas, aux autres élèves, j'avais pris du rab de pancakes, et ça n'avait eu aucune importance. Pendant les premières semaines de cette année, mon année de terminale, je m'étais sentie plus paisible que je ne l'avais jamais été à Ault. Il n'y avait pas eu de pressions, je n'avais eu de comptes à rendre à personne, je n'avais quémandé les faveurs de personne. Ou si je l'avais fait – bien sûr, j'espérais toujours Cross –, à chaque fois j'étais parvenue à me convaincre qu'il était impossible qu'il s'intéresse à moi. Certes, mon esprit s'était livré à bien des acrobaties. Mais maintenant, quelque chose comptait, j'avais quelque chose à saboter.

Une fois dans ma chambre, je me remis au lit, parce que drap et couverture constituaient une protection, parce que mes yeux fermés étaient une protection. À l'horizontale et emmitouflée, je pouvais me détendre, je pouvais même raviver des bribes de la nuit passée et en éprouver de nouveau un minuscule bonheur – sa voix, sa main dans mes cheveux, son absence d'hésitation, sauf (à ce souvenir, je me recroquevillai de honte) quand j'avais dit : *Pourquoi ? Pourquoi veux-tu me faire du bien ?* Je songeai qu'il fallait surtout que l'obscurité de la nuit revienne, que passe le jour lumineux et implacable : les repas où l'on mâche la nourriture, les écrans d'ordinateur, les lacets de chaussures, et toutes les petites conversations abominables, même celles auxquelles on ne participe pas et qu'il suffit d'écouter, en attendant la fin. La nuit, à l'inverse, on pouvait échapper à toutes les choses désagréables ou hors de propos. C'était seulement toi et l'autre, la peau chaude, tout le bien qu'on pouvait se faire mutuellement. (*Avais-je* fait du bien à Cross ? J'aurais pu m'y prendre mieux, sans doute, sauf que je n'aurais pas trop su comment.)

J'étais couchée quand les cloches sonnèrent dix heures, et j'envisageais encore d'assister à l'office, du moins n'avais-je pas décidé du contraire, mais ensuite sonnèrent les onze heures, et je ne pus feindre la surprise. Je séchai donc la messe – une première pour moi.

Il était deux heures quand je sortis à nouveau du lit, et ce fut surtout parce que j'avais envie de faire pipi. J'avalai une rangée de biscuits salés en les extirpant de leur emballage opaque, puis ouvris mon manuel d'histoire et m'assis sur le futon, promenant les yeux dans la chambre et pensant à Cross. À cinq heures, Martha n'était toujours pas de retour, ce qui signifiait que je ne pourrais pas aller dîner. Dans la salle commune, je mis de l'eau à bouillir, et j'attendais debout près de la cuisinière quand Aspeth Montgomery débarqua. Elle n'habitait pas Elwyn, mais le dortoir voisin, Yancey, et elle venait parfois chez nous voir une autre fille de terminale, Phoebe Ordway.

— Sug est venu dans ta chambre cette nuit ? questionna-t-elle.

Je n'aurais pas été plus surprise si elle avait voulu m'emprunter mon soutien-gorge de sport.

— Quoi ?

— Quand il a parlé de le faire, il était genre trois heures du mat'. Moi, je lui ai dit : « Pour commencer un peu de tenue. Je suis sûre qu'elles dorment. Sans compter que Martha va flipper un max si tu enfreins le règlement. Enfin, super idée… vous vous ferez peut-être piquer *tous les deux*, et M. Byden en chiera dans son froc. » Tu te fais un potage japonais ?

— Cross venait voir Martha ? dis-je d'un ton hésitant.

— Donc il n'est pas venu ? Tant mieux, fit Aspeth en se remettant en route. Alors, laisse tomber.

En temps normal, à ce stade de la conversation, j'aurais effectivement laissé tomber, surtout avec Aspeth qui me donnait l'impression d'être une gourde avant même que j'aie ouvert la bouche. Mais je brûlais de curiosité.

— Je me demande bien où vous étiez à trois heures du matin, dis-je.

— On jouait au poker. Quelques-uns de ces messieurs ont fait la bringue, et Devin et Sug étaient bourrés, évidemment, et Sug annonce tout d'un coup qu'il va voir Martha. J'avais envie de lui dire : « Tu ne crois pas que tu prends un peu trop au sérieux ton boulot de délégué ? »

Pourtant, Cross savait que Martha était à Dartmouth, c'était lui qui en avait parlé. Il était possible qu'il l'ait d'abord oublié et ne s'en soit souvenu que sur le seuil de la chambre, quand il avait vu son lit vide. Néanmoins, j'étais quasiment certaine qu'il ne l'avait pas oublié. (Je ne l'ai jamais interrogé à ce sujet. Les occasions n'ont cependant pas manqué, et j'avais très envie de savoir, mais j'étais incapable de le lui demander parce que la question qui me préoccupait était bien plus importante, et j'avais toujours peur de connaître par avance la réponse. On n'essaie jamais de pousser quelqu'un dans ses retranchements à cause de son manque d'attachement, parce qu'on ne peut pas.)

— Ton eau est en train de bouillir, dit Aspeth.

Le temps que j'enlève la casserole de la plaque, elle avait gagné l'escalier qui menait aux chambres.

— Ne te mets pas à fantasmer sur nos débauches, lança-t-elle encore.

Évidemment qu'Aspeth savait jouer au poker – ce devait être le cas de cinq filles sur le campus, et qu'elle en fît partie n'avait rien d'étonnant. En plus, elle devait être forte à ce jeu, sans doute battait-elle les garçons à plates coutures et riait-elle de son rire d'Aspeth en ramassant leur argent. Le pire était que, si j'avais été un garçon, Aspeth était le genre de jolie fille canaille et inaccessible qui m'aurait plu ; je ne me serais pas entiché d'une nana médiocre que j'aurais ensuite scrutée jusqu'au fond de l'âme à la recherche de ses plus infimes mérites.

Ce qui s'était passé entre Cross et moi était une erreur dont je pouvais désormais percevoir la nature. La morale n'avait rien à voir dans l'histoire, il s'agissait juste d'un cafouillage, un truc qui nécessite une explication : un oiseau dans l'épicerie, la chasse d'eau qui fuit, ce moment où votre copain est venu vous chercher et, en ouvrant la porte, vous vous rendez compte que ce n'est pas du tout la voiture de votre copain ; la personne au volant est un inconnu et vous devez maintenant vous excuser.

Mon entretien avec Mme Stanchak eut lieu pendant la dernière heure de cours. Je m'étais déjà entretenue avec elle – à Ault, le conseil à l'orientation universitaire débutait au printemps de l'année de première – mais cette rencontre-là devait être déterminante, je devais lui soumettre la liste des universités auxquelles je postulais.

Quand je fus assise dans un fauteuil proche de son bureau, elle ouvrit une enveloppe kraft, chaussa ses lunettes – elles étaient à verres rectangulaires, avec une monture en plastique bleu, et les branches attachées à une fine chaîne passée autour de son cou – et regarda le premier document d'un air dubitatif.

— Comment ça se passe cette année, Lee ? demanda-t-elle, les yeux toujours baissés. Vous avez pris un bon départ ?

— Plutôt bon.

— Du côté des maths ?

— Je viens d'avoir un B-.

— Sans blague ?

Elle releva les yeux et sourit.

— C'est fantastique. Vous voyez toujours Aubrey ?

J'acquiesçai.

Mme Stanchak avait une petite soixantaine, était mariée au Dr Stanchak, coordinateur de l'enseignement des lettres classiques. Elle possédait le genre de chevelure que je rêvais d'avoir à son âge – mi-longue, presque blanche, balayée comme si elle venait de rouler en décapotable, et ceci apparemment sans gel. Elle était un peu ronde, avait le visage très ridé et hâlé, même en hiver. Pendant leurs vacances, le Dr Stanchak et elle voyageaient dans des pays comme la Chine ou les îles Galápagos. Ils avaient eu trois fils élèves à Ault – le plus jeune avait obtenu son bac au moins dix ans auparavant – et sur les photos que j'avais vues, ils étaient tous les trois blonds et incroyablement beaux. J'appréciais Mme Stanchak, à vrai dire, je l'aimais beaucoup, mais chaque fois que j'étais dans son bureau, je pensais presque continuellement, même dans les moments où c'était moi qui parlais, à ce que prétendaient toujours les gens, comme quoi c'était elle qu'on vous attribuait si Ault n'avait pas l'intention de soutenir votre candidature à l'université. L'autre conseiller à l'orientation universitaire, M. Hessard, était un professeur d'anglais âgé d'une quarantaine d'années, grand et sardonique – Mme Stanchak n'enseignait plus et ne travaillait comme conseillère qu'à temps partiel –, qui pour sa part sortait de Harvard alors que Mme Stanchak avait étudié à l'université de Charleston, en Caroline du Sud, établissement où Ault n'envoyait jamais personne. (On savait où chaque prof avait suivi son cursus universitaire et quels diplômes il avait obtenus car c'était mentionné dans la brochure de l'école.) Apparemment, la rumeur visant à opposer M. Hessard à Mme Stanchak circulait chaque printemps, peu avant que les élèves de première apprennent le nom de leur conseiller, et chaque printemps les autres profs tentaient de l'étouffer ; en cours d'histoire, quand il avait entendu une conversation à ce sujet, Fletcher était intervenu en ces termes : « Arrêtez avec ces conneries », ce à quoi Aspeth, qui assistait au cours, avait répliqué : « Je suis choquée par votre langage, Fletchy. »

Il n'empêche qu'au moment des désignations, Martha s'était retrouvée avec M. Hessard, comme Cross, comme Jonathan Trenga, comme beaucoup de ceux qui paraissaient intelligents ou chouchoutés. Sin-Jun était la seule franchement douée pour les études à s'être retrouvée avec Mme Stanchak, mais je n'étais pas certaine qu'Ault se soucie du devenir universitaire de Sin-Jun ; l'important était qu'elle n'essaie plus d'attenter à ses jours d'ici le bac. Très bizarrement, à l'occasion de ces affectations, j'avais été surprise de ne pas avoir M. Hessard. D'accord, je pensais de moi le pire… mais pas vraiment. En fait, j'attendais toujours que les circonstances me prouvent le contraire.

Mme Stanchak nota quelque chose avant de revenir à moi.

— Voyons votre liste.

Je la lui passai et elle la parcourut, sans émettre le moindre son ou signe d'approbation durant sa lecture.

— Mon principal souci est que vous ne vous ménagez pas beaucoup de portes de sortie. Si l'on prend Hamilton, je dirais que c'est un pari jouable pour vous. Mais quand on évoque Middlebury ou Bowdoin, ça pourrait être plus délicat.

— Que pensez-vous de Brown ?

— Lee…

Elle se pencha pour me toucher l'avant-bras puis se cala de nouveau dans son siège et releva ses lunettes sur son crâne, les nichant dans sa chevelure vaporeuse.

— Vous allez adorer l'université. Le savez-vous ? Vous allez l'*adorer*. C'est pourquoi il existe plus d'établissements merveilleux qu'on ne peut en compter. Or si vous écoutez certaines personnes ici, vous en conclurez qu'il n'y a que huit universités valables. Ai-je raison ?

Oui, elle avait raison. On totalisait huit universités prestigieuses dans le Nord-Est car Penn et Cornell étaient tout juste assez bon chic bon genre, mais Stanford et Duke auraient pu prétendre à une renommée équivalente.

— C'est complètement idiot, reprit Mme Stanchak. Je sais que vous savez aussi bien que moi que c'est idiot.

— Donc, vous pensez que je ne peux pas intégrer Brown ?

— Vous savez ce que je vais vous répondre ? Tentez Brown. Allez-y. Pourquoi pas ? Mais je veux que vous prospectiez ailleurs. Avez-vous demandé une brochure à Grinnell, comme nous l'avions évoqué ? Grinnell est une fac fabuleuse. Beloit aussi.

— Ça se trouve dans quel État, déjà ?

— Grinnell est dans l'Iowa, Beloit dans le Wisconsin.

— Je ne veux pas faire mes études supérieures dans le Midwest, dis-je. Je préfère rester ici.

— Lee, je souhaite que vous soyez en accord avec les décisions que nous prenons. Mais j'ai besoin de votre collaboration, et ça peut entraîner que vous révisiez votre opinion sur certains établissements.

— Si je remets un mémoire vraiment bon à Brown ?

Elle soupira.

— Lee… dit-elle.

Jamais mon nom n'avait été prononcé avec plus de sympathie ; je sentis ma gorge se nouer, les larmes me monter aux yeux.

— Vous avez failli être collée en maths. Vous êtes en compétition avec d'autres élèves d'ici, vos propres camarades, qui n'ont que des A et atteignent une note totale de 1 600. Vous êtes également en lice avec les meilleurs éléments d'autres écoles à travers le pays. Et nous n'avons même pas abordé le problème de l'aide financière. Je ne vais pas vous soutenir sur une voie qui vous mènera à des déboires. Lee ?

Je me taisais.

— Où que vous alliez, l'établissement qui vous accueillera aura de la *chance* de vous avoir, reprit Mme Stanchak.

Je fondis en larmes. La première cause en était Cross – j'avais pensé à lui la majeure partie du jour, la majeure partie du temps depuis qu'il avait quitté ma chambre un peu moins de trente-six heures auparavant – et peut-être pleurais-je, tout à la fois, parce que je n'avais pas reçu de nouvelles de lui, parce que notre rencontre pouvait n'avoir été que le fruit d'un hasard, un moment sans lendemain, et que plus jamais il ne me caresserait les cheveux ou ne se coucherait sur moi, parce que je n'avais pas réellement goûté cette étreinte sur l'instant, et, enfin, parce que Cross, étant délégué, intégrerait probablement Harvard et Mme Stanchak essayait de nous séparer en m'expédiant au fin fond du Wisconsin. Éperdue, je pensai que j'avais juste besoin d'une chance supplémentaire avec Cross et que, s'il me la donnait, j'accepterais la situation. Je lui serais reconnaissante sans manifester ma gratitude de manière écœurante.

Mme Stanchak me tendit une boîte de mouchoirs en papier.

— Prenez-en autant qu'il faut.

Mes larmes ne semblaient pas la déconcerter le moins du monde. (Plus tard, quand je racontai à Martha que j'avais pleuré dans le bureau de Mme Stanchak, elle me rétorqua : « Oh, j'ai déjà pleuré deux fois avec M. Hessard. C'est comme un rite d'initiation. »)

— C'est un moment difficile, reprit Mme Stanchak. Je sais.

Pendant une minute au moins, on resta là à m'écouter renifler. Dans ce laps de temps, je me débrouillai pour rêvasser : Mme Stanchak allait me demander ce qui me bouleversait à ce point et, dès que je le lui aurais dit, elle saurait me parler de Cross et de la situation en termes aussi avisés que vrais. Je pense que les adultes perdent de vue la confiance que les adolescents peuvent avoir en eux, cette volonté de croire que les adultes, par la seule vertu d'être des adultes, détiennent des vérités absolues, ou que les vérités absolues sont même connaissables. Mais à ce moment-là, par la fenêtre de Mme Stanchak, j'aperçus Tig Oltman et Diana Trueblood se dirigeant vers le gymnase avec leurs crosses de hockey, et je me souvins qu'il était certainement imprudent de se confier à quiconque à Ault en dehors de Martha. Il n'y avait rien de particulier chez Tig et Diana pour me rappeler ce sage principe, rien qui fasse que je me méfie particulièrement d'elles, sinon… leur seule existence. Elles ne risquaient pas de m'entendre, mais quand on connaissait un moment de vulnérabilité à Ault, quelqu'un finissait toujours par le découvrir. Dès qu'une chose quittait votre tête, vous perdiez votre intimité.

Je regardai à nouveau Mme Stanchak, qui attendait patiemment, et soudain je doutai qu'elle eût de grandes vérités à me transmettre.

— Je suis désolée, dis-je.

— Ne vous excusez pas. Ne vous préoccupez pas de moi. Ce que je veux, c'est que vous pensiez à vous.

J'envisageai brièvement de lui répliquer que je ne faisais pas grand-chose d'autre.

Elle me rendit ma liste d'universités.

— J'aimerais que vous y retravailliez. Prenez quelques jours, réfléchissez. Discutez-en avec vos parents. Faites une longue promenade. Efforcez-vous de ne pas trop vous cramponner aux étiquettes. Vous voulez bien faire ça pour moi ?

— Ce n'est pas comme si je voulais aller à Brown juste parce que c'est prestigieux.

L'expression de son visage me laissa entendre à la fois qu'elle ne me croyait pas et qu'elle ne me reprochait pas de mentir. Mais je ne mentais qu'en partie.

— Je veux aller à Brown parce que ça attire des gens intéressants, dis-je. Aussi parce que c'est dans le Nord-Est et qu'il n'y a pas de cursus obligatoire.

Je voulais aller à Brown parce que si j'y étais admise, ça signifierait que j'étais quelqu'un qui méritait d'être là. Car si j'étais quelqu'un qui méritait d'être là et si c'était sanctionné par l'administration, alors ça voudrait dire que tout finirait bien.

— Ce sont d'excellentes raisons, commenta Mme Stanchak. Vous savez ce qui me ferait plaisir, et je me donne la même consigne ? Que vous trouviez cinq autres universités qui correspondent également à cette description. Maintenant, n'oubliez pas que les dossiers de demande d'aide financière fédérale seront disponibles en novembre, et vos parents devront les avoir remplis en janvier. Vous ne pourrez pas déposer votre candidature plus tôt, où que ce soit ; nous sommes d'accord ?

Je hochai la tête. C'était un peu étrange de parler ouvertement d'argent quand j'étais habituée à considérer le sujet comme tabou. C'était comme d'aller chez le gynécologue, ce que je fis plus tard, à l'université – d'abord la gêne me submergea, au point d'avoir envie de m'excuser de présenter mon vagin au médecin, puis j'éprouvai un sentiment de libération en me rappelant qu'il n'y avait franchement pas de quoi avoir honte, même si la situation était un peu bizarre, que j'étais précisément là pour ça.

— Vous pouvez rester un petit moment assise ici si vous souhaitez vous reposer, dit Mme Stanchak.

— Ça va aller.

Je me mis debout. J'étais partagée entre la vexation de m'être mise à pleurer et le désir de quitter son bureau avec un visage encore marqué par les larmes, car Cross me verrait peut-être, penserait que j'avais pleuré pour une raison importante, et alors je lui semblerais mystérieuse.

— Merci, madame Stanchak.

— C'est moi qui vous remercie, Lee. Savez-vous pourquoi je vous remercie ?

Je lui fis signe que non.

— Parce que c'est grâce à vous-même que vous intégrerez l'université.

Ce matin-là, je trouvai dans ma boîte aux lettres une note de Fletcher par laquelle il me blâmait d'avoir manqué l'office du dimanche et m'ordonnait de me présenter à dix-sept heures à la salle à manger pour nettoyer les tables, autant dire faire le ménage d'avant-dîner. Après l'entraînement de foot, je me rendis donc, les cheveux encore mouillés, du gymnase au réfectoire. Je n'avais jusque-là jamais écopé de la corvée de tables, et sans doute étais-je la seule élève de terminale à pouvoir s'en targuer, y compris Martha. Tandis que je longeais la pelouse, l'air embaumait les feuilles brûlées, le campus baignait dans cette lumière ambrée qu'on ne voit qu'à l'automne, et je sentis, comme ça m'arrivait souvent à Ault, à la fois que je ne méritais pas tout ça et que cette beauté qui m'entourait ne m'appartenait pas réellement.

Juste avant de passer du hall à la salle à manger, j'entendis la voix de Cross, qui me fit l'effet d'une décharge électrique et je faillis battre en retraite. Je n'aurais pas dû être surprise ; en plus d'être délégué des terminales, Cross était également l'un des trois délégués de réfectoire, et c'était apparemment son tour de service ce soir.

Je pénétrai dans la salle où une vingtaine d'élèves nettoyaient les tables et disposaient les nappes. Une feuille de papier et un stylo à la main, Cross riait en parlant avec deux gars de seconde. Même quand je fus à trois ou quatre pas de lui, il ne parut pas me remarquer.

— Excuse-moi, Cross, dis-je.

Il me regarda, tout comme les deux élèves de seconde.

— Que puis-je faire pour toi ? me demanda-t-il d'un ton pas franchement amical.

— Je suis de corvée de tables, expliquai-je en désignant sa feuille de papier. Du moins, je crois. J'ai reçu une notification de Fletcher.

Cross consulta sa feuille.

— J'ignorais que tu versais dans la délinquance, commenta-t-il d'une voix plus détendue. Retournez travailler, vous deux, dit-il à ses interlocuteurs. Et sans bâcler.

En s'éloignant, l'un d'eux esquissa un geste obscène.

— Dis donc ! lança Cross. Un peu de respect, Davis.

Mais il continuait de rire avec eux.

Quand ils furent partis, il me demanda :

— Tu cherchais un prétexte pour me parler ?

— Non ! J'ai séché la messe.

— Je plaisantais.

Il consulta sa montre. Lui aussi avait les cheveux humides et là, face à lui, je m'imaginai que nous venions de nous doucher ensemble. Mon visage s'empourpra.

— Écoute, reprit-il, le repas ne commence pas avant quarante minutes, et on a déjà plein de gens pour le ménage. Tu peux t'en aller.

— Tu en es sûr ?

— Je cocherai ton nom sur la liste si c'est ce qui t'inquiète.

— Alors, je m'en vais ?

— À moins que tu n'en aies pas envie.

— Non, si. Enfin, je ne veux pas ne pas m'en aller. Merci.

Je me détournai et, à cet instant, il me toucha très légèrement entre la hanche et le dos, et je sus qu'il se passerait quelque chose de plus entre nous. Pas seulement que je le désirais, mais que ça se produirait. Parce qu'il avait posé sa main si bas. Si elle avait été plus haut, ç'aurait pu signifier : *Sans rancune ?* ou même simplement : *À la prochaine.* Mais comme ça, au bas de la colonne vertébrale, même moi j'étais capable de reconnaître dans ce geste une ébauche de promesse, presque d'appropriation. Je jetai un regard en arrière, mais il s'adressait déjà à quelqu'un d'autre.

— Le fait qu'il t'ait laissée partir n'est pas un mauvais signe.

Martha se brossait les cheveux, debout devant le miroir en pied, moi j'étais assise sur le futon.

— Tu ne peux pas comprendre parce que tu n'as jamais été de corvée de tables, mais ils se montrent plutôt humiliants. Surtout avec les terminales. Ce n'est donc pas comme s'il t'avait dit de t'en aller parce qu'il ne voulait pas être près de toi. C'est plutôt qu'il a été sympa.

— Il n'a pas parlé de l'autre nuit, rétorquai-je. Pas un mot.

— Que pouvait-il dire ? Il y avait des gens autour de vous.

— Peut-être qu'il ne s'en souvient pas vu qu'il était ivre.

— Il s'en souvient.

Martha posa sa brosse à cheveux et s'empara de son flacon de parfum. Elle en vaporisa un peu devant elle puis s'avança dans la brume embaumée – c'était un truc que j'avais piqué à Dede pendant l'année de troisième et appris à Martha.

— En fait, il ne devait pas être si bourré que ça. La plupart des mecs ne peuvent pas bander quand ils ont trop bu.

— Ah bon ?

— L'alcool perturbe le système nerveux central.

— C'est déjà arrivé avec Colby ?

Martha et Colby étaient ensemble depuis plus d'un an. Lui était en troisième année de médecine à l'université du Vermont, ils se téléphonaient une fois par semaine, le lundi, s'écrivaient, passaient une partie de leurs vacances ensemble, et ils avaient fait l'amour – la première fois pour elle – au bout de six mois, après s'être rendus dans une clinique afin qu'il fasse un test de séropositivité car il avait couché avec deux autres filles avant. Il était grand et gentil et aimait bien Martha, mais aussi il était pâle, avait le nez crochu et, du moins à mes yeux, manquait pas mal d'humour. Quand Martha était chez elle, ils étaient du genre à faire des randonnées de cinquante miles à vélo ou à se relayer dans la lecture à haute voix de leurs passages préférés de *L'Odyssée*. Je ne me sentais pas jalouse.

— Colby évite de boire beaucoup à cause de l'aviron, dit Martha. Franchement, tu n'as pas à stresser, ajouta-t-elle en me regardant.

— Je ne stresse pas.

J'étendis mes jambes sur le coffre, observai le galbe de mes mollets gainés d'un collant noir opaque et mes pieds chaussés d'escarpins noirs. Trop tartes, les escarpins ? me demandai-je. Ces temps-ci, les filles portaient des talons plus trapus.

— Que veux-tu, *toi* ? questionna Martha. Sérieusement.

Je voulais être la personne à qui Cross disait des choses. Je voulais qu'il me trouve jolie, je voulais que certains trucs qui me plaisaient lui fassent penser à moi – les pistaches et les sweat-shirts à capuche et la chanson de Dylan *Girl from the North Country* – et je voulais lui manquer quand nous étions séparés. Je voulais, quand nous étions au lit ensemble, qu'il ne puisse rien rêver de mieux.

— Tu peux l'imaginer devenir mon petit ami ? demandai-je.

— Non, répondit Martha.

Elle enfilait sa veste alors, me tournant le dos, aussi ne vit-elle pas mon expression, et je crois qu'elle ne mesura pas ma stupeur. Le temps qu'elle se retourne, je m'étais ressaisie afin de ne paraître ni surprise ni blessée.

— Je suis sûre que tu pourras l'avoir à toi de temps en temps si tu en as envie, reprit-elle. Mais j'ai le sentiment, à partir de petites choses qu'il a pu dire, qu'il se sent vraiment dans sa dernière année de bahut. Je doute qu'il veuille s'attacher. Et puis, franchement, toi et Cross ?

Elle grimaça comme si elle respirait une mauvaise odeur.

— Tu crois que ça pourrait arriver ? conclut-elle.

— Si tu ne peux pas nous imaginer ensemble, pourquoi m'encourages-tu à réfléchir à ce que je voudrais ?

Je m'efforçais de parler d'une voix normale, intriguée. C'étaient là, haut la main, les pires choses que Martha m'eût jamais dites, mais si elle savait que je le ressentais ainsi, elle s'en voudrait à mort et cesserait d'être sincère.

— Je ne te dis pas de rester passive. Ce qui m'inquiète le plus chez toi, c'est qu'on dirait que tu le laisses prendre toutes les décisions. Tu devrais exprimer tes désirs. S'il est incapable de faire avec, c'est son problème.

— Mais pourquoi devrais-je courir après une chose que, d'après toi, je n'ai aucune chance d'obtenir ?

— Je n'ai aucune certitude. Comment le pourrais-je ? Il y a simplement que tu es très attirée par Cross, quasiment depuis ton arrivée ici. Il est venu à toi, vous vous êtes caressés, maintenant l'avenir est ouvert, et tu te dois à toi-même de voir ce qui se passe. Ne va pas croire que je suis sceptique parce que je ne te trouve pas assez bien pour lui. Ce serait plutôt le contraire, tu es trop bien pour lui. Je ne suis pas sûre qu'il s'en rende compte.

— Alors que devrais-je lui dire ? Et quand ?

— Il n'est pas si difficile que ça à trouver. Va le voir dans sa chambre pendant les heures de visite autorisées.

— Je ne pourrai jamais aller dans la chambre de Cross.

— En ce cas, attends de le croiser sur le campus, et dis-lui que tu veux lui parler.

— Pour lui dire quoi ?

— Lee, il n'existe pas de formules magiques.

Martha enfilait des chaussures pareilles aux miennes, et mon ressentiment envers elle s'embrasa. La plupart du temps, j'adorais partager ma chambre avec elle, j'aimais la simplicité et la proximité d'une unique meilleure amie. Mais à de rares moments, pour exactement la même raison, je me sentais piégée par ma confiance en elle, écrasée par son pragmatisme et son franc-parler. Si j'avais choisi Dede pour meilleure amie et si, en conséquence, j'avais eu cette conversation avec elle – et si, évidemment, Dede n'avait elle-même nourri une sourde passion pour Cross depuis des années –, elle n'aurait eu de cesse que de me soutenir et de comploter. Elle ne m'aurait pas cassée comme Martha était en train de le faire.

De surcroît, pourquoi était-il juste, pourquoi bon sang était-il si normal que Martha ait un petit ami et moi pas, qu'elle soit déléguée de terminale et que moi je ne sois personne ? Je n'étais rien au sens propre, ni déléguée de chapelle ni rédactrice en chef de l'annuaire ni capitaine sportif (Martha était également capitaine de l'équipe d'aviron). L'été précédent, j'avais épluché la liste de tous les élèves de première pour tenter de trouver quelqu'un au même degré de médiocrité et n'avais découvert que deux personnes aussi quelconques que moi : Nicole Aufwenschwieder et Dan Ponce. On ne pouvait même pas les qualifier d'assommants, ces deux-là – ils étaient quasiment invisibles.

Dans le réfectoire, avant que nous nous séparions pour gagner nos tables respectives, Martha me souffla :

« Diviser pour mieux régner », et je la détestai d'être à la fois normale et veinarde, quand la plupart des gens à Ault étaient veinards et veinards, ou normaux et normaux.

La deuxième fois que Cross vint me trouver, je crus que c'était à cause des vagues de désir qui émanaient de mon corps et avaient traversé la cour qui séparait nos dortoirs. C'était un samedi – environ une heure du matin, je crois, car Martha était déjà couchée. Généralement, elle restait debout plus tard que moi, pour travailler, puis elle me réveillait en éteignant la lumière afin qu'on puisse parler. Quand Cross se montra, nous en avions déjà fini avec ce petit rituel pour sombrer toutes deux dans le sommeil.

Cette fois, il traversa toute la chambre avant que je me réveille, s'accroupit près de mon lit, la main sur mon bras.

— Lee, murmurait-il. Lee… c'est moi.

J'ouvris les yeux et souris, pas d'un de ces sourires qu'on choisit d'avoir ou pas. Avant même de se glisser dans le lit, il se pencha et m'embrassa sur la bouche et on s'embrassa et s'embrassa, et je compris que c'était ça, s'embrasser, que c'était pour *ça* que les gens aimaient – la parfaite sveltesse mouillée de la langue de l'autre. Je n'eus pas trop conscience du moment exact où il s'allongea sur moi.

Quand je sentis son érection, je nouai les jambes autour de sa taille pour bien le disposer contre moi. Il donna un coup de reins si puissant que je crus qu'il allait transpercer ma culotte – mais, franchement, qui se souciait de ma culotte ? Il enleva sa chemise, et sa peau était chaude et douce et lisse.

Je pense qu'il fut le premier à entendre Martha, les ressorts fatigués de son matelas au-dessus de nous. Elle ne prononça pas un mot, mais on se figea, Cross et moi, puis elle descendit de son lit superposé et sortit de la chambre.

— Elle fait la gueule ? questionna Cross quand la porte se fut refermée.

À cet instant, manifestement, elle n'était pas sa codéléguée ; elle était ma camarade de chambre.

Si elle faisait la gueule, je m'en fichais. Être comme ça avec Cross était tout ce que je voulais. Que dire ? Quelquefois dans la vie, on est égoïste ; on est et c'est tout.

— Ne t'inquiète pas de ça, fis-je.

On cessa de parler. À un moment, je me surpris à émettre le genre de gémissement qu'on entend dans les films, et j'eus du mal à croire qu'un tel son s'était trouvé en sommeil à l'intérieur de moi, pendant tout ce temps.

Un peu plus tard, je dis :

— Pourquoi tu ne m'as pas parlé lundi au réfectoire ?

— Je t'ai parlé, répondit-il.

— Pas vraiment.

— Tu avais les joues toutes rouges.

Alors je cessai de l'interroger là-dessus. Beaucoup plus tard, quand il ne faisait pas encore jour mais un peu moins noir, qu'on était plus près du matin que de la nuit, et que je le devinai sur le point de partir, je dis :

— Tu ne raconteras ça à personne, d'accord ?

Il garda le silence durant quelques secondes.

— D'accord.

— Quand on se rencontre dans l'école, ajoutai-je, on peut se tenir normalement.

— Qu'est-ce que c'est, se tenir normalement ?

Il avait un ton peut-être amusé, peut-être sceptique.

— Je ne vais pas surgir pour t'embrasser au petit déjeuner, assurai-je. Si c'est ce que tu crains.

De nouveau, il se tut quelques instants avant de dire :

— D'accord.

— Ou ne va pas t'imaginer que j'attends que tu m'offres des fleurs.

J'avais volontairement choisi un exemple absurde – bien sûr que Cross n'allait pas m'offrir de fleurs –, pourtant ça ne paraissait pas suffisamment absurde. C'eût été mieux de dire : *Ne va pas t'imaginer que j'attends que tu m'offres une rivière de diamants.*

— Autre chose ? s'enquit-il.

— Je ne cherche pas à être bizarre.

Sa voix ne recelait pas une once d'ironie quand, enfin, il me répondit :

— Je sais.

Le matin, pendant qu'on s'habillait, Martha déclara :

— Je ne trouve pas que ce soit une bonne idée qu'il vienne comme ça.

— Je suis désolée. Tu es très, très fâchée ?

— Me faire réveiller au milieu de la nuit par vos ébats à Sug et toi et devoir aller dormir dans la salle commune n'est pas ce que je préfère, non.

(C'était un peu mesquin de sa part, pensai-je, elle ne tenait pas compte du fait que c'était le tout premier garçon que je serrais dans mes bras. N'avais-je pas droit à quelque indulgence, au moins à un peu de temps pour apprendre comment me comporter ? Et de toute façon, cela ne faisait-il pas partie de la vie en pensionnat, d'entendre votre copine de chambre râler et haleter avec un garçon ?)

— Le vrai problème, poursuivit Martha, c'est que s'il se fait piquer ici, je pourrais être impliquée. Je ne peux pas lui dicter sa conduite, mais je suis responsable de moi-même.

Je me taisais.

— A-t-il l'intention de revenir ? interrogea-t-elle.

— Je ne sais pas. Probablement.

Prononcer ce mot me fit tellement de bien que ça annula presque le désagrément de la conversation avec Martha ; si je ne souris pas, ce fut seulement parce que je fis un effort.

— Peux-tu comprendre pourquoi ça me met dans une position délicate ?

— Oui.

— En théorie, je devrais te dénoncer pour la seule raison que tu enfreins le règlement sur les heures de visite. Personne ne s'attendrait à ça de ma part, je ne pense pas, mais il se trouve que je parle quasiment chaque jour à M. Byden ou à Fletchy. Et ils me tiennent pour une fille sérieuse. Ce n'est pas toi qui te tapes toutes les réunions avec eux, en les regardant dans les yeux pour parler de la probité dans l'école.

— Martha, je t'ai déjà répondu oui, je peux comprendre pourquoi ça te met dans une position délicate.

Elle soupira.

— Je sais que tu l'aimes beaucoup.

Aucune de nous ne reprit la parole tout de suite.

— Ça signifie qu'il ne *peut pas* revenir ? finis-je par demander.

— Ne me fais pas endosser le rôle de ta maman. Ce n'est pas juste.

— Pourtant, c'est ce que tu es en train de dire, hein ? Que tu préférerais qu'il ne mette plus les pieds ici ?

Martha avait-elle toujours été aussi rigide ?

— Attends, dit-elle. J'ai une idée. Vous pouvez prendre la chambre de l'externe.

Sur le coup, je me cabrai à cette idée, quoiqu'il m'eût été difficile d'en donner la raison. Chaque dortoir abritait une chambre réservée à un élève externe, plus petite que les autres, meublée seulement d'un lit et d'un ou deux bureaux. Celle de notre dortoir se trouvait à trois portes de la nôtre, et la seule externe rattachée à Elwyn, une fille de première nommée Hillary Tompkins, ne l'utilisait guère.

— Il faudrait que je demande à Hillary ? dis-je.

Martha se mit à rire.

— Tant que tu y es, tu pourrais aussi demander à Fletchy.

(Je me fis la réflexion que, jusqu'à cette année, elle l'avait toujours appelé Fletcher, et elle appelait Cross Singe Violet, pas Sug. Maintenant, elle parlait comme Aspeth.)

— Je suppose que ça veut dire non, fis-je.

— Je doute qu'Hillary soit d'accord. De toute façon, ce ne serait pas si fréquent que ça, hein ?

Pourquoi supposait-elle que ce ne serait pas si fréquent que ça ?

— On est en train de se disputer, là ? questionna-t-elle.

— Non, m'empressai-je de répliquer. C'est impossible. Martha et Lee ne se disputent *jamais*.

Je ne sais trop si c'était ce que pensaient les autres de nous, mais c'était ce que moi je pensais ; en terminale, Martha et moi formions l'une des quatre seules paires de filles à être restées ensemble pendant les trois ans où l'on pouvait choisir sa camarade de chambre. Les garçons demeuraient ensemble, les filles généralement non.

— Cela dit, j'ai entendu que Martha est assez teigneuse, fit Martha.

— En fait, la plus horrible, c'est Lee, dis-je. Elle est complètement instable et elle se plaint tout le temps. Et pessimiste à un point... Je ne supporte pas les gens pessimistes.

— Quand la vie donne des cochonneries aux gens pessimistes, ils devraient en faire de la cochonnaille, énonça Martha.

— Les gens pessimistes devraient effacer de leur figure ce pli ombrageux, ajoutai-je. Eh, Martha ?

Elle me regarda.

Qu'aurait dit quelqu'un d'autre ? *Ton amitié m'est si précieuse. Je t'aime*. Martha et moi ne nous étions jamais dit *Je t'aime* ; je trouvais les filles qui se livraient à ce genre de déclaration, surtout celles qui le répétaient à longueur de temps, ostentatoires et fausses.

— Je suis contente que tu ne sois pas furieuse contre moi.

C'était comme si j'avais été en train de marcher sur le trottoir d'un quartier de banlieue et au moment où je posais le pied sur une dalle précise du pavage, la dalle se dérobait et je me mettais à chuter dans une obscurité sans fin, cernée d'étoiles blanches scintillantes. Je m'attendais à me retrouver brusquement sur le trottoir même d'où j'étais partie, avec des geais bleus se reposant sur un poteau téléphonique, le bruit de l'arrosage automatique dans un jardin de l'autre côté de la rue, et moi peut-être avec une coupure au genou ou un bleu à l'avant-bras – preuve qu'il s'était passé *quelque chose* mais que l'incident avait été bien moindre que je ne l'imaginais. Or ce retour sur le trottoir n'avait jamais lieu. Je continuais à tomber.

C'était en partie dû au fait que je ne dormais pas beaucoup les nuits où Cross me rejoignait. Les choses alors semblaient toujours étranges. Aussi je mangeais moins. Je ne mangeais pas rien du tout, c'était sans rapport avec l'anorexie, simplement la nourriture, comme presque tout le reste, était devenue complètement superflue. Cependant, certains aliments me rendaient vorace, l'avocat par exemple, dont j'étais tellement friande que j'empruntais le vélo de Martha pour me rendre en ville, en achetais quatre, les laissais mûrir sur le rebord de la fenêtre, et les mangeais ensuite comme des pommes en les pelant avec le couteau de poche de Martha. Pareil pour la glace à la vanille – pour une raison ou pour une autre, ces mets me paraissaient purs, ils glissaient dans mon gosier au lieu d'aller se coincer dans mes molaires. Toute viande en sauce, en revanche, me donnait envie de vomir.

Mes notes, elles, s'amélioraient. Parce que je m'astreignais à faire mes devoirs, j'étais capable de me concentrer sur l'étude puisque ce n'était plus ma vie entière, en vérité ça n'avait pas vraiment d'importance, c'était juste une tâche que je devais accomplir pour agir selon les normes. Aussi je m'asseyais, ouvrais mes livres, lisais ce qu'il fallait lire ou mémorisais les équations – peu importait – quand auparavant, une fois assise, j'avais seulement été capable de contempler le plafond en me demandant si je me doterais d'un second nom quand j'entrerais à l'université, ou, si j'avais une odeur corporelle récurrente, est-ce que quelqu'un me le dirait ?

La troisième fois que Cross vint me rejoindre, il était à moitié couché sur moi, nos bras s'étaient déjà enchevêtrés (j'étais étonnée de constater à quel point nous restions pataauds et approximatifs dans l'étreinte, et j'aimais cet aspect : que nos corps ne deviennent pas trop souples et précis, comme dans un numéro de nage synchronisée, mais qu'ils demeurent nos corps – le bras te fait mal si le poids de l'autre a pesé trop longtemps, tu peux toujours te cogner le nez sur sa clavicule, et cette maladresse me mettait à l'aise, comme si Cross et moi étions amis) quand je lui dis :

— On ne peut pas rester ici. On ne peut pas…

Il me fit taire en m'embrassant mais j'insistai :

— Non, Cross, sérieux…

Et on s'embrassa de nouveau, mais quand j'entendis Martha s'agiter, je persistai :

— Suis-moi. Lève-toi et suis-moi.

Se retrouver à marcher dans le couloir tout éclairé fut terrible. Je l'avais tiré du lit, traîné à travers la chambre, mais dès que j'avais ouvert la porte, le contact physique s'était rompu, et c'était hideux d'être dans la lumière, sans plus se toucher du tout ; il me manquait, et à la fois j'étais gênée parce qu'il était derrière moi. Est-ce que mes cheveux rebiquaient dans mon dos et, franchement, Cross savait-il à quoi je ressemblais en pleine lumière ? Je ne risquais pas de me retourner, de lui faire face et de lui montrer.

À ce moment, j'ouvris la porte de la chambre d'externe. Le store de l'unique fenêtre étant levé, la lueur du lampadaire dehors permettait de distinguer les lieux. Il y avait un sac de couchage sur le lit. Je m'allongeai dessus, me rassis, attirai Cross vers moi, et il fut à nouveau sur moi, son pantalon kaki et sa boucle de ceinture, les boutons de sa chemise, mon visage enfoui dans le creux de son cou, juste sous l'oreille gauche, ses joues un peu piquantes et combien il sentait bon et combien il était chaud toujours et combien j'aimais être avec lui. J'identifiais déjà, même alors, la tristesse que vous procurent ces moments-là. Parce qu'au bout du compte l'autre finira par partir – on ne restera pas couché là éternellement ! – et c'est toute la tristesse de la chose. On pressent toujours l'imminence de cette perte.

Il me semblait, et cette impression perdura longtemps, que c'était ça, aimer un garçon – se sentir consumée. Je m'éveillerais au matin, sans lui, songeant : *Je t'aime tellement, Cross.* Savoir que des observateurs extérieurs ne tiendraient pas ce qui se passait entre nous pour de l'amour – bien sûr que non – ne faisait que renforcer ma certitude. Quand il arrivait la nuit, me tapotait l'épaule dans le noir, puis que nous reprenions ensemble le couloir jusqu'à la chambre d'externe, pour nous retrouver enfin au lit, nos corps emmêlés, mes bras refermés sur son dos… c'étaient de ces moments où ne pas lui dire que je l'aimais requérait toute ma volonté. Également quand il était sur le point de partir. Je l'aimais tant ! Plus tard, avec d'autres hommes, j'ai pensé : *Est-ce que c'est ça aussi ? Est-ce que ça fait cet effet-là ? L'amour est-il différent avec des gens différents ?* Avec Cross, je ne me posais jamais ce genre de questions. Il n'y avait rien en lui que je n'aimais pas. Les autres, ceux que j'ai connus après, étaient peut-être aussi grands mais leur minceur évoquait celle des filles, ils écoutaient de la musique classique, buvaient du vin, aimaient l'art moderne, et je les trouvais trop efféminés. Ou nous avions assez de choses à nous dire pour occuper une soirée, nous pouvions assister à un match de base-ball, mais ça ne cessait jamais d'être un effort. Ou leurs doigts étaient… pas boudinés, non, mais pas non plus longs et sûrs. Si j'embrassais ces types-là, je me demandais si ça finirait par devenir une obligation, si je ne m'engageais pas dans une situation dont je devrais ensuite m'extirper. Ce n'est pas qu'ils *manquaient de séduction*, ils n'étaient pas *ennuyeux*. Voilà, je n'ai jamais pensé à ce que Cross n'était pas, je n'ai jamais eu à l'expliquer ou à le défendre à mes propres yeux, je me moquais même éperdument de ce dont nous parlions. Notre relation ne fut jamais un compromis.

Ou peut-être que c'en fut un pour lui. Pour moi jamais.

Si on me questionna, ce que firent peu de gens, je répondis que je restais sur le campus durant le long week-end afin de préparer mes candidatures universitaires. En réalité, je restais au lycée parce que le lycée était le lieu de Cross. Lui partait, évidemment – je le savais, non pour en avoir parlé avec lui mais parce que j'avais écouté une conversation au réfectoire ; lui et quelques autres gars allaient à Newport chez la mère et le beau-père de Devin – mais au moins le lycée était l'endroit où il avait été et où il reviendrait, tandis que la maison de Martha à Burlington, où j'avais passé chaque week-end prolongé depuis la seconde, ne représenterait qu'un détour ; je n'aurais de cesse de la quitter.

Martha prenait le car, ce car que j'avais pris tant de fois avec elle, qui la conduirait avec d'autres élèves pour les déposer à la gare South Station à Boston.

Juste avant de l'attraper, elle se planta devant moi dans la chambre.

— Tu es sûre que tu ne veux pas venir ? dit-elle. Je te promets que je ne t'embêterai pas.

— C'est mieux que je reste ici. Mais transmets mon bonjour à tes parents.

Elle me dévisagea.

— Tu vas bien, dis ? Tu n'as pas de problème ?

— File, dis-je en la serrant dans mes bras. Tu vas louper le bus.

Je fus soulagée en regardant les cars prendre la route. Seule dans la chambre, je m'allongeai sur le futon, sans lire, sans dormir, sans même fermer les yeux, et je songeai à Cross. Je pensais à lui en d'autres circonstances, bien sûr, mais c'était en faisant des choses, et si j'essayais de penser à lui le soir, le plus souvent je m'endormais ; mais être allongée seule sur le futon confinait à la méditation. Tout ce qu'il s'était passé entre nous, chaque phrase qu'il avait prononcée, chaque façon qu'il avait eue de me toucher, je pouvais désormais m'y attarder plus longtemps que ça n'avait duré.

Pendant un moment, je fus contente que la nuit tombe, contente que le campus soit presque désert – durant les week-ends prolongés, seuls restaient ceux qui n'avaient été invités nulle part, ou qui étaient trop pauvres pour voyager, ou les deux. Il y avait un week-end prolongé chaque trimestre ; en troisième j'étais demeurée à Ault pour les trois, mais je n'arrivais pas à me rappeler comment je les avais occupés – à lire des magazines, probablement, à attendre qu'il soit l'heure d'aller manger, à ruminer ma solitude. Mais peut-être le début de ma bonne fortune était-il arrivé, peut-être désormais obtiendrais-je ce que je désirais le plus, quoique je doute de désirer quoi que ce soit plus que Cross.

Il venait me voir la nuit depuis trois semaines, alors, et nous avions presque couché ensemble. Quelques nuits auparavant, nous nous étions tous les deux complètement déshabillés, et son pénis m'avait réclamée, pas de manière agressive, au contraire pour éveiller mon désir. Je lui avais ouvert mes jambes et aucun de nous n'avait parlé car parler n'aurait pu que souligner ce qui était en train de se passer.

— Est-ce que… ? avais-je néanmoins fini par murmurer.

Il m'embrassait l'épaule. Il ne dit rien mais je sentis qu'il écoutait.

L'instant s'étira. Cross se redressa pour me regarder. Mes mains avaient tenu ses flancs, mais je fus gênée et les retirai, ramenant les bras sur ma poitrine comme si je me protégeais. Cross les prit l'un après l'autre et les disposa le long de mon corps. J'aimais ça chez lui, cette façon de ne pas me laisser me dérober aux événements. Si nous avions l'air de recommencer du début chaque fois, ce n'était pas que je *le* mettais à l'épreuve, mais plutôt un besoin de preuve : *Tu veux être ici ; tu veux me caresser*. Dans ces moments où je me faisais raide ou pudique, il disait : « Pas de timidité », et il fouillait en moi, et *timidité* devenait alors un mot généreux.

— Est-ce que quoi ? demanda-t-il.

Il souriait.

Que pouvais-je dire pour égaler le visage de Cross au-dessus du mien, le sourire de Cross ? Plus bas, le mouvement de nos corps s'était apaisé, mais nos deux bassins continuaient de se mouvoir.

Il se disposa autrement sur moi.

— Tu as les cheveux les plus doux du monde, dit-il.

J'adorais ce compliment. Comme je n'y étais pour rien, ça sonnait vrai, pas comme si j'avais mis du parfum et qu'il m'avait dit que je sentais bon.

Il poussait doucement mes jambes pour les ouvrir davantage, commençant à me pénétrer, et j'éprouvai le premier élancement non pas d'une douleur présente mais d'une douleur anticipée. J'ignorais pourtant que je résistais jusqu'à ce qu'il dise :

— Quoi ? et ensuite : Il n'y a pas de problème.

Ce que je pris brièvement pour sa façon de me rassurer en m'affirmant que ça lui convenait si je préférais en rester là. Mais ce n'était pas ce qu'il avait voulu dire – ses jambes continuaient d'écarter les miennes.

— En fait, je ne crois pas… commençai-je.

Là, il arrêta. C'était bien qu'il arrête, et une déception en même temps. J'eus envie de dire que je regrettais, tout en sachant que je ne le dirais pas.

— Ce n'est pas que je ne veux pas, fis-je.

— Ça veut dire que tu veux ?

— Oui, soufflai-je d'une petite voix.

— Alors qu'est-ce qui coince ?

Il l'avait demandé gentiment, sans m'accuser.

Je ne répondis rien.

— Tu as peur que ça fasse mal ?

Parfois, je me demandais si Cross connaissait l'étendue de mon inexpérience ; sa question indiquait que oui, tout au moins qu'il me savait vierge.

— J'irai très doucement, dit-il.

— On n'a même pas de préservatif.

— Tu as entendu tout ce battage sur l'éducation sexuelle, mais je peux me retirer. Je serai prudent.

Ce n'était pas vraiment parce que nous n'avions pas de préservatif. Mais il était difficile de dire la cause de ma retenue. Et difficile de croire à la réalité de ce moment – Cross essayait de me persuader de coucher avec lui et je déclinais sa proposition. Au contraire de ce que j'aurais pu me figurer, ça n'avait rien de satisfaisant ; c'était plutôt déstabilisant.

— On pourrait faire d'autres trucs, dis-je.

Il ne répliqua pas. Mais l'énergie avait changé de nature avec cette unique phrase. Je m'étais retrouvée en haut d'un jeu de bascule, perchée dans les airs, puis j'avais dégringolé en bas ; ramassée par terre, j'appelais Cross.

— Je veux te faire du bien, ajoutai-je.

Avant d'avoir prononcé ces mots, je ne me rendis même pas compte que c'étaient précisément ceux qu'il m'avait chuchotés la première fois qu'il était venu dans ma chambre. S'il avait dit *Pourquoi ?* – il aurait pu le dire à dessein, en lointain écho à notre conversation antérieure –, je l'aurais trouvé merveilleux. J'aurais eu envie qu'on regarde de mauvais films ensemble, qu'on aille au bowling ensemble, qu'on mange trop et qu'on se raconte des histoires un peu vulgaires. J'aurais pensé que nous avions le même sens de l'humour, ce qui n'était pas le cas – Cross me donnait bien assez par ailleurs, plus qu'assez ; il ne s'agit pas d'une récrimination.

— Je veux te faire…

J'étais incapable de prononcer le mot *jouir*.

— Jouir ? demanda-t-il.

Je me tus. Parmi toutes les fois où nous nous étions retrouvés – il venait toutes les trois nuits à peu près, cinq fois en tout jusque-là, et dans l'intervalle entre ses visites je me persuadais toujours que la fois précédente avait été la dernière, qu'il ne reviendrait pas –, j'avais tenu son pénis une fois seulement, et ç'avait été une nouvelle occasion de me demander ce qu'il fallait faire. Toutes ces années à lire des magazines féminins pour ne même pas se rappeler les bases de la masturbation – j'avais simplement fait courir mes doigts repliés de haut en bas de son sexe. J'étais couchée sur le côté, Cross s'était mis à me caresser la cuisse, la hanche, puis avait glissé les doigts en moi et ça m'avait paru tout à fait déroutant – je ne doute pas que cette idée ferait rire beaucoup de gens –, voire chaotique que les deux activités se produisent de concert. Je m'étais demandé si c'était pour lui le moyen de me faire comprendre qu'il en avait assez de ma caresse. Je l'avais lâché et avais pressé mon corps contre le sien. « Tu aimes qu'on soit tout près, hein ? » avait-il dit. Je repoussais systématiquement le sac de couchage s'il s'était fourré entre nous, ou m'arrangeais pour que toutes les parties de nos corps se touchent si nous nous mettions sur le flanc, en cuillères. Ces choses-là avaient l'air de lui plaire, à lui aussi, mais en vérité je n'avais quasiment aucune certitude à propos de Cross ou de Cross avec moi. J'avais envisagé de questionner Martha sur le fait que Cross n'avait jamais joui, mais je redoutais que l'explication ne révèle chez moi quelque lacune si humiliante qu'il était préférable de la cacher, même à ma meilleure amie – ne blaguait-on pas sur la rapidité des lycéens à éjaculer ? Par ailleurs, je soupçonnais Martha comme Cross d'être de ces gens qui désapprouvent la divulgation des détails intimes. Si ça pouvait n'en embêter qu'un seul, j'aurais pu me confier à Martha, mais imaginer la force conjuguée de leurs deux réprobations m'arrêtait.

— Qu'est-ce que tu dis ? questionna Cross.

Je ne répondis pas, cependant je compris qu'il me fallait maintenant accomplir la chose que je n'avais même pas été certaine de proposer avant de percevoir dans sa voix que c'était bien en ce sens qu'il avait entendu ma proposition. Je devais aller au bout non parce qu'il m'y obligerait, non parce qu'il *essayait* de me montrer que je mettais sa patience à l'épreuve, mais parce que je mettais bel et bien sa patience à l'épreuve. Et de toute façon, c'était moi qui en avais parlé.

— Viens, dis-je.

Je changeai de position alors il bougea lui aussi. Il se mit sur le dos, moi je me mis à genoux, laissai mes cheveux retomber devant mon visage – comme s'ils pouvaient dissimuler mon ventre vu sous cet angle – et me reculai légèrement. C'était très différent d'être nue au-dessus du sac de couchage d'Hillary Tompkins, dans l'obscurité mais pas dans le noir total, très différent que d'être nue sous le sac. J'étais à califourchon à hauteur des genoux de Cross. C'était un peu comme quand on a un exposé à faire en classe et qu'on a l'impression d'avoir besoin d'un genre de signal officiel pour démarrer, comme un coup de sifflet pour une course ; au lieu de ça, tout le monde se contente d'attendre qu'on se lance, et le truc le plus banal susceptible de se produire sera que vous répéterez : *Bon, euh...* un certain nombre de fois : « Bon, euh... Bon, euh... La guerre contre la France alliée aux Indiens, également appelée guerre de Sept Ans, débuta en 1754... »

Je prononçai même : « Bon, euh... » Puis je m'accroupis et, ce faisant, je pensai qu'il existait probablement des femmes qui faisaient ça en plein jour, leur cul exposé, dressé vers le plafond, et que jamais, jamais je ne ferais comme elles. J'avais espéré, sans me rendre compte que je prévoyais donc un tel événement dans ma propre vie, que ma perception serait différente de ce qu'elle était : quelque chose entre dans votre bouche qui est plus gros que dans des circonstances normales. Il paraissait difficile de respirer. Ça ne me plut pas – franchement, ça ne me plut pas. Mais alors, dans cet inconfort, je ressentis une sorte de noblesse – une parenté avec toutes les filles qui avaient fait ça avant moi pour les garçons qu'elles aimaient bien (je songeai à Sophie Thruler, la petite amie de Cross en troisième), une tendresse pour moi-même qui manifestais cette bonne volonté, une tendresse pour Cross parce qu'il était celui pour qui je le faisais. Ça me donna le sentiment d'être adulte, le même effet que me ferait plus tard le fait de boire du vin, avant que j'en apprécie le goût.

Il avait posé les mains sur mes épaules, légèrement, et de temps en temps il attrapait un de mes seins, le pressurait – je ne l'avais pas considéré comme réservé auparavant, mais il était là plus abandonné que jamais – et il haletait et gémissait par à-coups, parfois en plaintes aiguës qui me surprenaient. Tous les garçons faisaient-ils ce genre de bruit ? me demandais-je. Et j'étais heureuse que Cross, qui jamais ne risquerait de me dégoûter ou de me choquer, fût le premier qu'il me soit donné de voir ainsi. Si ça avait été un autre garçon, apparemment moins cool ou moins expérimenté, je l'aurais peut-être jugé, mettant sa réaction sur le compte de son absence de décontraction ou de son inexpérience.

Au beau milieu – jusque-là, j'avais à peu près fait avec ma bouche ce que j'avais fait l'autre fois avec ma main, un va-et-vient régulier –, je me souvins soudain d'un tuyau glané dans un magazine : *Traite son pénis comme une sublime glace en cornet.* Je l'ôtai de ma bouche et entrepris de le lécher partout, activement. Il se passa peu de temps avant que Cross tressaille, puis le liquide chaud et crémeux se répandit sur ma poitrine. S'il avait éjaculé dans ma bouche, j'aurais tout avalé ; oui, absolument. Cross tendit les bras pour m'attirer contre lui, et quand je fus couchée sur son torse, il me flatta le dos, me pressa les fesses et les bras, m'embrassa le front.

— C'était une pipe géniale, dit-il.

Et je me sentis plus fière que si j'avais décroché un A à un contrôle de maths. Était-il possible que je possède un don particulier ? Si oui, ce serait comme avec les coupes de cheveux – sauf que ce serait mieux – et que je n'y trouve pas un agrément notable n'aurait aucune espèce d'importance. Quand on est vraiment bon dans un domaine, on le fait, c'est tout, parce que ce serait du gâchis de s'abstenir. L'instant suivant, évidemment, je me demandai si Cross n'avait pas simplement voulu me faire plaisir, mais, la seconde d'après, je songeai que, si c'était le cas, Cross cherchant à me faire plaisir était en soi une raison d'être heureuse.

Cet épisode avait eu lieu plus tôt dans la semaine. Le premier soir du week-end prolongé, tandis que j'étais allongée sur le futon, le souvenir restait vif et prégnant ; je ne pressentais pas encore que ma persévérance à y revenir au cours des jours suivants finirait par l'émousser et le diluer, le transformant en un exercice mental qui n'aurait plus qu'un lointain rapport avec une relation physique entre deux individus.

Il faisait complètement nuit – le crépuscule avait commencé à quatre heures et demie – et j'envisageai de me mettre au lit, mais je risquais de me réveiller à onze heures, désorientée et affamée. Je me levai, allumai une lampe, baissai les stores, et j'éprouvai alors le premier pincement de solitude, le premier soupçon que rester au campus avait peut-être été une erreur. J'allumai l'ordinateur de Martha, cliquai sur mon dossier université et, à l'intérieur de celui-ci, sur le fichier « candidature Brown ». Après quoi je demeurai à fixer le paragraphe unique et inachevé que j'avais rédigé la semaine précédente : *Ma caractéristique la plus originale est que je viens du Midwest quoique j'aie vécu en Nouvelle-Angleterre durant les trois dernières années...* J'aurais aimé à ce moment, au lieu d'être plantée devant un écran d'ordinateur, qu'on soit en train de s'embrasser longuement avec Cross, et qu'il soulève ma chemise de nuit ou glisse sa main dans ma culotte.

Mon dos me faisait mal, sans raison particulière, et puis j'avais soif ; je n'étais absolument pas d'humeur à travailler à mon mémoire. Je fermai le fichier, le dossier, mis l'écran en veille ; peut-être me sentirais-je plus inspirée après le dîner.

Seuls deux autres élèves de terminale se trouvaient dans le réfectoire, Edmundo Saldana et Sin-Jun ; ils étaient assis à une table avec quelques premières – trois garçons noirs (ils étaient quatre en tout en première) et Nicky Gary, une fille pâlichonne aux cheveux blond vénitien appartenant aux *Born Again*[1], mais le plus curieux était que ses parents n'appartenaient même pas à cette Église ; elle seule en faisait partie dans sa famille. Les garçons s'appelaient Niro Williams, Derek Miles et Patrick Shaley. À d'autres tables, les secondes et troisièmes étaient plus nombreux ; les quelques profs qui étaient de service pour le week-end occupaient une quatrième table.

1. Église protestante des chrétiens « nés à nouveau ». (*N.d.T.*)

Ce qui me surprit alors que je regardais autour de moi, ce que j'avais oublié depuis la première année, c'est à quel point Ault n'était plus tout à fait Ault pendant les week-ends prolongés – il n'y avait plus la foule de gens, plus cette ambiance active, il n'y avait plus les quelques personnes qui me fascinaient et devant qui je me tenais comme une godiche. Au lieu de cela, les bâtiments étaient déserts. Il n'y avait rien qui puisse vous étonner ou vous divertir au cours des jours à venir. (Je redoutais toujours, sans avoir tout à fait tort, que le reste du monde ne ressemble à ça. Tout juste s'il importait que vous vous brossiez les cheveux avant de vous rendre à l'épicerie, et si, travaillant dans un bureau, vous vous préoccupiez de ce que les gens pensent de vous à l'exception de deux ou trois personnes. À Ault, se soucier de tout était à la fois épuisant et passionnant.)

Quand je m'assis, Niro et Patrick parlaient avec animation d'un jeu vidéo, et personne d'autre n'ouvrait la bouche. Sin-Jun et moi échangeâmes quelques mots – elle aussi travaillait à ses candidatures, elle venait de décider de postuler d'entrée de jeu pour Stanford – mais notre conversation s'épuisa rapidement, et au bout de quelques minutes, avant que j'aie fini de manger, elle se leva pour partir. Me retrouvant avec Edmundo, Nicky et les gars de première, je me dis que j'aurais vraiment dû aller à Burlington avec Martha. J'éprouvais le sentiment familier et désagréable de ne compter pour personne autour de cette table, j'avais peine à croire que cette impression me fût communiquée si abruptement, alors que j'ignorais ce qui l'engendrait. Je me rendis compte à quel point l'idée que je me faisais de moi-même avait changé. Sans doute avait-elle évolué lentement, d'abord avec Martha qui était devenue mon amie au printemps de la troisième, et peut-être ne s'était-elle plus modifiée de façon significative avant le mois de mai précédent quand Martha avait été élue déléguée, moi devenant la copine de chambre de la déléguée. Ensuite, ça avait de nouveau bougé pendant les dernières semaines, après le premier baiser échangé avec Cross. Je ne me sentais pas cool, non – il était inimaginable qu'un jour je me sente cool –, mais je me faisais l'effet de quelqu'un par qui j'aurais moi-même été intriguée en troisième ou en seconde. Ce qui signifiait, peut-être, que je pouvais intriguer un élève de troisième ou de seconde. Sauf qu'une telle éventualité ne s'était jamais fait jour et, en outre, les personnes intrigantes ne restaient pas à l'école durant les week-ends prolongés ; au minimum, elles allaient à Boston.

Puis il y avait le fait que personne ne savait que Cross et moi entretenions une relation. En tout cas, personne ne le savait officiellement, et je mesurai à ce moment-là à quel point j'avais compté sur la divulgation du secret, puisqu'à Ault les secrets finissaient toujours pas s'ébruiter. Devin, qui partageait la chambre de Cross, devait être au courant, ou encore une fille de mon dortoir qui serait passée dans le couloir pour se rendre aux toilettes précisément à l'heure, trois ou quatre heures du matin, où Cross s'en allait. (Il fallait que Cross soit à l'origine de la fuite ; cela ne pouvait pas être moi.) Non que je me sois montrée retorse en demandant à Cross de ne pas parler de nous deux, simplement j'avais supposé que la nouvelle se répandrait sans déclaration formelle.

Il était possible que Niro, Patrick et Edmundo s'en fichent, naturellement, cependant il paraissait plus plausible qu'ils ne sachent rien. Car s'ils avaient su, ils l'auraient manifesté d'une manière ou d'une autre, ils m'auraient au moins regardée une seconde de plus quand je m'étais assise. Après la première visite de Cross, ça m'avait paru tellement fragile, et je m'étais figuré que si les gens en avaient vent, ils penseraient seulement : *Elle ?* Or ça durait, c'était devenu davantage le choix de Cross que l'effet du hasard. Si cette certitude ne changeait pas ma façon de me comporter, elle modifiait en tout cas la place où je me situais moi-même dans l'ordre social ; ma conduite habituelle me semblait désormais gracieuse et charmante. L'intérêt que Cross me portait aurait pu me monter à la tête, mais je restais, disons… aussi humble qu'auparavant. Je ne m'étais pas brusquement mise à m'asseoir à côté d'Aspeth Montgomery à la chapelle, ni ne m'attendais à être invitée avec elle à Greenwich.

— Tu peux me passer le ketchup ? demanda Derek Miles.

Je le regardai sans réagir.

— Il est juste là, précisa-t-il.

Je lui tendis le flacon. Il ne savait rien. La nouvelle ne s'était pas répandue dans toute l'école, restait donc seulement à savoir si elle s'était répandue à un niveau quelconque – parmi les terminales, dans le cercle d'amis de Cross. Aspeth Montgomery était-elle au courant ? Si elle ne l'était pas, personne ne l'était. D'ailleurs, non, me dis-je, elle n'était pas au courant. Parce que si elle l'avait su, elle l'aurait dit à Dede, et si Dede l'avait su, elle m'aurait prise entre quat'z'yeux ; elle n'aurait pas pu s'en empêcher.

Quand je revins au dortoir, une seule lumière brillait, celle de la lampe que j'avais laissée allumée dans ma chambre. Je dormis douze heures cette nuit-là, et autant les deux nuits suivantes, dans l'attente du retour de Cross. Le dimanche, Mme Parnasset nous emmena en camionnette au centre commercial de Westmoor et nous y laissa pour l'après-midi. Avec Sin-Jun on alla voir un film, l'histoire d'une famille de banlieue dont le jeune fils mourait, et tout dans le film me ramenait à Cross, plus exactement me faisait penser à lui, m'évoquait des choses de lui qui n'avaient aucun rapport avec le film. Le dimanche soir, on dîna d'assiettes anglaises ; la température cette nuit-là tomba au-dessous de zéro pour la première fois depuis l'hiver précédent. Puis ce fut lundi ; Cross et tous les autres rentrèrent à l'école.

On coucha ensemble quelques jours plus tard, parce que c'était inévitable, parce que maintenant qu'il était revenu au campus je voulais absolument tout de lui, parce que je l'aimais, parce que j'avais peur de le perdre, parce que c'était bon, ou du moins parce que tout jusque-là avait été bon et que c'était l'étape suivante. En réalité, bien sûr, la douleur fut telle que je lui broyai les bras et renversai la tête sur le matelas. Je fus étonnée qu'il ne propose pas d'arrêter, mais peut-être était-ce préférable car j'aurais accepté son offre et n'aurais ainsi que remis la douleur à plus tard. Il avait apporté un préservatif, ensuite il alla aux toilettes chercher des serviettes en papier humides pour essuyer le sang sur mes cuisses. Comme les serviettes en papier étaient chaudes, je songeai au temps que l'eau chaude mettait toujours pour arriver aux lavabos d'Elwyn, et en conséquence au temps que Cross avait dû attendre.

On était tous les deux en sueur, et ensuite, allongés immobiles, on resta moites ; le sac de couchage d'Hillary était en coton écossais, pas un de ces machins en fibre synthétique censés chasser l'humidité. Mais notre moiteur ne m'importait pas vraiment, ni mon ventre contre sa hanche – choses qui auraient pu me gêner avant et dont je me fichais désormais complètement. Au moins dans l'obscurité, j'avais le sentiment de ne plus avoir grand-chose à lui cacher. C'était à croire que tout mon temps passé à Ault jusque-là s'était déroulé dans la frénésie, dans une tempête d'inquiétude, et c'était à présent terminé, je ne ressentais qu'un calme profond ; il était difficile d'envisager que cette sensation puisse ne pas être permanente. Faire réellement l'amour n'était pas aussi différent que je l'avais imaginé des attouchements plus hasardeux, mais ce n'était pas non plus exactement pareil – après on avait le sentiment d'une chose accomplie plutôt que d'un effilochage. Et dorénavant, quand il serait question de sexualité dans les magazines, les films ou les conversations, je serais en mesure d'acquiescer, tout au moins, quand j'entendrais d'autres personnes en parler, je n'aurais plus à détourner les yeux de crainte qu'en cherchant mon regard on ne s'aperçoive que je ne comprenais pas vraiment. Je pourrais ne pas être du même avis, même si je ne le manifestais pas à voix haute.

Cross me caressa les cheveux et je n'eus pas envie de parler ni envie qu'il parle ; je ne voulais rien d'autre que cela. Mon sexe endolori me faisait douter de pouvoir refaire l'amour bientôt, mais ce n'était pas une sensation déplaisante. C'était comme après une randonnée, quand on est content d'avoir bouclé l'excursion. Deux jours plus tard, je rapportai de l'infirmerie ma première plaquette de pilules contraceptives, ce qui me procura un tel sentiment d'étrangeté à moi-même que je n'aurais pas été surprise, en me regardant dans un miroir, de découvrir une divorcée de quarante ans mère de deux enfants, une fille de ferme, une prof d'aérobic en croisière dans les Caraïbes. La vraie vie était d'être au lit avec Cross.

Avant et après ma liaison avec Cross Sugarman, j'ai entendu dire des milliers de fois qu'un garçon, ou un homme, ne peut vous rendre heureuse, qu'il vous faut être heureuse par vous-même avant de pouvoir être heureuse avec une autre personne. Si seulement c'était vrai, voilà tout ce que je puis dire.

En novembre, je commençai à assister à ses matches de basket ; il ne venait jamais me retrouver la nuit précédant un match. Je m'asseyais en haut des gradins, souvent à côté de Rufina qui venait pour Nick Chafee, également basketteur. Beaucoup de monde assistait aux matches du samedi soir – j'avais convaincu Martha de m'accompagner à ceux-là – mais les après-midi, les autres élèves ayant leurs propres activités sportives, les spectateurs se résumaient à quelques parents demeurant dans les environs, quelques professeurs ou joueurs plus jeunes. J'étais libre de mon temps car tous les élèves de terminale avaient le droit d'arrêter le sport pendant quelque temps et j'avais pris ma pause cet hiver. Le plus curieux était que j'avais moi-même joué au basket durant les trois années passées, or, quand je regardais Cross, j'avais l'impression d'un jeu nouveau ; je considérais les sports d'un œil neuf, et pour la première fois de ma vie je pus comprendre pourquoi les gens les appréciaient.

Pour les matches à domicile, ils arboraient des tenues blanches ourlées de bordeaux ; Cross, qui jouait pivot, portait le numéro six. Il était chaussé de baskets montantes noires, et se jambes étaient longues dans son long short blanc, ses bras pâles et musculeux dans le maillot en jersey.

Je pris conscience qu'au cours de mes propres matches, j'avais toujours été à moitié endormie, moins préoccupée de l'autre équipe que de la crainte que mon short ne remonte ou de ne pas trop bien digérer les nuggets au poulet du déjeuner. Pendant les matches de Cross, en revanche, je me passionnais pour le sport lui-même ; le couinement des chaussures des joueurs, les coups de sifflet de l'arbitre, la façon dont les joueurs et entraîneurs protestaient contre les rappels qui ne leur plaisaient pas. Le samedi soir, sur les gradins, le public criait : « Vas-y, Ault ! », ou si Cross remontait le terrain avec le ballon : « Sug ! Sug ! Sug ! » Je ne faisais jamais chorus – sous l'éclairage aveuglant, au milieu de la foule excitée, j'étais invariablement tendue et légèrement nauséeuse – et, au début, j'étais stupéfaite par cette ferveur collective. Ou peut-être par son expression débridée.

Ensuite, je me rendis compte que, dans ce domaine, celui du sport, il était bien de montrer que quelque chose vous tenait à cœur. Peut-être parce que ça ne vous tenait pas vraiment à cœur, il était de bon ton de vous investir – l'investissement frisait l'ironie – mais par la suite vous vous étiez réellement investi et ça devenait réellement important tout en demeurant l'attitude convenable. Ils se fâchaient – je vis un jour Niro Williams écoper d'une faute technique pour avoir tiré hors de sa zone et s'éloigner au lieu de remettre le ballon à l'arbitre – et c'était bien d'être déçu, et c'était bien d'essayer. Vous pouviez grogner ou faire un croc-en-jambe, vous pouviez vous contorsionner et prendre des airs féroces quand il s'agissait d'arracher la balle à un adversaire, et tout ça – tout ça était admis et bienvenu. Quand ils jouèrent contre Hartwell, la rivale d'Ault, les équipes se tinrent à deux points près pendant toute la partie, et puis Hartwell rafla huit points durant les cent dernières secondes. Lorsque le sifflet retentit, je regardai Cross et fus surprise de constater qu'il pleurait. Je détournai d'abord la tête par réflexe, puis revins vers lui ; il avait le visage défait et rouge, et se frottait violemment les yeux et secouait la tête, mais il ne fonçait pas au vestiaire ni n'essayait de cacher son état. Darden Pittard s'approcha de lui, Niro les rejoignit, et Darden se mit à parler – il avait l'air de dire quelque chose de gentil – la main refermée sur le bras de Cross.

Les sports renfermaient la vérité, décidai-je, la vérité inexprimée (comme on se condamnait vite dès qu'on se mettait à parler, comme on paraissait toujours petits et minables), et il me semblait incroyable de ne pas l'avoir compris plus tôt. Les sports récompensaient la facilité et le naturel ; ils confirmaient que oui, il existe des échelles de talent et de valeur, et que chacun sait où il en est (à voir ces gars se faire remplacer deux secondes avant la fin d'un quart-temps, je m'étais dit que jamais un entraîneur d'équipe féminine n'aurait été cruel à ce point) ; ils démontraient que les meilleures qualités au monde étaient la jeunesse, la force et la rapidité. Jouer un grand match de basket au lycée – bien que ne l'ayant jamais fait moi-même, je pouvais l'affirmer – vous faisait comprendre ce que c'était que d'être vivant. Qu'est-ce qui peut se comparer à ça dans une vie d'adulte ? Dieu merci, il y a les margaritas, ou il n'y a plus de devoirs scolaires à la maison, mais il faut aussi compter avec les croissants pas cuits et spongieux sous les néons de la salle de conférences, l'attente du plombier, la conversation obligée avec le voisin assommant.

Un jour, également dans le dernier quart-temps d'une partie serrée, Cross effectua un tir à trois points, et quand le ballon passa dans le filet, ses coéquipiers l'entourèrent pour des félicitations exubérantes. Personne sur les gradins ne lança un regard dans ma direction ainsi qu'on le faisait vers Rufina quand Nick marquait des points – même les profs la regardaient ; je ne suis pas certaine qu'ils en avaient conscience. Cross ne m'appartenait pas, et en le voyant sur le terrain, je compris que même s'il avait été officiellement mon petit ami, il ne m'aurait toujours pas appartenu.

J'ignore si Cross lui-même se rendait compte de ma présence à ses matches. Je ne lui en parlais pas de peur que ça passe pour une violation de notre accord, une attitude collante ou juste trop affichée. Et il ne parlait jamais des matches, même si quand ils avaient gagné et qu'il venait me rejoindre (il ne venait jamais après une défaite et ne vint que quelques fois après une victoire), il se montrait plus présomptueux que d'habitude, comme on est amenée à croire que se conduisent les garçons quand on a onze ans – ils vont vous arracher vos habits et vous tripoter et s'écraser contre vous. Mais le fait est que j'avais toujours envie d'être écrasée et tripotée. Plus tard, quand je tenterais de comprendre comment je pouvais avoir gâché notre relation, voilà ce qui me viendrait à l'esprit : j'avais si rarement résisté que je ne lui avais pas rendu les choses suffisamment difficiles. Peut-être éprouvait-il de la déception. Peut-être était-ce comme quand on rassemble ses forces pour se jeter contre une porte qu'on croit verrouillée, or la porte s'ouvre aisément – elle n'était pas bouclée du tout – et on reste planté là à regarder dans la pièce, en essayant de se rappeler ce qu'on a cru venir y chercher.

L'année de ma troisième, j'étais retournée à la maison pour Thanksgiving, mais jamais par la suite – trois semaines seulement séparaient les vacances de Thanksgiving de celles de Noël, et les tarifs des avions étaient élevés. (« On t'aime, avait un jour dit mon père, mais pas à ce point-là. ») Chez Martha pour Thanksgiving, comme les années passées, on regarda des films jusque tard dans la nuit, on se réveilla à onze heures, et on mangea de la tarte au potiron au petit déjeuner. Les lits jumeaux de sa chambre étaient tendus de luxueux draps de percale blanche et recouverts d'édredons également blancs sur lesquels je craignais toujours de laisser une marque de stylo, et dans les placards et armoires on trouvait de tout en réserve – serviettes de toilette, papier toilette, boîtes de céréales ; il y avait même au sous-sol un second réfrigérateur bourré à craquer. Souvent je me demandais, en visitant la maison des Porter, si mon exposition à leur mode de vie serait éphémère ou si un jour je vivrais dans une demeure aussi charmante que celle-ci, s'il me serait aussi facile d'être généreuse envers les autres qu'il leur semblait naturel d'être généreux vis-à-vis de moi. Apparemment, ce n'était réellement pas un problème si Mme Porter devait préparer davantage de bisque de homard parce que j'étais là, ou s'ils devaient acheter un billet supplémentaire lorsque la chorale de leur église se produisait (personne n'envisageait la possibilité que je paie ma place, sans parler de ma portion de bisque de homard). J'étais consciente que certains autres élèves à Ault, des mômes qui venaient de familles plus pauvres que moi, réussiraient probablement beaucoup mieux que moi – ils deviendraient chirurgiens ou courtiers en investissements. Pour ma part, gagner de l'argent ne paraissait pas exactement de mon ressort ; j'avais atteint Ault, mais n'étais pas certaine d'aller plus loin. Je n'avais ni l'intelligence ni la persévérance de ces mômes-là, je n'étais pas polarde. Je resterais vraisemblablement à la lisière de telles existences sans pour autant en vivre une ; je ne pouvais confondre la familiarité avec une habilitation.

Le jour même de Thanksgiving, des cousins de Martha nous rejoignirent, et Ellie, qui avait huit ans et une affection inexplicable pour moi, se tapit derrière moi sur le canapé pour me tresser les cheveux. Quand cette activité devint lassante, elle prit des raisins sur le plateau de fromage et essaya de me persuader d'ouvrir la bouche afin qu'elle puisse les y jeter, ce que je fis à quelques reprises profitant que les adultes, Martha et son frère ne regardaient pas ; j'aimais bien Ellie car elle me rappelait mes petits frères. M. Porter découpa la dinde, vêtu d'un tablier sur lequel était écrit *Embrassez le cuistot*, quoique à ma connaissance c'étaient Mme Porter et sa sœur qui avaient tout préparé. Ensuite on mangea tous trop ; après le dessert, je me resservis de la purée de pommes de terre et, contre toute attente, Martha m'imita.

Ce fut un heureux Thanksgiving ; j'avais de la chance de connaître la famille de Martha, de partager la chambre de Martha. Malgré tout, au fond de moi, je ne cessais de penser à Cross.

— Il est juste là, précisa-t-il.

L'admission de Martha à Dartmouth lui fut communiquée le 14 décembre. Je lui adressai un signe et, quand les gens la félicitèrent, elle se conduisit de la même façon que quand elle avait été élue déléguée : un peu embarrassée, comme si au lieu de la congratuler on venait de lui dire qu'on l'avait vue ce matin sortir la poubelle en peignoir. Le lendemain, Cross décrochait Harvard. Quand il me rejoignit, deux nuits plus tard, il n'afficha qu'une politesse détachée en réaction à son succès. Lorsque je le complimentai et qu'il répondit par « Merci » – ce fut en fait *tout* ce qu'il dit –, je compris que je n'étais pas quelqu'un avec qui discuter d'un sujet aussi ordinaire et personnel que l'université. Avec quel genre de gars il se retrouverait dans une chambre, quelle matière principale il choisirait, s'il aurait l'occasion de jouer au basket là-bas – il était plus vraisemblable qu'il aborde ces questions avec Martha qu'avec moi. Ce qu'il me disait à moi restait réservé et anecdotique : qu'à trois ans, il avait raté l'examen d'entrée dans une école privée parce qu'il avait dit qu'un éléphant avait cinq pattes (il comptait la trompe) ; qu'à onze ans, il avait sonné aux portes de son immeuble à New York pour réclamer des friandises la veille de la Toussaint, et une femme au troisième étage lui avait ouvert en combinaison noire et talons hauts (elle n'avait même pas de bonbons, aussi leur avait-elle donné, à son copain et lui, un sachet de biscuits entamé). Ces histoires éveillaient en moi une fibre protectrice, me faisaient l'adorer et me sentir, aussi, très loin de lui.

La soirée de Noël d'Ault, avec saynètes édifiantes et chants de circonstance, eut lieu la veille des vacances. Cross et Martha incarnaient deux des trois Rois mages. Les délégués de terminale jouaient toujours les Rois mages, et un autre élève de terminale, un élève éminent, était choisi pour se joindre à eux ; à la surprise de personne, c'était cette année Darden Pittard. Quand tout le monde se leva pour entonner *Nous les Trois Rois*, tous trois, vêtus de robes et portant couronnes, descendirent l'allée de la chapelle, leurs présents dans les mains (Martha s'était vu attribuer l'encens). Plus tard cette nuit-là, quand Cross et moi étions couchés dans le lit d'Hillary Tompkins, je lui dis :

— Tu étais si beau avec ta couronne.

Ce n'était pas le genre de chose que je lui disais d'habitude, mais, comme nous n'allions pas nous voir pendant deux semaines, j'étais à peu près sûre que ça pouvait passer. Nous avions déjà fait l'amour deux fois cette nuit-là, et régnait entre nous cette atmosphère de générosité débordante et de tendresse qui se fait jour quand on est sur le point d'être séparés.

— Je parie que tu ignores que je suis comédienne, moi aussi, repris-je. En CM1, avec ma classe on avait monté une pièce sur l'arrivée de Christophe Colomb en Amérique, et j'étais la vedette.

— Tu jouais la reine Isabelle ?

— Non ! m'écriai-je en lui boxant l'épaule. Je jouais Colomb.

— Vraiment ?

— Est-ce si difficile à croire ? J'étais bonne. Je portais des culottes comme à l'époque.

— Je suis sûr que tu étais bien, répliqua Cross. Je pensais seulement qu'un garçon aurait joué Colomb.

Il pressa ses lèvres contre mon oreille.

— Mais tes culottes me paraissent très sexy.

Plus tard, je devais me souvenir de cette nuit comme de la plus belle. Non parce qu'elle était remarquable mais parce qu'elle ne l'était pas – il n'y avait ni tension ni pesanteur d'aucune sorte, nous étions repus sexuellement mais aussi, d'une certaine façon, nous étions devenus amis.

Le lendemain, les cours se terminèrent à midi, et je montai dans le car à destination de l'aéroport de Logan, stationné devant la maison de M. Byden. À mesure que le car s'éloignait, je pensais *Non, non, non,* en regardant par la vitre.

À l'aéroport, dans la file d'attente d'enregistrement des bagages, je me sentais davantage dans la peau d'une élève de pensionnat privé que durant mes voyages passés. Mon âge, mes vêtements, les livres dans mon sac à dos, probablement jusqu'à mon attitude – tout cela constituait un marquage, les signes de mon appartenance à un milieu socioculturel dont je n'avais le sentiment d'être membre que lorsque j'en étais éloignée. Une fois mon bagage enregistré, je me rendis aux toilettes ; la longue cloison du terminal tapissée de miroirs me renvoyait le reflet d'une géante cubiste portant mes habits.

D'habitude je m'offrais une glace que je mangeais devant les présentoirs de magazines, lisant ici et là, puis juste avant d'embarquer j'en achetais un – un numéro bien épais qu'à dessein je n'avais pas feuilleté dans la boutique. Il y avait toujours d'autres élèves d'Ault à l'aéroport, bien sûr ; si on se croisait, on se faisait un signe, généralement muet, mais je ne traînais pas avec eux. En troisième, j'avais été trop intimidée – un groupe s'installait immanquablement au fond d'un restaurant qui servait de la soupe de palourdes et des beignets à la confiture, fumant et bavardant bruyamment –, à présent que j'étais plus vieille, je restais effarouchée, au moins par les fumeurs, mais en même temps je n'étais pas particulièrement intéressée ; ça me plaisait de savourer ma crème glacée et de lire des magazines toute seule.

Or je n'avais pas franchi le seuil du marchand de glaces qu'on me tapota l'épaule. Je me retournai.

— À quelle heure est ton avion ?

C'était Horton Kinnelly, la copine de chambre d'Aspeth, qui habitait Biloxi.

— Tu devrais venir avec nous.

Elle désigna le resto de beignets et soupe de palourdes. Je remarquai pour la première fois l'enseigne *Hot n' Snacks* en néon orange au-dessus de l'entrée.

— Ça va, dis-je d'abord.

Puis je me ressaisis – Horton me regardait, mais on fit toutes deux comme si je n'avais pas essayé de décliner son invitation – et ajoutai :

— D'accord, bien sûr. Vous êtes juste là ?

Elle acquiesça.

— Moi et Caitlin et Pete Birney, plus quelques autres. Tu as déjà parlé avec Pete Birney ? Il est à mourir de rire.

— J'arrive dans une minute.

Dès qu'elle se fut éloignée et que j'eus franchi le seuil de la boutique, je me rendis compte que je n'allais pas acheter de glace. Parce qu'après ? J'allais m'asseoir pour la manger devant eux ? Ou je la sifflais en vitesse avant de les rejoindre ? Que me voulait Horton, pour commencer ? Au fil des ans, mon chemin avait maintes fois croisé celui d'Aspeth, mais pratiquement jamais celui de Horton.

J'entrai dans le *Hot n' Snacks* et les vis installés, comme je l'avais prévu, au fond – pas seulement Horton, Caitlin Fain et Pete Birney, mais aussi deux ou trois autres élèves d'Ault, hilares dans un nuage de fumée. Je m'approchai de leur bouquet de chaises rassemblées autour de deux petites tables mises côte à côte. Tous me regardèrent en même temps.

— Tiens, Lee, dit Horton.

Et je crus qu'elle allait me trouver un siège – c'était elle qui m'avait invitée – mais elle reporta son attention sur Pete. Je pris une chaise à une autre table et m'assis entre Suzanne Briegre, une fille de première aux longs cheveux noirs et raides, et Ferdy Chotin, en première également, qui portait encore un appareil dentaire mais figurait au classement de tennis national. Tous deux m'adressèrent un peu plus qu'un signe de tête mais moins qu'un sourire. Ils étaient en train de parler d'une femme dans un film qui portait des bottes de cow-boy, un chapeau de cow-boy et rien d'autre. (En les écoutant, je me demandai si c'était ce que désirait Cross, une fille en bottes et chapeau de cow-boy. Elle aurait la peau ferme et bronzée, et aucun problème technique dans l'art de tailler une pipe. Une mélopée anxieuse démarra dans ma tête : que faisait-il avec moi, que faisait-il avec moi, pourquoi étions-nous ensemble ?)

En même temps, j'observais mes camarades avec une sorte d'effroi, bluffée par la gamme d'attitudes que contenait leur répertoire. Sur le campus, ils assistaient à l'office religieux et lisaient les journaux sérieux ; ici, ils grillaient des cigarettes et débitaient des grossièretés. Et tous n'étaient même pas cool, pas cool comme Horton. Je tenais de source sûre que Caitlin avait décidé de demeurer vierge jusqu'au mariage, or elle était là à se défouler, transgressant au passage le règlement de l'école, révélant un autre aspect d'elle-même, alors que moi je restais moi. Je n'avais pas envie, simplement parce qu'il était facile de s'en tirer, de me tenir différemment à l'aéroport. Et la seule fois que j'avais fumé, c'était en seconde, chez Martha ; on avait décidé de fumer une cigarette chacune, mais Martha avait écrasé la sienne après deux bouffées, déclarant que c'était écœurant ; j'avais continué, juste histoire d'avoir un peu d'entraînement. L'entraînement, je le comprenais maintenant, pour une situation comme celle-ci. Sauf que ma pratique remontait à loin et restait incomplète. Je n'accepterais pas une cigarette si on me l'offrait car en plein jour, devant des camarades que je connaissais à peine, ce serait presque aussi grave que de s'embrasser en public.

— C'était une brune décolorée en blond, affirmait Horton.

Ils parlaient encore de la fille en bottes de cow-boy et chapeau de cow-boy.

— Pas décolorée partout, dit lentement Ferdy avec un sourire.

— Horton, dit Pete.

Il était en première et avait gagné Assassin l'année précédente. Quand Horton le regarda, il se tapota la tempe.

— On ne parle pas de là-haut.

Horton le fixa durant un instant puis afficha une grimace dégoûtée.

— Vous êtes immonde, M. Birney, dit-elle.

Les autres se mirent à rire.

— On blague, c'est tout, reprit Pete. Fais pas la gueule. Tu fais la gueule ?

Horton le fusilla du regard sans prononcer un mot, pour dire finalement, d'une petite voix :

— Peut-être.

— Peut-être ! s'exclama Pete.

Je crus presque qu'il avait un penchant pour Horton, mais ça pouvait n'être qu'une autre facette de son répertoire – il pouvait être capable de la draguer avec enthousiasme pour peu qu'il se retrouve au même endroit qu'elle, mais n'aurait pas montré moins d'assiduité avec n'importe quelle autre jolie fille. Ils se mirent à parler rien que tous les deux, et je regrettai de ne pas manger ma glace toute seule, me demandant si j'étais restée là assez longtemps pour pouvoir m'en aller sans attirer l'attention.

À ce moment-là, Horton se pencha sur la table pour me tendre un paquet de cigarettes.

— T'en veux une ?

— Non, merci.

— À cause de tes parents ? questionna-t-elle.

Elle s'était fiché une cigarette entre les lèvres et approchait de l'extrémité un briquet en plastique rose. Le briquet semblait à la fois bon marché et cool dans son aspect camelote. Comment Horton savait-elle ce genre de truc ? Qu'est-ce qui faisait que ce n'était pas tout bonnement ringard ?

— Je raconte toujours à mes vieux que le resto était tellement bondé que je n'ai pas pu faire autrement que de m'asseoir en zone fumeurs, expliqua-t-elle.

— Ou alors, intervint Suzanne, tu dis que tes copains fumaient mais pas toi. Là, tu as l'air franche puisque tu cafardes.

Je souris faiblement.

— Horton, dit Pete, si tu me donnes celle que tu viens d'allumer, je t'en allume une autre.

— D'accord, c'est d'une logique imparable.

— Si, j'te jure. D'ailleurs…

Je cessai de les écouter. Il voulait que sa bouche touche l'endroit où elle avait mis sa bouche. Il voulait que quelque chose passe d'elle à lui, les doigts qui s'effleurent, les corps qui se penchent l'un vers l'autre. Par certains côtés, les garçons étaient plus faciles à décrypter que la plupart des filles – avec eux, il s'agissait de poursuite et de désir sexuel, il s'agissait d'effort. Chez beaucoup de filles, il ne s'agissait apparemment que de recevoir ou de décliner, sans prendre d'initiative. C'était dire *oui* ou *non*, mais pas *s'il te plaît*, pas *allez, rien que cette fois*.

Je me trouvais alors à leur table depuis moins de dix minutes, et je patientai un quart d'heure de plus avant de me lever pour partir – attraper mon avion, dis-je. Tout le monde me souhaita un joyeux Noël, et j'attendis de voir si Horton avait quelque chose à dire, mais elle resta silencieuse ; manifestement, j'avais été convoquée, j'avais été adoubée par elle, sans raison particulière. Ou bien j'avais été convoquée pour une raison particulière que nul n'énoncerait – parce que j'étais désormais liée à Cross. Si en de nombreuses occasions, j'avais pu déduire que personne ne savait, cet après-midi-là à l'aéroport, l'invitation de Horton fut l'une des rares fois où je pus croire que peut-être tout le monde était au courant.

Dans l'espace clos de la voiture, durant le trajet de l'aéroport à la maison, je pensais que ma mère allait forcément sentir la différence en moi – pas nécessairement que j'avais eu des relations sexuelles, mais quelque chose de cet ordre-là. Si elle me questionnait, néanmoins, je ne lui dirais rien. Je n'avais jamais été de ces filles qui se confient abondamment à leur mère, principalement parce que ma mère n'avait jamais paru savoir que faire des informations que je lui livrais.

— Mary McShay a embrassé un garçon de quatorze ans au centre aéré cet été, lui avais-je déclaré le jour de ma rentrée en sixième.

— Vraiment ? avait-elle doucement répliqué. Quatorze ans, c'est un peu vieux.

Voilà tout ce qu'elle avait dit – elle ne voulait pas en savoir plus sur le garçon, ni sur la nature du baiser (de fait, la langue était de la partie), ni savoir si je projetais moi aussi d'embrasser des garçons de quatorze ans. Je pense que c'était chez elle un mélange de timidité et d'inattention, même si les choses qui distrayaient son attention étaient toujours en liaison avec sa responsabilité maternelle, par exemple la nécessité soudaine de sortir les lasagnes du four ; ce n'était pas comme si son esprit avait été envahi par des problèmes sans rapport avec notre famille. Au fond, je ne considérais guère ma mère comme un recours, contrairement à la mère de Kelli Robard qui écoutait la même radio que nous et connaissait aussi bien les marques de vêtements que les noms des garçons mignons de la classe de sixième. Ma mère était une présence bienveillante mais déconnectée. Quand en CM1 je lui avais demandé ce qu'était un maquereau, elle m'avait répondu en toute sincérité : « C'est un poisson gras. »

Et cependant, elle me surprenait régulièrement par ce qu'elle savait, du moins intuitivement, mais qu'elle n'exprimerait qu'à condition d'y être poussée. Sous bien des aspects, ma mère était ce que j'aspirais à être – quelqu'un qui ne bavardait pas pour donner son avis à tout bout de champ, non parce qu'elle serait parvenue à en réprimer le besoin mais parce qu'elle n'avait pas en elle l'amorce du besoin en question.

— Je suis heureuse que tu sois bien arrivée, me dit-elle dans la voiture. Papa a appelé pour dire qu'il faisait mauvais temps sur la côte est, et je suis bien contente que ton vol n'ait pas été retardé.

La route, la Datsun de mes parents, ma mère elle-même, tout était exactement comme au début du mois de septembre quand j'étais partie. C'était à la fois rassurant et troublant – parfois la pérennité des choses paraissait annuler Ault, ou lui conférer l'allure d'un rêve.

— Comment ça s'est terminé du côté des maths ? questionna ma mère.

— Je n'ai pas su répondre à tout au dernier examen, mais j'aurai probablement B- pour le trimestre.

— C'est fantastique, ma chérie.

— Ou peut-être C+.

— Je sais que tu travailles dur.

Malgré l'inexactitude de sa remarque, je me gardai de la corriger.

— Hier soir, j'ai fait des petits gâteaux pour que Tim et Joe en emportent à leurs professeurs. Je devais tripler les proportions de la recette et j'ai complètement cafouillé. Alors, j'ai pensé : « Voilà d'où Lee tient ça. » Ce serait injuste de te demander d'avoir la bosse des chiffres alors que moi je ne l'ai pas.

— Je suppose qu'on va chez les Pauleczk le soir de Noël.

— En effet, Lee. Je sais que ça ne te plaît pas mais…

— Si, si, ça va.

— Il faut dire, chérie, que M. Pauleczk a tellement soutenu ton père, aussi je pense qu'il est important…

— Je t'ai dit que ça allait, maman.

Les Pauleczk avaient la soixantaine, et M. Pauleczk, qui possédait quelques motels entre South Bend et Gary, avait toujours acheté ses matelas chez mon père. Pendant des années, nous étions allés chez eux avant la messe de minuit pour prendre le dessert et des boissons chaudes, mais ni Joseph ni moi n'y avions plus mangé ni bu quoi que ce soit depuis l'année de ma seconde, quand j'avais trouvé un long cheveu gris dans une part de gâteau au chocolat et aux cerises. (Joseph avait quatorze ans, trois ans de moins que moi seulement, mais Tim, lui, continuait à s'empiffrer chez les Pauleczk car il n'avait que onze ans et ignorait encore beaucoup de choses.) Par la suite, la seule odeur de la maison des Pauleczk me donnait des haut-le-cœur. Mme Pauleczk me demandait chaque fois si Ault était un établissement catholique, et quand je lui répondais que non, s'enquérait : « Épiscopalien, alors ? » avant de se tourner vers ma mère : « Linda, l'école de Lee appartient-elle à l'Église protestante épiscopale ? » Son ton laissait entendre que j'avais peut-être dissimulé ce vilain secret à mes parents jusqu'à ce que Janice Pauleczk en personne n'ait clarifié la situation. À sa façon gentille et rieuse, ma mère rétorquait toujours quelque chose du genre : « Là-bas, Lee va à l'église six jours par semaine. Que demander de plus ? »

Mais cette année, franchement, qui se souciait de ce que pensait Janice Pauleczk ? Et la belle affaire que de rester assise quelques heures dans leur salon ! Maintenant, mon bonheur était ailleurs. Cross m'embrassait la nuit, et cela rendait tolérables tous les aspects de ma vie qui n'avaient rien à voir avec lui. Je songeai que j'avais dû être beaucoup plus grincheuse avant Cross, beaucoup plus insatisfaite. Savoir d'où nous venait le bonheur donnait de la patience. On se rendait compte qu'une bonne partie du temps n'était consacrée qu'à l'attente de la fin d'une situation, alors la pression tombait ; on cessait d'attendre de chaque rencontre ou incident quelque chose pour soi-même. Et à exiger moins, on devenait plus généreux – oui, absolument, j'avais l'intention ce Noël d'être plus généreuse avec tous ceux que je verrais à South Bend, en particulier envers ma famille.

Nous dépassions le supermarché Kroger proche de la maison, le pressing et la boutique de locations de vidéos. Cela aussi m'arrivait invariablement à South Bend ; j'étais frappée par l'absence de charme des lieux tant je m'étais accoutumée aux briques d'Ault, à ses dalles et sa tour gothique, ses cheminées en marbre et ses filles aux cheveux blonds. À l'extérieur d'Ault, les gens étaient gros, ou portaient des cravates marron, ou semblaient de mauvaise humeur.

On se gara dans l'allée, et depuis la voiture je vis que ma mère avait accroché un panneau sur la double porte extérieure, panneau qui obstruait en partie la couronné fixée à la porte principale : *Bienvenue à la maison pour Noël, Lee !* Dans les angles du panneau, elle avait dessiné des branches de houx.

— C'est drôlement mignon, dis-je.

— Tu sais que je ne suis pas franchement une artiste. J'ai demandé à Joe de faire la pancarte mais il a filé chez Danny, alors voilà tout ce que j'ai à te proposer.

— Tu es le futur Léonard de Vinci.

— Plutôt le futur Léonard de Gribouillis.

Et là, dans la banalité des paroles échangées, et par une sorte de pression croissante qui, à coup sûr, aboutirait à une explosion si on n'ouvrait pas les portières, je le sentis : elle savait que j'avais couché avec quelqu'un. Elle savait également que ce quelqu'un ne m'aimait pas. Sans être déjantée, ma mère pensait que je méritais mieux. Oh, d'accord, Ault était un lieu de rêve et qui m'avait toujours fait une forte impression, mais est-ce que je ne comprenais pas que j'étais exceptionnelle, moi aussi ? *Pas si exceptionnelle que ça, maman*, dis-je, et elle répondit : *Si, tu es exceptionnelle, Lee. Tu ne t'en rends peut-être pas compte, moi si*. On ne parlait pas en vrai, on ne se regardait même pas quand on descendit de voiture et que je pris ma valise sur la banquette arrière, et quand on parla, ce fut pour déterminer si j'avais besoin d'aide pour transporter mon bagage dans la maison, et la discussion dura plusieurs secondes de plus que le temps nécessaire pour aller de la voiture à la porte d'entrée.

— Je ne veux pas que tu te fasses du mal, dit-elle.

— Je suis forte, répliquai-je.

Une fois le moment passé, j'aurais pu décider que j'avais inventé cet échange sauf que le soir même, après que je lui eus dit bonne nuit – mes frères et moi embrassions nos parents sur la joue chaque soir avant d'aller au lit –, elle revint me trouver dans ma chambre. Elle portait son peignoir en tissu éponge rouge par-dessus sa chemise de nuit (aussi loin que remontaient mes souvenirs, elle avait toujours mis pour dormir ce grand maillot gris qui lui arrivait aux tibias et sur lequel était imprimé le nom d'une équipe sportive locale ; contrairement à mon père, elle n'avait aucune prédilection pour le sport, alors soit il le lui avait donné, soit elle l'avait acheté au centre commercial), et tenait en main un unique rouleau de papier hygiénique, sans doute destiné aux toilettes du bas. Debout sur le seuil de ma chambre, elle me demanda :

— Tu as rapporté tes jolies chaussures ?

— Oui, évidemment.

Elle restait plantée au même endroit.

— Tu saurais utiliser un préservatif, n'est-ce pas, Lee ?

— De quoi tu parles ?

— Une capote… Je suppose que tout le monde dit comme ça maintenant.

— Mon Dieu, maman.

— Je te demande seulement s'ils vous ont appris.

— Oui, dis-je.

Le « ils » devait désigner Ault. Avions-nous des cours d'éducation sexuelle à Ault ? En effet, il y en avait, une succession de quatre réunions du soir réparties durant l'hiver de l'année de seconde. Ces réunions étaient baptisées Hygiène Humaine, surnommées HH, que la plupart des gens s'évertuaient à prononcer en deux lourds soupirs. J'étais parvenue à ne jamais avoir à le prononcer, donc à éviter de me ridiculiser soit en haletant devant d'autres personnes, soit en passant pour une rabat-joie du fait de ne pas haleter devant d'autres personnes. En attendant, aucun de mes parents ne m'avait jamais fourni aucune information sexuelle réelle hormis une fois, quand j'avais dix ans et qu'ils avaient reçu des amis à dîner – peut-être les amis avaient-ils fait observer que les garçons ne tarderaient pas à me tourner autour –, où mon père avait tonné :

— Elle restera vierge jusqu'à ses trente ans ! Il n'y a pas de *si* ni de *mais* qui tiennent. Et, Lee, ne laisse personne te raconter que la sexualité orale compte pour du beurre.

— Terry ! s'était écriée ma mère.

Je crois qu'elle était davantage gênée vis-à-vis de nos amis que vis-à-vis de moi. Aucun de mes parents n'avait paru imaginer que je sache ce que signifiaient les mots *vierge* ou *sexualité orale*.

Debout sur le seuil de ma chambre, cramponnée à son rouleau de papier hygiénique, elle reprit :

— Tu sais que je ne t'accuse de rien.

J'avais seulement envie qu'elle s'en aille. L'entendre parler de ça dans son peignoir miteux... le sexe en devenait carrément dégoûtant. Et même pas dégoûtant de manière intéressante, juste dégoûtant au niveau zéro, au niveau quasi domestique. Un peu comme l'odeur de la merde de quelqu'un d'autre qui subsiste dans la salle de bains pendant que vous vous brossez les dents.

— J'ai confiance en toi, Lee, dit encore ma mère.

— J'ai compris, maman.

— Mais je ne suis pas idiote. Je sais que les choses sont différentes de quand j'avais ton âge.

Si je répliquais, je dirais un truc du genre : *Tant mieux pour toi*.

— Simplement, sois prudente... ajouta-t-elle.

Après quoi elle marqua une pause, avant de reprendre :

— ... si tu décides de t'offrir à quelqu'un.

(Comme elle était maladroite ! Comment se faisait-il qu'il m'ait fallu tout ce temps pour mesurer à quel point ma mère était maladroite ?)

— C'est tout ce que j'essaie de te dire, ma chérie.

— D'accord, maman.

— Laisse-moi te souhaiter encore une fois bonne nuit.

Et elle avança dans la chambre pour venir m'embrasser.

Quand elle fut partie, je pus respirer, je pus réfléchir sans avoir à protéger mes pensées contre sa présence, et d'un autre côté je savais qu'il était injuste de ma part d'avoir réagi comme si elle parlait de choses étranges et totalement hors sujet. Qu'elle fût une mère qui s'accommodait de mes esquives au lieu d'exiger des comptes, voilà qui rendait pire mon attitude. Ou peut-être avait-elle fait semblant, elle aussi. Peut-être ne voulait-elle pas savoir et aurait-elle été aussi horrifiée que moi si brusquement je m'étais mise à décrire Cross. Franchement, nous n'avions pas en commun un vocabulaire qui aurait permis ce genre de conversation ; il était beaucoup trop tard pour lui dire quoi que ce soit.

Dans la cuisine le matin du 24 décembre, tandis que je me servais des céréales, Joseph me dit :

— Garde de la place pour chez Bouldepoils ce soir.

— Ça remonte à des années, commenta ma mère.

— Eh, Linda, fit mon père.

Elle le regarda.

— Quoi ?

— Je te souhaite un soyeux Noël… mieux, un Noël poilant.

À la messe de minuit, parce qu'il était minuit, parce que l'église sentait l'encens et que les chants me rappelaient quand j'étais petite, parce que dehors il faisait froid et noir, je souhaitai que Cross fût sur le banc à côté de moi afin que nous puissions nous tenir la main ou que je puisse m'abandonner contre lui. Je ne l'aurais pas agrippé de façon à ce qu'on risque de nous remarquer ; je désirais juste qu'il soit là, pour que je puisse être sûre de lui. Je l'imaginais avec son frère, sa sœur, ses parents à Manhattan – sa famille devait être du genre à avoir un sapin décoré uniquement de lumières blanches et d'ornements en verre – probablement en train de boire du scotch tous ensemble et de s'offrir non pas des chaussettes hautes et des porte-clefs en plastique mais des portefeuilles en cuir et des cravates en soie.

Puis Noël passa, le soir du Nouvel An passa. N'ayant plus d'amies à South Bend, je restai à la maison avec Tim à manger de la pizza et à regarder les films qu'il avait choisis. Joseph sortait avec ses copains, et mes parents se rendaient, comme chaque année, à une fête de l'autre côté de la rue. Avant de partir, ma mère s'écria d'un ton réjoui :

— Mettez du chorizo sur vos pizzas !

Une de ces suggestions typiques de sa part, qui me paraissaient vaguement drôles et me donnaient vaguement envie de pleurer – à cause de ce qu'elle trouvait extravagant et festif, de son souci que je prenne du bon temps, de sa gentillesse à mon égard. Puis la veille de mon retour à Ault finit par arriver ; ça avait été un véritable compte à rebours.

C'était un samedi soir et une fille de la classe de Joseph fêtait ses quinze ans dans une patinoire. À dix heures, j'allai chercher Joseph avec mon père, parce que ce dernier me l'avait proposé, et alors qu'en temps normal j'aurais dit non, j'avais accepté car je partais dans moins de vingt-quatre heures. De surcroît, n'avais-je pas décidé d'être plus généreuse pendant ces vacances ?

La patinoire était à vingt minutes de la maison. Mon père s'arrêta devant l'entrée d'un bâtiment vaste et bas. Le parking était immense et à moitié vide. Quelques garçons traînassaient devant les portes vitrées, portant des chapeaux mais pas de manteaux.

— Tu le vois ? me demanda mon père.

Avant que j'aie pu répondre, il reprit :

— Bon sang, je lui avais dit d'attendre devant.

Sans dégager l'entrée ni couper le moteur, il tira le frein à main.

— Je vais le chercher, dis-je.

Si notre père y allait, Joseph serait mortifié, davantage par son ton hargneux que par ses paroles, il redouterait la pitié des autres face aux éclats d'un père aussi méchant ; comment les autres mômes pouvaient-ils comprendre qu'en réalité c'était un père qui se fichait pas mal de l'impression qu'il laissait ? Ce qui était une forme de méchanceté, mais très éloignée de l'espèce la plus extrême.

À l'intérieur, il faisait sombre ; une boule à facettes oscillait au-dessus de la piste proprement dite. Je restai au bord, regardant les gens qui filaient sous mes yeux, et d'abord je ne vis pas Joseph. Quand je me retournai, je le repérai assis sur un banc, en train de lacer ses chaussures habituelles, un autre ado auprès de lui. Je le rejoignis.

— Magne-toi. Papa attend.

— Il avait dit : dix heures et quart.

— Il *est* dix heures et quart. Dix heures quinze passées.

— Et je fais quoi là, à ton avis ? Joue pas l'emmerdeuse.

— Va te faire foutre, dis-je.

En voyant le regard effaré de l'autre garçon, je me demandai si je ressemblais à notre père. Mais Joseph et moi étions égaux, ce n'était pas comme si je le tyrannisais – il s'agissait simplement d'une chamaillerie classique.

Joseph se tourna vers son ami.

— Tu as besoin qu'on t'emmène ?

— Nan, je vais chez Matt.

— D'accord. À plus, mec.

Dès qu'on ne fut plus à portée d'oreille du garçon, je dis :

— Si tu avais idée de la mauvaise humeur de papa, tu ne lui aurais pas proposé de l'emmener. Où est-ce qu'il habite, ce gars ?

— À Larkwood.

— C'est à vingt minutes de la maison.

— Primo, c'est à dix minutes, nuance. Ça ne m'étonne pas que tu ne sois pas au courant puisque tu ne vis même pas ici. Secundo, les Petrash me conduisent partout en voiture. On doit gros à leur famille.

— On doit gros à leur famille ? répétai-je. Tu as pêché ça dans des films sur la mafia ?

Nous étions dehors ; comme je marchais derrière lui, il atteignit la voiture le premier et ouvrit la portière avant.

— Tu ne t'assois pas devant, dis-je.

— Ah oui ? rétorqua-t-il.

Il se glissa à l'intérieur et j'entendis :

— Salut, p'pa. Désolé pour le retard.

Je cognai à sa vitre. Il me jeta un regard noir et articula : *Monte derrière.*

Je secouai la tête.

Il baissa la vitre.

— Papa dit que tu dois monter derrière. Arrête de faire la débile.

Brièvement, j'envisageai de partir à pied, d'appeler un taxi, et de me faire conduire directement à l'aéroport.

Sauf que ce n'était pas faisable. Je n'avais sur moi ni mon portefeuille ni mon billet d'avion, encore moins les vêtements et bouquins dont j'avais besoin pour retourner à Ault. Pétrie de rage, j'ouvris la portière arrière et m'assis.

— Des problèmes avec la poignée derrière ? s'enquit mon père.

Son ton était gaiement sarcastique, apparemment sa mauvaise humeur était passée.

— Joseph ne devrait pas être assis devant, dis-je.

— C'est comme ça que c'est juste, fit Joseph sans se retourner. Tu étais devant à l'aller.

— Ouais, exactement. Pour venir te chercher, tête de nœud.

— Oh, papa avait besoin de ton aide pour conduire ? Je parie que tu lui as été d'un grand secours. Il paraît que tu es un as au volant.

Il ricana – la drôlerie de la chose étant que bien qu'ayant eu dix-sept ans au mois de juin précédent, je n'avais toujours pas mon permis – et mon père joignit son rire au sien.

— J'ai une idée, Linotte, dit mon père. Quand on sera à la maison, je me garerai, on rentrera Joseph et moi, et tu pourras t'asseoir devant aussi longtemps que tu voudras.

Là, ils explosèrent carrément de rire, et je les exécrai. Je les exécrai parce qu'ils me considéraient comme quelqu'un qu'on peut ridiculiser et insulter, parce qu'ils faisaient ressortir ce que j'avais de plus mauvais en moi et c'était si familier, ça ressemblait à la vérité – ça transformait ma vie à Ault en une sorte de comédie. *Voilà* ce que j'étais, essentiellement : un individu mesquin, colérique, incapable. Pourquoi me souciais-je de qui s'asseyait devant ?

Je n'ouvris plus la bouche pendant le reste du trajet, eux bavardaient à propos de la fête d'anniversaire – Joseph racontait beaucoup plus de choses que moi à nos parents – puis leur discussion s'orienta sur l'équipe de basket du lycée adverse de celui de Joseph. Tous les noms qu'ils mentionnaient étaient ceux de mômes que je ne connaissais plus, ou que je n'avais jamais connus. À peu près à mi-parcours, mon père chercha mon regard dans le rétroviseur – je détournai immédiatement les yeux – et dit :

— Je dois noter, Joseph, que je n'ai jamais trouvé aussi fascinante la participation de ta sœur à la conversation.

Ils rirent tous les deux, surtout Joseph.

Quand on fut arrivés, je descendis de voiture alors que le moteur tournait encore, claquai la portière et pénétrai dans la maison. Dans ma chambre, j'ôtai mon manteau et me mis au lit tout habillée, sans me brosser les dents ni me débarbouiller, et je versai des larmes de rage brûlantes.

Ma mère frappa environ une quinzaine de minutes plus tard, murmura mon nom ; comme je feignais de dormir, elle ouvrit la porte mais n'entra pas dans la chambre.

— Bonne nuit, ma chérie, dit-elle néanmoins.

Peut-être savait-elle que je faisais semblant.

Ce que j'étais devenue tenait de l'évidence – à faire partie de cette famille, vous étiez toujours susceptible d'être la risée des autres, l'humeur d'une personne (mon père, en l'occurrence) était toujours sur le point de basculer, et il n'existait aucune situation à laquelle se fier, dans laquelle se stabiliser. Leur moquerie, à la fois badine et violente, pouvait partir de n'importe quoi. Aussi rien d'étonnant… rien d'étonnant à ce que je n'aie jamais voulu que Cross me voie nue.

Je les haïssais parce qu'ils me croyaient pareille à eux, parce que s'ils avaient raison, ça signifierait que j'avais échoué à être moi-même, et parce que s'ils avaient tort, ça signifierait que je les avais trahis.

Sans doute avais-je commencé à songer sérieusement aux fleurs de la Saint-Valentin des mois auparavant – même en seconde et en première, je m'étais demandé chaque année s'il y avait la moindre chance, la plus infime possibilité que Cross m'en envoie une, et visiblement ça n'avait jamais été le cas – mais après le retour des vacances, j'en devins obsédée.

Chaque année, je recevais, accompagnés d'un mot, un œillet rose (amitié) de la part de Sin-Jun, ainsi qu'un œillet blanc (admirateur inconnu) de la part de Martha qui signait, sans déguiser son écriture, avec une formule du genre *Votre mystérieux soupirant transi*. En seconde, j'avais également reçu un œillet rose de Dede, qui m'avait aussitôt fait regretter de ne pas lui en avoir envoyé un, et un autre rose de la part de mon professeur référent Mme Prosek, l'un des rares enseignants à participer au rituel ; beaucoup d'entre eux désapprouvaient ouvertement ces échanges. Je n'avais jamais reçu de rose qui, évidemment, signifiait l'amour, et coûtait trois dollars contre un dollar cinquante l'œillet. Le bénéfice des achats allait à l'organisateur, l'AA, l'amicale d'Ault, association dont s'occupaient chaque année quelques jolies filles de première qui organisaient les soirées dansantes et autres festivités. Là résidaient l'inconvénient le plus manifeste et l'aspect le plus titillant de l'échange floral : quel que soit le destinataire de la fleur, quel que soit le message que vous écriviez sur le mot, les filles de l'AA étaient au courant. Tous les bons de commande passaient entre leurs mains, et il était bien naturel que plus l'expéditeur ou le destinataire d'une fleur particulière se rapprochait de leur cercle de fréquentations, plus leur intérêt pour l'envoi s'attisait. Il n'y avait, par conséquent, rien de vraiment secret à envoyer un œillet d'admirateur inconnu.

Vers minuit, tandis que le 13 février cédait la place au 14 février, les membres de l'AA – fortes d'une autorisation spéciale à sortir après le couvre-feu, elles avaient du travail ! – livraient à chaque dortoir, rassemblées dans de grands seaux marron, les fleurs qui dégageaient un air froid comme les articles du compartiment réfrigéré d'une épicerie, les billets agrafés autour de la tige, mais jamais de façon à ce qu'un indiscret ou une indiscrète à qui n'était pas destiné l'envoi ne pût l'ouvrir et en déchiffrer une bonne partie. Le principe était que vos fleurs vous attendent jusqu'au matin ; en réalité, dans la plupart des dortoirs, les seaux étaient fouillés dès minuit et quart. Généralement, la fouineuse était quelqu'un dans le genre de Dede, une personne inquiète du nombre de fleurs qu'elle recevrait, et incapable de refouler son anxiété. Quelqu'un comme Aspeth, en revanche, était capable de se pointer nonchalamment dans la salle commune juste avant l'office le lendemain matin pour ramasser son bouquet, et il était impossible de déterminer si elle avait attendu aussi longtemps afin que tout le monde voie le nombre de fleurs qu'elle avait reçues ou parce que ça n'avait pas vraiment d'importance pour elle. L'année de la troisième, Aspeth avait reçu – je craignais que ces chiffres ne me restent en mémoire bien après que j'aurais oublié la date de la bataille de Waterloo ou le point d'ébullition du mercure – six œillets roses, onze œillets blancs, et seize roses rouges, dont une douzaine venait d'un type de seconde appelé Andy Kreeger, qui n'avait encore jamais adressé la parole à Aspeth.

Au début de février de mon année de terminale, je pensais si souvent à l'échange de fleurs que lorsque le bon de commande apparut dans ma boîte aux lettres, je fus étonnée qu'il arrive à un moment où, en fait, les fleurs de la Saint-Valentin n'étaient *pas* ma principale préoccupation. Dès qu'il fut en ma possession, ce bon me parut compromettant, comme si, au lieu du formulaire distribué à tout le monde, il s'agissait d'un exemplaire que j'avais déjà rempli. Je m'empressai de le glisser dans mon sac à dos.

Dans la chambre ce soir-là, Martha déclara :

— Je te jure, j'ai l'impression que je viens de remplir celui de l'an dernier. Ça ne te fait pas ça, à toi ?

— Je suppose que oui. Tu penses que je devrais en envoyer une à Cross ? ajoutai-je après un silence.

— Si tu en as envie.

J'essayai de formuler ma pensée suivante – mon esprit s'emberlificotait et coinçait sur la question – quand Martha ajouta :

— Moi, je vais sûrement le faire.

— Faire quoi ? Tu vas envoyer une fleur à Cross ?

Elle acquiesça.

— De quelle couleur ?

— Rouge, évidemment, répondit-elle en se mettant à rire. Qu'est-ce que tu vas imaginer, Lee ?

Je ne voyais rien d'amusant là-dedans. Et j'étais étonnée qu'elle ne l'ait pas deviné.

— Alors, tu lui enverrais un œillet rose ?

— Tu préfères que je m'abstienne ? Si tu ne veux pas, je ne le fais pas.

C'était ainsi que toujours elle me désarmait, avec sa franchise et sa souplesse. Elle me laissait choisir, et au résultat ce fut donc moi qui fis le choix.

— Si, bien sûr, tu peux, dis-je. Dans la mesure où vous travaillez énormément ensemble, et dans la mesure où vous êtes amis.

Qu'étais-je en train de faire en la rassurant sur Cross, comment en étais-je arrivée là ? Brusquement, je n'eus plus envie de poursuivre la conversation.

La nuit où l'alerte incendie se déclencha – c'était également début février –, Cross et moi nous étions endormis. En entendant le hurlement terrible de la sirène, j'ouvris les yeux, paniquée d'abord parce que je ne comprenais pas ce qui se passait, ensuite parce que je compris. Cross était déjà sorti du lit et cherchait ses vêtements. Dans la semi-obscurité, je voyais son pénis osciller, la pâleur de ses cuisses et de son torse. La vérité est que je n'avais jamais véritablement regardé son corps nu, que même quand l'occasion m'en était donnée, je détournais les yeux – je n'étais pas certaine de souhaiter regarder un pénis –, et je n'aurais pas plus regardé à ce moment-là si la pièce avait été éclairée ou si l'alarme n'avait pas beuglé. L'affolement, le fait que *lui* était affolé, m'y autorisait. Puis nos yeux se rencontrèrent, et il me dit « Lève-toi » – il devait avoir crié, mais sa voix était à peine audible dans la clameur de la sirène. Je me mis debout. J'avais déjà ma chemise de nuit sur moi ; parfois, même s'il n'aimait pas que je fasse ça, je la remettais après l'amour. Il ferma la ceinture de son pantalon, enfila prestement tee-shirt et pull. En attrapant la poignée de la porte, il me regarda et cria : « Viens ! » Sur le seuil, il hésita, examinant les deux côtés du couloir. Sur la droite se trouvaient notre chambre à Martha et à moi, deux autres chambres, la salle de bains, une sortie de secours qui menait je ne savais où ; sur la gauche, encore plus de chambres et l'escalier descendant à la salle commune. Tapie derrière Cross, je jetai un œil dans le couloir : par un fait extraordinaire, il n'y avait encore personne. Cross fila. Il fonça à droite et franchit la porte de secours. Je pensai *Oh, mon Dieu !* avant de prendre conscience que l'alarme sonnait déjà, qu'il ne pouvait donc pas l'avoir déclenchée ; la porte ne s'était pas complètement refermée derrière lui que Diana Trueblood et Abby Sciver émergeaient de leur chambre, portant toutes les deux leur doudoune sur leur chemise de nuit.

J'eus l'impression, plantée là, d'avoir été abandonnée. Rien ne me paraissait aussi brutal que Cross piquant son sprint de cette façon, sans dire au revoir, sans un baiser rapide ni même une caresse sur mon épaule ou sur ma joue.

Le couloir grouillait de monde à présent ; par-dessus les têtes de Diana et d'Abby, je rencontrai le regard de Martha – elle était sortie de notre chambre, m'avait vue, était retournée dans la chambre puis ressortie, apportant cette fois mon manteau et mes baskets. En me les tendant, elle haussa les sourcils : *Où est Cross ?* Je lui répondis par un signe de tête : *Personne ne nous a surpris*.

Dehors, le son de la sirène sembla tout de suite plus sourd, comme s'il était étouffé par une couverture. L'air était glacé. Nous formions un agglomérat devant l'entrée d'Elwyn, avec nos respirations visibles ; quelques filles étaient pieds nus, et dès que quelqu'un eut étalé un sweat-shirt par terre, toutes se précipitèrent, serrées les unes contre les autres. Mme Elwyn procéda à l'appel, cocha nos noms sur sa liste ; les filles avaient beau geindre et pester de leurs voix enrouées, il y avait dans l'atmosphère un air de fête – les exercices d'évacuation étaient toujours un tantinet festifs.

Des groupes semblables au nôtre se tenaient devant les entrées des autres dortoirs. Tous les dortoirs de notre côté de la pelouse circulaire s'étaient déversés dans la cour et si l'on regardait dans les chambres où la lumière était restée allumée et les stores levés, on pouvait voir les posters affichés aux murs, les chandails pliés sur l'étagère haute des placards ouverts. À la recherche de Cross, je scrutai les garçons assemblés devant Barrow, et le découvris dans sa veste en peau noire – il avait donc eu largement le temps de passer par sa chambre. En le voyant parler avec Devin et quelques autres gars, je plongeai dans une confusion momentanée. Avions-nous vraiment été couchés dans le même lit quelques instants plus tôt, est-ce que nous nous connaissions seulement ? Il avait beau ne se trouver qu'à une quinzaine de mètres, un lac sans fond aurait aussi bien pu s'étirer entre nous.

Il y avait, dans la promptitude avec laquelle il s'était éclipsé du dortoir, quelque chose de presque blessant. Il n'était passé inaperçu qu'à quelques secondes près, il n'en demeurait pas moins qu'il était passé inaperçu ; c'était exactement comme s'il avait été endormi dans son propre lit. Or j'aurais aimé qu'il ait été aussi désorienté que moi, qu'il n'ait pas pensé à emprunter l'issue de secours – moi seule n'aurais pas pensé à emprunter l'issue de secours – et qu'il descende l'escalier principal à mes côtés, nous deux à la fois penauds et hautains sous les regards des autres filles, après quoi il aurait regagné furtivement son propre dortoir, et peut-être n'aurait-il été repéré par aucun prof, ou peut-être aurais-je voulu qu'il soit pris, qu'on le soit tous les deux – on ne se serait pas fait virer parce que la visite à un autre dortoir en dehors des heures autorisées restait un délit mineur, mais tout le monde aurait été au courant. Mon regret s'enfla et tourbillonna, comme sait le faire le regret au milieu de la nuit ; tout s'était déroulé si vite, l'occasion de provoquer une issue différente était encore si proche. Plus tard, quand on nous eut autorisés à rentrer, après que j'eus dormi dans la chambre avec Martha et me fus éveillée au matin, je songeai qu'au moment où nous nous trouvions dehors devant nos dortoirs respectifs, il *n'avait pas* été trop tard. J'aurais pu aller le rejoindre, j'aurais pu inventer une raison ou simplement provoquer une scène ; j'aurais pu pleurer. C'était comme quand on est ivre, mais pas ivre au point d'agir exactement comme on le veut, qu'on se sent encore retenu par un brin de raison ou le sens des convenances, or le lendemain, en pleine gueule de bois, on se rend compte qu'on était complètement bourré. On a laissé passer une occasion. Si on en avait profité, on se serait certainement mis dans une situation inextricable, mais en n'en profitant pas, on a irrémédiablement gaspillé quelque chose.

La sirène continuait de brailler, il faisait froid et la plupart des gens ne portaient pas de manteau. Autour de moi, quelques filles s'étaient mises à hurler à la lune comme des loups.

— Laissez-nous rentrer ! cria Isolde Haberny sans s'adresser à personne en particulier.

Et Jean Kohlhepp enchaîna avec les paroles d'une chanson, sans fredonner, à voix haute et claire, au contraire :

— « Je veux juste qu'on en finisse avec ça. »

Je pense maintenant : *Jean. Jean ! Ton vœu s'est réalisé. L'exercice d'évacuation est fini, mais tout le reste aussi.* Croyions-nous pouvoir choisir ce qui devait passer à la vitesse de l'éclair ? Aujourd'hui, même les moments assommants, même quand il faisait un froid glacial dehors et que la moitié les filles étaient pieds nus… tout ça s'est passé voilà longtemps.

À l'heure du couvre-feu, deux soirs plus tard, je ne fis guère attention quand je vis Hillary Tompkins, Hillary dont je considérais comme mien le sac de couchage tout raidi par la jute séchée de Cross. Hillary était rarement au dortoir le soir mais, sachant qu'il y avait un contrôle de chimie important le lendemain matin, je supposai, si tant est que j'aie supposé quelque chose, qu'elle était restée pour réviser.

Puis elle leva la main pendant les annonces, et, quand Mme Elwyn lui eut donné la parole, déclara :

— Hier dans ma chambre, j'ai trouvé une culotte, une culotte qui n'était *pas* propre.

Les autres filles rirent, Hillary elle-même souriait presque, mais semblait par ailleurs franchement agacée.

— Je l'ai jetée, continua-t-elle, alors pour celle à qui elle appartenait, ça devrait faire une culotte en moins. Je me demande bien comment elle a pu arriver là, mais s'il vous plaît, ayez un peu de considération et ne vous débarrassez pas de votre linge sale dans les chambres des autres.

Gina Marquez, une fille de première exubérante, s'écria « Bravo ! » et se mit à applaudir, suivie par presque toute l'assistance. Le visage en feu, agitée par des frémissements anxieux, je jetai un coup d'œil en direction de Martha qui ne souriait ni ne claquait des mains. Mais elle ne me regardait pas non plus, la sympathie ne luisait pas dans ses prunelles. Martha était du genre à ne jamais oublier sa culotte nulle part, quand moi j'étais du genre à penser que ça ne risquait pas d'arriver mais à qui ça arrivait quand même. L'exercice d'alerte à l'incendie n'était pas une excuse, semblait me dire l'attitude de Martha.

— C'était un string ? lança Gina.

Ce à quoi Mme Elwyn rétorqua :

— Un peu de calme, mesdemoiselles.

Ce n'était pas un string. Mais une culotte blanche décorée de lunes et d'étoiles ; des croissants de lune bleus et de petites étoiles jaunes.

J'avais décidé bien à l'avance que, la veille de la Saint-Valentin, je ne resterais pas debout jusqu'au milieu de la nuit pour aller fouiller dans le seau de fleurs. J'irais dormir tranquillement et, au matin, il y aurait ce qu'il y aurait. Après tout, c'était très inconvenant pour une élève de terminale de manifester de l'impatience.

J'avais envoyé des œillets roses à Martha, à Sin-Jun et, en fin de compte, également à Cross. Je ne pouvais prendre le risque de lui expédier un œillet blanc ou une rose, mais par ailleurs je ne supportais pas l'idée de ne rien lui adresser du tout. Sur la carte, j'écrivis : *Cross, heureuse Saint-Valentin ! Affectueusement, Lee.* Voilà qui devait alléger un peu la pression de mon désir.

Et puis à trois heures du matin, je me réveillai pour la quatrième fois, au beau milieu de rêves de fleurs aussi virevoltants que répétitifs – il ne m'en avait pas envoyé, il m'en avait envoyé mais je n'avais pas su trouver d'eau pour les y mettre, il avait envoyé une douzaine de roses à Aspeth, chacune d'une taille grotesque si bien que la gerbe atteignait plus de deux mètres. Je me rendis à la salle de bains et, au moment où je me lavais les mains, en me regardant dans le miroir qui surplombait le lavabo, je sus ce que je m'apprêtais à faire, ce que j'avais prévu de faire depuis le début.

La salle commune était éclairée – les lumières, comme celles des couloirs, restaient allumées la nuit – mais déserte. Deux seaux en plastique trônaient au milieu, et mon cœur s'affola à leur vue ; c'était très perturbant de penser que la réponse à la question qui m'avait taraudée était imminente. Mes mains tremblaient quand je m'approchai ; je jetai un œil aux alentours afin de m'assurer que personne n'épiait. Une fois devant les seaux, je pris une fleur, puis une autre et une autre. Je les manipulai doucement au début, dans l'intention de ne laisser aucune trace de mon indiscrétion, mais bientôt je me retrouvai à fouiller dedans à pleines mains, écartant celles qui portaient un autre nom que le mien sur l'enveloppe. À savoir, jusqu'ici, toutes. Le temps que je trouve la première à mon nom, ma recherche était devenue frénétique. Et ce mot ne venait que de Martha – accompagné d'une rose – mais reconnaissant son écriture, je négligeai de l'ouvrir. À la fin du premier seau, aucun autre envoi ne m'était destiné.

Je passai au second, qui contenait presque moitié moins de fleurs ; cette fois, je commençai par les roses. Et là j'en découvris une à mon nom, inscrit en lettres capitales, à l'encre bleue, et j'éprouvai une joie folle, une bouffée d'euphorie. Je me mis à ouvrir le billet, et ça prit bien trop longtemps – j'aurais dû mettre moins d'une seconde – et je me sentais ivre et brûlante et tremblante de gratitude, songeant *Enfin, enfin, enfin*, et cette fièvre ravie perdura jusqu'à ce que je me rende compte que la fleur ne venait pas de Cross mais d'Aubrey – Aubrey ? *Aubrey ?* – et simultanément – c'était comme les sprints au basket, on est allé tellement vite à remonter le terrain qu'on est incapable de s'arrêter immédiatement même si le temps est terminé – les traces de mon bonheur précédent me poussaient à penser : *Peut-être que Cross est mon petit ami maintenant, peut-être que je l'ai convaincu ces derniers mois, il lui a fallu un moment mais il s'est rendu compte qu'il y avait du bon en moi*, alors même, parce que j'avais compris la vérité, que je pensais par ailleurs : *Putain, pourquoi Aubrey m'enverrait-il une rose ?* Il n'était qu'en seconde, en plus c'était un garçon, sans doute n'avait-il rien compris à la façon dont fonctionnait l'échange de fleurs. Il avait écrit sur le carton : *Tu as fait beaucoup de progrès en maths. Bon boulot ! De la part d'Aubrey.*

Ma propre joie, bien que née et terrassée en l'absence de tout témoin, était humiliante ; j'étais humiliée par ma propension à tant me soucier de choses insignifiantes. Cette déception avait beau être un revers salutaire, je n'en terminai pas moins d'examiner les fleurs restantes et trouvai ainsi le moyen d'être à nouveau déçue en constatant définitivement que Cross ne m'avait rien envoyé. Personne ne m'avait rien envoyé en dehors de Martha et d'Aubrey – même pas Sin-Jun. Comme après une soirée arrosée, je souhaitai pouvoir défaire ce qui venait de se passer. Même si le résultat ne changeait pas, même si je ne recevais toujours que deux fleurs, pourquoi ne me lèverais-je pas au matin comme une personne normale ? Je me souviendrais que c'était la Saint-Valentin en passant par la salle commune pour aller prendre le petit déjeuner, ramasserais tranquillement mes fleurs, les rapporterais dans ma chambre avec un vase et ne me soucierais plus de l'affaire...

La situation se révéla pire que je ne le pensais. Au matin, je découvris que Martha avait reçu sept fleurs – les années passées, avant d'être déléguée, elle n'en avait jamais eu plus de quatre – et l'une venait de Cross. Elle mit toutes nos fleurs dans le même vase, et on n'en parla pas, sauf qu'elle me dit :

— Ton mot était marrant.

Mais elle ne me demanda pas si Cross m'avait envoyé une fleur, ni ne m'avisa qu'il lui en avait adressé une. Je l'appris en fouillant dans ses cartes alors qu'elle avait quitté la chambre. Il lui avait envoyé un œillet rose, semblable à toutes les fleurs qu'elle avait reçues. N'empêche. Cross n'avait donc pas pour principe de ne pas expédier de fleurs ; simplement il ne m'en avait pas adressé à moi.

Ensuite, vers la fin février, Cross se blessa à la cheville. Après que la Saint-Valentin fut passée sans commentaire – sinon qu'il me dirait lors de sa visite suivante : « Merci pour la fleur » –, huit jours s'écoulèrent sans qu'il vienne me rejoindre. Lorsque je le vis au réfectoire le huitième soir, je passai tout près de lui en regardant droit devant moi. J'ignore si j'espérais lui montrer qu'il me manquait ou qu'il ne me manquait pas, toujours est-il que ça eut le résultat escompté ; il me réveilla la nuit même, on alla dans la chambre d'Hillary et aucun de nous ne fit de commentaire sur son absence. Je n'avais pas l'impression qu'elle eût un rapport avec l'œillet que je lui avais envoyé ; cet œillet, au final, n'avait pas eu grande signification, ni dans un sens ni dans l'autre.

Je me demandais si l'équilibre était en train de changer entre nous. Non que notre relation ait jamais été vraiment équilibrée – j'étais amoureuse de lui et il me restait indéchiffrable – mais ce déséquilibre avait eu son fonctionnement propre, ainsi que le mérite de sa clarté.

Ces derniers temps, j'avais eu le sentiment que je devais prendre un peu de distance. Je loupai trois de ses matches de basket d'affilée, et voilà pourquoi je n'étais pas là quand il se déchira les ligaments de la cheville. Son équipe jouait contre Armony, dont le pivot mesurait un mètre quatre-vingt-dix-huit. Cross bondit pour un lancer franc, se fit bloquer son tir par le pivot d'Armony, et retomba sur la cheville. Il fallut l'emmener à l'hôpital, d'où il ressortit avec un sérieux bandage et des béquilles ; à l'évidence, comme il restait moins de trois semaines jusqu'aux vacances de printemps, il ne terminerait pas la saison.

J'appris tout cela des heures plus tard, reconstituant l'enchaînement des faits à partir d'une conversation à table puis grâce à Martha qui avait été prévenue de l'accident par M. Byden puisqu'il avait été décidé de reporter une réunion de la commission de discipline prévue pour le soir même. En entendant mes camarades au dîner, j'eus d'abord peur que Cross ne soit sérieusement blessé. Dès que j'eus compris que ce n'était pas le cas, ce qui domina en moi fut un sentiment d'annexion

– ce coup de malchance ne m'appartenait-il pas à moi aussi ?

— Est-il revenu de l'hôpital ? demandai-je.

C'étaient les premiers mots que je prononçais, et seules les deux personnes assises près de moi tournèrent la tête. Il s'agissait de Dede et de John Brindley, qui s'était également trouvé dans le taxi le soir du congé surprise en troisième.

— Je suis presque sûr qu'il est déjà rentré au dortoir, dit John. Tu vas y passer ?

Sur le coup, je doutai qu'il se soit même adressé à moi. Vu mon lien avec Cross, la question était des plus raisonnables. Mais vu que ce lien était invisible, la question devenait bizarre. Pourquoi donc me rendrais-je dans la chambre de Cross Sugarman ? Nous nous connaissions à peine.

— Pourquoi Lee irait-elle voir Sug ? souligna Dede.

John fixa le vide entre nous deux. Je brûlais de lui demander : *Qu'as-tu entendu dire ?* S'il avait été un mufle, un type qui s'amuse à glisser des insinuations, il en aurait certainement dit davantage. Mais John était sympa, sa question avait pu sortir par hasard.

— Sans raison, répondit-il.

— Il se pourrait que j'y aille, enchaînai-je du ton le plus neutre possible.

Je sentis que Dede m'observait mais j'évitai son regard.

Durant un moment après le dîner, j'eus effectivement l'intention d'y aller. La question de John m'en avait donné la permission – après tout, c'était lui qui avait émis l'idée. À huit heures cinquante cinq, parce que les visites autorisées commençaient à neuf heures, je me brossai les dents, m'aspergeai de parfum puis m'examinai dans le miroir et m'assis à mon bureau.

Comment pourrais-je aller au dortoir de Cross ? Savoir qui il y aurait là-bas – Devin, sans doute –, ou si je ne trouverais pas Cross installé dans la salle commune, ayant commandé une pizza peut-être, en train de regarder la télé, et les autres gars assis autour de lui ne comprendraient pas ce que je fichais là, et à tous les coups Cross lui-même ne comprendrait pas la raison de ma présence. Dans ce cas, soit il ne se montrerait pas ouvertement grossier mais distant, soit il serait poli, s'efforcerait de me mettre à l'aise, et sa tentative serait le pire de tout tant elle trahirait l'effort. Et quelles étaient les probabilités qu'il soit un peu dans les vapes mais manifestement content de me voir, qu'il se pousse pour me faire de la place et, quand je serais assise à côté de lui sur le canapé, qu'il m'enlace les épaules, et aucun de nous n'aurait besoin d'expliquer quoi que ce soit sinon que je lui demanderais comment allait sa cheville ? Les chances étaient infinitésimales. Je me penchai sur ma chaise et pressai le front contre mes paumes ouvertes. Se languir ainsi de lui, c'était atroce. Atroce aussi qu'il soit toujours si proche. Cela avait été ainsi pendant toute l'année, la proximité de nos dortoirs, savoir qu'il m'était concrètement possible, en moins d'une minute, de me lever, de sortir de la chambre et d'aller le retrouver, de le toucher, et cependant que je ne pouvais absolument pas le faire – ça me rendait folle. Aucun amour n'est pire qu'un amour en pension ; l'université est plus vaste, plus diverse ; quant au bureau, au moins on est séparés pendant la nuit.

Il était insupportable de savoir qu'agir reviendrait à gâcher, et que je devais me méfier de mes impulsions. Je voulais seulement que ce soit le milieu de la nuit et qu'il vienne me rejoindre (avec ses béquilles, il risquait de ne plus se montrer pendant un certain temps), se couche avec moi, et que moi je cesse de désirer tout ce que je désirais quand il n'était pas là. Quand je pense à Cross aujourd'hui, une grande partie de mes souvenirs se résume à ce sentiment d'attente, de n'avoir pu compter que sur le hasard. Il ne m'était pas possible d'aller le voir dans sa chambre – c'était décidé. Ce qui signifiait que si je voulais lui manifester ma sollicitude suite à sa blessure, il me fallait espérer le croiser dans un couloir, en présence de témoins ou non, et, le cas échéant, il me faudrait percevoir rapidement son humeur afin de savoir si certains ajustements se révélaient nécessaires pour que nous puissions continuer à nous voir.

Je m'en rends compte maintenant : je lui abandonnais toutes les décisions. Or ce n'était pas mon sentiment ! À l'époque, il me semblait évident que les décisions lui *appartenaient*. Des règles existaient, qui étaient non-dites et inébranlables.

J'assistai à la pièce de théâtre avec Martha, et lorsque Cross entra en scène – il s'agissait de *Hamlet* ; après avoir dû renoncer au basket, Cross s'était vu assigner le rôle de Fortinbras que Mme Komaroff, la prof d'art dramatique, avait précédemment coupé – tout le monde s'esclaffa. Nous n'étions pas réellement censés voir en lui Fortinbras mais, de fait, on ne voyait que Cross Sugarman avec ses béquilles, revêtu d'un antique manteau de vison. À ce moment-là, il n'était pas venu me rejoindre depuis neuf jours.

Les rôles d'Hamlet et d'Ophélie étaient joués par Jesse Middlestadt et Melodie Ryan. Élève de terminale originaire de Cambridge, Jesse était maigre, rougissant et nerveux. Il était de ces garçons que les filles aiment bien sans en tomber amoureuses – j'étais toujours contente de me retrouver à sa table au réfectoire car il parlait beaucoup *et* se révélait amusant – et j'avais été surprise de constater que les garçons l'appréciaient aussi. Melodie, qui elle était en première, avait de longs cheveux blonds bouclés et de grands yeux bleus. Je savais qu'on la tenait pour très séduisante, et chaque fois que je la voyais je repensais qu'en seconde elle était sortie avec Chris Pryce, un type de terminale, et que, d'après la rumeur, tous deux avaient eu des relations sexuelles anales. Je n'avais jamais su clairement s'ils s'y étaient pris ainsi une seule fois ou de façon répétée ; quoi qu'il en soit, chaque fois qu'elle entrait en scène, je pensais : *Mais ça ne fait pas mal ?* J'aurais bien aimé savoir également si elle en avait eu envie, elle aussi, ou si elle avait seulement voulu complaire à Chris.

Sur scène, avant qu'Ophélie n'aille se noyer, Melodie et Jesse s'embrassèrent, et je fus jalouse d'eux parce que, sous prétexte de leurs rôles, ils avaient pris l'habitude de s'embrasser devant tout le monde, parce qu'au cours des semaines de répétition ils avaient pu compter sur ce baiser. Chaque jour, ils avaient su qu'ils toucheraient un autre individu, sans que cela dépende de contingences extérieures ; ce qu'ils faisaient ou non ne comptait pas.

J'aurais dû m'inscrire au cours de théâtre, pensai-je, mais, pour ça aussi, il était désormais trop tard.

Le jour où je fus refusée à Brown et admise à Mount Holyoke ainsi qu'à l'université du Michigan (à ce moment-là, j'avais déjà été acceptée par Beloit, refusée par Tufts, me restait encore à recevoir le refus de Wesleyan), je tombai nez à nez avec Cross devant la salle de classe de Fletcher. Le dernier cours de la journée venait de se terminer et chacun de nous était seul.

— Eh, fit-il. Félicitations pour Michigan.

Je me demandai bien comment il l'avait su.

— Tu penses y aller ?

— Probablement.

Bien sûr que j'irais, pour la bonne raison, dont je ne parlerais avec personne à l'exception de Mme Stanchak et de mes parents, que les frais de scolarité seraient bien moindres que dans une université privée, et parce qu'on proposait de surcroît une aide financière partielle. Mount Holyoke était plus proche de Boston, mais pas si près que ça, et à ce moment-là je savais déjà, sans avoir à le dire ni à moi-même ni à quiconque, que tout était fini. Ce qui à Ault était sans rapport avec Cross s'achevait aussi bien que ce qui se rattachait à lui, et si je n'étais pas une fille à qui il s'adressait en présence d'autres personnes, je n'étais a fortiori pas une fille pour qui il traverserait l'État du Massachusetts, ou qu'il recevrait dans sa chambre à Harvard. Tout ce qui était susceptible d'alimenter une conversation sur l'université paraissait, entre nous deux, totalement déplacé. Des heures auparavant, quand j'avais ouvert les trois lettres, tout ça m'avait semblé terriblement important – j'avais pleuré pour Brown, bien sûr, avant que mes larmes ne me lassent – mais avec Cross en face de moi, ça se perdait dans le lointain. Nous étions en mars, lycéens à Ault, et nos vies futures étaient encore au-delà de l'horizon.

— Tu souffres ? questionnai-je en désignant ses béquilles.

— Pas vraiment.

Sa façon de répondre me donna à penser que c'était précisément le contraire. Son ton était enjoué ; je ne pouvais imaginer Cross se plaindre amèrement de quoi que ce soit qui l'aurait réellement contrarié, d'ailleurs, honnêtement, je me figurais difficilement ce qui *aurait pu* l'ennuyer, même si ces choses-là devaient exister. Pour la première fois, l'idée me traversa que j'avais peut-être été grossière, négligente, en n'allant pas le voir tout de suite après son entorse. Le souvenir me revint brusquement – comment n'y avais-je pas songé plus tôt ? – de la sollicitude qu'il avait manifestée quand je m'étais évanouie au centre commercial la première année.

— Je suis désolée de ce qui t'est arrivé, dis-je.

— Tu n'y es pour rien.

— Non, je voulais dire…

— Je sais ce que tu voulais dire. Je blague.

En levant les yeux vers lui, j'eus envie, une fois de plus, de lui dire à quel point je l'aimais. Comment pouvais-je désirer le lui dire même en plein jour ? On entendit dehors un garçon crier quelque chose, puis un autre lui répondre, en criant lui aussi. Il était trois heures de l'après-midi, c'était la pause après les cours et avant les activités sportives. Je ne peux pas dire que je fus surprise quand il inclina la tête en direction de la salle de cours de Fletcher.

— Tu veux qu'on entre là ?

Mon pouls s'accéléra, et je sentis dans mon ventre le poids de l'excitation et de l'anxiété mêlées.

— D'accord, fis-je très bas.

La porte de la salle n'était pas complètement fermée, et Cross la poussa du bout de sa béquille droite, puis la referma de l'intérieur, toujours avec sa béquille. C'était un jour gris, une lumière triste passait à travers les fenêtres ; Cross n'alluma pas. Il prit deux chaises rangées le long de la grande table rectangulaire, les disposa face à face, et quand il se fut assis sur l'une, je crus que l'autre était pour moi ; puis je compris qu'il avait l'intention d'y poser son pied. Je me glissai sur un côté, attendant d'être commandée, et tout en haïssant ma passivité gloussante. Dit-il ce qu'il dit ensuite parce qu'il savait que je voulais qu'il me dise quoi faire, ou avait-il déjà décidé, avant que nous entrions ?

Quoi qu'il en soit, je dis :

— Dois-je m'asseoir sur tes genoux ?

— Si tu en as envie.

(Évidemment, je demandai : « Je te fais mal ? » et il répondit : « Non, pas du tout. ») Et je pensais que tout allait bien, qu'il voulait juste me tenir dans ses bras comme je voulais le tenir dans mes bras, mais on avait commencé à s'embrasser depuis moins d'une minute quand il murmura :

— Si tu me taillais une pipe là maintenant, ce serait le pied.

J'eus presque aussitôt mal aux genoux sur le parquet. Et je ne voulais pas faire peser le poids de mon buste contre ses cuisses car… car vu que c'était censé être, pour lui, une expérience agréable, il méritait d'en jouir complètement ; il n'avait pas à se soucier de ma position.

Là, aucun doute possible : j'avais vu son pénis, je voyais son pénis en ce moment même. Si fort était mon souhait qu'il ne voie jamais mon corps nu que je m'étais parfois figuré qu'il le partageait ; manifestement, ce n'était pas le cas. Comment se faisait-il que les autres ne soient pas gênés de se déshabiller ? Il descendit son pantalon en velours, révélant un boxer-short très peu sexy ; du coup, je l'imaginai en train de chier. Et quels élèves s'assiéraient le lendemain sur cette chaise sans avoir la moindre idée que Cross y avait posé son cul nu ? Et la force chaude, aigre, avide dans ma bouche, la pression de sa main sur ma nuque… voilà ce qui m'avait manqué ces dernières semaines, voilà ce dont j'étais privée ?

Avec un gémissement puissant, il se retira de ma bouche et éjacula partout sur mon pull (un pull en laine ocre, avec des torsades) ; alors qu'il n'y avait pas encore prêté attention, j'essuyai la jute avec le côté de ma manche, m'imaginant déjà demander à Martha d'expédier le chandail avec ses autres vêtements destinés au nettoyage à sec. Je me mis debout et reculai, avec l'envie de partir – dans mon dortoir, il était toujours celui qui provoquait la séparation, et moi celle qui aurait voulu le retenir à jamais – et là, l'aspect désagréable de l'instant m'apparut comme quelque chose à quoi me cramponner ; pourvu que je m'y tienne, je ne serais jamais plus à sa merci.

Il avait remonté son pantalon mais pas encore bouclé sa ceinture. Toujours assis, il dit :

— Viens par ici.

Sceptique et irritée, je m'approchai en hésitant, alors il referma les bras autour de ma taille et pressa le visage contre ma poitrine et m'étreignit étroitement et mes yeux s'emplirent de larmes. Il n'y avait rien d'autre à faire que de poser les mains sur ses épaules, de perdre les doigts dans ses cheveux ; il répétait toujours combien mes cheveux étaient doux, mais en vérité, je ne le lui avais jamais dit, les siens l'étaient aussi.

Les vacances de printemps ressemblèrent aux vacances de Noël, sauf que la maison était vide pendant la journée car les congés de mes frères avaient déjà eu lieu. Dans la tranquillité, je passais le temps à regarder la télévision, à ne pas me doucher et, à plusieurs reprises, dans les moments particulièrement navrants, à ouvrir l'annuaire d'Ault appartenant à mes parents, auquel j'étais certaine qu'ils n'avaient jamais eu recours pour quoi que ce soit, afin de contempler les coordonnées de Cross. C'était là, évidemment, une activité à laquelle je m'étais déjà si souvent livrée sur le campus que la vue de son nom imprimé et de l'adresse de son domicile avait depuis longtemps perdu de son pouvoir.

Lorsque je voyais des amis de la famille, ce que j'essayais d'éviter autant que possible, ils me félicitaient pour mon admission à Michigan, et à force de recevoir leurs vœux de réussite, je finis par admettre cette réalité : c'était là-bas que j'allais passer les quatre années à venir. Le samedi précédant mon retour à Ault, on se rendit, ma mère et moi, à Ann Arbor, où il faisait encore moins un et où les trottoirs étaient verglacés. On se promena un peu dans le complexe froid et elle m'acheta un sweat-shirt à capuche bien que je lui aie dit que je n'en avais pas besoin. On reprit la route pour South Bend le soir même parce que mon père avait déclaré que ça ne lui posait pas de problème qu'on passe la nuit à l'hôtel mais que ce ne serait pas à ses frais.

Ce fut lui qui me conduisit à l'aéroport et je fus, une fois encore, incroyablement soulagée de m'en aller. Il me fit la bise près de la voiture, me donna un billet de cinq dollars pour m'acheter de quoi déjeuner, puis repartit. Après avoir fait enregistrer ma valise, j'errai dans le terminal en pleurant. Quand on est en pension, on est toujours en train de quitter sa famille, pas une fois mais encore et encore, et ce n'est pas comme quand on va à l'université car alors on est plus âgé et plus ou moins censé avoir coupé le cordon. Je pleurais parce que je me sentais affreusement coupable, et parce que ma culpabilité était affreusement complaisante. Alors que j'étais plantée dans une boutique qui vendait de l'eau en bouteilles, des cartes d'anniversaire et des tee-shirts sur lesquels était imprimé le nom *Indiana* en lettres alambiquées, moins de vingt minutes après avoir quitté le toit familial, mes parents me manquaient tellement que je faillis appeler ma mère à son travail pour lui demander de venir attendre avec moi le décollage de mon avion ; elle aurait été inquiète, peut-être paniquée, mais elle l'aurait fait. Mais alors elle aurait su avec certitude ce qu'elle avait sans doute seulement soupçonné – dans quel état de perturbation j'étais en réalité, à quel point je les avais trompés pendant les quatre ans écoulés.

Ça irait mieux dès que je serais dans l'avion, mieux encore une fois sur le campus. Mais tandis que je me trouvais dans leur ville, mon départ de la maison ne m'apparaissait que comme une méprise monumentale, une erreur de jugement de notre part à tous.

Je reçus le mot envoyé par le bureau du directeur plus d'un mois après les vacances de printemps. Il était rédigé à l'en-tête officiel de M. Byden, rehaussé de l'écusson d'Ault, alors que la brièveté et le ton du message ne semblaient pas justifier pareille formalité : *J'aimerais discuter de quelque chose avec vous. Soyez aimable de convenir d'un rendez-vous avec*

Mme Dershey. Un effroi glacé m'envahit. C'était donc comme ça quand on se faisait choper – évidemment, en fin de compte j'avais été prise. Et ça n'avait absolument rien de romantique ou d'aventureux. Il était douze heures cinquante, et j'étais seule, alors que je m'étais toujours imaginé que Cross et moi nous ferions prendre ensemble. Peut-être avais-je été cafardée et pas Cross – peut-être une autre fille (le nom d'Hillary Tompkins me venait immédiatement) avait-elle dit m'avoir vue avec un garçon non identifié.

Au sortir de la salle du courrier, je grimpai sur-le-champ les escaliers pour me diriger vers le bureau de M. Byden ; mieux valait connaître tout de suite l'étendue des dégâts. Être rassurée aussi – je ne serais sans doute pas expulsée mais c'était la première chose dont je voulais entendre confirmation.

— C'est à propos de l'article, n'est-ce pas ? dit Mme Dershey en m'apercevant. Attendez un instant.

Elle se leva et frappa à la porte de M. Byden. Je regardai par la fenêtre qui donnait sur la pelouse circulaire. De l'autre côté de la pelouse, précisément en face du bâtiment scolaire, se dressait le réfectoire, et je pouvais voir les gens qui en sortaient après le déjeuner. Exactement dans le même état que lorsque j'avais appris en première que je risquais de ne pas faire ma dernière année à Ault (comme la vie pouvait dérailler brusquement, et comme l'écœurement qui en résultait me paraissait familier), je repérai Martha marchant en compagnie de Sin-Jun ; même sans discerner leurs visages, je reconnaissais les cheveux noirs de Sin-Jun et le chemisier de Martha, rose à boutons.

— Lee, il peut vous recevoir tout de suite, m'annonça Mme Dershey.

M. Byden était à son bureau.

— Entrez, entrez, me dit-il. Ne soyez pas timide. Asseyez-vous le temps que je termine un petit travail.

M. Byden s'efforçait de se rendre accessible aux élèves – quand j'étais en seconde, il s'était déguisé en père Noël pour le dernier appel précédant les vacances de fin d'année, et chaque printemps il donnait un cours d'éthique facultatif – néanmoins il continuait de m'intimider et je m'étais toujours arrangée pour éviter d'avoir avec lui une véritable conversation. Il connaissait mon nom car il tenait à mémoriser les noms de tous les nouveaux élèves dès le premier mois de cours. Chaque fois que nous nous étions croisés depuis mon année de troisième et qu'il m'avait lancé : « Bonjour, Lee » ou « Bonne soirée, Lee », j'avais été tentée de lui dire qu'il pouvait m'oublier, que je ne voyais rien de mal à ce qu'il utilise son cerveau disponible pour, par exemple, retenir le numéro de téléphone de quelque ancien élève vieux et fortuné.

Je m'assis face à son bureau, dans un fauteuil tapissé de brocart rayé bleu et rouge et aux accoudoirs en bois. Un fauteuil semblable était disposé un peu plus loin et, derrière moi – je détaillai les lieux tandis que M. Byden écrivait – se trouvaient un divan, une table basse en merisier, ainsi que plusieurs autres fauteuils. Il y avait aussi une cheminée, au manteau de marbre blanc, au-dessus de laquelle trônait un portrait de Jonas Ault dans les années 1860. Bien que n'ayant encore jamais mis les pieds dans le bureau de M. Byden, je reconnus le portrait pour l'avoir vu dans la brochure de l'école. Jonas Ault, ainsi que nous l'entendions chaque année à la chapelle à l'occasion du jour du Fondateur, le plus jeune fils rebelle d'une riche famille de Boston, avait été capitaine d'une baleinière. Un soir précédant l'un de ses départs en mer, sa jeune fille

Elsa l'avait supplié de rester à la maison ; Ault avait refusé. Au large, une tempête terrible surprit l'équipage, alors, tandis que le bateau était ballotté et que les vagues s'écrasaient sur le pont, Ault jura que s'il regagnait vivant la terre ferme, il renoncerait à la chasse à la baleine. Lui et tous ses hommes survécurent mais, de retour au port, il apprit que trois jours plus tôt Elsa était morte de la scarlatine. Il fonda l'école d'Ault en son souvenir. (Non pas le pensionnat d'Ault, ainsi que mes parents l'appelaient parfois ; le nom exact était école d'Ault.) Malgré cette destinée indéniablement romanesque qui avait de quoi me charmer, je me demandais toujours pourquoi Ault avait créé un établissement pour garçons à la mémoire de sa fille. Même si celle-ci avait vécu, elle aurait dû attendre d'avoir cent quatre ans avant d'être autorisée à y suivre sa scolarité.

— Bien, bien, dit M. Byden. J'apprécie votre réaction rapide. Si ce n'est pas trop vous demander, je vais commencer par vous poser quelques questions, après quoi je vous expliquerai plus précisément pourquoi j'ai fait appel à vous. Cela vous convient-il ?

— Oui, fis-je, avant d'ajouter : monsieur.

Ceci pour me montrer respectueuse, pourtant dans ma bouche le mot se teintait légèrement de sarcasme. Les élèves originaires du Sud vous sortaient des *monsieur* et des *madame* sans aucun effort.

— Vous êtes entrée ici en classe de troisième, exact ?

Ce n'était pas la question à laquelle je m'étais attendue. J'acquiesçai d'un hochement de tête.

— Et comment caractériseriez-vous votre expérience à Ault ? Dans l'expression la plus large, et en gardant bien à l'esprit qu'il n'y a pas de réponse conforme.

Ça, je le savais, ce n'était jamais vrai.

— Je me plais bien ici, dis-je.

Avec en sous-texte : *Ne me virez pas. De préférence, ne me passez même pas un savon.*

— Parlez-moi des aspects les plus marquants.

Peut-être ma présence dans ce bureau n'avait-elle *rien à voir* avec Cross. Car ce n'était certainement pas de cette façon qu'on commençait une engueulade. D'ailleurs, à y réfléchir, si je devais me faire remonter les bretelles, ce ne serait sans doute pas par M. Byden, plutôt par Mme Elwyn, ou encore par le conseiller d'éducation Fletcher.

— Dites-moi ce qui vous vient en premier à l'esprit, reprit le directeur.

Jetant un coup d'œil par la fenêtre, je vis plusieurs élèves de terminale, dont Martha et Sin-Jun, allongés sur la pelouse. Après les vacances de printemps, même avant qu'il ne fasse vraiment chaud, il y avait toujours eu des terminales assis ou couchés par petits groupes sur la pelouse ; c'était une sorte de volontariat collectif dont ils s'acquittaient à tour de rôle. Je n'y étais pas allée une seule fois pour ne pas me donner l'impression de faire l'intéressante et de perdre mon temps. Ça ne m'avait jamais dérangée de traînasser au dortoir, en écoutant de la musique, en regardant dans le vide ; perdre mon temps seule me donnait moins l'impression de perdre mon temps que de tenir en échec mon désespoir.

Je reportai les yeux sur M. Byden. L'aspect le plus marquant de mon expérience à Ault, telle que je la considérais à ce moment-là, c'était Cross.

— L'aspect le plus marquant de mon expérience à Ault, ça a été mes amies, dis-je.

— C'est particulier, n'est-ce pas, de vivre en dortoirs ? enchaîna M. Byden. Une réelle proximité qui nous forme.

— Martha et moi, nous partageons une chambre depuis trois ans, ce qui est formidable.

— Je sais tout sur Martha et vous, croyez-moi. Je n'entends dire que du bien de vous deux.

Par qui ? me demandai-je.

— Et du côté scolaire proprement dit ? reprit M. Byden. Vous avez eu de petits problèmes avec l'analyse mathématique, c'est bien ça ?

Une nouvelle panique me saisit – c'était peut-être là la raison de cet entretien ; peut-être après plusieurs mois avaient-ils compris que j'avais triché – mais M. Byden souriait. Son expression semblait dire : *Les maths… quelle plaie, hein ?*

— Ça s'est amélioré cette année, dis-je. J'ai pu surnager.

— Et vous allez à l'université du Michigan, si je ne me trompe.

Je fis signe que oui.

— Une bonne institution, commenta-t-il. Un des établissements publics vraiment remarquables.

Je lui souris sans rien dire. Avec des gens extérieurs à Ault, vous faisiez semblant d'être une chanceuse d'intégrer l'université du Michigan et peut-être, selon les personnes auxquelles vous vous compariez, l'étiez-vous réellement ; mais M. Byden et moi savions tous deux qu'au sein d'Ault c'était loin d'être la panacée.

— Vous sentez-vous prête pour l'université ? questionna-t-il.

— Oui, absolument. J'ai reçu une excellente instruction.

De fait, c'était la vérité.

— Des cours favoris ?

— L'histoire en première avec M. Fletcher, c'était génial. Et l'histoire en seconde, avec M. Corning. J'ai aussi beaucoup aimé les sciences de l'environnement, j'avais Mme McNally. Franchement, tous mes professeurs ici ont été bien. C'est seulement moi qui n'ai pas toujours brillé dans certaines matières.

M. Byden se mit à rire.

— Personne n'est parfait, d'accord ? Mais je sais que vous avez beaucoup contribué à la vie de cet établissement, Lee, à votre façon.

J'étais en train de me demander ce qu'il pouvait bien attendre de moi quand il reprit :

— J'en viens au fait. Le *New York Times* envisage de publier un article sur l'école.

— Super.

— Disons que c'est certainement une perspective intéressante, mais l'intérêt des médias est forcément une épée à double tranchant. Il est sage d'appréhender ce genre de situation avec une certaine prudence, surtout par les temps qui courent, alors que l'opinion publique ne penche pas trop en faveur du principe des pensionnats privés. Le *New York Times* est un journal de premier ordre, certes, mais parfois les médias ont tendance à se contenter de conforter les stéréotypes en vigueur au lieu de prendre le temps de faire un véritable article de fond. Vous comprenez ce que je veux dire ?

— Je crois.

— Tous autant que nous sommes à Ault sommes terriblement fiers de l'établissement, et quand les journalistes viendront ici pour faire les interviews, nous souhaitons qu'ils s'entretiennent avec des élèves capables de communiquer cette fierté. Je ne dis pas que nous voulons leur dicter un discours, si vous me pardonnez l'expression. Ce que nous cherchons, ce sont des étudiants susceptibles de donner une vision de l'école aussi impartiale que fidèle. Voici donc la requête que je vous adresse : acceptez-vous d'être l'un de ces étudiants ?

— Oh, dis-je. Bien sûr.

— Fantastique. L'angle d'attaque de l'article tel qu'on me l'a décrit serait la mutation des pensionnats privés américains, Ault faisant figure d'institution caractéristique sur le modèle d'Overfield, Hartwell Academy, Saint Francis, et cætera. Voilà ce qu'ils vont dire : ces endroits ne sont plus réservés aux fils de nantis. Nous avons des filles, nous avons des Noirs, nous avons des Latino-Américains. À l'encontre de leur réputation, les pensionnats privés sont les miroirs de la société américaine.

— Je m'exprimerai donc en tant que fille ?

— En tant que fille, ou au nom de vos origines familiales.

Estimait-il qu'il y avait chez moi des choses à découvrir au-delà des apparences – que j'étais une crétine des Appalaches, par exemple ?

— Je devrai leur dire des choses précises ?

M. Byden sourit. Il m'arrive encore de penser à ce sourire.

— Simplement la vérité, répondit-il.

Cross n'était venu me rejoindre qu'une seule fois depuis les vacances de printemps, environ deux semaines avant ma conversation avec M. Byden. En retournant à Ault, je l'avais attendu la première nuit, parce que c'était ce que *je* désirais ; j'oubliais régulièrement que le fait que je veuille quelque chose ne suffisait pas pour que ça se produise. À mesure que passaient les jours, je l'attendis moins tout en pensant autant à lui, sinon plus – la première idée qui me venait à l'esprit au réveil était qu'une autre nuit s'était écoulée sans sa visite. Pendant la journée, je le gardais autant que possible à l'œil. Il n'avait plus ses béquilles et au petit déjeuner, ou à la chapelle s'il avait manqué le petit déjeuner, ou à l'appel s'il avait manqué l'office – il était forcément présent à l'appel que Martha et lui dirigeaient –, j'enregistrais sa tenue vestimentaire puis, durant le reste de la journée, guettais systématiquement le tee-shirt à rayures rouges et blanches ou la veste en peau noire ; comme si ses habits donnaient une personnalité à la journée. Je ne lui parlais pas du tout, mais ça me rassurait de le voir ; s'il se trouvait à deux tables de moi au déjeuner, ça signifiait au moins qu'il n'était pas en train de sauter Aspeth en plein air derrière le hangar à bateaux.

Au début, ma crainte avait été qu'il prenne prétexte des vacances pour rompre et ne plus jamais venir me rejoindre. En conséquence, s'il revenait, je serais rassurée de façon disproportionnée, ça représenterait plus qu'une simple visite. Néanmoins, quand il vint, tout n'alla pas pour le mieux. Je perçus tout de suite le décalage qu'il y avait entre nous, combien j'étais raide et trop empressée, combien lui était distant. On fit l'amour, il mit longtemps à jouir – plus longtemps que jamais, me sembla-t-il – et tout de suite après je sentis qu'il avait envie de s'en aller. Il ne le fit pas, pourtant, on s'endormit ensemble, et je ne me réveillai que lorsqu'il me tapota l'épaule pour me dire au revoir. Il était levé, déjà habillé ; il était trois heures à peine passées. Je n'aurais pas dû m'endormir, pensai-je, ou alors j'aurais dû me réveiller en même temps que lui afin de l'empêcher de quitter le lit. Non pas en le persuadant par des discours mais en le retenant physiquement – en lui donnant une raison de rester.

Il était penché sur moi, une main sur mon épaule. Je lui attrapai la main, il me laissa faire, alla jusqu'à presser la mienne, avant de la lâcher.

— Il est encore tôt, dis-je.

Je ne chuchotai pas, et ma voix au sortir du sommeil sonna comme une lamentation rocailleuse.

— Il faut que je parte.

Ce fut tout ce qu'il dit ; il ne donna aucune raison.

Les questions vociféraient en moi. *Où es-tu allé ? Qu'est-ce que j'ai fait ? Est-ce que tu vas revenir ? Reviens, s'il te plaît, sinon je ne le supporterai pas.* Cette visite avait-elle été une mise à l'épreuve ? me demandai-je. Et mon attitude l'avait-elle déçu ?

— Ça va ? dit-il.

Il remonta le sac de couchage sur mes épaules et me tapota de nouveau le haut du bras. Évidemment que ça n'allait pas. Il s'en alla pourtant, et une fois seule je me souvins des nombreuses fois où je m'étais demandé si tout n'était pas en train de se déliter entre nous, si je lui avais déplu ou si j'avais perdu tout attrait pour lui. À chaque fois, j'avais réprimé mon envie pressante de le questionner, et je m'en félicitais car les questions auraient peut-être hâté la fin. Également parce que – je le comprenais à présent – il n'était pas réellement nécessaire de poser des questions. Quand c'était terminé, on le savait.

La journaliste du *New York Times* s'appelait Angela Varizi. En entendant le mot *journaliste*, je m'étais imaginé un homme d'une cinquantaine d'années, grisonnant et avec une calvitie naissante, en costume trois-pièces sombre, or en entrant dans la salle de Fletcher où elle procédait aux interviews des élèves, je découvris une jeune femme qui paraissait avoir moins de trente ans. Elle était assise au bout de la table, et quand elle se leva pour me serrer la main, je m'aperçus qu'elle portait un jean – violation du code vestimentaire d'Ault, les jeans n'étant pas autorisés dans le bâtiment scolaire, des bottes de cow-boy et un polo blanc. Ses cheveux raides étaient rassemblés en queue-de-cheval et elle avait les dents de devant trop écartées. Sans être du tout belle, elle avait quelque chose d'ouvert et d'intense dans l'expression du visage – elle n'avait pas l'air de s'excuser de n'être pas jolie. Sa poignée de main était ferme.

Afin de répondre à ses questions, je manquais le deuxième cours de la journée. Je savais, grâce à une note de M. Byden, qu'Angela Varizi avait rencontré avant moi Mario Balmaceda, un élève de première, et que ce serait ensuite le tour de Darden Pittard.

— Prenez une chaise, me dit Angela Varizi.

L'image de moi en train de tailler une pipe à Cross dans cette même pièce me traversa l'esprit et je tressaillis, sans pouvoir déterminer si c'était de dégoût ou de désir. Je m'installai du côté de la table opposé à celui où nous nous étions trouvés ce jour-là.

— Quelqu'un d'autre doit-il venir ? questionnai-je. Je ne parle pas d'autres élèves, mais y aura-t-il un professeur pour s'assurer que je ne dis pas de vilaines choses ?

— Vous dites souvent de vilaines choses ? rétorqua Angela Varizi en riant.

— Ça m'arrive.

— Vous me plaisez déjà, dit-elle. Et la réponse est non. Soit l'administration vous fait entièrement confiance à tous, soit elle vous a sélectionnés afin que je ne m'entretienne avec aucun mécontent. Bon, évacuons d'abord quelques vérités incontournables. Vous êtes en terminale, n'est-ce pas, et vous terminez votre quatrième année scolaire ici ?

— Oui.

— Rappelez-moi d'où vous venez.

— De South Bend, dans l'Indiana.

— J'y suis. Je rencontre tellement de gens que je commence à mélanger vos profils, mais maintenant je me souviens de vous.

Je me demandai qui avait fourni mon « profil » à Angela Varizi, et ce qu'on y disait exactement.

— C'est vous qui entrez à l'université du Michigan, c'est ça ? Félicitations.

— En fait, j'avais postulé pour Brown, mais comme j'ai failli être recalée en analyse mathématique l'année dernière, je n'ai pas vraiment cru qu'on m'accepterait.

Elle hocha la tête, jetant quelques notes sur son calepin.

— Vous écrivez ça ? L'interview a commencé ?

— Lee, chaque fois que vous parlez à un journaliste, vous êtes interviewée.

— Je croyais que les journalistes utilisaient des magnétophones.

— Certains le font, mais beaucoup parmi ceux qui travaillent pour la presse écrite préfèrent s'en abstenir. Les délais sont souvent si serrés qu'on n'a pas le temps de transcrire des bandes magnétiques.

— Excusez-moi de vous poser tant de questions.

— Posez-m'en autant que vous voulez. Au fait, vous pouvez m'appeler Angie. À mon tour de vous interroger :

que pensent vos parents de votre admission à l'université du Michigan ?

— Ils sont contents. Je serai beaucoup plus près de la maison.

— Eux-mêmes ont étudié à l'université du Michigan ?

— Non. Mon père est allé à Western Indiana, et ma mère a commencé la fac mais n'a pas terminé, parce qu'ils se sont mariés.

— Que font vos parents ?

Je ne répondis pas immédiatement.

— Je regrette de vous embêter, mais je ne comprends pas bien le rapport entre mes parents et votre article.

— C'est comme ça que ça fonctionne. Vous et moi, on parle, on parle, ensuite l'article prendra forme, et je vous aurai citée sur un paragraphe ou deux. Vous penserez : pourquoi Angie n'a-t-elle pas mentionné toutes mes réflexions pertinentes ? Beaucoup de choses dans ce que je vous demande servent le contexte ; ça ne figurera pas dans l'article mais ça le nourrira, si je puis dire sans paraître trop prétentieuse.

— Ma mère est secrétaire dans une compagnie d'assurances. Et mon père est dans le commerce.

— Que vend-il ?

Tête baissée, Angie écrivait. Sa voix neutre permettait de penser qu'elle réagirait de la même façon quelle que soit ma réponse.

— Des matelas, dis-je. Il vend des matelas.

Elle ne poussa aucune exclamation ni ne se frappa la poitrine.

— Et il travaille dans quel cadre, pour la succursale d'une chaîne ou dans un magasin indépendant ?

— C'est un magasin franchisé, qu'il possède.

— Je saisis. Parlez-moi de vos frères et sœurs.

— J'ai deux frères : Joseph, quatorze ans, et Tim, sept ans.

— Ils iront en internat, eux aussi ?

— Je ne pense pas. Joe a déjà l'âge que j'avais quand je suis arrivée ici. Et en fait ce n'est pas dans l'ordre des choses pour les gens de mon coin.

— Alors, pourquoi êtes-vous partie pour le pensionnat ?

J'avais mis au point deux réponses éprouvées à cette question, entre lesquelles je choisissais et que je modulais selon mon auditoire ; je décidai de servir les deux à Angie.

— Cet établissement est d'un niveau bien meilleur que le lycée public où je serais allée à South Bend. On a ici des moyens incroyables… la compétence des professeurs et le fait qu'on soit peu nombreux à chaque cours, l'enseignement est presque personnalisé, et vos camarades sont vraiment motivés…

Tout en parlant, j'imaginai que ce serait cette remarque que citerait Angie – j'étais là, sans conteste, au plus fort de mon éloquence.

— L'autre raison, continuai-je, c'est qu'à treize ans j'avais une espèce de fantasme idiot sur la pension. Ça m'était venu à cause de séries télé et du magazine *Seventeen*. Je me disais que ça avait l'air carrément glamour. Alors je me suis renseignée et j'ai postulé. Mes parents trouvaient ça bizarre, mais quand j'ai été admise, ils m'ont laissée partir.

— Comme ça, simplement ? Sans que vous ayez besoin de les convaincre ?

— Si, si, il a fallu les convaincre. Mais notre voisine, Mme Gruber, la meilleure amie de ma mère, est institutrice. Elle pensait que c'était une occasion formidable et elle a plaidé pour moi. Au final, mes parents m'ont laissée décider.

— Tout ça alors que vous aviez treize ans ?

J'acquiesçai.

— Pas mal. Vous étiez sans doute beaucoup plus mature que moi au même âge. Maintenant, permettez-moi… Ce n'est pas un secret que le pensionnat est affreusement coûteux.

Je me sentis rougir, les battements de mon cœur s'accélérèrent. Il n'était quand même pas possible qu'elle demande ce qu'elle semblait sur le point de demander. Ce serait tellement… *évident*.

— Ault revient à, quoi, vingt-deux mille dollars l'année ? continua Angie. La question que je me pose, c'est dans quelle mesure cet élément a pesé dans la décision de vos parents de vous laisser partir.

Les joues me brûlaient.

— Cette question vous met mal à l'aise ? s'enquit Angie.

— Les gens ici ne parlent pas vraiment… Disons qu'on ne parle pas d'argent.

— Alors qu'il s'étale partout !

— Justement, c'est pour cette raison, dis-je. Les gens en ont tellement que personne n'a besoin de le mentionner.

— Voyez-vous des différences entre ceux qui en ont et ceux qui n'en ont pas ?

— Pas vraiment. On n'utilise pas d'argent liquide, pour rien. Pour acheter des fournitures scolaires ou pour prendre le car jusqu'à Boston, on inscrit notre numéro d'élève dans un registre.

— Après quoi les parents paient la facture ?

— Voilà.

Nos regards se rencontrèrent. Elle voulait me faire dire quelque chose qu'elle savait déjà. Et je n'avais pas encore compris qu'on n'est pas obligé de répondre aux sollicitations de quelqu'un sous prétexte que cette personne est plus âgée et plus puissante que vous.

— C'est un peu différent pour moi, repris-je. En fait, je suis… je suis boursière.

En quatre ans, les seules personnes avec qui j'avais parlé de ça étaient Mme Barinsky, qui travaillait au bureau des admissions et de l'aide financière, et Mme Stanchak. Je n'avais même jamais évoqué mon statut avec Martha. Je supposais qu'elle était au courant, mais ce n'était pas par moi qu'elle l'avait appris.

— Mes parents paient pour mes dépenses personnelles, poursuivis-je. Sinon ils ne versent que… je crois que cette année c'est quatre mille de frais de scolarité.

— Je saisis.

Angie hochait longuement la tête, et mes pensées s'agitèrent confusément. J'étais quasiment certaine qu'elle savait déjà ce que je venais de lui exposer.

— C'est certainement que vous le méritez.

— Pour autant que je sache, le lycée regrette sa décision de m'avoir acceptée en troisième. J'étais brillante à l'école primaire et au collège, mais après mon arrivée ici j'ai commencé à avoir des problèmes scolaires.

— Vous étiez insuffisamment préparée ?

— Pas exactement. C'est plutôt que j'ai cessé de croire que je pouvais y arriver. Je me sentais tellement… tellement pas remarquable ici. Je n'avais pas l'impression qu'on s'attendait à ce que je brille.

— Revenons sur la question de l'aide financière. Je sens bien que ce n'est pas votre sujet préféré, mais accompagnez-moi encore un peu. Je me demande si vous estimez que le corps enseignant fait preuve de favoritisme envers les élèves fortunés.

— Non, pas vraiment.

— Pas vraiment ?

— Il y a un jeune prof qui copine avec les types de ma classe qui sont tous allés dans la même école à New York avant de venir ici. On les appelle les « banquiers », et ils sont tous plutôt, vous voyez… riches. Le prof les emmène au McDonald, ou une fois il les a emmenés à un match des Patriotes, et les gens ont trouvé ça un peu bizarre parce que la plupart des élèves de la classe n'ont été au courant qu'après. Mais je ne crois pas que le prof soit copain avec les « banquiers » *parce qu*'ils sont riches. C'est lui qui leur fait l'entraînement de foot pour la plupart, c'est comme ça qu'il les a connus.

— Pourquoi les appelle-t-on les « banquiers » ?

— Parce que tous leurs pères travaillent dans la banque. En fait, pas vraiment tous, mais c'est tout comme.

— Vous écririez *banquiers* avec une majuscule ou une minuscule ?

Je la dévisageai.

— Vous allez mettre ça dans l'article ? S'il vous plaît, ne le faites pas.

— Continuons à bavarder et voyons ce qui va sortir par la suite. Je vais vous raconter une histoire. J'ai préparé ma licence à Harvard.

Me rappelant lui avoir dit que j'avais été refusée par Brown, je me sentis gênée.

— Vous avez dit qu'il n'y a pas de différence entre les étudiants qui ont de l'argent et ceux qui n'en ont pas, poursuivit Angela, mais ça ne colle pas avec mon expérience personnelle. Je viens d'un milieu ouvrier dans le New Jersey, et en faculté j'ai dû souscrire des tas d'emprunts. Eh bien, les étudiants de Harvard, en particulier les internes, avaient vis-à-vis de l'argent un comportement que je n'avais jamais vu. La première année, ma camarade de chambre s'était acheté un manteau en laine noire avec un col en velours noir. Il était superbe. Alors que je n'accordais pas grande importance aux vêtements, je lui enviais tout bonnement ce manteau. Or, une semaine après l'avoir acheté, elle le perd. Elle l'oublie carrément dans le métro. Et vous savez ce qu'elle a fait ?

Je secouai la tête.

— Elle est retournée à la boutique et elle en a acheté un autre. Tout simplement. Mais le truc amusant, c'est que j'avais fait une remarque comme quoi c'était bien pratique de faire banquer papa, juste pour la charrier, et elle, ça l'avait rendue furieuse. Il m'a fallu longtemps pour comprendre et me dire : d'accord, au fond elle a fait sur moi un transfert de son malaise intime.

Je regardai par la fenêtre. Le soleil perçait entre les branches d'un hêtre tout proche.

Angie reprit la parole d'une voix plus douce :

— Cette histoire éveille-t-elle un écho chez vous ?

— Une fois, quand j'étais en seconde… dis-je.

Puis je m'interrompis.

— Allez-y. Ça peut paraître bizarre, Lee, mais je peux vous garantir que c'est terriblement important.

— En seconde, j'avais une prof de lettres qui n'était pas très appréciée. Un jour après le cours, je marchais avec d'autres élèves, et une des filles qui étaient là a dit quelque chose comme quoi la prof était CMI. Elle était en train de parler des habits de cette prof.

— Qu'est-ce que ça veut dire, CMI ?

— C'était la question que je me posais. Alors après, j'ai demandé à ma camarade de chambre. Comme elle n'est pas du genre à dire des trucs comme ça, elle a eu l'air gênée, puis elle m'a répondu qu'elle n'était pas sûre mais qu'elle pensait que c'étaient les initiales de classe moyenne inférieure.

Martha savait précisément ce que signifiaient ces initiales, simplement ça l'avait ennuyée de devoir me l'expliquer. Quand je lui avais dit pourquoi je lui posais la question, elle avait rétorqué : « Aspeth est tellement ridicule… »

— Incroyable, dit Angie.

— Les gens ici ne sont pas ouvertement snobs, mais leur idée de la normalité… Tenez, un autre truc qui me revient, pour je ne sais quelle raison. Le samedi, si on n'a pas de match, on peut prendre le car pour Boston. Avant le départ du campus, le conseiller d'éducation monte dans le car pour nous rappeler que le règlement de l'école reste en vigueur, après quoi il accueille le car à son retour en fin de journée et fouille quelques sacs au hasard. Un jour, l'an dernier, le car allait bientôt repartir de Boston quand je suis tombée sur deux filles au centre commercial près du Faneuil Hall. C'étaient des filles de mon dortoir. On était dans un magasin de vêtements, et une des filles prenait des fringues sur les cintres et les emportait à la caisse sans les essayer. J'ai dit à sa copine : « Elle ne se demande pas si ça lui va ? », et l'autre m'a répondu : « Elle achète juste des trucs pour emballer l'alcool. » Elle n'a pas dit le mot *alcool* mais c'était le sens. Le total des habits devait s'élever à une centaine de dollars.

Angie secoua la tête.

— Quel genre d'alcool avait-elle acheté ?

— Sûrement de la vodka. C'est celui-là qu'on ne peut pas détecter dans l'haleine, c'est ça ?

— J'en déduis que vous-même n'êtes pas portée sur les boissons alcoolisées.

— En effet.

— Croyez-vous que votre situation de boursière vous entraîne moins à enfreindre le règlement de l'établissement ?

Je songeai à Cross et me sentis quelque peu blessée – pourquoi au juste Angie pensait-elle que *j'étais* moins susceptible d'enfreindre le règlement. Mais je me contentai de répondre :

— Peut-être.

— Et les autres élèves boursiers ? Est-ce qu'ils boivent ou fument ?

— Je ne range pas les gens en catégories boursiers ou non-boursiers.

— Vous ignorez qui bénéficie d'une aide financière ?

— Si, on le sait. Mais personne n'en parle.

— Alors comment le savez-vous ?

— Ça se voit aux chambres des élèves… s'ils ont ou non des chaînes stéréo, si les filles ont des dessus-de-lit à fleurs, ou si leurs photos sont dans des cadres en argent. Rien que la qualité de leurs affaires. Aussi les vêtements… ils commandent tous leurs habits dans les mêmes catalogues, si bien que vous verrez des tas de gens avec le même pull, et vous savez exactement combien il a coûté. Puis, par exemple, vous pouvez expédier votre linge à un service de nettoyage ou faire vous-même votre lessive dans les machines des dortoirs. Ou même certains sports, à cause du prix de l'équipement. Le hockey sur glace coûte vraiment cher, mais le basket, pas tant que ça.

— Puis-je en conclure que vous n'avez pas de dessus-de-lit à fleurs ni de cadres en argent ?

— J'ai un dessus-de-lit à fleurs.

Je l'avais demandé comme cadeau d'anniversaire la première année. Quant aux cadres en argent, quant à tout le reste, Martha y pourvoyait.

— Il y a autre chose, dis-je. L'indice le plus flagrant pour savoir qui reçoit une aide financière ou non est la race. Personne ne l'évoque jamais, mais tout le monde sait que les gens issus de certaines minorités sont presque toujours boursiers.

— Quelles minorités ?

J'hésitai.

— Vous pouvez le deviner.

— Vous n'allez pas me choquer, Lee.

— Eh bien, les Noirs et les Latinos. Grosso modo. Les gens issus d'autres minorités, comme les Asiatiques ou les Indiens, ne sont généralement pas boursiers, les Noirs et les Latinos généralement le sont.

— En ce cas, comment pouvez-vous savoir si un élève blanc est boursier ?

— Je doute qu'ils soient si nombreux que ça, dis-je. Qu'on soit si nombreux.

Pendant un moment, je ne trouvai personne en dehors de moi parmi les terminales, puis je me souvins de Scott LaRosa, qui venait de Portland et était capitaine de l'équipe masculine de hockey sur glace. Il avait une grosse bouille pâle et l'accent du Maine, mais il était par ailleurs grand et sûr de lui. Je ne voyais personne d'autre dans notre promotion.

— À votre avis, pourquoi les élèves blancs sont-ils si peu nombreux à recevoir une aide ?

— On ne contribue pas à la diversité à l'école. Et il y a plein de mômes blancs dont les parents *peuvent* payer.

— Il semble que vous vous soyez souvent sentie exclue ici.

Autrefois, cette observation m'aurait mis les larmes aux yeux – elle *comprenait* – mais à présent ça paraissait seulement faire partie de la conversation. De surcroît, bien que recherchant la sympathie d'Angie Varizi, je n'étais pas tout à fait certaine d'en avoir pour elle.

— Bien sûr, je me suis sentie exclue à certains moments. Mais c'était prévisible, non ? Je suis une rien du tout sortie de son Indiana natal, ajoutai-je en souriant.

— Vous sentez-vous différente des membres de votre famille quand vous retournez chez vous ?

Derrière la fenêtre, une brise se leva, et j'entendis bruire les feuilles du hêtre.

— Ce serait déprimant si c'était le cas, non ?

Je me tus un instant, puis repris :

— Vous vous rappelez tout à l'heure quand je vous ai dit pourquoi j'étais venue à Ault ? Je vous ai donné deux raisons ? En fait, il y en a une autre dont je ne vous ai pas parlé. C'est assez difficile à expliquer, mais c'est certainement la raison principale.

Je pris une profonde inspiration.

— Quand j'avais dix ans, avec ma famille on est partis en vacances en Floride. C'était toute une aventure, comme aucun de mes parents n'en avait connu. C'était l'été, et on est descendus en voiture. On était à Tampa Bay, et un jour, on faisait du tourisme dans les environs, ou peut-être qu'on s'était perdus, toujours est-il qu'on est arrivés dans un quartier avec des maisons immenses. Ça ne ressemblait pas à un lotissement, les maisons avaient l'air anciennes. Beaucoup avaient des toitures en bardeaux blancs, et des fenêtres en saillie et des vérandas avec des rocking-chairs et d'immenses pelouses bien vertes et des palmiers. Devant une des maisons, un garçon et une fille qui devaient être frère et sœur étaient en train de jouer au ballon. J'ai dit à mon père – j'étais encore à l'âge où on ne saisit pas vraiment la différence entre mille dollars et un million de dollars –, j'ai dit : « On devrait s'acheter une maison comme ça. » Je les trouvais belles, et je pensais que ma famille serait heureuse d'habiter dans l'une d'elles. Alors mon père s'est mis à rire, en répétant : « Non, non. » J'étais, je me souviens, assise à l'avant à côté de lui ; ma mère était derrière avec mes frères, parce que Tim était bébé. Je me sentais proche de mon père à cet instant, certaine d'avoir eu une excellente idée. Mon père m'a expliqué : « Lee, les gens comme nous ne vivent pas dans ce genre de maison. Ceux qui y habitent mettent leur argent sur des comptes bancaires en Suisse. Ils mangent du caviar au dîner. Ils envoient leurs fils dans des pensionnats privés. » Je lui ai répliqué…

Tout était-il parti de là, était-ce la raison pour laquelle j'étais devenue ce que j'étais, la raison pour laquelle je m'étais inscrite à Ault ? D'un certain côté, ça paraissait impossible car c'était un fait bien trop minime. Mais peut-être les choses se réduisent-elles toujours à des raisons minuscules, des inclinations progressives, des conversations qu'on n'a presque pas eues, ou entendues en partie seulement…

— J'ai répliqué à mon père : « Leurs filles aussi, ils les envoient en pensionnat ? »

— Terrible, dit Angie.

— Quand j'ai postulé pour Ault et d'autres établissements, je doute que mes parents se soient souvenus de cette conversation. Et je me suis bien gardée de la leur rappeler, évidemment.

— Vous visiez la promotion sociale, commenta Angie.

— Je ne le dirais pas comme ça. Je n'avais quand même que dix ans à l'époque.

Je devinais que la fin de l'interview approchait. À certains moments, mon cœur s'était emballé, mes joues s'étaient empourprées – il y avait quelque chose de stimulant dans le fait de parler avec cette femme, comme si j'avais attendu longtemps pour dire ces choses-là. Mais repenser à ma famille dans la voiture, aucun de nous ne se doutant que je quitterais la maison quatre ans plus tard, me procurait un sentiment de tristesse et de vacuité.

— Écoutez, Lee, fit Angie. Vous m'avez fourni beaucoup d'informations précieuses. Je ne saurais assez vous remercier pour votre franchise.

Elle me tendit une carte de visite où les mots *The New York Times* étaient imprimés dans les mêmes caractères gothiques que l'en-tête du journal.

— Appelez-moi si vous avez des questions.

En quittant la salle, je tombai sur Darden Pittard qui attendait dans le couloir.

— Qu'est-ce que je viens faire ici ? me demanda-t-il.

— C'était plutôt bizarre, lui dis-je.

— Bizarre bien ou bizarre craignos ?

Cinq minutes auparavant, j'aurais répondu bizarre bien, or un étrange sentiment s'installait en moi. J'avais longuement parlé de moi à Angie Varizi, et il m'était difficile de savoir pourquoi, sinon qu'elle m'avait questionnée.

— Je ne sais pas, dis-je. Bizarre tout court.

Pendant l'interclasse entre les troisième et quatrième cours, je trouvai Martha à l'endroit où nous nous rencontrions fréquemment, près du tableau d'affichage dans la salle du courrier. D'autres élèves allaient et venaient autour de nous.

— Comment ça s'est passé ? demanda-t-elle. Le type était sympa ?

Elle défit l'emballage d'une barre au muesli et la cassa en deux pour m'en donner la moitié.

— C'était une femme, répondis-je. Je suppose qu'elle était sympa, mais j'ai l'impression de lui en avoir trop dit. Elle a posé beaucoup de questions autour du prix de la scolarité.

Le plus singulier était que plus j'y réfléchissais, moins je me rappelais ce que j'avais dit.

— Ah bon ?

Comme Martha avait la bouche pleine, sa voix était déformée, mais je me rendis compte qu'elle était surprise en la voyant hausser les sourcils. Elle déglutit.

— Pourquoi cherchait-elle à se renseigner là-dessus ?

— Pas la moindre idée.

On se regarda. Certes, nous aurions pu, Martha et moi, avoir eu un jour une discussion à propos des différences qui existaient entre nous mais, vu que ce n'était pas le cas, le sujet était trop vaste pour l'aborder dans l'immédiat.

— Drôle de méthode, dit-elle.

— Je devrais m'inquiéter, tu crois ?

Martha sourit.

— Non. Je parie que tu as été son interview préférée de la journée.

Quand c'est terminé, on n'a pas besoin de demander, on sait, et pourtant… on peut encore se laisser surprendre ; votre analyse de la situation peut être en porte-à-faux avec votre souhait d'une issue différente. Ce samedi soir où j'étais assise sur le bord de l'une des baignoires, en tee-shirt et en short, en train de me raser les jambes, Martha entra dans la salle de bains du dortoir.

— Je pensais bien te trouver ici, dit-elle.

— Tiens. La boum n'est pas finie, si ?

— Non, mais il faisait trop chaud et c'était rasoir. Tu connais Aspeth, d'accord ?

— Tu parles de l'Aspeth avec qui nous suivons notre scolarité ici depuis quatre ans ?

Martha se mordit la lèvre inférieure.

— Elle et Sug sont bons amis, d'accord ?

— Qu'essaies-tu de me dire, Martha ?

— Ils ont dansé ensemble. Beaucoup.

Un frémissement nerveux se communiqua de mon ventre à ma poitrine.

— D'habitude, ils ne dansent pas ensemble ?

— Je n'avais sans doute pas remarqué. C'est juste qu'il y avait quelque chose d'évident ce soir. Aucun d'eux n'a dansé avec quelqu'un d'autre. Ensuite, ils étaient près du snack-bar, lui appuyé contre l'espèce de balustrade…

Je connaissais le snack-bar, je connaissais la balustrade ; j'avais traversé le foyer de nombreuses fois, mais seulement pendant la journée, quand il était silencieux et poussiéreux.

— … et elle appuyée contre lui.

— Face à lui ? questionnai-je.

— Non, non. Ils étaient tous les deux face à la salle. Je crois qu'il la tenait par la taille.

Jusqu'à cet instant, Martha était restée debout près du mur carrelé. Elle s'approcha ensuite et se jucha sur la baignoire à côté de moi.

— Je suis désolée, mais j'ai pensé que tu préférerais savoir.

Je contemplai mes jambes à moitié rasées.

— Aspeth est bête, conclut Martha.

On pouvait décerner bien des qualificatifs à Aspeth Montgomery, mais « bête » n'en faisait pas partie.

Suite à cela, je me mis à l'affût. Il s'avéra, en effet, que Cross et Aspeth étaient souvent ensemble, mais peut-être pas plus que par le passé. Nous étions à la fin mai, et comme le temps s'adoucissait, les terminales se rassemblaient constamment sur la pelouse, de plus en plus nombreux – après le déjeuner, pendant les temps libres et pendant les week-ends ; plus d'une fois, alors que je passais à côté d'eux, feignant de ne pas remarquer leur troupeau, je pus entendre Aspeth s'exclamer : « Certainement pas ! » Ou, une autre fois : « C'est tellement dégueu ! » Pourquoi ne les rejoignais-je jamais ? J'en avais envie, mais il y aurait immanquablement ce moment insupportable une fois que je me serais approchée, où je resterais à la lisière du groupe, et ils mettraient leur main en visière, lèveraient la tête et se demanderaient ce que je faisais là. Il me faudrait dire quelque chose, m'asseoir quelque part dans l'herbe, adopter une certaine attitude. Pour les autres, ces décisions paraissaient ne requérir aucun effort, pas même celui de la décision ; pour moi, tout était toujours décision.

Je n'étais néanmoins sûre de rien, et je pensais qu'en demeurant vigilante, je me protégeais. Puis, dans le dernier numéro annuel de *La Voix d'Ault*, à côté de l'éditorial intitulé « Les shorts écossais devraient être autorisés dans le bâtiment scolaire », la rubrique « Entre les lignes » signala : « C. S. et M. R. : "Sugar daddy", notre "papa gâteau", chante une nouvelle mélodie. » Chaque nouveau numéro de *La Voix d'Ault* était distribué à l'appel, et ces séances-là étaient inhabituellement silencieuses puisque la plupart des élèves lisaient pendant les annonces ; plusieurs professeurs nous enjoignaient régulièrement de ranger les journaux, ce que personne ne faisait. Moi aussi, je lisais pendant l'appel mais j'avais pris l'habitude d'éviter « Entre les lignes » en public, craignant toujours – ou peut-être l'espérais-je – qu'il y soit fait mention de Cross et de moi, et que quelqu'un m'observe en train de lire. En conséquence, je ne lus pas la rubrique avant le soir ; avant même d'en saisir toute la portée, je fus envahie par un tiède et nauséeux mélange de commotion et d'acceptation. J'étais étonnée et, en même temps, pas étonnée du tout. Martha, comme d'habitude, n'était pas dans les parages – elle assistait à une réunion – et ne rentra pas avant le couvre-feu. À la fin de celui-ci, je lui chuchotai :

— Il faut que je te parle.

Une fois dans notre chambre, je lui tendis mon exemplaire du journal.

— Regarde ça.

Je lui désignai l'endroit et ses yeux parcoururent la page. J'eus l'impression qu'il lui fallait pour lire plus de temps que nécessaire.

— Qui est M. R. ? dit-elle enfin.

— Melodie Ryan. Avec qui Cross jouait dans *Hamlet*. Je n'en avais pas la moindre idée, mais ils ont dû… Je ne sais pas. Il n'est pas venu depuis plus d'un mois, Martha.

Sur ces mots, je fondis en larmes. Martha me tapota le dos.

— Ça doit être vrai, hein ? Dis, tu crois que c'est vrai ?

— Je ne sais pas, répondit Martha, l'air affligée.

— Il t'a dit quelque chose ? Est-ce qu'il sort avec Melodie Ryan et que tout le monde est au courant sauf moi ? Et est-ce qu'il sort avec Aspeth ?

— Si Cross a une nouvelle petite amie, je n'en sais rien, moi non plus. Mais, Lee, avant de te désespérer, rappelle-toi que cette rubrique « Entre les lignes » est stupide.

— Sauf que généralement c'est la vérité.

Je m'essuyai le nez du dos de la main avant de poursuivre :

— Tu te souviens pour Katherine Pound et Alexander Héverd. Personne n'y a cru au début, pourtant c'était vrai.

— Ça peut vouloir dire seulement que Melodie et Cross couchent ensemble de temps en temps. Pas forcément qu'ils forment un couple.

Je pleurai de plus belle – pour moi, coucher ensemble signifiait être un couple. Apparemment j'avais convaincu Martha qu'« Entre les lignes » avait raison, et ça n'avait pas été difficile.

— Il faut que tu parles à Cross, dit Martha. Tu as le droit de lui demander des comptes. Au point où tu en es, qu'as-tu à perdre ?

Or le lendemain était un vendredi, et je jugeai inopportun de coincer Cross un week-end. Car – oui, j'étais dingue, mais je pense que je m'y prendrais probablement de la même façon aujourd'hui, si l'occasion m'en était donnée – je ne voulais pas les importuner si Melodie et lui avaient prévu quelque chose, ou simplement le mettre d'humeur massacrante avant une soirée romantique. Je haïssais l'idée d'être une emmerdeuse, le genre de fille qui veut toujours *parler*. Lui parler était, certes, précisément ce que je voulais, mais pas en l'acculant, pas en me montrant casse-pieds.

De plus, il ne s'agissait pas de n'importe quel week-end – mais du week-end où l'article d'Angie Varizi devait paraître dans le *New York Times*. Elle m'avait prévenue que la publication pouvait être sucrée à la dernière minute, selon les exigences de l'actualité, mais si tout se déroulait normalement, il paraîtrait dimanche.

À me remémorer cette période, j'éprouve à la fois une terreur rétroactive et un désir de protection pour celle que j'étais alors, éperdue vis-à-vis de Cross, infiniment triste à la perspective de quitter Ault après le bac. Je me sens comme quand on regarde un film dans lequel une adolescente se trouve seule dans une maison la nuit, pendant une tempête, et l'électricité est coupée, ou un film dans lequel un homme et une femme partagent un dîner romantique et sortent du restaurant en pleine tempête de neige, et ils trouvent ça magnifique, et ils montent dans leur voiture pour rentrer chez eux par des routes sinueuses. De la même façon qu'on a envie de leur crier : *Sors de la maison ! Arrêtez la voiture !*, j'ai envie de dire à ce moi plus jeune : *Va-t'en, c'est tout. Si tu pars maintenant, ton souvenir d'Ault restera intact. Tu penseras que tes sentiments vis-à-vis de l'école sont paradoxaux, mais tu te tiendras toujours à la saine conviction que c'est Ault qui t'a fait du tort et non l'inverse.*

Au fil du week-end, je ne cessai d'oublier puis de me rappeler l'article. Le dimanche, on se réveilla vers huit heures, Martha et moi, un peu tôt mais ce n'était pas à cause de ça. En gagnant le réfectoire, nous discutions des chaussures que nous porterions pour la cérémonie de remise des diplômes qui aurait lieu une semaine plus tard. À Ault, on ne revêtait pas le costume universitaire, mais une robe blanche pour les filles, pour les garçons un pantalon kaki, un blazer bleu marine et un canotier. Après quoi, on évoqua Annice Roule qui, l'année précédente, avait trébuché en montant sur l'estrade pour y recevoir son diplôme.

Il y avait dans le réfectoire la poignée d'élèves habituels mais, chose étrange, tous étaient assis à la même table. Les troisièmes, secondes et premières avaient rejoint les terminales avec lesquels Martha et moi nous attablions régulièrement – Jonathan Trenga et Russell Woo, Doug Miles, Jamie Lorison, Jenny et Sally. L'autre fait étrange était que personne ne parlait. Toutes les têtes piquaient vers la table ; je me rendis compte qu'ils lisaient.

— Ils sont en train de lire *mon* article ? demandai-je à Martha.

Alors, à trois mètres de distance, je pus voir que c'était bien cela : ils étaient rassemblés à deux ou trois par exemplaire de journal.

— Putain de merde, entendis-je lâcher Jim Pintane, qui était en première.

Quand on atteignit la table, quelques-uns levèrent les yeux, et puis tous les imitèrent. Durant un long moment, personne ne parla.

Finalement, Doug Miles déclara d'une voix froide :

— Voilà l'infâme Lee Fiora.

Tout le monde à la table continuait de me dévisager.

— Je dois reconnaître, dit Jonathan, que j'ignorais que tu avais des opinions aussi arrêtées.

Son ton était plus difficile à déterminer – pas hostile, mais pas bienveillant non plus.

— Qu'est-ce qu'il y a d'écrit ? demandai-je.

Comme personne ne répondait, Martha intervint :

— C'est ridicule. Viens, me dit-elle en attrapant l'un des exemplaires du journal.

Tandis que je la suivais vers une autre table, Doug me lança :

— Eh, Lee !

Je me retournai.

— Personne ne t'a appris qu'on ne crache pas dans la soupe ?

On s'assit à l'autre table, côte à côte, sans se servir le petit déjeuner. Mon cœur pompait, mes doigts tremblaient. L'exemplaire qu'avait pris Martha était ouvert à la seconde page de l'article, pas à la page où il commençait. Martha revint en arrière. L'article débutait en première page – en première page de la première partie du journal. Il titrait : LES PENSIONNATS PRIVÉS PRÉTENDENT CHANGER, LES ÉLÈVES, EUX, RESTENT SCEPTIQUES. En-dessous, en caractères plus petits, figurait : ÊTRE BLANCHE, ISSUE DE LA CLASSE MOYENNE… ET OUTSIDER. Une grande photo montrait, assez curieusement, deux garçons noirs, les frères Pittard, assis sur un canapé dans la salle commune d'un dortoir. Darden expliquait quelque chose avec les mains et son frère Eli, qui était en troisième, riait. Mais le premier paragraphe ne parlait pas des Pittard ; il parlait de moi :

Parmi les coteries de la classe de terminale de Lee Fiora à l'école d'Ault de Raymond, Massachusetts, figure un groupe d'amis de sexe masculin appelés les « banquiers » – ainsi nommés, comme l'explique Mlle Fiora « parce que tous leurs pères travaillent dans la banque. Pas vraiment tous, mais c'est tout comme. »

La désignation de cette coterie est l'une des rares allusions à l'argent, quoique détournée, que se permettent les élèves d'Ault. En général, dans cette école dont les cours en groupes restreints, les méthodes originales et les équipements dernier cri se monnaient 22 000 $ l'année, à l'instar des autres écoles réservées à l'élite à travers le Nord-Est, le sujet est tabou. Ainsi se crée un environnement qui, selon Mlle Fiora, s'incline devant les riches et abuse tous les autres, y compris Mlle Fiora. « Bien sûr que je me sens exclue », confiait récemment à une visiteuse Mlle Fiora, qui reçoit une aide financière couvrant environ les trois quarts du prix de sa pension. « Je suis une rien du tout sortie de son Indiana natal. » Mlle Fiora est blanche ; pour les étudiants de couleur, en particulier les Afro-Américains et les Hispaniques, elle estime que les difficultés de la vie à Ault sont encore aggravées.

Ça continuait dans le même registre. Angie Varizi me faisait exposer mon point de vue sur la race – sans doute parce que personne d'autre, personne d'autre qui ne soit pas blanc, n'avait souhaité le faire –, précisant que je soupçonnais Ault d'avoir regretté sa décision de m'accorder une bourse, racontant l'anecdote sur les filles qui achetaient des fringues pour cacher leur bouteille d'alcool. Dans la foulée, elle me faisait expliquer très schématiquement comment repérer les boursiers d'après les biens qu'ils possédaient et leur comportement. Et, évidemment, je confiais au lecteur l'histoire de la maison en Floride. Au long de l'article, mes propres observations se juxtaposaient aux ardentes louanges de l'établissement auxquelles se livraient M. Byden, le conseiller d'éducation Fletcher, une fille de seconde nommée Ginny Chu, Darden Pittard, ainsi que de récents bacheliers. Un élève dont le nom n'était pas mentionné disait de moi : « Elle n'est pas la personne la plus en vue parmi les terminales. Tout le monde ne "performe" pas dans un endroit comme celui-ci. »

Je lus intégralement l'article, une seule fois, et ce fut cette fois-là dans le réfectoire. Parfois, je murmurais : « Oh, mon Dieu », et Martha me tapotait l'épaule. À la fin de la lecture, elle avait la main posée sur mon bras.

Le gâchis que j'avais provoqué – était-ce bien moi qui avais semé cette pagaille ? – était si abominable qu'il était difficile de l'assimiler ou même de l'évaluer. La personne que je paraissais être à ce moment, la personne fabriquée par l'article, était l'exacte opposée de celle que j'avais essayé d'être au cours des quatre années écoulées. C'était la pire erreur possible que j'aurais pu commettre.

— Bon, dit Martha. On a une semaine à tenir et puis on sera parties d'ici pour toujours. Alors tu continues à vivre ta vie comme d'habitude. Laisse les gens se défouler, et, oui, ils ne s'en priveront pas. Mais ce n'est pas ton problème.

— Je retourne dans la chambre.

— Pas question, dit-elle. On va prendre le petit déjeuner.

Nous attrapâmes nos plateaux au self, nous remplîmes nos verres de lait et de jus de fruits, nous reçûmes nos assiettes de pancakes fumants. La tête me tournait de regret. J'avais été idiote, pensai-je. Pourquoi avais-je confié mes secrets à Angie Varizi, quel bien avais-je imaginé en tirer ? C'était toujours pareil avec moi – j'étais incapable de dire qu'il se passait quelque chose (en l'occurrence, que je creusais ma propre tombe au profit d'Angie) pendant que ça se passait. Le moindre détail de l'article était humiliant. Être boursière était une tare, être malheureuse était pire, admettre l'un et l'autre était le pire du pire. J'avais été trop bavarde. Voilà. Ç'aurait été tellement mieux de foutre la merde de façon normale, bon chic bon genre, en bonne élève d'une boîte privée – se faire choper en train de fumer de l'herbe la semaine précédant la remise des diplômes, ou de se baigner à poil à minuit dans la piscine du gymnase. En revanche, faire part de critiques socio-politiques à un journaliste du *New York Times* était carrément vulgaire.

En revenant avec nos plateaux, nous croisâmes trois filles de troisième dont je ne connaissais même pas le nom. En temps normal, je n'aurais pas fait attention à elles, mais là je ne pus m'empêcher de chercher leurs regards. J'espérais pouvoir déterminer si elles avaient déjà lu l'article à l'expression de leurs visages, or ceux-ci étaient parfaitement neutres. J'éprouvais à cet instant ce que je continuerais d'éprouver jusqu'à la remise des diplômes – le soupçon, mais non la certitude, que les gens me méprisaient, le sentiment que leur mépris n'était pas injustifié, et cela tout en sachant qu'ils ne pensaient peut-être absolument rien de moi.

Je me rendais compte déjà que, dans le contexte d'Ault, ça provoquerait toute une histoire. Néanmoins, pour la plupart des élèves, ça resterait l'histoire de quelqu'un d'autre. Pour moi seule il s'agissait d'une affaire personnelle. Peut-être que lorsqu'ils rentreraient chez eux pour l'été, mes camarades s'entendraient dire : *Ton école est-elle vraiment aussi snobinarde ?*

Cette fille était-elle aussi malheureuse qu'elle en avait l'air ? Mais ce ne serait qu'un sujet de conversation ; ce ne serait pas leur vie.

J'allai me coucher avant le dîner ce dimanche soir – je voulais simplement ne plus être consciente – et à une heure un quart, après m'être réveillée huit ou neuf fois, je n'y tins plus, me levai, enfilai un tee-shirt et un pantalon de survêtement et quittai le dortoir en laissant Martha ronfloter doucement. Il avait plu ce jour-là, la cour était sombre et luisante. J'aurais pu passer par les sous-sols, le chemin coutumier de Cross, mais je ne craignais absolument pas de me faire prendre ; j'avais toujours cru que les circonstances extrêmes vous protègent des dangers ordinaires, et bien que reconnaissant l'illogisme de cette croyance, je n'avais pas encore eu la preuve de sa fausseté.

D'abord, la salle commune du dortoir de Cross me parut déserte. Mais quand la porte se referma derrière moi, une tête surgit du canapé devant la télévision. C'était Monty Harr, un gars de troisième. Le son de la télé était coupé, et le visage de Monty paraissait tout gris.

— Où est la chambre de Cross ? demandai-je.

Il cligna des yeux.

— Cross Sugarman, précisai-je. Où est sa chambre ?

— Au fond du couloir à gauche, finit par lâcher Monty.

Je le laissai se frotter les yeux.

Il y avait un poster de basketteur sur la porte, un type en maillot vert en train de bondir dans les airs sur fond de foule floutée. Je frappai, et comme personne ne répondait, je tournai la poignée et ouvris. La lumière était allumée, quelqu'un était assis à un bureau. Je crus d'abord que c'était Cross, parce que c'était lui que je cherchais, mais il leva la tête et je reconnus Devin, son camarade de chambre. En quatre ans, Devin était passé de maigrichon à presque gros ; il avait les cheveux blonds, les sourcils foncés et le nez en pied de marmite.

Ma hardiesse, ou du moins ce qui m'avait propulsée jusqu'ici, vacilla.

— Salut, dis-je d'une petite voix.

Je promenai le regard dans la chambre ; les deux lits étaient défaits, l'unique éclairage venait de la lampe de bureau et d'une lampe à lave posée sur le rebord de la fenêtre. Il n'y avait personne en dehors de Devin.

Son visage s'était fendu d'un sourire.

— Tiens, voilà la femme du jour.

— Devin, s'il te plaît.

J'essayais de me rappeler si nous nous étions parlé depuis que je l'avais assassiné la première année. Pas beaucoup, mais enfin – n'étions-nous pas deux êtres humains ? Mon désespoir tangible ne pouvait-il susciter de la sympathie de sa part, rien que cette fois ?

— S'il te plaît quoi ? répliqua-t-il. Je n'ai pas la moindre idée d'où il est, si c'est ce que tu veux savoir. De toute façon, il n'est pas un peu tard pour qu'une jeune fille sorte toute seule ?

— Je sais quelle heure il est.

— Après le coup de l'article aujourd'hui, à ta place je ferais gaffe de ne pas donner à Byden une raison de me mettre dehors.

— On ne se fait pas virer pour une première entorse aux heures de visite.

— Excuse-moi, dit Devin avec un petit sourire suffisant. Je n'avais pas conscience que c'est la première fois que tu enfreins le règlement.

— Va te faire foutre, lui répondis-je.

Mon erreur fut peut-être d'être celle qui rendait la conversation franchement déplaisante.

— Je serais tenté de t'envoyer te faire foutre, toi aussi, mais je crois que mon copain de chambrée s'en est déjà chargé.

Je me détournai pour partir quand Devin ajouta :

— Une question rapide.

Je m'immobilisai – évidemment – sur le seuil.

— Tu es poisson ou fromage ?

Je n'avais pas la moindre idée de ce dont il parlait.

— Il faut que tu sois l'un des deux, reprit-il. Alors lequel ?

Muette, je me contentai de le dévisager.

— C'est pour la liste. Tu sais, on tient une liste, et on vérifie deux fois.

Il parlait en chantonnant, et pour la première fois je songeai qu'il était peut-être ivre ou défoncé.

— Tu es une des terminales qui nous manquent, continua-t-il en ouvrant le tiroir de son bureau. Ta copine de chambre aussi, à vrai dire, alors ce serait génial de faire d'une pierre deux coups.

Il avait sorti du tiroir une brochure de l'école fatiguée. Il l'ouvrit, fit tourner les pages jusqu'à la fin, et me la tendit. Là se trouvaient les listes des élèves de chaque classe, et dans l'intervalle entre le nom de famille et le lieu d'habitation – par exemple, entre *Deidre Danielle Schwartz* et *Scarsdale, New York* – était écrit au feutre rouge, en lettres capitales : *POISSON*. Ce n'était pas à chaque fois *POISSON* ; c'était parfois *FROMAGE*. Et ce n'était pas systématiquement noté au feutre rouge – parfois en noir ou au stylo bille bleu. Aussi, ça ne figurait pas à côté de tous les noms ; c'était accolé aux noms de quelques filles, jamais de garçons. Mon regard alla plusieurs fois de la brochure à Devin ; sans être certaine de ce que je lisais, je n'étais pas indifférente. Je vis qu'Aspeth était *FROMAGE* ; Horton Kinnelly était également *FROMAGE* ; Hillary Tompkins était *POISSON*.

Pour finir – non parce qu'il voulait m'accorder la grâce d'une explication, je crois, mais simplement parce qu'il était frustré par mon incompréhension –, Devin me livra le fin mot :

— C'est le goût que vous avez. Toutes les filles sont l'un ou l'autre. Tu percutes ?

Une question prit forme en moi, mais avant que je l'aie posée à voix haute, la réponse s'imposa elle aussi : *Non, pas quand on les embrasse. Pas là.* Sachant désormais ce que signifiait la liste, j'aurais dû jeter la brochure à travers la pièce. Le problème était que je restais curieuse. Cette liste était si… si étrangement méticuleuse. J'aurais pu me livrer à une recension de ce genre, dans un univers parallèle.

— Depuis combien de temps tu travailles à ça ? questionnai-je.

— Oh, je ne suis pas tout seul. Bon Dieu, non ! Personnellement, je souscris à l'idée qu'il est préférable de recevoir que de donner, si tu vois ce que je veux dire. Mais il s'agit d'un effort collectif, transmis de génération en génération. Naturellement, ça doit être actualisé chaque année.

— Quelle tradition élégante.

— Attends, reprit-il en plissant les yeux. Avant de monter sur tes grands chevaux, tu veux peut-être savoir qui est le gardien de la tradition cette année.

Je ne soufflai mot.

— Tu ne me crois pas ? ajouta-t-il.

Je sentis à son ton, à son espoir que je conteste ses dires, qu'il disait la vérité.

— Vu qu'il est le gardien, continua Devin, je trouve quelque peu mesquin de sa part de ne pas remplir certains blancs. Mais en cela réside le paradoxe.

— Peut-être qu'il respecte l'intimité d'autrui, dis-je.

Devin se mit à rire si chaudement, et si spontanément, que je fus certaine qu'il n'essayait pas simplement de me tourmenter.

— Le chevaleresque Sug ! C'est comme ça que tu le vois, hein ? C'est super. C'est classique.

Il fallait que je m'en aille – pour de bon cette fois, car je n'avais rien à gagner en restant.

— Disons-le haut et fort, poursuivit Devin, d'un air cette fois sincèrement admiratif. Personne n'a jamais fait marcher Ault mieux que Cross Sugarman. C'est quasiment obscène.

Va-t'en, Lee, me disais-je, et je m'entendis demander :

— Qu'est-ce que tu entends par là ?

— Juste qu'il faut lui reconnaître ça. Il obtient les bonnes notes, il obtient les places, il obtient les nanas, mais, par-dessus tout, il obtient le respect. Je parie que tu ne le connais pas du tout.

C'était peut-être ce que j'avais attendu – une insulte qui fût indéniablement vraie.

— Tu n'es qu'un sale con, dis-je.

Et je partis dans le couloir, laissant la porte se refermer derrière moi.

Mes parents finirent par me joindre le lendemain matin ; ils avaient appelé à plusieurs reprises le dimanche, mais chaque fois qu'une fille du dortoir frappait à la porte, je lui demandais de leur dire que je n'étais pas là. C'était l'aspect pénible du protocole téléphonique du dortoir, obligeant la messagère à un voyage retour au rez-de-chaussée, mais personne ne me le refusa – les gens manifestaient une certaine déférence pour la célébrité douteuse que m'avait conférée l'article du *New York Times*. Immédiatement après l'office, que j'avais manqué pour la seconde fois en tout, tout le monde était au courant. Je n'avais plus quitté le dortoir de toute la journée, mais je l'avais vu sur les visages des filles.

J'avais interrogé Martha :

« Les gens parlaient de ça au déjeuner ?

— En quelque sorte », avait-elle répondu.

Ce qui était plus gentil qu'un *oui* sec.

Mes parents arrivèrent à m'avoir en téléphonant à six heures et quart le lundi matin. Abby Sciver cogna à notre porte, nous réveillant, et je compris à sa mine chiffonnée qu'elle se réveillait tout juste, elle aussi, sans doute tirée du lit par la sonnerie du téléphone.

— C'est ton père, Lee.

Il était bien trop tôt pour lui demander de prendre un message, ou d'aller raconter à mon père que j'étais occupée.

Il n'était pas tout seul à appeler. Il était à un poste téléphonique, ma mère à l'autre. En même temps qu'il attaquait par :

— C'est quoi, ces conneries ?

Ma mère susurrait sur la ligne :

— Lee, si tu as l'impression d'être une rien du tout, je le regrette, et tu ne dois pas ressentir ça parce que tu as tellement de personnalité.

— Maman, je ne… Ce n'est… Je vous en prie, vous n'allez quand même pas dramatiser cette histoire ?

— J'ai juste une question à te poser, dit mon père. Pourquoi est-ce que tu nous as menti pendant quatre ans ?

— Ménage-la, Terry, supplia ma mère.

— Je la ménagerai quand elle m'aura répondu.

— Je ne mentais pas, dis-je.

— Tu nous as demandé de faire des sacrifices pour ton éducation, et on les a faits. On t'a acheté tes livres et tes billets d'avion, et pourquoi on a fait ça, à ton avis ? Parce que tu nous disais que ça en valait la peine. Tu disais que tu adorais cet endroit, et vivre en dortoir et suivre tes cours extraordinaires. Et maintenant tu déclares, non, voilà mes souffrances et voilà comment l'école me traite et on m'a accordé tous les avantages mais ce n'était pas ce que je voulais. Eh bien, je me demande bien ce que tu voulais, Lee.

À l'entendre, j'avais du mal à localiser le cœur de sa colère. Les gens à Ault étaient furieux contre moi pour avoir formulé des critiques sur la place publique, or la contrariété de mon père était, à l'évidence, personnelle.

— Papa et moi savons que tu as beaucoup d'amies, reprit ma mère. Enfin quand même, Martha est déléguée des terminales, et elle est folle de toi. Et Sin-Jun et les deux Mexicaines…

— Maman, tu ne vas pas énumérer toutes mes amies.

— Lee, ce que cette dame a écrit sur toi n'est pas vrai, tout simplement. C'est ce que je me suis tuée à dire à papa. Ce n'est pas ta faute si tu as fait confiance aux médias parce que ton directeur te l'a commandé.

— Et on devrait venir assister à ta remise de diplôme dans une semaine ? ajouta mon père. Ta mère et moi, on devrait prendre des congés et faire manquer l'école à tes frères pour s'entendre dire là-bas : « On n'a jamais soutenu votre fille, mais merci pour tous les chèques que vous nous avez signés. » Tu sais ce que je réponds à ça ? Merci mais sans façon.

Mon père n'avait jamais compris, et je n'avais jamais vraiment essayé de le lui faire comprendre, que les chèques qu'il signait étaient complètement insignifiants pour Ault, quasiment symboliques tant les sommes étaient dérisoires. Il était sincèrement convaincu, je pense, que s'il me retirait d'Ault, M. Byden serait obligé, par exemple, de revendre sa Mercedes.

— Donc, vous ne venez pas à la remise des diplômes ? demandai-je.

— Bien sûr que si, on vient, dit ma mère.

— Tu as de la chance que ce soit terminé, reprit mon père, parce que, dans le cas contraire, ce serait de toute façon fini pour toi. Il ne serait pas question de te renvoyer une année de plus là-bas.

— Lee, pense surtout comme ce sera chouette que tu ailles à l'université plus près de la maison. Tu as vécu une grande aventure au lycée, et maintenant tu peux te rendre compte que ce n'est pas si mal, là d'où tu viens.

— Je n'ai jamais pensé que l'endroit d'où je viens était mal.

Pour la première fois, la ligne téléphonique resta silencieuse.

— Est-ce que beaucoup de gens vous ont dit des trucs à propos de l'article ? demandai-je.

Qui, parmi les connaissances de mes parents, lisait le *New York Times* ?

— Mme Petrash nous a dit que sa mère les a appelés aux premières heures hier matin, répondit ma mère. C'est comme ça qu'on a su qu'il fallait acheter le journal. Tu savais que cette dame a plus de quatre-vingts ans, mais elle reste bon pied bon œil. Et, Terry, qui d'autre a laissé un message ?

— Je n'ai entendu aucun message. Et sauf ton respect, Linda, là tout de suite je ne m'intéresse pas vraiment à la santé d'Edith Petrash.

— Qu'attends-tu de moi, papa ?

Je ne bataillais pas contre lui, je n'éprouvais même pas d'hostilité. Je me sentais surtout honteuse. Je comprenais – c'était pour cette raison que j'avais évité leurs coups de fil la veille – que j'avais manqué à mes engagements envers eux. Mon père avait raison en affirmant que j'avais menti. Mais le mensonge n'était pas la véritable transgression ; mon échec résidait plutôt dans mon incapacité à mentir efficacement. Nous avions conclu un marché tous les trois – *si vous me laissez partir, je prétendrai que cet éloignement était une bonne idée* – et je n'avais pas respecté les termes de notre accord. Au bout du compte, la façon dont j'avais trahi mes parents perdura en moi plus longtemps et me parut bien pire que la façon dont j'avais trahi Ault.

— Je voudrais que tu arrêtes de te laisser impressionner à ce point par des conneries, dit mon père.

— Ce que veut dire papa, c'est qu'être riche ne fait pas de toi un individu meilleur.

— Bonne chance si tu espères la convaincre de ça, Linda, fit mon père. Tu crois vraiment que Lee va écouter les deux nigauds qu'elle a pour parents ?

Puis de sa voix qui me déplaisait le plus, il ajouta :

— Désolé qu'on ne puisse pas t'acheter une grande maison avec un palmier, Lee. Je regrette que tu aies eu une famille aussi nulle.

À l'appel, Cross portait un polo bleu marine, mais l'énergie brutale qu'il dégageait et l'éclat du grand jour continuaient de m'intimider. Je décidai de l'approcher après le dîner officiel, or il n'y assista pas. Les nouveaux délégués de réfectoire avaient été élus la semaine précédente parmi les premières (comme on devenait vite obsolète, avant même l'obtention du diplôme – pendant une période courte, parce que vous étiez en terminale, l'école vous appartenait, puis soudain elle ne vous appartenait plus du tout), et Cross avait dû sauter le repas en cédant sa charge, maintenant qu'il le pouvait. Tandis que les gens s'en allaient, je me dirigeai vers Devin et lui tapai sur l'épaule. Il se retourna.

— Où est-il ? demandai-je.

Devin me toisa avec dédain.

— La dernière fois que je l'ai vu, il allait se faire quelques paniers.

Je me rendis au gymnase dans une lumière de coucher de soleil jaune et une odeur d'herbe coupée. Bien que je me sois figuré que Devin m'avait menée en bateau et que je trouverais le gymnase bouclé pour la nuit, la porte s'ouvrit quand je la poussai. En grimpant les marches qui menaient à la salle de basket, j'entendais les heurts d'un ballon sur le parquet.

Cross était seul. Durant quelques secondes, je demeurai sur le seuil, comme il l'avait fait par le passé, sans être vu, sur le seuil de ma chambre. Il remonta le terrain en dribblant et tira depuis la ligne des trois points. La balle dévala à travers le filet, je me mis à applaudir.

Il tourna la tête en récupérant le ballon.

— Tiens.

Il avança vers moi ; son visage était rouge, la sueur perlait à son front, ruisselait dans son cou, le long de ses bras et de ses jambes aussi. Je portais une jupe en coton et un chemisier en lin, mais j'aurais voulu qu'il me prenne dans ses bras. Il n'allait pas le faire, bien sûr – il faisait encore jour, nous étions debout, il tenait le ballon. De surcroît, il ne m'avait pas touchée depuis plus de six semaines.

— Je suis venue te voir la nuit dernière.

— Oui, Devin m'a dit. Désolé de t'avoir loupée.

Comme nous nous regardions, il parut se rendre compte que j'attendais davantage.

— J'étais de l'autre côté du couloir, dans la chambre de Thad et Rob.

Je ne le savais pas menteur, mais il était tellement plus vraisemblable, tellement plus déchirant et logique qu'il ait été avec Melodie Ryan.

Alors je ne pus m'en empêcher – j'avais souhaité une conversation détendue, ne pas paraître excédée – et lui demandai :

— Tu as vu « Entre les lignes » ?

J'imaginais souvent que mon propre système de référence échappait aux autres, or Cross répondit :

— Ouais, j'ai vu.

— Et ?

— *La Voix d'Ault* est rédigée par une bande de médiocres.

Je regardai le sol, les lignes peintes, le parquet lustré.

— Mais c'est vrai ? dis-je.

Et ma voix dérailla. Je n'avais jamais voulu pleurer devant Cross, parce que les filles qui pleurent – surtout celles qui pleurent pendant qu'on *parle* – sont ordinaires.

— C'est ta petite amie ?

— Je n'ai pas de petite amie, dit Cross.

Je battis plusieurs fois des paupières – pas une larme n'avait coulé.

— D'accord. C'est complètement stupide de ma part.

Il se taisait, et je compris que quoi que j'aie à dire, je devrais le formuler explicitement ; Cross ne m'aiderait pas.

Savoir ça, malheureusement, ne m'était pas d'un grand secours – je n'arrivais toujours pas à m'exprimer comme je le voulais, c'était bloqué en moi, ça ne sortait pas.

— Je suppose que la grande question est la suivante : suis-je poisson ou fromage ?

— Oh, pas ça !

— Si, je suis réellement curieuse, affirmai-je d'une voix fervente.

— Devin est un connard. Et c'est lui faire trop d'honneur que de le laisser te provoquer.

— Si c'est un connard, pourquoi partages-tu ta chambre avec lui ?

— Il n'a pas toujours été comme ça. Il est aigri maintenant parce qu'il va à Trinity.

Ainsi Cross avait également connu quelques tensions avec son camarade de chambre cette année-là ; pendant tout ce temps, nous aurions pu nous confier nos tracas respectifs. Il y avait certainement des tas de choses très banales dont nous aurions pu parler si nous avions su – par exemple, combien il était pénible de faire la queue aux douches chaque matin.

— Tout ça, ce sont des inepties, reprit Cross. Des blagues que les mecs se racontent au dortoir pour crâner.

— Mais tu es le gardien de la liste.

— Le quoi ?

— Devin a dit…

— Lee, Devin est une langue de pute. Je ne sais pas comment te le dire plus clairement.

Malgré ses paroles, Cross n'était pas en colère ; il ne s'était pas encore résolu à l'investissement que requiert la colère, et j'avais la très forte impression qu'il brûlait de retourner à ses paniers.

— Franchement, reprit-il, j'ai du mal à piger à quoi rime cette conversation.

Je sus probablement alors que c'était ma seule chance, même si cette « chance » rendait ce que j'avais à dire plus difficile.

— Je ne comprends tout simplement pas ce que tu faisais avec moi, dis-je. Mais alors pas du tout. Quelquefois, j'essaie de voir tout ça de ton point de vue, et ça n'a toujours aucun sens. Tu es venu dans ma chambre, tu étais complètement ivre, peut-être que tu savais que j'avais sérieusement flashé sur toi, ou peut-être était-ce le hasard. Toujours est-il que la nana pas bien dégourdie coopère. Je fonds à la moindre caresse. Alors on se pelote un moment, et tout ça. Mais ensuite, tu reviens. C'est ce que je ne saisis pas. Tu ne m'adresses jamais la parole au réfectoire, mais tu continues à venir pendant toute l'année.

En vérité, pas pendant toute l'année – à peine au-delà des vacances de printemps. Et en étais-je réduite à dire ça parce qu'il avait cessé de venir ? J'avais le sentiment d'essayer de sauver quelque chose, mais n'était-ce pas déjà complètement fini ?

Cross déplaça son ballon de façon à le tenir contre sa hanche droite.

— En disant que je ne t'ai jamais parlé aux repas… tu te conduis comme si j'essayais de cacher je ne sais quoi.

— Eh bien ?

— Tu rêves ou quoi ? Lee, tout le monde savait pour… pour…

Je pense qu'il hésitait à dire *nous*.

— Les gens savaient ce qui se passait, énonça-t-il finalement. Tu es folle si tu t'imagines que personne n'était au courant. Et c'est quand même toi qui as posé tes conditions. Tu ne peux pas le nier.

— De quoi tu parles ?

— Tu as dit : ne racontons ça à personne, ne m'embrasse pas au petit déjeuner. Tu n'as jamais eu l'air d'avoir envie d'un petit ami.

— C'est pour ça que tu ne m'as pas envoyé de fleurs pour la Saint-Valentin ? Parce que je t'avais dit : ne m'envoie pas de fleurs, c'était ça ?

— C'est exactement ce que tu m'as dit.

— Tu ne te serais jamais affiché comme mon petit ami, dis-je.

Sa mâchoire se crispa, ce qui signifiait au moins que je l'avais atteint.

— Tu n'aurais pas voulu, ajoutai-je. J'en suis certaine.

— Ce doit être bien d'avoir des certitudes.

J'éprouvai simultanément le désir de ne pas le contredire – de laisser son commentaire sans réponse afin de pouvoir plus tard me raccrocher à ce qu'il impliquait – et le désir de détruire ce qui n'était qu'un mensonge.

— Je ne suis pas sûre de tout, dis-je, mais de ça, oui. Tu n'aurais jamais été mon petit ami.

Pendant un long moment, on se regarda.

— Ouais, tu as sans doute raison, finit-il par articuler – sans méchanceté.

Et je me mis à pleurer. (Quand par la suite je me remémorai la conversation, encore et encore et encore, cette phrase continua de me faire pleurer. Me souvenir que je lui avais arraché cet aveu n'arrangea jamais rien.)

— Lee, reprit-il d'une voix presque implorante. Lee, c'était… Il y a eu plein de choses agréables. Tu étais drôle. C'était l'un des trucs.

Je m'essuyai les yeux.

— Tu étais… ça va te paraître bizarre, mais tu étais méthodique. On aurait dit que tu t'attendais à ce que je revienne et que tu essayais de faire des projets pour cette occasion.

J'avais été *méthodique* ?

— Tu seras plus heureuse à l'université, dit-il.

Je dus lui adresser un regard soupçonneux.

— Je pense juste que tu es ce genre d'individu.

— Tu dis ça à cause de l'article du *Times* ?

— Non. Enfin, pas tout à fait. Je n'ai pas été surpris par ce que tu as raconté dans l'article.

Parler d'autre chose que de nous et de s'il me toucherait à nouveau me semblait une perte de temps. Néanmoins, j'étais intriguée.

— Ton erreur n'a pas été en soi d'exprimer tes idées, continua-t-il, mais de les exprimer dans le *New York Times* au lieu d'écrire un éditorial pour *La Voix d'Ault*, ou de prendre la parole à la chapelle. Avec le *Times*, tu as seulement donné des munitions aux gens qui estiment que les écoles préparatoires sont néfastes, et ce n'est pas ce qui fera changer quoi que ce soit sur ce campus.

— Tu penses donc que les choses devraient changer ?

— Certaines, bien sûr. Dans l'ensemble, Ault fait du bon boulot, mais il y a toujours des améliorations à apporter.

Évidemment qu'il pensait ça – quel point de vue pondéré !

— Ça t'a atterré que j'aie raconté tous ces trucs à la journaliste ?

— Tu aurais pu choisir une autre tribune. C'est l'essentiel de ce que j'ai à dire. Ça, et aussi que je trouve bien que tu ailles dans une grande fac, un endroit moins conformiste qu'Ault. Ce qui ne veut pas dire que tu es aussi bizarre que tu le crois.

(Comme cette conversation devenait étrange, quels commentaires surprenants sortaient de la bouche de Cross…)

— Tu confonds « être bizarre » et « passer du temps seule », poursuivit-il. Mais n'importe qui réellement intéressé par quoi que ce soit apprécie la solitude. Comme le basket pour moi – regarde ce que j'étais en train de faire. Ou Norie Cleehan avec la poterie, ou Horton avec la danse. Je pourrais te donner vingt autres exemples. Si tu veux devenir bon dans un domaine, il faut que tu t'entraînes, et généralement on s'entraîne seul. Alors le fait que tu passes beaucoup de temps seule… tu ne devrais pas trouver ça étrange.

Sauf que je ne m'entraîne à rien du tout, pensai-je. Ou si je m'étais entraînée à quelque chose… à quoi donc ?

— Et puis, continua-t-il, et ça nous ramène à l'article, si tu as le sentiment qu'il existe des différences entre toi et les autres, la façon de jouer de ces différences ne relève que de toi. Même Devin me traitera de *youpin* ou de *marchand juif* ou que sais-je. Et je ne dis rien parce qu'à quoi ça servirait de se mettre en rogne ? Ce sont des mots, c'est tout.

— Attends une seconde. Tu es juif ?

— Du côté de mon père. Ce qui est en principe la moitié qui ne compte pas, sauf qu'avec un nom comme Sugarman…

— C'est un nom juif, Sugarman ?

— C'est la version anglaise de Zuckerman.

Cross était *juif* ? Je ne m'en étais jamais doutée. Mais il était si apprécié par tout le monde, il était délégué des terminales. (Les gens étaient-ils au courant ? Était-ce en partie la raison de l'affection que Dede lui portait ?)

— Je veux juste te dire, reprit-il d'une voix adoucie, que je suis sûr que les choses seraient plus faciles pour toi si soit tu admettais que tu n'es pas bizarre à ce point-là, soit tu décidais qu'être bizarre n'est pas une tare.

Le silence tomba sur le gymnase. J'étais tellement flattée et tellement gênée que je me trouvais incapable de regarder Cross dans les yeux.

Je l'entendis avaler sa salive, et puis – pendant tout ce temps, il avait tenu le ballon de basket contre sa hanche droite – il se pencha pour poser le ballon à terre. Quand il se redressa, il murmura « Lee… », et quand j'osai soutenir son regard, je vis qu'il m'observait avec un mélange de rapacité et de tendresse (je ne crois pas exagéré de dire que ma vie depuis lors s'est déroulée dans la quête de ce regard, que je ne l'ai pas encore retrouvé dans ce strict équilibre ; peut-être, après le lycée, n'existe-t-il plus à ce dosage-là) et parce que ce qu'il s'apprêtait à faire était précisément ce que je désirais, tout en ayant peur, je croisai les bras et déclarai :

— Il faudra que je soumette tout ça à réflexion.

Je me rendis compte sur-le-champ du ton sarcastique que je venais d'avoir mais ne fis rien pour le corriger. Je suppose que cela me convenait d'avoir ce ton, car c'était la chose la plus terrifiante au monde : qu'il me connaisse – finalement, il me connaissait – et que, nous connaissant mutuellement, nous allions nous embrasser.

(Voilà comment je sais que ce ne sont que des mots, des mots, des mots – que fondamentalement, ils ne font aucune différence. *Je n'aurais pas été ton petit ami*, disait Cross, et aussi : *Ça s'est fini entre nous à cause de ça*, et moi je disais : *Non, de ça*, et maintes fois au cours de cette conversation, il aurait encore pu m'embrasser. Notre relation, tant que les choses allaient bien, comme dans ce moment où elles auraient pu encore aller bien, reposait en partie sur l'inadéquation des mots. Tu sens ce que tu sens, tu agis comme tu agis ; qui, dans l'histoire du monde, a jamais été convaincu par un argument raisonnable ?)

Après que j'eus croisé les bras, après que j'eus employé ce ton épouvantable, son attitude – il était incliné en avant – changea du tout au tout. Il soupira ostensiblement et croisa à son tour les bras.

— D'accord, dit-il. Tu le prends comme ça.

Il n'était pas encore trop tard. (Bien sûr qu'il n'était pas trop tard ! Mais il était si difficile de croire que simplement parce qu'il avait failli m'embrasser trente secondes auparavant, il en avait encore envie. Il suffisait de constater comme je l'en avais facilement dissuadé, ou peut-être avais-je mal interprété son intention première.) Non, il n'était pas trop tard, mais, comme pendant l'exercice d'évacuation, j'avais l'impression qu'il était trop tard. Aussi, décidant que le moment était passé – comme ça, et moi impuissante dans la force du courant –, je laissai le sarcasme déferler.

— Assez parlé de moi, dis-je. Venons-en à Melodie… poisson ou fromage ?

— Bon sang, Lee !

— Quoi, on n'est pas amis ? Je ne veux pas dire Melodie et moi, mais toi et moi. Est-ce que les amis ne partagent pas leurs secrets, leur intimité ? Pourtant, tu ne m'as jamais confié aucun secret. J'ai l'impression d'avoir été roulée.

— Arrête d'être comme ça.

— Comme quoi ? fis-je avec un rire bref et amer. Tu veux que j'arrête d'être moi-même ? On vient pourtant d'établir que j'étais drôle et méthodique.

— Fais ce que tu veux, mais ne mêle pas Melodie à ça.

Je fus blessée de constater qu'il se souciait plus de Melodie que de moi.

— Donc tu admets que tu… enfin, si tu ne sors pas officiellement avec elle, je ne sais pas trop comment appeler ça. Que tu la baises ? Ou plutôt, puisqu'il s'agit de Melodie, je devrais dire que tu la baises par-derrière.

— C'est ridicule.

Il ramassa le ballon et se dirigea vers le panier, lançant par-dessus l'épaule :

— Je doute que tu aies jamais parlé avec elle, mais c'est vraiment quelqu'un de très sympa.

— Tu as raison, je ne lui ai jamais parlé.

Le fait qu'il se soit éloigné était la pire chose qui se fût produite pendant la conversation. J'élevai la voix :

— Je ne peux pas savoir si elle est sympathique, par contre je la trouve séduisante. Peut-être même suffisamment charmante pour que tu t'affiches avec elle en public.

Il avait commencé à dribbler devant le panier, me tournant le dos ; en entendant ça, il s'arrêta, se mit de côté – je pus voir qu'il se mordait la lèvre inférieure –, lança le ballon pour qu'il aille percuter la porte par laquelle j'étais entrée, et me considéra d'un regard furieux.

— Tu veux savoir ? cria-t-il. Tu veux vraiment savoir ? Poisson ! Voilà le goût que tu as !

La porte résonnait encore du choc du ballon ; à part ça, le gymnase était absolument silencieux.

— Je ne peux pas croire que tu viennes de dire ça.

— C'est toi qui l'as demandé !

— Oui, sans doute.

Je mesurai mon ébahissement surtout en le percevant dans ma propre voix.

— Lee, je ne voulais pas…

Je secouai la tête, ce qui suffit à lui couper la parole. J'étais à nouveau sur le point de pleurer, mais je ne pleurais pas encore, et je voulais utiliser le temps qu'il me restait. Je me lançai d'une voix complètement étranglée :

— Quand j'étais au collège, je pensais souvent que je deviendrais une bonne copine à qui les garçons diraient : « Oh, tu es super », mais avec laquelle ils ne sortiraient jamais. Je pensais que je n'étais pas assez jolie. Ensuite j'ai débarqué à Ault, et on peut dire que je ne suis pas vraiment amie avec aucun mec. Et pourtant, avec toi cette année, je me suis dit : si Cross continue de venir me voir, c'est peut-être que je ne suis pas si mal. Mais le temps a passé et je ne suis jamais devenue ta petite amie. Alors j'ai pensé que non seulement j'avais tort mais que ma vie avait tourné à l'opposé de ce que j'attendais. Ça signifie que ce n'était pas mon apparence… ce n'est pas ça qui cloche chez moi. C'est ma personnalité. Mais comment savoir quelle est la partie qui cloche ? Je n'en ai aucune idée. J'ai essayé de réfléchir pour comprendre s'il s'agissait d'une chose isolée ou de tout à la fois, ou ce que je pouvais faire pour y remédier, ou comment je pouvais te convaincre. Après, j'ai pensé : c'est peut-être quand même mon allure, j'avais peut-être raison avant. Et je n'ai rien résolu du tout. C'est clair que je n'ai rien résolu. Mais j'ai passé beaucoup de temps cette année à essayer. Si je te dis tout ça, c'est pour que tu saches que personne dans ma vie ne m'a jamais poussée comme toi à me sentir aussi mal dans ma peau.

Lui tenais-je un discours lamentable à souhait ? Était-ce même entièrement vrai ? Ça n'a plus d'importance. Toujours est-il que je le lui dis. En concluant par :

— Alors je crois que je vais m'en aller maintenant.

Et je sortis du gymnase.

— Lee ! cria-t-il.

Il est difficile de savoir si j'aurais dû revenir sur mes pas. Le fait est que je ne le fis pas, et il ne me courut pas après, et il ne m'appela qu'une seule fois.

Dans la cabine téléphonique d'Elwyn, je décrochai le combiné avec, posés sur l'une de mes cuisses, la carte de visite d'Angie Varizi que je consultai pour composer le numéro, sur mon autre cuisse le rouleau de pièces de monnaie nécessaires au paiement de la communication.

Une voix familière répondit à la seconde sonnerie :

— Angie Varizi, au *New York Times*.

— C'est Lee Fiora à l'appareil, dis-je.

Elle hésita.

— D'Ault, ajoutai-je.

— Bien sûr. Ça fait plaisir de vous entendre, Lee. Excusez-moi si j'ai l'air un peu dans le bleu, mais j'ai mille choses sur le feu aujourd'hui.

J'ouvris la bouche avant de me rendre compte que je ne savais pas exactement quoi dire.

— Voulez-vous quelques exemplaires supplémentaires de l'article ? proposa-t-elle.

— Non. Ça va.

— Que puis-je pour vous ?

— L'article…

Je m'interrompis un instant.

— Pourquoi ne m'avez-vous pas dit que ce serait comme ça ? Je croyais vous raconter des trucs seulement pour nourrir le contexte.

— Lee, à moins que vous ne précisiez expressément que vos propos sont confidentiels, tout ce que vous dites pendant une interview est légitimement utilisable.

Elle s'adressa brièvement à quelqu'un dans son bureau : « Non, vous pouvez le laisser ici », avant de revenir à moi :

— On vous en fait voir de toutes les couleurs ?

Je ne répondis pas.

— Est-ce votre problème ? Ou le leur ?

— Je vais avoir mon diplôme dans moins d'une semaine, dis-je. Et je suis celle qui a remué le linge sale de l'école.

(J'avais bel et bien remué le linge sale et il existait une preuve. Elle existe toujours – allez en bibliothèque, trouvez la microfiche datée du mois et de l'année où j'ai eu mon bac.)

— Vous êtes dans une communauté réellement étriquée, dit Angie. Mais j'ai reçu des tas de réactions formidables à la suite de l'article, y compris d'anciens diplômés d'autres pensionnats privés. La situation est peut-être pénible pour vous aujourd'hui mais je ne doute pas qu'un jour, en regardant en arrière, vous saurez que vous avez fait ce qu'il fallait faire. C'est quelque chose dont vous serez vraiment fière.

À l'entendre, je compris que j'avais été idiote de l'appeler ; je m'étais figuré que ses paroles sauraient adoucir ma situation.

— Vos camarades sont sur la défensive. C'est difficile pour n'importe qui, et en particulier pour les privilégiés, de se regarder objectivement. Je vais vous raconter une histoire. J'ai préparé ma licence à Harvard. Quand j'étais en première année, ma camarade de chambre s'était acheté un manteau en laine noire avec un col en velours noir. Et voilà que moins d'une semaine plus tard…

La voix préenregistrée de la compagnie téléphonique me pria d'insérer à nouveau quatre-vingt-dix cents. Angie continuait de parler ; à l'autre bout de la ligne, sans doute n'entendait-elle pas la voix. Le stock de pièces sur ma cuisse n'avait diminué que d'un tiers, pourtant je demeurai assise là à écouter, sans bouger, jusqu'à ce que la communication fût coupée.

Un dîner exceptionnel était organisé le mercredi pour le corps enseignant et les terminales, destiné à nous accueillir dans l'association des anciens élèves. Peu avant dans notre chambre, j'étais sur le futon, habillée mais paralysée.

— On ne va même pas en parler, m'assura Martha. Allez, suis-moi.

En traversant la terrasse à l'extérieur du réfectoire, je dus me retenir pour ne pas me cramponner au bras de Martha. D'abord, les choses ne se présentèrent pas trop mal ; il m'était presque possible de faire comme s'il s'agissait d'un événement ordinaire auquel je participais avec ma circonspection habituelle. Or, quand je me retrouvai dans la file d'attente au buffet, j'entendis Hunter Jergenson, qui était deux places devant moi, affirmer :

— … En ce cas, elle aurait pu partir. Personne ne la retenait en otage, donc ce n'est pas comme si…

À ce moment-là, Sally Bishop cogna discrètement Hunter dans le dos.

— Quoi ? fit-il en se retournant.

Et là nos regards se rencontrèrent. Trois jours s'étaient écoulés depuis la publication de l'article, mais les gens en parlaient peut-être davantage. J'avais appris que M. Byden avait été submergé par des coups de fil d'anciens élèves, qu'au bureau des admissions on enregistrait des défections pour l'année suivante, que le lundi, au cours de deuxième heure de M. Corning, ils avaient abandonné leurs révisions pour discuter de l'article.

Une fois nos assiettes remplies, nous allâmes, Martha et moi, nous asseoir sur un muret en pierre. Après avoir mangé, on alla jeter les assiettes en carton et, en revenant de la poubelle, on croisa Horton Kinnelly.

— Tu vas à l'université du Michigan, c'est bien ça, Lee ? me dit-elle.

J'acquiesçai d'un hochement de tête.

— C'est bien ce que je pensais, conclut-elle.

Et elle passa son chemin. Je regardai Martha.

— Qu'est-ce que ça veut dire ? Elle pense que j'ai insulté Ault parce que je n'ai pas décroché une meilleure fac ?

— Lee, ça ne vaut même pas la peine d'y réfléchir.

— Je retourne dans la chambre.

— Mais les premières vont venir chanter pour nous. Tu veux que je t'accompagne ? ajouta Martha en me scrutant.

Bien sûr que je voulais qu'elle m'accompagne. Je voulais aussi, comme je l'avais voulu avant Ault, être une personne différente – cette fois, être quelqu'un à qui ça ne poserait aucun problème de rester là pour écouter chanter les premières.

— Tu ferais mieux de rester, répondis-je.

Au bord de la terrasse, Mme Stanchak, ma conseillère à l'orientation universitaire, m'arrêta.

— Je pense que vous êtes très courageuse, me dit-elle.

Et je me mis à pleurer. J'entendais partout autour de moi mes camarades bavarder et rire. C'était une chaude soirée de début juin. Mme Stanchak me serra dans ses bras et je hoquetai dans son étreinte.

J'avais pleuré bon nombre de fois à Ault, mais jamais si publiquement ; j'avais les yeux fermés et redoutais de ne pouvoir jamais les rouvrir. Puis je sentis deux autres mains dans mon dos.

— Allons-nous-en d'ici, dit une voix familière.

À un certain point, tandis que nous descendions les marches de la terrasse et nous engagions dans l'allée menant à mon dortoir, je me rendis compte que celui qui m'accompagnait, son bras m'enlaçant toujours le dos, était Darden Pittard. J'enregistrai le fait tel quel ; j'étais trop bouleversée pour réfléchir à l'étrangeté de la chose ou à son apparence. J'acceptais simplement cette présence et ce fut un moment, penserais-je plus tard, où je perçus peut-être ce que c'était que d'être quelqu'un d'autre, une personne qui savait ressentir la vie sans la disséquer.

Sous le passage voûté qui menait à la cour du dortoir, je pleurais toujours et mes épaules tressautaient.

— Tu veux continuer à marcher ? me demanda Darden. Alors marchons.

Il m'entraîna au-delà des dortoirs puis, arrivés au bâtiment scolaire, on s'assit côte à côte sur les marches du perron. De l'autre côté de la pelouse, nos camarades mangeaient le dessert sur la terrasse.

— Tu as juste besoin d'un peu de temps, dit Darden. Mais tu te remettras. Tu te remettras très bien.

Je finis par cesser de sangloter. Je me dis – je n'avais jamais pensé ça d'un type de mon âge – que Darden ferait un bon père. On regarda les premières émerger des dortoirs et de la bibliothèque pour se diriger vers la terrasse.

— C'était une fouteuse de merde, dit Darden.

D'abord, je ne sus pas de qui il parlait, puis je compris.

— Je ne peux pas vraiment lui faire de reproches.

C'étaient les premiers mots que je prononçais depuis au moins un quart d'heure, aussi ma voix était-elle rauque.

— À moins que tu ne précises au journaliste que quelque chose est confidentiel, tout ce que tu lui dis est utilisable.

— De toute façon, elle avait son plan. Moi, elle voulait que je sois le Black en colère. Elle nous avait tous catalogués avant même que nous mettions les pieds dans la salle de Fletcher.

— Mais tu n'es *pas* en colère, dis-je en lui jetant un coup d'œil. Ou si ?

— Pas plus que la plupart des gens.

— Alors pourquoi… pourquoi est-ce que moi je me suis laissé avoir par le numéro d'Angie et pas toi ?

— Parce que tu es blanche.

Je l'observai pour voir s'il plaisantait ; apparemment non.

— Les Noirs qui vivent dans un monde de Blancs apprennent à être prudents, reprit-il. Tu apprends à ne pas faire de vagues.

La seule fois où j'avais jamais entendu quiconque, y compris Darden, évoquer sa race remontait à l'année de seconde au cours de Mlle Moray, quand lui, Dede et Aspeth s'étaient fait remonter les bretelles à cause de leur parodie de l'oncle Tom.

— Ou plus exactement, tu ne fais pas de vagues à moins d'avoir une raison, une bonne raison de préférence. Parce qu'une fois que c'est lancé, c'est cuit. Tu es étiqueté fauteur de troubles, et on ne te considérera plus jamais autrement.

— Alors le contraire doit être vrai aussi. M. Byden doit t'adorer maintenant. Il envisage sûrement de faire de toi un administrateur de l'école.

Darden rit.

— Est-ce qu'il t'a dit quelque chose ? questionnai-je. Moi, il ne m'a rien dit.

— En passant, répondit Darden. Rien d'important.

— Il doit être furieux contre moi.

En fait, j'avais été légèrement surprise de n'avoir aucune réaction de M. Byden ; en quittant l'appel le matin précédent, j'avais croisé son regard, et il s'était contenté de regarder ailleurs.

— Si ça te pèse trop, écris-lui une lettre cet été, suggéra Darden. Pour le moment, laisse retomber la pression.

Les premières s'étaient rassemblés sur la terrasse.

— Je ne veux pas te faire manquer le chant, dis-je.

— Je n'en mourrai pas.

Ensuite, on les entendit chanter – sans comprendre les paroles mais le son du piano et des voix nous parvenait. Ça semblait plus lointain que dans la réalité.

— Je n'arrive pas à croire qu'on va avoir le bac, fis-je.

— Je suis prêt, dit Darden.

Il sourit et son sourire me parut triste. J'ignorais tant de choses de Darden.

On cessa de parler pour écouter la musique, ces chants que nous ne pouvions décrypter. Quand ce fut terminé, chaque élève de terminale reçut un ballon blanc, et ils se disposèrent en cercle pour les lâcher, tous en même temps. Dans le ciel qui s'obscurcissait, ces ballons qui s'élevaient nonchalamment évoquaient une multitude de lunes chatoyantes ; les gens restèrent debout sur l'herbe, la tête renversée en arrière, à suivre les ballons des yeux jusqu'à ce qu'ils disparaissent. Il ne s'agissait pas du dernier lâcher de ballons à Ault, mais de l'avant-dernier. On arrêta par la suite car c'était nuisible pour l'environnement, argument qu'on ne peut discuter, ou alors sans espoir de persuasion. C'est juste que… c'était si joli, ces ballons. Je ne dis pas qu'on aurait dû maintenir la tradition. Mais enfin, c'était vraiment joli. On dirait d'ailleurs que beaucoup d'autres choses ont cessé à l'époque, comme si mes camarades et moi étions à la fin de quelque chose. Nous écoutions encore la musique des années soixante et soixante-dix, mais les ados plus jeunes de quelques années, mes frères par exemple, avaient leur propre musique. Pareil pour les vêtements. Durant mon année de terminale, je portais des robes à fleurs longues jusqu'à mi-mollets, parfois assorties d'une ceinture habillée de la même étoffe, parfois à manches bouffantes, avec le col carré, ou un col en dentelle, ou un col en velours à la Peter Pan. Tout le monde mettait ce genre de tenue, même les plus jolies filles – je les portais *parce que* les plus jolies filles les portaient. Quelques années après la fac, j'ai donné toutes mes robes, même s'il était difficile d'imaginer une destinataire contente de les recevoir – une grand-mère, peut-être. À ce moment-là, les filles arboraient jupes courtes, tee-shirts et pulls moulants ; les années suivantes, elles étaient passées aux jupes archicourtes et aux « tops » archimoulants. Quant à la technologie : je suppose que le courrier électronique existait quand j'étais à Ault, mais je n'en avais jamais entendu parler. Personne non plus n'avait de boîte vocale puisque nous n'avions pas le téléphone dans les chambres, et absolument aucun élève d'Ault ne possédait de mobile. Quand je pense que tout un dortoir se partageait un téléphone à pièces, que la plupart du temps quand nos parents nous appelaient, l'appareil ne cessait de sonner sans que personne décroche ou alors c'était occupé, j'ai l'impression de me rappeler les années cinquante. Je sais pourtant que le monde change toujours ; on dirait juste que pour nous il a changé plutôt rapidement.

— Darden, dis-je.

Les ballons avaient disparu depuis longtemps et nos camarades s'égaillaient. Assise sur les marches à côté de Darden, je me sentais intouchable, protégée à la fois du jugement des autres et du temps qui passe – tant que Darden se trouvait près de moi, nous étions toujours à Ault, notre avenir n'était pas encore joué –, cependant je savais que je devais le laisser s'en aller. En partie car je voulais connaître la réponse et en partie simplement pour le garder auprès de moi, je lui demandai :

— Tu as entendu dire que Cross Sugarman et moi… qu'on était… ?

— J'ai vaguement entendu parler de ça, répondit Darden. Mais rien de marquant.

— Tu as entendu dire quoi… genre qu'on était… ? Qu'est-ce qui se racontait ?

(Darden était digne, moi maladroite et avide.)

— Que vous vous étiez fréquentés un moment. Un truc dans le genre. Je n'en mettrais pas ma main à couper.

Je ne pouvais pas le reprendre. Lui dire qu'il me consolait de la mauvaise façon, à l'opposé de ce que je demandais – ça aurait jeté une ombre sur le fait que jusque-là il avait parfaitement compris ce dont j'avais besoin.

— De toute façon, reprit-il, ça remonte à des mois. Et il faut être un crétin pour avaler tout ce qui se raconte ici.

Me signifiait-il qu'il préférait faire comme si ce n'était pas vrai ? Ou simplement qu'il aspirait à ce que la conversation se termine ? Cette dernière hypothèse était probablement la bonne. On se mit debout.

— Ça va ? s'enquit-il.

Comme j'acquiesçai, il me prit dans ses bras. C'était le genre de geste qu'Aspeth et lui pouvaient avoir en revenant de la bibliothèque et en se quittant devant les dortoirs à l'heure du couvre-feu, une étreinte chaleureuse mais sans importance ; du moins, je la considérai ainsi, une embrassade de consommation courante ; pour ma part, c'était la première fois qu'un garçon d'Ault me serrait dans ses bras, Cross excepté.

— Je suis désolée d'avoir foiré, lâchai-je.

Il secoua la tête. Il ne dit pas que je n'avais pas foiré (il pensait probablement le contraire – aussi, bien sûr, il était probablement l'anonyme qui, en toute objectivité et sans cruauté, avait précisé à Angie Varizi que je ne comptais pas parmi les élèves en vue).

— Je le sais, répondit-il.

Martha vint me retrouver à la bibliothèque. Depuis que tout le monde passait son temps dehors, la bibliothèque était devenue mon refuge quand je ne supportais plus de rester dans la chambre. La fin de la terminale n'étant pas sanctionnée par un examen, nous n'avions plus de travail. Ne restait plus que la remise des diplômes proprement dite, suivie de la « semaine des terminales » pendant laquelle nous irions de réception en réception à Dedham, Lyme et Locust Valley. Comme il s'agissait de la toute fin d'Ault, et parce que je n'aurais pu m'y soustraire, j'avais l'intention d'assister à toutes les festivités.

Les derniers jours avaient été aussi ensoleillés qu'interminables, j'avais redouté tout le monde et m'étais désespérée au sujet de Cross. J'avais passé la majeure partie de mon temps à tenter sans succès de faire mes bagages. Chaque mois de juin jusque-là, quand il fallait décrocher les posters, démonter le futon de Martha, entasser nos livres dans des caisses que nous rangions au sous-sol du dortoir, la corvée m'avait déprimée – tout ce vide dans la chambre, les murs nus. Ça me rappelait à quel point nos vies à Ault étaient éphémères. Cette fois, je pliais trois pulls et les collais dans une caisse avant d'éprouver un irrépressible besoin de quitter la chambre, puis je guettais par une fenêtre et, si la voie était libre, me précipitais dehors, dépassais en courant la chapelle et le réfectoire, gagnais la bibliothèque et filais dans la salle des périodiques, qui était déserte, sombre et fraîche, et là je lisais des magazines, et parfois au milieu d'un article relevais les yeux en me disant : *J'ai tout gâché*. Au cours de mes années à Ault, j'avais toujours eu le sentiment d'avoir des choses à cacher, des raisons de m'excuser. Or je n'en avais pas, je m'en rendais compte à présent. De façon étrange, c'était comme si pendant tout ce temps j'avais anticipé ce qui allait se passer avec le *New York Times*, comme si j'avais su comment ça se terminerait.

Lorsqu'elle entra dans la salle des périodiques, Martha respirait bruyamment comme si elle avait couru.

— Pousse-toi un peu, me dit-elle.

J'étais assise par terre, le dos appuyé contre un mur. Je me déplaçai et elle s'assit à côté de moi.

— Tu sais que l'office de demain à la chapelle est le dernier de l'année ?

J'acquiesçai.

— Apparemment, quelques terminales cherchaient un élève pour faire un speech réfutant ce que tu as dit dans l'article. Je suppose qu'ils ont trouvé un volontaire.

— Qui ?

— Voilà ce que j'ignore. D'après la rumeur, ils étaient en quête soit d'un représentant de minorité soit d'un Blanc boursier.

— Je leur souhaite bonne chance. Alors qui sont ces terminales ?

— Je ne le sais pas non plus.

Je la regardai.

— Tu peux deviner, reprit-elle. Horton Kinnelly. Doug Miles.

— Et c'est là que tu vas me dire que je devrais y aller ? questionnai-je. Pour me forger le caractère ou un machin dans le genre ?

— Pas pour te forger le caractère. Je pense vraiment que tu devrais y aller parce que c'est le dernier office.

— Martha, probablement la moitié des terminales vont sécher la chapelle.

— À mon avis, non. Les gens deviennent sentimentaux.

Je songeai à Darden.

— Pas tous, dis-je. Pas toi.

— Attends de voir. Je vais pleurnicher à la remise des diplômes.

On se tut, on entendait le bruit d'une scie dehors ; à côté de la chapelle, l'équipe d'entretien construisait l'estrade pour la cérémonie. Comme celle-ci était censée se dérouler dehors, tous les terminales se demandaient avec angoisse si le temps ensoleillé continuerait jusque-là. Je pouvais sincèrement affirmer que je m'en moquais – mieux, une partie de moi eût été lugubrement satisfaite qu'il se mette à pleuvoir et qu'il faille se rabattre sur le gymnase.

Et de même, une part de moi était soulagée de savoir que je serais, peut-être implicitement ou peut-être très explicitement, réprimandée en public. Ça cadrait bien avec les méthodes aultiennes, de devoir répondre de ses actes. Déjà, au fil des années, je m'y étais trop souvent soustraite.

— J'ai vraiment déconné, hein ?

Martha garda d'abord le silence, puis dit :

— Enfin, ce n'est pas comme si c'était un accident.

Je tressaillis. *Pas toi, Martha, pas toi aussi*, pensai-je. Ça dépasserait ce que je pouvais endurer, en même temps je me rendis compte à cet instant qu'elle ne m'avait jamais rien dit du genre : *Tu n'avais pas tort*, ou *Ce n'était pas ta faute*. Elle m'avait plutôt dit, en substance : *Tu ne vas pas te miner à cause de cette histoire.* À ne pas confondre avec *Je suis de ton côté.*

— Tu n'es pas stupide, continua-t-elle.

Elle ne semblait pas trop accusatrice ; elle avait plutôt l'air de réfléchir à voix haute.

— Tu es sûrement la personne la plus prudente dans ses propos que je connaisse.

— Tu insinues que j'ai voulu que ça se passe comme ça ?

— Les choses ne sont pas toutes noires ou toutes blanches.

Alors que nous étions assises là ensemble, si proches, je ressentis pour elle une pointe de haine. Ce qui ne signifiait pas que je pensais qu'elle faisait complètement fausse route. La raison de ma prémonition sur la façon dont ça se finirait à Ault était peut-être que je provoquerais cette fin-là. Car comment était-il possible que j'aie tenu quatre ans sans me dévoiler réellement, pour en venir à tout pulvériser la dernière semaine ? Avais-je secrètement guetté l'occasion de pouvoir dire à tous ceux d'Ault : *Vous croyez que je ne pense rien. Mais même si je ne parle pas, je pense sans cesse. J'ai mes opinions sur cet endroit, mes opinions sur vous tous.* Peut-être. Peut-être était-ce ce que j'avais souhaité, mais si je l'avais voulu, je l'avais voulu à mes propres conditions. J'avais cru Angie Varizi capable de me faire apparaître comme éloquente et convaincante, pas amère et isolée, pas vulnérable.

— Tu m'en veux parce que j'ai terni ton image aux yeux de M. Byden ?

Tout en posant cette question, j'entrevis pour la première fois cette éventualité :

— C'est toi qui lui as conseillé de me faire interviewer par le *New York Times* ?

Martha ne répondit pas tout de suite, puis :

— Je pense que personne n'est à blâmer. L'histoire a tourné de cette façon, et voilà. J'ai fait le choix de te proposer, il a fait le choix de t'envoyer à l'interview, tu as fait le choix de dire à cette femme ce que tu lui as dit.

C'était si terrible que je parvenais mal à l'envisager – Martha s'était imaginé qu'elle me faisait un cadeau. Elle avait voulu être gentille, m'offrir une occasion de briller que je n'avais jamais été capable de susciter toute seule. Je ressentis une culpabilité proche de la nausée, en même temps j'étais en colère, en colère comme jamais. Premièrement, parce qu'elle aurait dû me le dire – j'aurais peut-être tenu les mêmes propos, mais j'aurais compris que j'étais censée faire l'éloge de l'école. Et deuxièmement, parce que j'avais un autre sujet de rancœur contre Martha, qui avait couvé tous ces derniers jours ou peut-être ces derniers mois, et qu'à l'instant, là dans la bibliothèque, je comprenais précisément la nature de ce ressentiment obscur, en même temps que je comprenais que jamais je ne saurais l'exprimer. Je lui en voulais d'avoir dit, en octobre, qu'elle ne pensait pas que Cross deviendrait mon petit ami. Elle en avait fait une vérité ! Ça ne signifiait pas que si elle avait affirmé le contraire, ce serait arrivé. Mais en disant qu'elle ne pouvait pas l'imaginer, elle en avait condamné l'éventualité. N'avait-elle pas mesuré que je la prenais au mot, à quel point je me fiais à son avis ? Elle avait miné tout espoir en moi, et comment peut-on pardonner ça à quelqu'un ? Et comment pourrais-je jamais lui dire un mot à ce propos ? Ce serait trop affreux. Que j'aie causé du grabuge, que j'aie commis un acte qui requière *son* pardon, n'avait rien d'extraordinaire. Qu'elle-même soit en faute, en revanche, déséquilibrerait notre amitié. Je n'essaierais pas de lui expliquer quoi que ce soit, de toute façon en aurais-je été capable ? L'erreur que j'avais commise était si notoire et évidente, quand la sienne était de caractère privé et subjective ; j'en étais le seul témoin. Non, je ne lui dirais rien ; je resterais la bonne vieille Lee incompétente, l'adorablement imparfaite Lee, le golden retriever qui s'entête à aller patauger dans le ruisseau pour revenir à la maison le poil tout mouillé et puant.

— Donc, tu penses que j'ai trahi l'école ?

Je perçus ce qu'il y avait de grincheux dans mon ton, mais notre amitié s'en remettrait – ce ton grincheux n'était qu'un écho étouffé de ce que j'éprouvais réellement, ce que Martha ne saurait jamais.

— Ce n'est pas ce que j'ai dit.

— C'est tout comme.

(Je me demandais s'il était possible qu'il ne me reste plus rien à regretter. Fini avec Ault en tant qu'institution, fini avec Cross, fini avec Martha.)

— Je pense que tu as dit à la journaliste ce que tu avais l'intention de lui dire, déclara Martha.

— Martha, ça t'a lavé le cerveau d'être déléguée ? Quand as-tu décidé qu'il serait contraire à la loi de critiquer Ault ?

— Voilà. C'est bien ce que je dis. Tu avais des critiques à formuler, tu les as exprimées.

— Donc maintenant je devrais en assumer les conséquences ?

Elle ne répondit pas pendant un long moment.

— Ouais, genre, finit-elle par dire.

— Alors qu'est-ce que tu fabriques ici ? Pourquoi viens-tu me prévenir du sermon à la chapelle puisque c'est précisément ce que je mérite ?

— Tu es ma meilleure amie, Lee. Ce n'est pas parce que je suis en désaccord avec tes choix que je dois te laisser tomber !

Un peu compliquée, cette fille ! pensai-je. Je ne le dis pas. Je pliai les genoux contre ma poitrine, croisai les bras par-dessus et enfouis le visage dans leur creux.

— Tu pleures ? demanda-t-elle.

— Non.

Martha me toucha l'épaule.

— Oublie ce que je viens de dire. Je suis juste… Je ne sais pas de quoi je parle.

— C'est ce que tu penses.

— Oui, mais quelle importance ?

Je relevai la tête et la regardai.

— Je ne veux pas que ce soit ça, le souvenir que tu gardes, reprit-elle. Simplement parce que c'est la fin, je veux dire… La fin n'est pas ce qui a été le plus important.

Je me taisais.

— Ce que tu devrais te rappeler, ce sont des trucs comme… Tiens, par exemple, ce samedi matin de printemps quand on s'est levées aux aurores, qu'on est allées à vélo en ville et qu'on a pris le petit déj' dans ce petit bistrot près de la station d'essence. Les œufs n'étaient pas très cuits mais ils étaient vachement bons.

— C'était ton anniversaire, dis-je. C'est pour ça qu'on était sorties.

— En effet. J'avais oublié ce détail.

— Tu avais seize ans.

De nouveau, dans le silence, on entendit la scie.

— C'est à ce matin-là que ressemblaient nos vies à Ault, dit Martha.

Le plus humiliant, c'est que je retournai le chercher une seconde fois. Ou une troisième fois, si vous comptez celle où je m'étais rendue dans sa chambre au milieu de la nuit pour n'y trouver que Devin. Je n'étais jamais allée dans sa chambre avant cette semaine-là, et je m'y rendis à deux reprises en quatre jours. C'était le tout début de soirée, avant le dîner ; je traversai la salle commune et empruntai le couloir. Je faillis entrer en collision avec Mario Balmaceda qui sortait de la salle de bains et me considéra d'un air déconcerté, mais je ne m'arrêtai pas pour m'excuser ni me justifier. Au bout du couloir, je frappai à la porte – le poster du basketteur était toujours là – puis l'ouvris sans attendre. Il n'y avait personne. Il faisait encore jour dehors, plus sombre dedans, et je pouvais entendre le tic-tac d'un réveil posé sur une caisse en plastique blanc près d'un des lits.

J'avais imaginé qu'il serait en train de lire sur son lit, qu'il s'assiérait à mon entrée et je me glisserais sur ses genoux, enroulerais mes jambes et mes bras autour de lui. Au début, je serais en larmes, alors il me caresserait les cheveux, me murmurerait des choses douces, mais évidemment ça deviendrait très vite sexuel. Et ce serait urgent – on s'agripperait, on se mordrait, on aurait exactement le même degré de fièvre. Peut-être que je le sucerais, à genoux sur leur moquette crasseuse, et j'aurais gardé mon tee-shirt mais rien en bas, et il nouerait les jambes autour de moi et enfoncerait les talons dans mes fesses ; grâce à moi, il serait au comble du plaisir.

Sauf qu'il n'était pas là, et qu'à la vue de sa chambre, de ces objets inconnus – je ne savais même pas lequel des lits était le sien –, je compris à quel point il était absurde d'avoir supposé, ou seulement espéré, qu'il serait dans les mêmes dispositions que moi, qu'il m'attendrait. Rapidement, je passai de la déception que me causait son absence à la terreur de le voir surgir avant de m'être éclipsée. J'aurais l'air – ce serait le mot qu'il emploierait, ou que d'autres emploieraient – d'une *psychotique*. C'est-à-dire aussi agaçante qu'une fille qui pleure, mais, en plus, agressive.

Il ne m'attendait pas, il ne me cherchait pas. C'eût été un mensonge de dire que la seule raison qui me poussait vers lui était d'estomper le sordide de notre précédent tête-à-tête, mais c'était l'une des raisons, et avait-il été aberrant d'envisager qu'il veuille la même chose ? À présent je pensais que oui, *c'était* aberrant, que mon impulsion était féminine, et que la réponse masculine – peut-être, simplement, la réponse la plus détachée – consistait à constater que notre dernière rencontre avait été houleuse et regrettable mais que nous savions suffisamment chacun où se situait l'autre. Un nouvel échange n'aurait été que redite, pas clarification.

Je refermai la porte et m'éloignai à pas précipités. De retour à Elwyn, il me fallut quelques minutes pour apaiser les battements de mon cœur. Il finit par se calmer. Il ne s'était en fait rien passé du tout, or j'avais l'impression de me remettre d'un effort violent. J'étais toute seule, le ventilateur de la fenêtre ronronnait, le sol était encombré de caisses à moitié vides.

— C'est terminé, dis-je. Tout est terminé avec Cross.

Si je l'énonçais à voix haute, peut-être finirais-je par cesser d'espérer.

La personne qui devait faire une allocution durant l'office s'asseyait toujours à la gauche de l'aumônier, et le lendemain matin, ce siège était occupé par Conchita Maxwell. Je ne fus qu'à moitié étonnée. Quand elle monta en chaire, je vis qu'elle portait une jupe en lin noir et un chemisier blanc ; elle avait depuis longtemps renoncé à ses tenues excentriques et s'était fait pousser les cheveux. Elle s'éclaircit la gorge avant de parler dans le micro :

— L'article paru dans le *New York Times* de dimanche dernier a provoqué chez de nombreuses personnes dans la communauté d'Ault un sentiment de colère. Beaucoup se sont sentis blessés et présentés sous un faux jour. J'en fais partie. En tant que Mexicaine américaine, j'ai été indignée par cet article. Il ne reflète en rien l'expérience que j'ai vécue pendant les quatre ans passés dans cet endroit que j'ai fini par appeler mon foyer.

À l'écouter, j'éprouvai d'abord de l'hostilité, puis de la tristesse, et ensuite plus grand-chose – seulement de la distance face à la situation dans son ensemble. Le laïus, lourdement tissé de rhétorique et pas particulièrement bien rédigé, m'évoquait la lecture du devoir d'histoire de quelqu'un d'autre sur un sujet qui ne m'intéressait pas, aussi, pas même délibérément, je finis par ne plus écouter. Je pensais à Conchita et moi en troisième, quand je lui avais appris à faire du vélo derrière l'infirmerie. Comme ça semblait lointain, et comme j'étais loin d'elle à présent ; je ne me rappelais pas lui avoir parlé une seule fois pendant l'année de terminale. Et, avec bientôt notre diplôme en poche, nous étions sur le point de rompre toute amarre – la distance entre nous serait physique et définitive, peut-être ne nous reverrions-nous jamais. Cette perspective paraissait impossible – nous nous étions si souvent tous rassemblés à Ault que j'avais fini par croire que la vie était plus une série d'additions que de soustractions – et cependant je mesurais qu'avec le cumul des années l'époque où Conchita et moi nous étions fréquentées, l'époque où j'avais connu n'importe lequel de mes camarades de classe, me paraîtrait de moins en moins signifiante ; au final, ce ne serait plus qu'une toile de fond de nos vraies vies. Des années plus tard, lors d'une soirée quelconque, dans une incarnation de mon être que j'étais encore incapable de concevoir, farfouillant dans ma mémoire à la recherche d'une anecdote, je ressortirais l'histoire d'une fille que j'avais connue en pension, dont la mère nous avait emmenées déjeuner un jour tandis que le garde du corps de la famille patientait à la table voisine. En racontant ça, je ne ressentirais pas un pincement de nostalgie ou de regret ; je ne ressentirais rien d'authentique, rien du tout à vrai dire, hormis le désir que mes auditeurs me trouvent distrayante.

Quand Conchita eut terminé, il y eut le moment de silence coutumier – on n'applaudissait jamais à l'issue d'une prise de parole en chaire – puis tout le monde se leva pour entonner le cantique. C'était le dernier office de l'année pour l'ensemble de l'école ; il y en aurait un autre le matin de la remise des diplômes, mais réservé aux terminales et à leurs parents. Traditionnellement avant les vacances, y compris les vacances d'été, nous chantions le cantique *Dieu t'accompagne jusqu'à nos retrouvailles*, et ce jour ne fit pas exception. On chanta les quatre couplets – à Ault, on chantait toujours tous les couplets de tous les cantiques – et quand on en fut au troisième, aux versets qui disaient « Lorsque les périls de la vie t'éprouvent/Enveloppe-toi de Ses bras infaillibles », les larmes me montèrent aux yeux. *Oh non, pas ça...* pensai-je, mais, regardant autour de moi peu après, je me rendis compte que le speech de Conchita n'avait pas grand-chose à voir avec ce que la plupart des gens ressentaient à ce moment-là, et qu'en un sens au moins je n'étais pas seule ; la chapelle était pleine de terminales en pleurs.

Puis vint la remise des diplômes, qui fut décevante comme toute cérémonie trop attendue. Ma famille descendit à l'Étape de Raymond, le motel où mes parents avaient dormi à l'automne de ma deuxième année à Ault, et la première chose qu'ils me racontèrent, quand on se retrouva sur le parking de l'école le samedi soir avant de marcher jusqu'à la maison de M. Byden où avait lieu le dîner, fut que juste après leur arrivée Tim avait produit un étron si énorme qu'il avait bouché la cuvette des W-C et qu'ils avaient dû changer de chambre parce que ça débordait.

— Il a sept ans ! braillait Joseph. Comment est-ce qu'un môme de sept ans peut sortir un tas de merde pareil ?

Tim, pendant ce temps, rougissait et souriait comme s'il avait accompli un exploit que la modestie l'empêchait de reconnaître ouvertement. Au début, mon père m'ignora, mais dans la trépidation générale cette attitude s'avéra impraticable ; il réprima sa colère et me parla sèchement. Le dimanche, lors de la cérémonie proprement dite, M. Byden me serra la main avec une neutralité totale (Joseph m'apprit que notre père avait menacé de s'expliquer avec M. Byden ; pour une raison ou pour une autre, j'avais deviné qu'il n'en ferait rien). Durant la cérémonie, mes parents et mes frères s'assirent avec les parents et le frère de Martha – au moins, le vœu de ma mère de rencontrer M. et Mme Porter se réalisait –, après quoi ma famille repartit l'après-midi, le coffre de la voiture alourdi par toutes les possessions que j'avais accumulées au cours des quatre ans passés.

En guise de cadeau pour l'obtention de mon diplôme, Tim m'offrit une paire de chaussettes décorées de pastèques (« Il les a choisies lui-même », me chuchota ma mère), Joseph une cassette contenant divers enregistrements, et mes parents me donnèrent cent dollars en espèces, grâce auxquels je pus contribuer à payer une partie de l'essence aux gens qui me transportèrent en voiture pendant la « semaine des terminales » – Dede à plusieurs reprises, Norie Cleehan, et Colby, le petit ami de Martha. La dernière fête eut lieu à Keene, New Hampshire, et Colby revint de Burlington pour nous chercher puis piqua vers le sud afin de me déposer à l'aéroport de Logan avant que Martha et lui retournent ensemble dans le Vermont. En les serrant tous deux dans mes bras – je n'avais jamais fait la bise à Colby, et je ne l'ai jamais revu ensuite –, en sortant mes bagages du coffre et en vérifiant que je n'avais pas laissé mon billet d'avion coincé dans la banquette arrière, j'avais hâte qu'ils s'en aillent et qu'on en ait terminé ; j'avais seulement envie d'être seule. Dès qu'ils furent partis, je le fus. Je ne portais qu'un short et un tee-shirt, or dans l'aéroport, comme ensuite dans l'avion, l'air conditionné se révéla glacial. En volant vers South Bend, j'étais frigorifiée, et épuisée pour avoir bu beaucoup et dormi beaucoup moins pendant la semaine écoulée, pour avoir dit adieu à tant de gens, épuisée par l'attitude amicale de la plupart de mes camarades – au bout du compte, ils avaient été peu nombreux à se montrer ouvertement hostiles durant cette semaine. Après que l'avion eut atterri, que j'eus traversé le terminal, récupéré mes bagages et fus sortie sur le trottoir où ma mère et Tim m'attendaient, le souffle de l'air était brûlant, et Ault complètement derrière moi. Je n'avais aucune raison d'y revenir un jour, aucune vraie raison – dorénavant, c'était uniquement facultatif.

Bien sûr, j'y suis retournée, pour la réunion des cinq ans et celle des dix ans. Voulez-vous savoir ce qu'ils sont devenus, tous ? Eh bien, voilà : Dede est avocate à New York, et j'ai l'impression, quoiqu'elle ait gagné en modestie avec l'âge, qu'elle réussit très bien. L'été qui succéda à notre deuxième année de fac, je reçus une carte venant de Scarsdale. Au recto figurait une photo de Dede en parfaite tenue d'étudiante – jupe plissée, gros cardigan écossais sur chemisier boutonné, lunettes à monture d'acier, une pile de livres dans les bras. Sous la photo, il était écrit : *Le problème avec les grosses têtes...* et à l'intérieur, quand on ouvrait la carte : *... c'est qu'elles peuvent s'accompagner d'un gros pif.* Au-dessous, Dede ajoutait : *Oui, je l'ai finalement fait ! La rectification de mon nez s'est achevée à 16 h 37 le 19 juin. Moins quelques grammes. Le plus heureux événement de ma vie !* Après ça, j'ai toujours bien aimé Dede, je l'ai appréciée sans équivoque, comme jamais à Ault. Je la vois maintenant quand je me rends à New York, nous dînons ensemble et nous parlons des hommes. Elle me fait rire, et je ne sais si c'est parce qu'elle est devenue plus amusante ou si à Ault je n'étais pas disposée à me rendre compte de sa drôlerie.

Comme Dede, Aspeth Montgomery habite New York, où elle possède une boutique de mobilier design, ce qui me déçoit toujours un peu quand j'y pense – ça paraît tellement inconsistant. J'avais raison à propos de Darden (lui aussi est avocat), qui est devenu administrateur d'Ault à vingt-huit ans. Sin-Jun, bien sûr, vit avec son amie à Seattle et est neurobiologiste. Amy Dennaker, avec qui je n'ai plus jamais cohabité après notre première année à Broussard, est l'un des piliers du parti conservateur ; si généralement je ne regarde pas les shows politiques du dimanche matin à la télé, parfois ça m'arrive, quand je suis à l'hôtel, alors je la vois discutailler en tailleur de femme d'affaires, et elle a toujours l'air de bien s'amuser. J'ai appris que Mme Prosek et son mari canon ont divorcé quelques années après mon bac. J'espère que c'est elle qui l'a quitté, ou au moins que ce fut par consentement mutuel ; je ne voudrais pas qu'il l'ait plaquée. Elle n'enseigne plus à Ault, et je ne sais pas trop où elle est allée. Dans l'intervalle, Rufina Sanchez et Nick Chafee se sont mariés, deux ans après qu'elle fut sortie diplômée de Dartmouth, et lui de Duke. À la fois ça me paraît étouffant – les amourettes de lycée et tout ça – et je les envie ; je me dis que ça doit être sympa de faire sa vie avec quelqu'un qui sait à quoi vous ressembliez quand vous étiez adolescente.

Je n'ai pas revu Cross depuis le bac. Aux cinq ans des anciens élèves, il vivait à Hongkong, où il travaillait pour une société de courtage américaine ; ensuite, il a eu l'intention de venir au dixième anniversaire – il habite maintenant à Boston – mais sa femme a accouché la nuit précédente. Récemment, Martha et son époux, qui vivent également à Boston, ont rencontré Cross et son épouse à un dîner ; Martha m'a téléphoné ensuite, me laissant ce message : « Il garde ses clubs de golf dans son coffre. Je ne sais pas trop pourquoi je te raconte ça, mais j'ai pensé que c'est le genre de truc que tu apprécierais. » Je sais à quoi ressemble Cross aujourd'hui car une photo de son mariage figurait dans *Le Trimestriel d'Ault*. Son crâne se dégarnit, et s'il a un beau visage c'est une beauté différente. Sachant que c'était lui sur la photo, j'ai pu discerner ses traits d'autrefois, mais si nous nous étions croisés dans la rue, je ne suis pas certaine que je l'aurais reconnu. Sa femme s'appelle Elizabeth Fairfield-Sugarman.

Martha est maître assistante en lettres classiques, en passe de titularisation. J'étais sa demoiselle d'honneur à son mariage, mais en vérité nous ne nous parlons que deux fois par an et nous nous voyons encore moins.

Quant à moi enfin : Cross avait tort, je n'ai pas particulièrement aimé l'université, tout au moins les premières années – ça me semblait immense et insipide. Mais en troisième année j'ai pris un appartement avec une autre fille et deux garçons, même si je ne connaissais que la fille quand on se décida pour la colocation, et ne la connaissais que peu. L'un des gars n'était pas souvent là, mais l'autre – Mark, étudiant en maîtrise –, la fille, Karen, et moi dînions ensemble quasiment tous les soirs et regardions ensuite la télévision. En m'installant avec eux, j'ai d'abord pensé qu'ils étaient plutôt CMI, comme aurait dit Aspeth, mais en cours de route j'ai oublié que j'avais pensé ça. C'est Mark qui m'apprit à faire la cuisine, et cet été-là, quelques semaines avant son départ, on se lia plus intimement ; il fut la deuxième personne que j'embrassai, la deuxième personne avec qui je couchai. (Avant, je m'étais imaginé que le premier garçon était l'initiateur, qu'après lui le mouvement était lancé et qu'on avait des petits amis en continu, mais, au moins en ce qui me concerne, je me trompais.) Après notre premier baiser, à Mark et moi, je m'en ouvris à Karen – je n'étais pas sûre de bien aimer Mark – et en vins à lui parler de Cross. J'avais l'intention de lui expliquer que c'était quelqu'un pour qui j'avais été certaine de mes sentiments, mais avant que j'en aie la possibilité, Karen s'exclama :

— Attends. Le mec avec qui tu sortais au lycée s'appelait Cross Sugarman ?

Elle se mit à rire.

— Comment peut-on s'appeler Cross Sugarman ?

En fait, je n'aimais pas – je n'aime pas – particulièrement parler d'Ault. Je n'aime même pas vraiment lire *Le Trimestriel*, quoique je le feuillette chaque fois. Mais si j'y porte une attention réelle, mon moral dégringole ; je me rappelle ma vie là-bas, tous les gens et comment je me sentais. À la fac, ou ensuite, pour peu que dans le cours d'une conversation ordinaire, quelqu'un ait dit : « Oh, tu es allée en pensionnat ? », je sentais mon cœur s'alourdir d'un besoin d'expliquer ce dont mon interlocuteur se fichait plutôt. La deuxième année à l'université du Michigan, si le sujet était soulevé, je m'en tenais aux commentaires les plus superficiels. *C'était chouette. C'était dur. J'ai eu de la chance d'y aller*. Ces conversations étaient un lac que je traversais, et tant qu'on ne s'attardait pas sur le sujet, ou tant que je pensais que mon interlocuteur ne comprendrait rien, même si je m'efforçais d'expliquer, je pouvais rester à la surface. Mais parfois, si je parlais trop longtemps, j'étais happée par les profondeurs, dans l'eau froide et fangeuse. Là, je ne pouvais ni voir ni respirer ; j'étais entraînée en arrière, et le pire n'était même pas la submersion mais de devoir remonter à la surface. Mon univers présent était toujours, dans sa tiédeur, un peu décevant. Jamais depuis Ault je ne me suis trouvée en un lieu où tout le monde veut les mêmes choses ; je ne suis moi-même pas toujours très claire quant à ce que je veux. De toute façon, personne n'observe pour voir si vous obtenez ou non ce après quoi vous courez – si à Ault j'avais le plus souvent l'impression de passer inaperçue, à certains moments par ailleurs je me sentais examinée de près. Après Ault, je devins quantité négligeable.

Je devrais dire aussi que je ne scrute plus autrui comme je le faisais par le passé. En quittant Ault, je n'ai pas emporté ma vigilance ; je n'ai plus jamais prêté autant d'attention scrupuleuse ni à ma vie ni à celle de quiconque. Comment parvenais-je à déployer une telle attention ? Je me souviens d'avoir souvent été malheureuse à Ault, et cependant mon malheur était tout en vivacité et en attente ; franchement, par son énergie, il n'était pas si différent du bonheur.

Et ainsi tout doit-il évoluer d'une manière ou d'une autre. D'autres choses me sont arrivées – un boulot, un troisième cycle universitaire, un autre boulot – et il y a toujours des mots pour décrire la façon dont on remplit sa vie, il y a toujours une succession d'événements. Quoique cela n'ait pas nécessairement de rapport avec ce qu'on a éprouvé au moment où ça se produisait, on puise généralement une certaine satisfaction dans la netteté de ce mouvement évolutif. Un peu d'angoisse, aussi, mais généralement une certaine satisfaction.

Le soir de la remise des diplômes, il y avait une fête dans un club à Back Bay, un lieu appartenant aux parents de Phoebe Ordway – c'étaient eux qui donnaient la soirée. Mes parents étaient déjà repartis pour South Bend, mais d'autres étaient restés jusque-là, pour dîner, après quoi ils s'en allèrent et mes camarades de classe, dont beaucoup avaient bu ouvertement devant les parents, restèrent et dansèrent et pleurèrent. Je bus plusieurs bières à la bouteille et je fus ivre pour la première fois ; ça me parut génial et dangereux. Génial comme si j'avais revêtu une cape qui me rendait invisible, aussi pouvais-je observer tout le monde sans être observée – à un moment, Martha dansa avec Russell Woo (moi, je ne dansais pas du tout, évidemment) et je m'assis toute seule à une table ronde pour huit, absolument sans aucune gêne. Dangereux aussi car qu'est-ce qui pouvait m'empêcher de rejoindre Cross, là-bas au milieu de ce groupe de gens près du bar, et de faire exactement ce dont j'avais envie ? À savoir refermer les bras autour de son cou, presser mon visage contre sa poitrine et rester ainsi pour toujours. J'avais bu quatre bières ; sans doute étais-je moins saoule que ce que je croyais, et ce fut ce qui m'arrêta.

Un peu avant minuit, Martha annonça qu'elle était épuisée et voulait s'en aller. J'étais au beau milieu d'une longue conversation avec Dede qui était bourrée et me disait d'une façon étrangement bienfaisante :

— Tu étais toujours triste et en colère. Même quand on était en troisième. Pourquoi étais-tu si triste et en colère ? Mais si j'avais su que tu étais boursière, j'aurais pu te prêter de l'argent. Tu sortais avec ce type des cuisines l'an dernier, c'est bien ça ? Je sais que oui.

Je ne l'écoutais pas entièrement ; j'observais tous les déplacements de Cross dans la salle : il dansait, partait, revenait, parlait un peu avec Thad Maloney et Darden. Je restais à la soirée afin de continuer à le surveiller. Martha et moi devions passer la nuit chez sa tante et son oncle à Somerville, mais lorsque Martha partit, je restai. Je pensais que parce que j'étais ivre, tout serait peut-être différent, qu'au bout de la nuit Cross finirait par venir vers moi. Au lieu de ça, quand le DJ passa *Stairway to Heaven* en guise de dernière chanson, Cross dansa un slow avec Horton Kinnelly, et quand la musique s'arrêta, ils demeurèrent côte à côte, encore tout proches l'un de l'autre, Cross caressant d'une main le dos d'Horton. Ça parut à la fois fortuit et pas du tout – on aurait dit que dans les quatre dernières minutes ils étaient devenus un couple. Et alors qu'ils ne s'étaient pas parlé de toute la nuit, je compris brusquement que de la même façon que j'avais guetté Cross durant ces dernières heures, lui avait guetté Horton, peut-être même depuis plus longtemps que ça. Lui aussi s'était gardé quelque chose pour la fin, mais la différence entre Cross et moi était qu'il faisait des choix, contrôlait la situation, son plan réussissait. Pas le mien. Je l'attendais, il ne me regardait même pas. Il en alla ainsi durant toute la semaine, même si je fus de moins en moins surprise à chaque fois, à chaque fête, et à la fin de la semaine Cross et Horton n'attendaient même plus l'heure tardive et d'être ivres – on les trouvait enlacés l'après-midi dans le hamac chez John Brindley, ou encore dans la cuisine d'Emily Phillip, Cross perché sur un tabouret de bar et Horton sur ses genoux.

Ce fut dans la maison d'Emily – c'était la dernière fête, à Keene – que j'ouvris le mot d'Aubrey, dans lequel il me déclarait son amour. Il était trois heures et demie du matin, et j'étais debout dans un champ où était garée la voiture de Norie, en train de chercher ma brosse à dents dans mon sac à dos, quand je tombai sur la carte. Je fus très émue, non seulement par la tendresse de ce qu'il avait écrit, mais aussi parce que – même si ça venait d'Aubrey, du minuscule et délicat

Aubrey – ça signifiait que l'article du *New York Times* n'avait pas fait de moi un paria ; Cross Sugarman n'était pas le seul garçon d'Ault à avoir remarqué que j'étais digne d'intérêt.

Mais pour en revenir à la première nuit de la semaine des terminales – la nuit au club à Back Bay –, quand Martha m'annonça qu'elle partait, je n'avais pas encore compris que Cross et Horton étaient ensemble, et je voulais rester.

— Je n'ai qu'une seule clef de chez ma tante, dit Martha. Comment tu vas rentrer ?

— Je trouverai bien un moyen, fis-je.

— J'ai une chambre au Hilton, proposa Dede, tu peux y pieuter.

— Merci, dis-je.

Martha me considéra d'un air incrédule.

— Je t'appelle demain matin, ajoutai-je à son intention.

Je finis par dormir tout habillée, partageant un lit avec Dan Ponce et Jenny Carter ; Jenny dormait entre Dan et moi ; Dede et Sohini Khurana occupaient l'autre lit. On éteignit la lumière à quatre heures moins le quart, je me réveillai à sept heures et demie et m'en allai immédiatement. Je ne me sentais pas aussi vaseuse que j'aurais sans doute dû l'être, je n'étais pas *incapable* de tenir debout ou de marcher, j'en tirai donc la conclusion que l'alcool ne m'avait finalement pas vraiment affectée.

Je pris le métro à Copley et gagnai Park Street, où je savais devoir changer pour la Ligne rouge, qui me conduirait chez les oncle et tante de Martha. Mais à Park Street je m'embrouillai – à Ault, je n'avais pratiqué le métro que quatre ou cinq fois –, descendis un escalier, remontai. Le niveau supérieur était très fréquenté, tout vert, et tout le monde autour de moi se pressait. Non, pas la Ligne verte – je venais d'en descendre. Je retournai en bas où c'était rouge et un peu plus calme mais pas franchement paisible. J'étais là debout dans ma tenue de la nuit, sabots, jupe longue, chemisier à manches courtes, je regardais la voie en contrebas, qui bougea légèrement, puis bougea à nouveau un peu plus loin. Des souris, compris-je, ou peut-être de petits rats – ils trottinaient partout sur les rails, se confondant presque mais pas tout à fait avec le gravier grossier.

Je me souvins qu'on était lundi. À l'heure de pointe – ce qui expliquait la foule dans la station. Autour de moi sur le quai, les gens passaient ou s'arrêtaient à un endroit pour attendre ; un homme noir vêtu d'une chemise bleue et d'un costume noir à fines rayures ; un adolescent blanc avec un casque à écouteurs sur les oreilles, habillé d'un débardeur et d'un jean trop grand pour lui ; deux femmes dans la quarantaine, toutes deux avec de longues queues-de-cheval, toutes deux en uniforme d'infirmière. Il y avait une femme coiffée au carré avec une frange droite, en jupe de soie et veste assortie, un type en bleu de travail taché de peinture. Tous ces gens ! Ils étaient si nombreux ! Une grand-mère noire tenant par la main un garçonnet d'environ six ans, trois autres Blancs en costume, une femme enceinte en tee-shirt. Qu'avaient-ils fait au cours des quatre ans écoulés ? Leurs vies n'avaient rien à voir avec Ault.

Certes, j'avais la gueule de bois pour la première fois, et j'étais encore suffisamment naïve pour ne pas comprendre de quoi il retournait. Mais tous ces gens, qui allaient leur chemin dans le matin, tous leurs rendez-vous, leurs courses, leurs obligations. Et je n'entrevoyais la foule qu'ici, dans cette station de métro, à cet instant précis. Le monde était si vaste ! L'acuité de ma perception se dissipa quasiment dès ma montée dans la rame, mais elle m'est revenue au fil des années, et même à présent parfois – je suis plus âgée, ma vie est très différente – je peux éprouver à nouveau mon ébahissement de ce matin-là.

Remerciements

Mon formidable agent, Shana Kelly, a cru en ce livre avant qu'il n'existe et m'a infiniment aidée par son soutien, son rude labeur, son intelligence équilibrée. À William Morris aussi, Andy McNicol a décidé de nous défendre avec ardeur, *Campus* et moi. À Random House, j'ai vraiment le meilleur éditeur au monde : la sage et désopilante Lee Boudreaux. À chaque étape, Lee a su orienter ce livre dans sa voie, en l'autorisant à être lui-même, et a montré tant d'enthousiasme. J'ai une dette égale envers Laura Ford, qui a pris parti pour le livre dès le commencement, en accompagnatrice patiente et, plus généralement, en individu extraordinaire, ainsi qu'envers les collègues de Lee et de Laura à Random House, Holly Combs, Veronica Windholz, Vicki Wong, Allison Saltzman, et mon équipe publicitaire de vedettes – Jynne Martin, Kate Blum, Jen Huwer et Jennifer Jones – qui m'ont abasourdie par leur créativité et leur dévouement.

J'ai appris énormément de mes professeurs, notamment Bill Gifford et Laine Snowman. Plus récemment, à l'Iowa Writers' Workshop, j'ai eu le privilège de travailler avec Chris Offutt ; Marilynne Robinson ; Ethan

Canin, qui était un merveilleux conseiller ; et Frank Conroy, pour qui l'écriture est si importante et dont les convictions m'ont tant inspirée. J'ai également beaucoup appris grâce à mes perspicaces compagnes d'étude à l'Iowa, en particulier Susanna Daniel et Elana Matthews, qui sont des amies précieuses, ainsi que Trish Walsh, qui m'a toujours dit de continuer à écrire.

Durant la période où j'ai travaillé à ce livre, j'ai reçu une aide financière de Michener-Copernicus Society of America. De plus, j'ai été hébergée par l'école St Albans où j'ai été accueillie – si bien accueillie, d'ailleurs, que j'y suis encore – par les élèves, les enseignants et le personnel.

J'ai pu subvenir à mes besoins sans travailler dans un bureau uniquement grâce aux commandes de divers rédacteurs en chef de magazines et journaux, dont Rory Evans, qui a été pour moi un guide depuis mes dix-sept ans. Bill Taylor et Alan Webber, les directeurs-fondateurs de *Fast Company*, m'avaient engagée pour mon premier et unique travail à plein temps et ont continué de me fournir d'incroyables occasions d'écriture après mon départ.

Je suis profondément reconnaissante envers mes autres amis, lecteurs, et ceux qui cumulent les deux fonctions : Sarah DiMare, Consuelo Henderson Macpherson, Cammie McGovern, Annie Morriss, Emily Miller, Thisbe Nissen, Jesse Oxfeld, Samuel Park, Shauna Seliy et Carolyn Sleeth. Matt Klam a été un avocat très précieux et un expéditeur d'e-mails aussi farfelus qu'admirables. Field Maloney m'a fourni des conseils en édition astucieux et opportuns. Peter Saunders a conduit mon difficile retour d'entre les morts et accompli d'autres prouesses de magie technologique.

Matt Carlson m'a rendue heureuse dans de nombreuses grandes villes.

Enfin, bien sûr, il y a ma famille : ma tante Dede Alexander a été une présence élégante et attentive pendant toute ma vie. Mon autre tante, Ellen Battistelli, est ma lectrice la plus fidèle, fut autrefois la seule, elle est aussi mon âme-sœur en névrose. Ma sœur Tiernan a gracieusement enduré l'indignité d'être le personnage principal d'à peu près tout ce que j'ai écrit jusqu'à l'âge de dix-huit ans. Ma sœur Jo a discuté avec moi de maints aspects de *Campus*, y compris les noms et titres de chapitres, et – quand elle ne venait pas à mon appartement, s'asseyant à deux centimètres de moi et bavardant à sa façon bien à elle – me répétait, avec raison, que j'avais besoin de finir le livre. Mon frère P. G., qui était lui-même au lycée de Lee Fiora, m'a conseillé utilement sur les maths, les sports et les problèmes de cœur. En dernier lieu, pour leur amour immense, je remercie mes parents. J'ai beaucoup de chance d'être leur fille.

Candide en Amérique

(Pocket n° 13600)

Odell Deefus aurait sûrement mieux fait de ne jamais prendre la route pour Callisto.
Mais comment aurait-il pu imaginer se retrouver avec deux cadavres et un colis embarrassant sur les bras ? Sans compter que maintenant tout le monde semble s'intéresser à lui : la belle Lorraine, Chet, l'évangéliste, l'inspecteur Webb, le FBI, la sécurité intérieure...
Il faut dire qu'être suspecté de terrorisme dans l'Amérique post-11 septembre n'est pas une situation de tout repos...

Il y a toujours un Pocket à découvrir

Composé par Nord Compo Multimédia
7, rue de Fives, 59650 Villeneuve-d'Ascq

Achevé d'imprimer en juin 2009, en Espagne
par Litografia Roses (Gava)
Dépôt légal : juin 2009